하나님의 나라

하나님의 나라

발행	2024년 12월 12일
지은이	김재성
발행인	윤상문
편집인	이은혜, 이대순
디자인	박진경, 표소영
발행처	킹덤북스
등록	제2009-29호(2009년 10월 19일)
주소	경기도 용인시 기흥구 동백동 622-2
문의	전화 031-275-0196 팩스 031-275-0296

ISBN 979-11-5886-322-7 03230

Copyright ⓒ 2024 김재성
이 책은 저작권법에 따라 보호받는 저작물이므로 무단전재와 복제를 금지하며,
이 책의 내용의 전부 또는 일부를 이용하려면 반드시 저작권자와 킹덤북스의
서면 동의를 받아야 합니다.

※ 잘못된 책은 구입한 곳에서 교환하여 드립니다.
※ 책 가격은 표지 뒷면에 있습니다.

 킹덤북스(Kingdom Books)는 문서 사역을 통해 하나님의 나라를 확장하고, 한국 교회와 세계 교회를 섬기고자 설립된 출판사입니다.

하나님의 나라

The Kingdom of God

김재성 지음

킹덤북스
Kingdom Books

머리말

예수 그리스도는 하나님의 나라를 선포하신 만왕의 왕이시다.

하나님의 나라는 얼핏 사람의 눈에 보이지 않지만, 하나님의 통치와 영역 안에 있으면서도, 인간들은 서로 권력을 장악하려고 쟁투하고 있다. 하나님의 통치는 영원하며, 그 영역은 모든 우주 만물과 피조물의 세계에 이른다.

지금 이 순간, 우리가 어디서 무엇을 하고 있든지, 초월적인 하나님의 주권적 최고 통치와 임재와 권위가 온 우주에 펼쳐지고 있다. 아무 소리도 들리지 않지만 매 순간마다 시간이 흘러가고 있듯이, 영광스러운 하늘 나라가 인간과 우주의 역사 속에서 작동하고 있다.

구약 성경과 신약 성경의 총체적인 가르침은 하나님이 통치하고 지배하는 구원의 활동이다. 하나님 나라의 백성들은 세상 속에서 고난 당하며 투쟁하는 이야기들이 반복된다. 모든 성도들은 "하나님의 나라"를 사모하며 기대하고, 그 안에서 받은 은혜에 즐거워하며 살아간다. 주께서 재림하시는 날, 이 땅에서의 마지막 순간이 다가와서 우리들의 자의식과 생각이 소멸될 것이고, "하늘나라" 시민권을 갖고 있는 곳으로 옮겨갈 것이다. 그리고 그 나라에서 재림의 영광스러운 승리에 참여하게 될 것이다.

하나님의 나라는 현재 진행형이자, 미래 완성형이다.

그 안에서 잠시 살았던 우리들이 머물다 사라지더라도, 다시 완성된 나라에서 하나님 앞에 나아갈 것이다. 그 마지막 날이 올 때까지, 최종 재림을 향해서 역사가 진행되는 동안에 수많은 죄인들을 건지는 하나님의 주권적 최고 통치와 구속 사역이 펼쳐지게 될 것이다. 겉으로 보면, 그냥 지구상에 수많은 인간들이 제멋대로 살아가고 있으나, 그냥 방치하는 것이 아니다. 마지막 날에는 다 행한대로 갚게 하실 것이며, 의로우신 재판장이 선 악간에 정의로운 판결을 하실 것이다. 필자는 정의롭고 공정하며 공평으로 통치하는 하나님께서 그의 나라 안에 있는 모든 것들에게 영원토록 동일하게 지배하실 것이라고 믿는다. 하나님께서 펼치시는 경륜에 따라서 우리들 인간 한 사람이 각기 피조물로 등장하게 되었고, 구원의 은혜를 받으면서 미래적 전망과 소망을 품게 된 것이다.

결국에는 하나님께서 주도하시면서, 최종적으로 영광스러운 나라가 임하게 될 것이다. 재림의 나팔 소리와 함께, 새 하늘과 새 땅이 펼쳐질 것이다. 불쌍한 죄인들에게는 최종적으로 은혜를 베푸시는 사건들이 일어날 것이고, 끝까지 거역한 자들에게는 영원한 심판이 내려질 것이다.

필자는 오랫동안 하나님의 나라를 공부해왔고, 신학대학원에서 강의했다. 한국 학생들만이 아니라, 외국에서 온 유학생들에게는 영어로 가르쳤다. 이제 칠 십에 들어설 즈음에야 예수 그리스도의 인격과 사역을 중심으로 펼쳐진 하나님의 나라를 소개하는 책을 출간하게 되었다. 참으로 하나님께 감사하는 마음이다.

  이 책을 읽으시는 독자 여러분은 부디 모두 승리자 주 예수 그리스도의 나라에 동참하게 되기를 간절히 기원한다. 부활하시고 승천하신 예수 그리스도와 연합된 성도로서, 새롭게 창조된 나라에서 새사람을 입은 자로서 영광스러운 승리를 맛보게 되기를 소망한다.

  이 책의 출판을 위해서, 경제적으로 어려운 상황 속에서도 오직 사명감으로 감당해 나가는 킹덤북스(Kingdom Books) 대표 윤상문 목사님에게 감사를 드린다.

2024년 11월
저자 김재성 씀

목차

머리말 • 04

1장 때가 차매 펼쳐지는 나라
1. 세례 요한의 예고편 • 12
2. "때가 차매" 오신 그리스도 • 21
3. '바실레이아'의 뜻과 용례 • 28

2장 하나님 나라의 기본적인 이해
1. 하나님 중심적이며, 메시야적인 특징 • 37
2. 하나님 나라의 전파 • 42
3. 세상 속에 도래한 나라 • 48
4. 우주적 나라, 특수한 나라 • 54
5. 참이스라엘 VS 명목상 이스라엘 • 56

3장 하나님 나라의 본질적 요소들
1. 어떤 나라를 간구하는가? • 59
2. 구원하는 영역에서 하나님의 권능 • 62
3. 의로움의 영역에서 하나님의 통치 • 66
4. 축복의 영역에서, 영적인 행복을 즐거워한다 • 78

4장 새롭게 창조된 나라

1. 과거, 현재, 미래를 관통하는 나라 •87
2. 부활의 권능과 새롭게 창조된 나라 •94
3. 옛사람을 벗고, 새사람을 입다 •97
4. 모든 사람에게 주신 부활 소망 •105
5. 부활과 승천, 영광스러운 나라 •108

5장 하나님 나라의 현재성과 미래성

1. 하나님 나라의 현재성 •133
2. 하나님 나라의 미래성 •140
3. 현재와 미래가 함께 하는 나라 •144
4. 종말론적 전망들 •148

6장 왕국과 구속 역사의 파노라마

1. 문화적 사명과 축복들 •170
2. 사탄과의 영적인 싸움 •179
3. 구속 역사의 파노라마 •182

7장 새 언약 안에서 성취되는 나라

1. 새 언약과 하나님 나라의 출현 •208
2. 언약적 관계성 •210
3. 언약의 세 가지 기본 요소들 •216
4. 언약과 상징 •220

8장 성령과 하나님 나라의 복음 증거

1. 예수님과 함께 한 성령 • 223
2. 부활에서 승천까지의 교훈과 약속 • 228
3. 성령과 불의 세례 • 239
4. 요단강과 오순절의 연관성 • 257
5. 교회를 통해서 확장되는 나라 • 260

9장 하나님 나라의 새 계명

1. 산상 보훈의 윤리적 교훈 • 278
2. 원수까지도 사랑하라 • 280
3. 우리가 과연 어떤 사랑을 받았는가? • 285
4. 사랑과 정의를 함께 세운다 • 292

10장 두 왕국설과 신학적인 논쟁들

1. 두 왕국설: 세속적 왕국과 신앙적인 왕국? • 299
2. 루터와 칼빈의 왕국론 • 302
3. 카이퍼와 바빙크의 일반 은총론 • 313
4. 자연법과 일반 은총이 세속적 왕국의 근거인가? • 314
5. 현대 신학자들의 하나님 나라 이해 • 321
6. 현대 개혁주의 신학자들의 조언 • 340

맺는말 • 364
참고 문헌 • 369

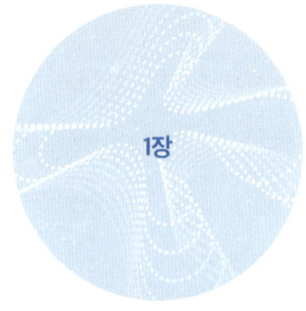

1장

때가 차매 펼쳐지는 나라

성경에 자신을 계시한 전능하신 하나님은 오묘하시며 초월적이다. 인간의 언어로는 표현할 길이 없으며, 신비로운 분이다. 하나님은 한 분이시며, 성부 성자 성령이 각각 위격적으로 "상호 임재" 가운데서 삼위일체가 교통한다.[1] 영원하신 하나님은 스스로 독립적이며, 완전하다.

하나님의 나라는 통치와 영역(rule and realm)을 의미한다.[2] 하나님의 나라를 통치함에 있어서는 최고 권위와 절대적인 주권을 가지고 다스린다. 하나님의 나라는 그가 창조하시고 다스리는 피조물 전체를 범위로 한다. 그의 통치하시는 범위와 영역은 실로 광대하다.

하나님의 통치는 치밀하게 작정된 때를 따라서 세상 속에 펼쳐진

---

1 Michael S. Horton, *The Christian Faith; A Systematic Theology for Pilgrims on the Way* (Grand Rapids: Zondervan, 2011), 229, 999. 갑바도기아 교부들이 "상호 임재"(περιχώρησις)라는 헬라어 개념을 최초로 사용했고, 라틴어로는 "Circumincessio"이다.

2 Richard Gaffin Jr., *In the Fullness of Time* (Wheaton: Crossway, 2022), 69, 239.

다. 오늘도 그러한 하나님의 계획이 집행되고 있는 많은 날들 중에 한 날이며, 우리 각자의 삶도 역시 그 일부에 해당한다. 인생은 하루살이와 같이, 한 날의 연속일 뿐이다. 살아서 맞이한 오늘이라는 날이 그저 하나님의 축복일 뿐이다. 세상의 모든 일들은 때가 있는데, 하나님의 뜻을 이뤄나가는 섭리의 요소들이 오묘하게 작동하고 있다. 다만 우리 인생들은 그 전모를 다 알지 못한다(전 3:1-8). 예수 그리스도의 강림과 그를 통한 구원 역사를 전혀 알지 못하던 바리새인들도 역시 질문을 던졌다;

"하나님의 나라가 어느 때에 임하나이까?"
"하나님의 나라는 볼 수 있게 임하는 것이 아니요 또 여기 있다 저기 있다고도 못하리니 하나님의 나라는 너희 안에 있느니라"(눅 11:20-21).

예수님께서는 지상 사역 기간에 하나님의 나라에 대해서 설명도 하시고, 능력과 기적들을 통해서 확연히 드러냈다. 예수님이 겪으신 수많은 사건들과 그의 교훈들을 통해서 가르쳐 주신 내용들이 모두 다 하나님의 나라다. 이미 수천 년 전부터 구약 성경 속에서 예언된 메시야의 시대가 무르익었을 때, 예수님께서 사람의 몸을 입고 오셨다. 하나님의 나라가 전개되어가고 있던 중에, "때가 차매"(갈 4:4) 이 땅에 사람의 모습으로 오신 분이 예수님이다.

그리고 그 예수님은 "하나님의 나라가 가까왔다"고 말씀하셨다. 사탄을 제압하고 난 후에는 하나님의 나라가 너희 안에 "이미 이뤄졌다"고 하셨다. 산상 보훈에서 첫 번째는 "마음이 가난한 자는 천국이 저희의 것이다"고 하셨고, 결론에 이르러서는 "먼저 그의 나라와 의를 구하라"고 하셨다. 이처럼 천국에 대해서 가장 많이 언급하셨다. 예수님의 중심 교리는 하나님의 나라이다. 예수님을 통해서 하나님의 나라가 드러났고, 가장 중요한 일들이 성취되었다.

온 세상을 통치하고 지배하는 하나님의 나라는 예수 그리스도의 십자가와 부활과 승천 사건을 통해서 알려졌다. 특히 존귀케 되심을 드러내는 부활과 승천을 통해서, 영광스러운 승리자이심을 선포케 하였다. 우리는 구약 성경의 저자들도 부활을 기대하고 있었던 사건이었음을 살펴볼 것이다. 또한 사도들이 부활과 승천을 가장 중요한 복음의 내용으로 전파하면서 새롭게 창조된 나라를 증거 하였던 내용들도 제시할 것이다.

1. 세례 요한의 예고편

하나님의 나라를 가장 중점적으로 소개하면서, 매우 구체적으로 예수 그리스도의 강림과 사역을 선포한 선지자가 세례 요한이다. 그는 구약 시대에 속한 마지막 선지자로서, 하나님의 나라가 임박했다고 선포했다. 그의 소개를 통해서 등장한 분이 주 예수 그리스도이다.

> "세례 요한의 때부터 지금까지 천국은 침노를 당하나니 침노하는 자는 빼앗느니라"(마 11:12).

예수 그리스도께서 세례 요한에 대해 설명하면서, "요한의 때부터 지금까지" 전개되는 천국에 대해서 언급하였다. 결국 하나님의 나라가 자신의 지상 사역이 진행되는 시간 속에 임재한다는 것을 밝혀주셨다.[3]

때를 따라 펼쳐지는 하나님의 나라가 예수 그리스도를 통해서 전면적으로 전개된다는 것을 소개하는 결정적인 인물이 세례 요한이다. 그는 구약의 모든 예언들이 종합적으로 매듭짓는 때가 도래했음을 사람들에게 알려주는 광야의 소리였다. 그의 사역은 구속 역사의 진행 과정에서 메시야의 등장을 전하는 것으로, 중대한 분기점에 해당한다.[4] 기본적으로 그는 당대의 사람들에게 하나님으로부터 오는 죄악에 대한 심판을 깨우치는 임무를 감당했다. 일상적인 설교자들보다 훨씬 더 큰 영향을 발휘했던 그는 예리하게 심령을 파고들어서 회개를 촉구한 남다른 사역자였다.

세례 요한은 메시야적인 구원이 도래할 것을 예언하면서, 두 가지를 연결시켰다: "회개하라, 하나님의 나라가 도래했기 때문이다"(마 3:1). 요한은 유대 광야에서 외쳤다. 하나님의 나라가 임박했으므로, 회개해야만 한다는 동기를 불어넣었다. 매우 파격적이고도 급진적이며 혁신적인 설교자로서의 임무도 중요했지만, 사실 세례 요한에게는 뛰어난 설교자로서의 사역보다 더 중요한 임무가 주어졌다. 바로 이 땅에 종의 모습으로 오시는 만왕의 왕, 메시야, 예수 그리스도를 영접하도록 사람들의 마음을 준비시키는 임무였다. 모든 사람에게 존경받는 인물이 나서야만 예수 그리스도가 누구인가를 소개하

3　Gaffin, *In Fullness of the Time*, 74.
4　G. Vos, "The Ministry of John the Baptist," in *Redemptive History and Biblical Interpretation*, 299.

여, 받아들이도록 설득할 수 있는 것이다.

　안내자로서 그의 역할이 얼마나 중요한 것인가에 대해서는 일찍이 예수 그리스도께서 친히 말씀하였다. 예수님은 세례 요한을 "선지자"라고 불렀고, 일반적인 선지자들보다 "더 뛰어난 자"라고 칭찬했다. "여인이 낳은 자들 중에서 가장 위대한 자"라고 높이 평가했다. 그는 하나님의 사자를 소개하는 임무를 수행했다. 말라기 3장 1절에, "내가 내 사자를 보내리니 그가 내 앞에서 길을 준비할 것이요 또 너희가 구하는 바 주가 갑자기 그의 성전에 임하시리니 곧 너희가 사모하는 바 언약의 사자가 임하실 것이라"고 선포되었다. 바로 위와 같은 직무를 감당하고자 등장한 인물이 세례 요한이다.

　예수님께서는 세례 요한에 대해서 정확한 평가를 내렸다: "율법과 선지자는 요한의 때까지요 그 후부터는 하나님 나라의 복음이 전파되어 사람마다 그리로 침입하느니라"(눅 16:16). 요한은 분명히 그 이전의 모든 선지자들보다 훌륭한 인물이며, 그의 탁월함이란 당시 사람들에게 하나님의 나라가 도래한다는 소식을 전파하면서 도전과 자극을 주는 일에 관련되어져 있었던 것이다.

　세례 요한의 탁월함은 옛 언약을 재현하면서 새로운 진리의 계시를 제시한다는 의미가 아니다. 그는 새 언약의 내용을 아직 모른다. 왜냐면 그가 사역하던 시점은 옛 언약에서 새 언약으로 막 전환이 시작되는 결정적인 시점이었다. 요한은 이전에 계시된 모든 하나님의 메시지들을 총정리하는 선포를 하면서, 그것과 장차 성취 되어질 것과를 연결시키는 설교를 하였다. 이것이야말로 그의 사역과 설교의 가장 치명적인 특징이었다고 예수님이 풀이해 주신 것이다. 요한은 하나님의 거룩하심과 의로우심을 강조하였는데, 이런 그의 설교의 내용들은 그가 속한 세대의 마지막 대표자의 위치에 있었음을 보여주는 것이다. 요한은 사람들에게 회개하라고 촉구하였는데, 이것은 그의 삶과 옛 언약의 긴밀한 결속 상태를 드러내는 것이다.

　요한은 구약 성경에서 하나님께 헌신한 자들로 존경을 받았던 나실인들의 생활 수칙을 철저하게 실천했다(눅 1:15). 그가 거주하던 곳은 이스라엘의 광야. 지금도 광야는 메마른 황무지로 남아있다. 간간히 죽은 자들의 무덤이 있던 곳이다. 영적으로 의미를 부여하자면, 광야란 이스라엘 사람들의 열매 없는 삶을 상징적으로 증언하는 곳이다(호 2:14, 15, 사 40:1-4). 세례 요한은 먹는 것이나 입는 것이나 철저히 금욕적인 생활을 했다. 예수님은 그런 점을 인정하시고, 윤리적으로 가장 순수한 사람이라고 칭찬했다(마 11:10). 세례 요한은 당시 이스라엘 사람들이 영적으로 위선적인 생활을 하고 있음을 가차없이 드러냈다. 그가 입은 의복들은 외적인 형태와 모습으로 볼 때에, 구약 시대 최고의 선지자 엘리야와 비슷했다. 그가 선포하는 설교의 문장들은 이사야와 말라기 선지자의 예언들과 흡사했다.

　그러나 예수님께서는 세례 요한의 시대적 한계를 지적하셨다. 세례 요한이 가르친 내용들은 구약 성경의 핵심에 대한 것 뿐이었다(마 11:12). 그는 예수 그리스도가 펼치는 새 언약의 놀라운 축복과 하늘 나라의 새로운 전개 과정에는 참여하지 못하였다. 그는 유대 민족주의를 벗어나서 전 세계 모든 족속에게로 전파되는 하나님의 나라, 그리스도의 복음과 성령의 강림으로 세워지는 교회에는 참여하지 못하였다. 그는 자신에게 주어진 사명을 잘 감당했지만, 개인적으로나 공식적으로나 새 언약의 더 크고 위대한 특권들에 참여하지 못하고 말았다. 그래서 여인이 낳은 자 중에서는 가장 위대한 사람이었지만,

예수 그리스도를 통해서 성취되는 구속 역사를 전혀 맛보지 못하였기에 하나님의 나라에서는 가장 작은 자로 취급을 받게 되었다. 구약 시대에 체험한 신정 통치로는 다 표현할 수 없는 새롭고 위대한 구원 역사가 예수 그리스도에 의해서 펼쳐지기 때문이다.

세례 요한은 오실 메시야에 대해 "성령과 불"로 세례를 주시는 분이라고 선포했다. 마태복음 3장 11절에 기록된 바, 세례 요한이 말하는 "불"은 하나님의 심판을 의미하며, 고대 사회로부터 이어져 온 하나님 나라의 도래와 관련을 맺고 있다. 그가 언급한 메시야의 "성령과 불의 세례"는 승천하신 예수님이 부어주시는 오순절 사건을 의미하며, 동시에 종말론적인 위기와 심판적 성격을 띠고 있다. 성령은 하나님의 나라와 연결되어 있는 영적인 축복들과 영향들의 근거가 된다.

그러나 이 본문에서 세례 요한의 메시지는 죄에 대한 회개를 근간으로 하고 있다. 요한은 물로 베푸는 세례를 통해서 죄의 씻음을 가르쳤다. 그렇게 말하는 이유는 임박한 하나님의 나라가 죄인들의 구원과 직결되어 있기 때문이었다.

그 당시 유대인들은 정치적이며, 세속적인 왕국의 도래를 기대하였고, 간절히 염원하고 있었다. 유대인들은 아브라함의 자연적인 후손으로 살아가고 있다는 헛된 자만심과 교만으로 팽배해 있었다. 그러나 요한은 그들의 영적인 위기가 바로 그러한 유대주의에서 나오고 있음을 통렬하게 지적했다. 그에게 세례를 받으러 오는 바리새인들과 사두개인들을 향해서 "독사의 자식들아"라고 질타했다(마 3:7). 심지어 하나님께서는 돌을 가지고도 아브라함의 후손을 만들어낼 수 있는 분이라고 도전적인 선포를 했다.

세례 요한이 선포하며 기대하는 하나님의 나라는 당시 유대주의와는 전혀 다른 특징을 가지고 있다. 물론 요한은 여전히 구약 성경의 관점에서 하나님의 나라를 이해하고 있었고, 자신의 회개 사역에 연결시키고 있다. 그는 이전에 사역했던 구약 시대의 선지자들처럼 제한적인 관점을 갖고 있었다. 메시야적인 약속들의 실현과정에서 나타나게 될 성공적인 일련의 단계들과 과정들을 명쾌하게 파악하고 있었던 것은 아니다. 요한은 예수 그리스도의 복음, 사랑의 사역들과 기적들, 십자가의 죽으심과 장사지냄, 부활과 승천 등을 완전히 파악했던 것은 아니다. 오실 메시야는 불과 성령으로 세례를 베푸시는 분이라고 소개했는데, 동일한 행동의 두 가지 측면을 표현한 것이다.

요한의 세례가 무엇을 의미하는가? 죄의 용서를 간구하는 회개의 세례였다. 이미 구약 성경의 시대에 물로 씻는 정결 예식이 있었다. 물로 깨끗이 씻는다는 것은 회개와 함께 생명감을 회복시킨다는 의미였다. 상징적인 예식이었는데, 요한이 살던 시대에는 이런 정결 예식이 껍데기와 형식만 남았다. 성전에 출입할 때마다 손을 씻도록 했는데, 율법사들은 달걀 한 개의 4분의 1일에 해당하는 물로 씻어도 이 규정을 지킨 것에 합당하다고 해석했다. 따라서 세례 요한은 유대주의자들에게 독한 비판을 가하면서 회개를 촉구하였고, 구약의 선지자들보다 훨씬 더 하나님의 권위를 가지고 세례를 시행했다. 요한의 시대에는 이교도가 유대교로 개종하는 경우에도 물로 개종의 세례를 베풀기도 했다.

세례의 가치와 효과에 대해서 지나치게 부정적인 생각을 해서는 안 된다. 예를 들면, 진실된 믿음이 없이 그저 물로만 씻는 자들도 있을 수 있을 것이다. 요한은 "나는 너희에게 물로 세례를 주거니와, 내

뒤에 오시는 분은 나보다 크신 분이요. ... 성령으로 세례를 주실 것이다"고 선포했다(막 1:7,8). 요한이 가르치는 교훈들과 세례는 옛 언약에 속한 것이요, 그러한 구약 시대에 시행된 예식들은 장차 그리스도 안에서 성취될 것을 향해서 지시해 주는 모형들이다. 요한의 세례는 옛 언약의 참된 성례이며, 믿음으로 은혜를 받는 방식에 속한 것이다. 그리스도께서 성취하시는 것과 구약 시대의 성례들과의 차이는 본질적인 것이 아니다. 요한의 세례와 예수 그리스도가 주시는 성령의 세례는 동일한 은혜의 수단이다. 다만, 그 범위와 정도와 깊이와 수준과 영향력은 차이가 있다라고 생각하는 것이 합당하다.[5] 죄의 용서에 대해서는 메시야적인 미래적 전망을 갖고 있어야만 했는데, 성령의 선물이기 때문이다.

요한의 세례는 매우 중요하고도 특별한 의미가 있는데, 주님 예수 그리스도의 대중적인 사역을 공식적으로 소개하는 수단이었기 때문이다. 그의 사역은 예수 그리스도의 메시야적인 기름 부으심을 위한 수단이었다. 그는 하나님의 나라가 가까웠다는 선언을 하면서, 메시야를 소개하는 특별한 임무를 수행하였다. 이러한 세례 요한의 증언들은 예수 그리스도에게 매우 중요한 근거가 되었다. 나중에 유대 지도자들이 무슨 권세로 이런 일들을 행하느냐고 물었을 때에, 예수님은 요한의 세례가 하늘로부터 온 것이냐 사람으로부터 온 것이냐고 반문하였다. 예수님은 자신의 사역에 대해서 의문을 가진 자들에게 세례 요한의 증거로부터 해답을 찾으라고 지적했다.

세례 요한은 신약 시대로의 전환되는 시점에 등장하여, 메시야의

---

5 Vos, "The Ministry of John the Baptist," 301.

오심을 알리는 하나님의 사자였다(말 3:1). 세례 요한이 광야에서 주목을 받는 선지자로 등장하게 된 이유는 이스라엘 백성들을 심판하는 절대적인 권세와 힘을 가지고 오시는 분을 강조하기 위함이었다. 그는 자신이 소개하는 메시야가 자신보다 월등히 "큰 능력을 가진 분"(the Mightier One)이라고 말했다(눅 3:16). 자신은 그분의 신발 끈을 풀기도 감당하지 못하겠다는 것이다.

  요한복음에 소개된 세례 요한의 증언은 매우 독특한 내용들이다. 예수님께서 세례 요한에게 물 세례를 받으러 오셨을 때이다. 세례 요한은 보다 더 분명하게 예수님에 대해서 설명했다. 이사야 53장의 예언에 나와 있는 것처럼, "세상의 죄를 지고가는 하나님의 어린 양"이라고 정확하게 증언했다(요 1:29). 그 안에 담겨 있는 의미는 여호와의 고난 당하는 종이라고 세례 요한은 풀이했다. 다른 많은 사람들 중에 한 사람으로 취급을 당하지만, 고난 당하는 종은 죄가 없는 분이다. 또한 다른 사람들이 받아야 할 형벌을 대신 감당하면서 끝까지 인내하시는 분이다. 예수 그리스도는 자신의 피를 흘려서 자기 백성들이 갚아야 할 형벌을 자신에게 대속적으로 부과하였다.

  "그분은 나보다 먼저 계신 분이다"(요 1:30)라고 세례 요한이 예수 그리스도의 선재성을 설명했다. 이러한 증거에 의존해서, 안드레와 베드로가 예수님을 따라나서게 되었다. 또한 예수님이 세례를 시행하자, 더 많은 사람들이 몰려들었다. 이에 세례 요한은 예수님이 자신의 경쟁자가 아니라고 주의를 주었다. 다만 자신은 신랑의 친구로서 기뻐하며, 너무나 충만하다고 언급했다(요 3:29).

  "그는 흥하여야 하겠고 나는 쇠하여야 하리라"(요 3:30).

요한복음 3:31-36에 기록된 내용은 세례 요한의 설명이라고 볼 수도 있고, 요한복음서의 기록자 사도 요한의 증거로 보는 해석도 가능하다. 어느 경우이든지, 매우 의미심장한 내용이 담겨 있다. 필자는 세례 요한의 설명으로 보는 것이 더 타당하리라 생각한다.[6] "하나님이 보내신 이는 하나님의 말씀을 하나니 이는 하나님이 성령을 한량없이 주심이라"(요 3:34). 예수 그리스도는 장차 성령과 불로 세례를 주시는 분이다. 여기에 나오는 성령의 약속은 장차 올 오순절 성령 강림과 그로 인한 "영생"과 "진노"를 의미한다.

세례 요한은 외모와 내면, 양쪽 측면 모두 다 가장 고상하고 위대한 선지자였다. 그러나 탁월하신 하나님의 아들에 의해서 지워져야만 했었다. 어둠 속에서는 별과 달이 빛을 발산하지만, 태양이 떠오르면 사라지는 것과 같은 이치다. 세례 요한은 하나님의 나라를 바라보면서, 그 이전의 시대에 속한 사람으로서 자기 부인과 봉사의 삶을 살았다. 이기적인 삶을 살지 않았던 세례 요한은 하나님의 어린 양으로 그리스도가 실현하실 것들을 충분히 이해했다. 세례 요한은 자신은 쇠하여야 하고 그리스도는 흥하여야 한다고 겸손하게 말했다(요 3:30). 요한은 자신이 감히 할 수 없는 일을 감당하실 하나님의 신실한 종에 대해서 엄청난 감사를 돌리는 표현을 한 것이다. 요한은 자신의 사명을 다하다가 헤롯에 의해서 비극적으로 살해를 당했지만, 자신에게 주어질 참된 상급과 진리를 확신했었다. 우리 주님께서는 "누구든지 나를 섬기면, 아버지께서 그를 영화롭게 하리라"고 약속하셨다.

---

6 Vos, "The Ministry of John the Baptist," 302.

2. "때가 차매" 오신 그리스도

하나님의 나라에 대해서 설명하는 구절들에서 우리가 첫째로 주목해야 할 문구는 "때"에 관한 강력한 경고와 강조다.

> "때가 찼고 하나님의 나라가 가까웠으니 회개하고 복음을 믿으라"(막 1:15).

이 구절은 예수님의 공생애에 걸쳐서 나타날 전체적인 내용을 요약한 것이다. 이 구절의 전체적인 배경 속에는, 세례 요한의 억울한 죽음이 있다. 그 직후에 "때가 찼다"고 지적하면서 예수님이 공적인 역사의 중심에 등장한 것이다.

"때"(헬라어, 카이로스, καιρός)가 찼다는 구절은 어떤 시기가 충분히 무르익어서 도래했다는 뜻이다(The time is fullfilled). 다시 말하면, 하나님의 뜻에 따라서 오랫동안 진행되어오고 있는 구속 사역이 "실현되었다"는 의미가 담겨 있다. 전체 문장은 완전 수동태 부정형이 사용되었다. 이와 동시에, 하나님의 나라가 "가까이 왔다"(헬라어 ἤγγικεν)고 하는 것에는 임박성, 지속적인 연관성, 미래성을 강조한다. 현재 실현된 것과 종말론적인 안목이 동시에 깊이 스며들어 있다.

"때"(카이로스)라는 단어는 "하나님의 목적을 위해서 지정된 시간"을 의미한다.[7] "카이로스"가 의미하는 "때"는 하나님이 행동하시는 "특

---

7 Gaffin, *In the Fullness of Time*, 271.

별한 시간"(special time), "선택된 시간"(chosen time)이며, "결정적인 시간"(decisive time)이다. 이 때는 확정된 시간이요, 지정된 시간이며, 합당한 시간이다.

헬라어를 사용한 신약 성경에는 "때"와 "시간"을 표현하는 "크로노스"라는 단어가 사용되었다. 이 단어는 일반적으로 달력에 표기된 시간과 때를 의미한다. 모든 사람은 "크로노스"의 세상이 펼쳐지는 동안에, 특정한 날에 태어나서 특정한 날에 죽음을 맞이하는 "카이로스"의 인생을 살아간다. 신약 성경 전체적으로 볼 때에, 어떤 특정한 날을 의미하는 "카이로스"(때, 시기, 기회, 시대 등)가 모두 87회 사용되었다. "크로노스"는 총 53회 사용되었다. "크로노스"는 우리가 일상적으로 계량하는 "시간"을 의미한다. 성경에 사용된 예를 들면, 헤롯이 은밀하게 동방 박사들에게 별이 "언제" 나타났느냐고 물었다(마 2:7). 이처럼, 예수님이 탄생하실 무렵에 살았던 사람들은 시간을 확인하고 싶을 때에 "크로노스"를 물었다. 이는 시계와 달력에 나오는 것처럼, 연속적으로 흘러가고 있는 시간이다.

사람들은 하나님의 나라가 임하는 카이로스의 "때"를 분별할 수 없다.

예수님께서 "시대" 곧 "때"를 분별하라고 가르쳤다. 그가 갈릴리에서 하나님의 나라의 도래를 전파했지만, 이것을 깨닫는 사람이 아주 적었다. 메시야에게 나아와 합당한 회개와 믿음의 반응을 나타내라고 하셨지만, 그들은 전혀 파악을 하지 못했다(막 1:14). 우리들도 역시 오늘의 시대를 완전히 다 파악하지는 못하고 있다. 누가복음 12장 54-56절에서는 때를 인식하지 못하는 것을 이중적으로 말씀하였다;

> "외식하는 자여 너희가 천지의 기상은 분간할 줄 알면서
> 어찌 이 시대는 분간하지 못하느냐"(56절).

여기에서 "시대"는 "예외적으로 특별한 시간"이라는 뜻으로 사용되었다. 일반 사람들은 경험이나 과학 기술을 이용해서 기상의 변화를 예측하는 정도이지만, 하나님의 백성들은 구원 역사의 진행 과정에 나타나는 시대의 징조를 알고, 회개부터 하는 것이다. 이런 태도와 자세가 예수 그리스도를 주님으로 믿는다는 것의 핵심이다.

누가복음 19장 44절에서는, 예루살렘을 향해서 보살핌을 받는 날(때)을 알지 못하노라고 예수님께서 탄식하였다. 로마서 13장 11-13절에서는 잠에서 깨어나라고 권고한다;

> "너희가 이 시기를 알거니와 자다가 깰 때가 벌써 되었으니,
> 어둠의 일을 벗고 빛의 갑옷을 입으라."

바울 사도는 유대인들이 율법 아래서 초등 학문을 배웠고, 하나님이 정하신 때까지 후견인과 청지기 아래서 보호를 받았음을 상기시켰다.

그와는 대조적으로 예수 그리스도가 오셨는데, "때가 차매, 하나님이 그 아들을 보내사 여자에게서 나시고 율법 아래에 나게 하신 것"(갈 4:4)이라고 강조하였다. 이 본문에서는 "크로노스"가 사용되었다(눅 1:57, 행 7:17, 계 10:6 등). 위 본문에서 "크로노스"를 사용한 것은 구약 시대부터 오래 축적되어 흘러온 긴 시간을 강조하려는 것이라고 본다. 하나님의 목적을 이루기 위해서 오랫동안 연속적으로 축적

되어온 시간 속에서, 지정하신 때를 나타내고자 할 때에는 "카이로스"를 사용했다.

또 다른 본문에서 바울 사도는 "카이로스"를 사용하여 "때가 찬 경륜"(엡 1:10)이라고 설명했다. 마가복음 1장 15절에서는 때가 차매 하나님 나라가 도래했다고 선포하면서, "카이로스"를 사용했다. 하나님의 나라는 예수님이 증거한 핵심 내용이자, 모든 설교와 설명과 예화와 비유의 중심 개념으로 제시되어졌다. 이처럼, 예수님의 오심은 시간적으로 카이로스와 크로노스, 두 가지 단어를 사용하여 설명되어야 마땅하다.

예수 그리스도는 "때가 차매," 곧 카이로스의 시간이 임해서, 우리의 죄를 속량하시려 오셨다. 예수님은 복음, 즉 "선한 말씀"(유앙겔리온, εὐαγγέλιον), 또는 "기쁜 소식"을 전파했는데, 그 핵심이 하나님의 나라였다(마 4:23, 9:35, 24:14, 눅 4:43, 8:1, 16:16). 예수님이 선포하신 기쁜 소식이란 하나님 나라의 복음이다. 예수님은 하나님의 나라에 대해서 전체적인 특징들을 선포하면서, 비유를 활용하였다(마 13장; 눅 8장). 교회의 인식 가운데서, 그리고 신학의 역사 속에서, 하나님의 나라를 중심 진리로 항상 강조하여야만 한다.

수천 년 동안 이어져 내려온 하나님의 구원 사역 중에 주셨던 약속과 언약에 따라서, 최종 절정에 이르게 되었다(히 1:1-2). 예수 그리스도는 자신의 죽음으로 말미암아, "십자가의 피로 화평을 이루사, ... 마음으로 원수되었던" 죄인들을 "거룩하고 흠 없고 책망할 것이 없는 자"로 하나님 앞에 세우고자 하셨다(골 1:14, 21-22). 예수 그리스도는 보이지 않는 하나님의 형상이시요, 만물의 창조자이시다.[8] 삼위일체 하나님을 아는 참된 지식을 보여주시는데, 이미 모든 만물의 존재에 앞서서 선재하신 분이시다.

> "하늘과 땅에서 보이는 것들과 보이지 않는 것들과 혹은 왕권들이나 주권들이나 통치자들이나 권세들이나 만물이 다 그로 말미암고 그를 위하여 창조되었고 또한 그가 만물보다 먼저 계시고 만물이 그 안에 함께 섰느니라"(골 1:16).

이처럼 예수 그리스도께서는 피조물과 새로운 관계를 맺으시려고 먼저 겸손하게 낮은 사람의 모습으로 오셨다. 그러나 하나님의 모든 충만하심이 함께 하는 가운데서, 주 예수 그리스도는 부활 후 승천하셨고, 제자들에게는 "위엣 것"을 찾으라고 지침을 주셨다(골 3:1-2).

이처럼 원대한 계획을 실현하고자 오신 분이 예수 그리스도다. 따라서 예수님의 첫 메시지는 세상에 있는 사람들로 하여금 보이지 않는 나라를 깨우치라는 내용이었다.

> "때가 찼고 하나님의 나라가 가까이 왔으니 회개하고 복음을 믿으라"(막 1:14-15).

과연 어떤 때(카이로스)에 예수님이 오셨던가?

---

8 Lane G. Tipton, "Christology in Colossians 1:15-20 and Hebrew 1:1-4: an Exercise in Biblico-Systematic Theology," in *Resurrection and Eschatology: Theology in Service of the Church: Essays in Honor of Richard B. Gaffin Jr.*, eds., Lane G. Tipton and Jeffrey Waddington (Phillipsburg: P&R, 2008), 177-202.

예수님과 세례 요한이 등장하여, 똑같이 하나님의 나라가 도래했음을 선포했다.

로마 제국의 지배하에서 힘든 생활을 살아가고 있던 사람들에게는 그야말로 놀라운 소식이었다. 유대 땅에서는 주전 4백 년경에 활동했던 말라기 이후로, 하나님이 보내신 선지자들이 전혀 없었다. 그리고 삼백 년 동안 헬라 제국의 통치가 있었고, 마카비의 독립 국가 시절을 거친 후에는 로마가 지중해 연안을 다스리는 대제국을 세우고 강자로 등극하였다. 정치적으로나 군사적으로 볼 때에, 유대 땅은 로마 황제의 지배를 받는 점령지였다. 종교적으로도 역시 혼란스러웠다. 예루살렘 성전을 중심으로 하는 대제사장들과 서기관들은 전통을 빙자하여 자기 잇속을 챙기기에 여념이 없었다. 그런가 하면, 변질된 유대주의자들이 일어나서 바리새파, 사두개파, 열심당 등 각기 제 나름대로의 조항들을 내세우고 있었다.

예수 그리스도는 지상 사역의 초기에 종말론적 실현에 대해서 주목할 만한 교훈을 강조했다. 갈릴리 사역에 나서면서부터 예수님이 선포한 내용에서 하나님의 나라에 대해서 가장 강조하신 점은 전체적으로 펼쳐질 모든 구속 사역의 지침이었다.

세례 요한이 체포된 후에, 예수님께서는 갈릴리에 이르러서 하나님의 복음을 선포했다. 신약 복음서들을 종합적으로 살펴보면(막 1:14-15, 마 4:17, 눅 4:19), 하나님 나라의 도래에 대한 강조가 두드러진다. 요한복음에서는 니고데모에게 하나님의 나라를 소개하는 것으로 서술되어 있다(요 3:3). 예수님의 가르침을 소개하는 공관복음서의 핵심 주제는 하나님의 나라였으며, 다른 내용들은 이와 연관된 것들이라고 할 수 있다.

첫째, 유대주의자의 율법주의에는 하나님을 향한 마음의 열정이 전혀 없었다. 구약의 종교는 유대주의자들에 의해서 율법주의로 변질되었다. 바리새파, 사두개파, 열심당 등에 맞서서 예수님은 질타하시고 탄식하였다.

둘째, 예루살렘 성전 중심의 신앙생활도 완전히 변질되었다. 대제사장들, 장로들, 서기관들, 회당장 등 유대인들 지배층들은 조상들의 신앙에서 크게 벗어난 행위를 자행하고 있었다. 명절 때마다 성전에는 대략 삼십만 명 정도 모여들었는데, 먼 곳에서 살던 유대인들이 제물 대신에 가져오던 외국 돈을 세켈로 바꿔주면서 이득을 취하고 있었다(마 21:12-17).

또한 유대 사회는 수백 년 동안 헬라적 사고와 풍습에 깊숙하게 젖어 있었다. 알렉산더에게 짓밟힌 이후로 헬레니즘이 이미 삼백 여년을 지배층에 파고들었다. 지식층에서는 히브리어 성경 말씀을 중요하게 가르치지 않았고, 헬라어를 터득하여 이득을 취하고자 도모했다.

셋째, 로마 제국은 강력한 군사력으로 지중해 연안을 침략했고, 이스라엘도 큰 고통을 당하고 있었다. 황제 숭배를 강요하는 자들에게 짓눌린 백성들에게는 전혀 소망이 없었다. 율리우스 씨저와 결탁한 헤롯 왕은 유대인들을 회유하면서도 고통을 가중시켰다.

이처럼 종교와 정치, 언어와 문화가 세속적으로 타락하던 때에, 세례 요한이 등장하여 회개하라고 외쳤다. 또한 그는 하나님의 나라가 등장하는 "때가 찼다"고 선포했다. 그보다 앞서서 여러 선지자들이 하나님의 통치와 권세로 다스려지는 나라와 메시야에 대해서 선포했었다. 하지만, 세례 요한의 등장은 가히 충격적이었다. 그의 외모와 생활 방식은 많은 사람들의 이목을 집중시켰고, 그에게 몰려나온 자들을 향해서 거침없이 질타를 뿜어냈다. 헤롯 왕이나, 부자와 권세자들을 두려워하지 않는 그의 메시지는 압도적으로 탁월한 도덕성을 근간으로 했기 때문이다.

세례 요한에 이어서 갈릴리에 등장한 예수님께서도 똑같은 내용을 선포하셨다. 예수님도 첫 선포에서, "때가 찼고, 하나님의 나라가 가까이 왔다"고 말씀하셨다(마 3:2). 왜 천국이 가까웠다고 선포했던가? 그리고 무엇보다도 먼저, 회개하라고 외쳤던 것일까?

하나님 나라의 강림은 메시야이신 예수님이 오셨다는 것이다. 메시야와 새로운 왕국의 도래를 선포하는 것은 가장 특별하고도 새로운 출현이다. 여인의 후손으로 오신 그분이 곧 죄인의 메시야이심을 선포하신 것이다. 죄를 고백하는 회개를 통과해야만 하나님의 나라에 들어갈 수 있다.

3. '바실레이아'의 뜻과 용례

하나님의 나라는 하나님의 통치와 그 영역을 의미한다.

"하나님의 나라"라는 단어는 예수 그리스도께서 처음으로 사용하였다. 구약 시대에 이미 하나님의 통치와 영원한 왕권을 가르쳐 주셨지만, 비로소 예수님에 의해서 구체적으로 드러났다.

1) '나라'의 뜻

예수님께서 말씀하신 '왕국' 혹은 '나라'라는 단어는 헬라어 "바실레이아"(βασιλεία)를 번역한 것이다. 한글로 번역된 '왕국', '나라'는 영어로는 'kingdom'이며, 현대 영어에서는 추상적인 단어가 아니라, 왕이 다스리는 매우 구체적인 통치 영역을 의미한다.

헬라어 사전을 찾아보면, 바실레이아는 두 가지 의미를 포함하고 있다. 첫째는 왕국의 구체적인 영역(realm), 장소, 지역을 의미한다. 둘째로는 추상적으로 왕권의 통치(rule)와 그 통치의 역동성을 의미한다. 다시 말하면, 왕국이란 어떤 지역을 의미하기도 하고, 그 지역을 지배하고 통치하는 권력이라는 두 가지 의미가 뒤섞여서 사용되기도 했다. '바실레이아'는 어떤 지역과 장소에서, 기능적으로 지배권을 행사하는 통치를 의미하였다. 일정 지역을 근거로 하는 왕국이 없다면 왕은 존재할 수 없으며, 다스리는 권세 혹은 왕권이 없는 왕이란 존재하지 않는다. 그래서 왕국이란 단어는 매우 구체적이며 실제적으로 쓰여졌다.

구약 성경의 배경을 살펴보면, 고대 아람어와 연관이 되어있는 히브리어 "말쿠트"(malkuth)가 있는데, 제국, 왕국, 통치, 영역, 왕권 등으로 모두 61회 사용되었다. 말쿠트는 왕들의 기능으로서 왕권 또는 통치를 의미한다. 이런 때에는 추상적인 의미로 사용되었다. 왕이 통치하는 사람들, 지역들, 영역을 의미하기도 했다. 이런 경우에는 물체적인 뜻이 담겨 있다.

구약 성경에서는 하나님의 통치적인 기능을 의미했다. 다만, 매우 예외적으로 출애굽기 19장 6절에, "제사장들의 나라"라는 용어가 사용되었다. 유대인들은 통치라든가 왕권이라는 의미로 "왕국"을 이해하고 있었다. 부활하신 후, 예수님과의 대화에서, 제자들이 언제 혹 지금 "나라"를 회복해서 유대인에게 주시겠느냐고 물었다. 사도행전 1장 6절에서 사용된 의미는 분명히 "왕권", "통치", "통치의 기능"을 의미했다.

성경 밖에서 유대 문학서들을 찾아보면, 하나님의 왕권이라는 단어가 사용된 적이 없다. 유대인들의 마음속에는 하나님의 다스림보다는 이스라엘 사람들의 나라가 더 중요시 되었던 것이다. 예수님께서는 하나님의 최고 통치권을 강조하시고자 "나라"를 언급하셨는데, 유대인들은 민족적이요 세속적인 의미로 사용했다.

예수님은 하나님의 나라를 비유를 들어서 쉽게 설명했다.

여러 가지 비유 가운데서, 다양하게 사용된 하나님의 나라를 이해하려면 구체적인 문맥 속에서 찾아보아야 한다. "인자가 자기 왕권을 가지고 온다"(마 16:28, 막 9:1)는 말씀을 하셨는데, 이것은 왕권 혹은 통치 행위를 의미하는 것이다. 또 다른 비유에서는 하나님 나라에 들어간다거나 밖으로 쫓겨나리라고 했다. 또한 하나님 나라를 상속한다거나 추구한다거나 소유한다는 표현들도 있다. 이런 경우에는 하나님의 통치에 대한 것이 아니라, 통치의 대상을 염두에 두고 있음을 알 수 있다.

'주권적 통치'(sovereignty)가 하나님 나라를 잘 대변하는 단어가 될 수 있다. 성경에 나오는 하나님의 지배적 행동을 대변하는 단어이지만, 아쉽게도 하나님이 통치하시는 영역(realm)을 표현하지는 못한다.

신약 복음서를 조금 더 세밀하게 살펴보자.

마태는 "하늘나라"(천국, kingdom of heaven)라는 표현을 30회 사용했다. 하지만, 예외적으로 여섯 구절에서는 다양한 표현으로 기록했다; "그의 나라"(마 6:33), "하나님의 나라"(마 12:28, 21:31, 43), "아버지의 나라"(마 13:43, 26:29) 등이다.

그러나 "하늘나라"(천국)라는 표현은 마가복음, 누가복음, 요한복음에는 전혀 등장하지 않는다. 마태복음을 제외하고는 줄곧 "하나님의 나라"만 사용되었다. 이런 차이점은 쉽게 이해할 수 있다. 마태복음은 주로 유대인들을 위해서 기록한 복음이다.[9] 그래서 유대인들이 즐겨 사용하던 표현들이 많다. 마가, 누가, 요한은 이방인들의 독자를 염두에 두고 서술했다. 이방인들이 쉽게 이해할 수 있는 단어들이 많이 담겨져 있다.

예수님께서 일상적인 대화로 주로 아람어를 사용했으며, 필요한 경우마다 종종 히브리어를 병행해서 사용했으리라 추정하고 있다. 그리고 복음서의 기자들이 성령의 감동을 받아서, 헬라어로 번역하는 수고를 감당했다. 아마도 예수님께서 아람어로 "하늘나라"에 대해서 말씀하신 것을 마가와 누가가 헬라어로 "하나님 나라"라고 번역했을 가능성도 있다. 혹은 예수님께서는 마태복음에 나오는 "천국"이라는 단어와 "하나님의 나라"라는 단어를 동시에 사용했을 가능성도 있다. 그러나 마태는 오직 "천국"이라는 단어만을 기록에 남겼을 수도 있다.

마태복음 4장 17절과 마가복음 1장 15절을 비교해 보면, 동일한 내용을 기록하면서도 마태는 천국으로, 마가는 하나님의 나라로 기록

---

9 Craig L. Bloomberg, *Jesus and the Gospels* (Nashville: Broadman & Holman, 1997), 170. David Wenham & Steve Walton, *The Gospels and Acts* (London: The Society for Promoting Christian Knowledge, 2001), 214.

하였다. 당시 유대인들의 일상 용어를 분석해 보면, 하나님의 무한대한 존귀하심을 의미하는 "하나님"이라는 단어를 입에 올리기를 피하는 경향이 있었다. 유대인들은 "여호와" 혹은 "야훼"라고 하는 하나님의 이름을 언급하려 하지 않았다. 그 대신에 '아도나이'(주님)이라고 발음했다. 마찬가지로, 하나님의 영광을 사모하는 선한 의도에서 "천국"이라고 표현했을 것이다. '하늘'은 하나님의 위대하심을 대표하는 단어였다. 하늘 영광 가운데서 임재하시는 하나님을 올려다 본다는 의미가 함축되어 있다.

"천국"은 하늘에 펼쳐져 있는 나라라고도 불려질 수 있는데, 신비롭고 초자연적이며 초월적인 성격을 반영하는 단어다. "천국"은 이상적으로 완벽하면서, 초월적인 가치를 지니고 있는 곳이라고 보았다. 예수님께서도 "하늘"에 대해서 말씀하시면서 초자연성이라는 개념을 연결시켰다(마 16:17; 막 11:30).

예수님께서 가르쳐주신 기도문에 보면, "뜻이 하늘에서 이뤄진 것 같이, 땅에서도 이루어지이다"고 하였다. 하늘은 완벽한 하나님의 뜻이 성취되는 곳이다. 그곳으로부터 이 땅 위에 "하나님의 나라가 임하시옵소서"라고 기도하는 것이다. 하늘은 신앙적인 생활과 희망이 이상적으로 성취되는 곳이다. 기독교인들이 가야 할 목표이자 방향이다(마 5:12, 6:20).

예수님께서는 하늘의 영역과 땅 위에 영역을 현저하게 다른 곳으로 대조시켰다. "하늘"이라는 곳은 단순히 "하나님"으로 대체할 수 없으며, 더 깊은 의미가 있다. 유대인들에게 있어서, 하늘은 하나님의 영원한 집이 있는 곳이며 거룩한 지역을 의미했다. 따라서 예수님께서는 "천국"이라는 용어를 매우 긍정적인 의미로 사용하였고, 아마도 누가와 마가와 요한이 이것을 "하나님의 나라"로 번역했을 수도 있다. 예수님께서 "천국"이라고 하셨던 이유는 단순히 하나님이라는 단어를 발음상 기피하려던 당시 유대인들의 생각과는 달랐다.

성경 번역이나 해설에서 매우 세심한 주의가 요청된다. 세대주의자들의 관주 해설 성경,『Scofield Reference Bible』(1917)에 보면, "하늘나라"와 "하나님의 나라"를 서로 대조되며, 반대되는 개념으로 나눠놓았다. 이렇게 해석하는 아무런 근거도 제시하지 않았다. 세대주의자들의 천년 왕국은 하늘나라와 동일하다고 적시해 놓았다. 또한『Pilgrim Edition of Holy Bible』에서도 천국과 하나님의 나라를 극단적으로 대립시켰다. 여기서도 천국이 천년 왕국과 동일하다. 세대주의자들의 이런 대조와 해설은 전혀 복음서의 전체 내용과는 다르다.

2) 신약 성경의 전체에 반영된 나라

예수님의 모든 가르침 가운데서, "하나님의 나라" 또는 "하늘나라"(천국)에 해당하는 헬라어는 "바실레이아"(βασιλεία)이며, 신약 성경에 총 157회(148구절) 사용되었다.

> 복음서, 마태복음 54회(52구절),
> 마가복음 20회(18구절)
> 누가복음 45회(43구절)
> 요한복음 5회(3구절)
> 사도행전 8회(8구절)

바울서신, 로마서에서 빌레몬서 14회(14구절)

일반서신, 4회(4구절)

요한계시록, 7회(6구절).

예수님의 말씀을 기록해 놓은 사복음서에서만 보더라도, "바실레이아"가 가장 중요한 주제이며, 모두 124회 사용되었다. 하나님의 나라를 의미하는 구절로는 103번 사용되었다. 이에 비교해서, 예수님은 "교회"에 대해서는 두 번만 말씀하였다. 물론, 사도행전 이후로는 이방인 지역에 "교회"가 세워졌기에 하나님의 나라보다는 훨씬 더 많이 언급되었다. 교회와 하나님의 나라는 상호 간에 뗄레야 뗄 수 없이 긴밀하게 연결되어 있다. 교회는 하나님의 나라를 이 땅위에 실현하는데 있어서 가장 중요한 대행 기관이다. 요한 계시록에 이르러서, 하나님의 나라는 재림하시는 주 예수 그리스도와 함께 펼쳐지는데, 영광 가운데서 더 크고 높은 개념으로 승화되었다.

하나님의 나라는 예수님의 모든 인격과 사역을 통해서 밝히 드러났다. 그 절정은 십자가의 고난과 희생, 드라마틱한 승리의 부활과 영광스러운 승천을 통해서 확실하게 제시되었다. 신앙적으로나, 정치적으로나 가장 어두운 암흑기에 예수님을 통해서 전파된 것이 하나님 나라의 복음이다.

하나님의 나라가 임했다는 것은 하나님의 구원 계획이 인간의 역사적 시간과 장소 속에서 구체화되어 나가고 있음을 의미한다. 동시에 복음서에서 다뤄진 하나님의 나라는 최종적으로 완성된 형태로 예수님의 재림과 함께 도래하기를 소망하고 기대하는 종말론적 관점이 깊이 배어 있다. 신약 계시의 구조 속에 담겨 있는 핵심 메시지는 하나님의 나라이다. 예수 그리스도에 의해서 근원적으로 전개된 하나님의 나라가 그의 초림에서 시작했고, 그 완성된 영광스러움이 장차 도래한다는 이중적인 논지들과 강조가 광범위하게 깔려 있다.[10]

---

10   Gaffin, *In the Fullness of the Time*, 68.

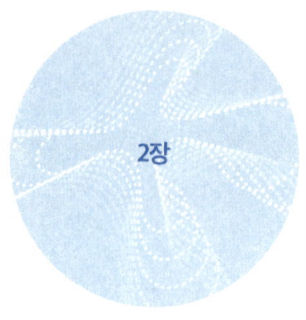

하나님 나라의 기본적인 이해

"회개하라 천국이 가까웠다"(마 4:17).

우리의 주 예수 그리스도는 공적으로 구원 사역에 나서면서 첫 마디에 "하나님의 나라"를 선포하셨고, 만물의 새로운 질서와 회개가 필요하다고 외쳤다. 예수님께서는 자신의 모든 가르침과 행동을 통해서 하나님의 나라가 도래하는 것을 가장 중요하게 인식하고 계셨다. 예수님께서는 제자들에게 처음부터 끝까지 하나님의 나라를 아주 특별하게 가르쳤다. 그들로 하여금 가장 깊이 있게 깨우칠 수 있도록 반복한 주제가 하나님의 나라였다. "이 모든 것을 깨달았느냐"고 촉구하면서, "천국에 관해서 기록된 것"을 제자들에게 모두 가르치셨다(마 13:52). 이를 통해서, 사람이 살아가는 동안에 최고의 목표가 되는 하나님께 대한 공경심을 실제적으로 일상생활에서 구체화하도록 교육했다. 하나님의 영광을 위해서 살아야 할 인생들에게 주시는 참된 지식이 하나님의 나라였다.

　예수님의 가르침 중에서 이처럼 막중한 위엄과 최고의 위치에 해당하리만큼 중요하다고 말할 수 있는 주제가 하나님의 나라이다. 그러한 내용을 바르고 쉽게 이해하기 위해서는 신구약 성경을 종합적으로 연구한 신학자들의 안목과 조언이 필요하다. 성경은 많은 것들을 포함하고 있기 때문에, 전체적으로 살피는 큰 안목이 필요하다. 성경에 펼쳐져 있는 하나님의 나라에 대해서 주목하여 깨우쳐야 하고, 깊은 의미들을 가슴에 새기고 살아가야만 한다.

1. 하나님 중심적이며, 메시야적인 특징

　예수님에 의해서 선포된 나라는 본질적으로 하나님 중심적이며, 메시야적인 특성을 드러내고 있다. 하나님의 나라는 추상적인 문제가 아니라, 그리스도를 중심으로 펼쳐지는 메시야의 사역을 통해서 드러났다. 그 나라는 하나님의 통치와 그 통치 영역을 의미하며, 그리스도에 의해서 도래했고 진행되었다. 하나님의 나라는 본질적으로 그리스도의 왕국이다. 그리스도를 떠나서는 존재할 수 없고, 아무것도 할 수 없다. 하나님의 나라는 만들어진 것이 아니라, 성취되어 나가는 과정에 있는 것이다.

1) 도래의 단계들

　하나님의 나라가 도래하는 시간이 오기까지는 여러 단계들을 통과

해야만 했다.

먼저, 그리스도의 성육신이라는 신비롭고 경이로운 낮아지심을 통해서 시작되었고, 그 이후에 연속되는 공적인 사역들이 있었다. 이어지는 결정적인 단계는 십자가의 죽음과 부활이다. 이때에는 겸비하신 단계에서 영광과 존귀의 단계로 완전히 전환하였다. 그 전환의 과정을 넘어서서, 재림의 시기가 도래할 것이다. 세상의 마지막 날에, 주님께서 다시 오실 것이다.

예수 그리스도께서는 하나님의 나라에 관해서 전격인 선언을 하시면서도, 최종 모습을 단번에 다 드러내 보여주시지는 않았다. 차츰 단계적으로 제시해 주셨고, 그 마지막에 부활과 승천으로 영광스러운 승리의 모습을 드러내셨다. 예수님의 지상 사역의 마지막 절정에서, 부활과 승천을 보여주셨고(행 1:11), 사도들을 통해서 전파케 했으며, 종말의 때에 완전한 "새 하늘과 새 땅"(계 21-22장)이 모습을 드러낼 것이다.[1]

그리스도의 공개적인 지상 사역에서도 결정적인 전환의 단계가 있었다. 처음에는 세례 요한이 등장하여 오실 메시야를 위한 증거였고, 그에게서 세례를 받았다. 전환의 단계는 요단강이었다. 성부의 음성과 성령의 강림이 있었고, 공생애에 나서는 예수 그리스도가 함께 공존했다. 공생애의 절정은 십자가 위에서 죽음이었고, 영광스러운 승리의 단계로 이어졌다. 곧 부활과 승천으로 이어지는 전환의 단계가 있었고, 지상에서는 예루살렘이 멸망을 당했다. 그 사이에 신약 교회의 시기가 전개되었다. 전 세계에 세워진 교회들은 마지막 재림을 기

---

1 Gaffin, *In the Fullness of Time*, 41.

다리고 있는데, 그리스도의 지상 사역에 드러난 것과는 다른 나라가 도래할 것이다.

2) 메시야적인 나라

왜 예수님께서 "하나님의 나라" 또는 "하늘나라"라고 하는 새로운 명칭을 사용하셨을까? 하나님의 나라는 당시 유대인들이 익숙하게 알고 있던 개념도 아니었고, 메시야의 시대를 고대하던 그들이 자주 사용하던 용어도 아니었다. 구약 성경에서도 이와 똑같은 개념은 없었다. "하나님"에 대해서 수많은 설명들이 구약 성경에 제시되었고, "나라"라는 단어도 수없이 사용되었지만, "하나님의 나라"라는 용어는 구약 성경에서 나온 것이 아니다. 따라서 예수님께서는 구약 성경에 담겨진 어떤 단어만을 강조하려고 하신 것이 아니라, 하나님의 절대 주권성에 대한 가장 본질적인 "원리들"을 새롭게 제시하고자 하나님의 나라라는 용어를 새롭게 주셨다.

예수님께서는 "하나님의 나라"에 대해서 개념 규정이나, 정의를 가르치는 방식으로 제시하지 않았다. 가장 쉬운 비유와 예화 등을 통해서, 예수님은 하나님의 나라에 대해서 간략하고도 강렬하게 설명하고, 이해를 도모했다. 바울 사도가 "하나님의 나라는 먹고 마시는 것이 아니라, 그리스도 예수 안에서 의와 평강과 희락이라"(롬 14:17)고 규정지었다. 우리는 하나님의 나라에 대한 예수님의 설명과 해설들을 통해서, 그 깊은 의미를 배우게 되어지며 합당한 개념 규정에 이르게 된다.

하나님 나라의 본질적인 의미는 이 세상에서 기독교인들의 도덕적인 행위나 종교적인 목표에 도달하도록 영향을 끼친다는 것이 아니다. 신앙적인 연대 의식을 가진 사람들이 하나로 결합하는 측면이 있지만, 하나님의 나라를 세워나가는 방식으로 그러한 특별한 윤리적 행위들을 예수님께서 강조하신 적이 없다. 하나님의 나라는 사람들끼리 모여서 만든 어떤 집합체나 결속체가 아니다. 하나님과 인격적인 상호 관계를 맺고 있는 사람들은 자신들이 소속된 나라의 시민의식을 발휘하는데 그것이 바로 윤리적이며, 도덕적 행동이다.

예수님께서 "하나님의 나라"라는 단어를 채택하신 이유에 대해서 좀 더 살펴보자.

모든 사람들에게 익숙한 용어들을 사용하면서도, 하나님의 최고 통치권을 드러내는 용어가 필요했기 때문이다. 이 세상에서도, 각 지역마다 종족마다 왕국 체제가 세워졌고, 왕이 백성들의 최고 통치자로서 군림해 왔었다. 이 세상의 사람들은 "왕국" 혹은 "나라", "국가", "제국" 등에 속해 있으면서 일생을 보내고 있다. 그러나 예수님이 소개하는 왕국은 땅 위에 세워진 장소와 물체를 지칭하는 것이 아니라, 전적으로 하나님이 중심에 있는 나라이다.

> "내 나라는 이 세상에 속한 것이 아니니라
> 만일 내 나라가 이 세상에 속한 것이었더라면
> 내 종들이 싸워 나로 유대인들에게 넘겨지지 않게 하였으리라
> 이제 내 나라는 여기에 속한 것이 아니니라"(요 18:36).

하나님의 나라는 예수 그리스도로부터 나오는 진리를 믿고 따르는 자들로 구성된 나라이다. 그 나라에 속한 자들은 모든 만물 위에서

통치하시는 오직 하나님의 영광을 위해서 복종한다.

그러나 모든 인간들은 자연적으로 사람 중심의 관점을 가장 중요하게 여기며, 종교적인 생활에서도 하나님이 중심이 된 나라를 추구하는데 어려움이 크다. 고대 사회에서 볼 수 있었던 왕국에서는 모든 백성들이 국가의 종으로 규정되었고, 그 정점에 통치자가 군림했었다. 그러나 현대 사회는 민주 제도를 정착시켰고, 이제는 더 이상 모든 국민들이 왕의 신하이거나 종으로 살아가는 것이 아니다. 하나님의 나라에서는 이미 오래 전부터, 처음부터 아담과 이브를 인격적으로 존중해 주었으며, 다만 하나님과 사람 사이에 가장 참된 인격적인 관계를 유지하기 위해서 지켜야 할 원리들이 있었다.

구약 시대 이스라엘의 신정 통치 제도와 왕정 통치를 거치는 동안에, 하나님과 인간 사이의 참되며, 시속적이며, 영원한 관계를 가르쳤다. 그냥 유대 국가를 일반적인 왕정 통치를 유지시키려 한 것이 아니다. 수많은 선지자들을 통해서 하나님 중심적으로 살아가도록 촉구했으나, 예수님이 오시는 날까지도 율법주의에 빠져서 무시되었다. 이제, 예수님은 새롭게 하나님의 나라에 관해서 가르치면서, 하나님과의 인격적 관계를 회복시키고자 했다. 하나님의 나라는 모든 대적자들을 다스리는 최고 지배권이 시행되어지는 곳이며, 사람들로 하여금 바로 그 최고 통치를 인정하도록 만들어간다. 보스 박사는 하나님의 최고 통치권이 발휘되어지면, "최고의 선으로서, 하나님을 향해서 모든 것들이 모아지고, 집결되어지는 상태"가 된다고 강조했다.[2]

---

2 Vos, *The Kingdom and the Church*, 50.

2. 하나님 나라의 전파

예수님의 가르침에서 첫 번째 주제는 하나님의 나라였다.

하나님의 나라보다 더 많이 가르치고, 강조한 주제가 과연 있는가? 없다. 예수님께서 가르치신 모든 내용들을 세밀히 살펴보면, 거의 대부분이 하나님의 나라와 관련된 것들이었다. 예수님의 메시지의 처음과 끝이 하나님의 나라다. 최종적으로는 승천 직전에 사십 일 동안 제자들과 함께 지내시는 동안에도 "하나님 나라의 일을 말씀하시니라"(행 1:3). 바울 사도 역시 "담대히 하나님 나라를 전파하며 주 예수 그리스도께 관한 것을 가르치되 금하는 사람이 없었다"(행 28:31).

예수님의 모든 핵심되는 교훈들은 하나님의 나라와 연관성을 갖고 있다. 하나님 나라의 특성을 설명하는 첫 번째 설교가 산상 보훈이다. 여기에서 예수님은 파격적으로 원수를 사랑하라는 새 윤리를 선포하였다. 하나님의 나라가 임하기 때문에, 과거와는 달리 완전히 새로운 태도로 이웃을 대하고 포용할 것을 가르쳐주신 것이다. 산상 보훈에서 예수님이 설명하신 모든 내용들은 하나님 나라의 핵심적인 가치들이다.

1) 기쁜 소식

예수님이 이 세상에 오셔서 증거하신 하나님 나라는 그의 모든 교훈과 사역의 중심일 뿐만 아니라, 포괄적이며, 전체를 지배하는 주제이다. 기쁜 소식을 담은 복음서에 담긴 예수님의 모든 가르침들은 하

나님의 나라에 대한 것으로 집약되어져 있다.[3]

첫째, 예수님의 설교와 강의를 종합하게 되면, 아주 쉽게 하나님 나라에 관한 것임을 알 수 있다. 설교의 내용이 "복음"이었는데, 영어로는 'gospel'로 번역되어졌다. 원래 헬라어 "유앙겔리온"이라는 단어인데, "선한 소식"(good news)이라는 의미가 더 정확하다. 예수님은 "복음"(선한 소식)을 선포하셨는데, 그 핵심은 하나님의 나라였다(마 4:23, 9:5, 24:14, 눅 4:43, 8:1, 16:16). 예수님이 선포한 복음은 하나님 나라의 복음이었다. 예수님의 가르침에서 예화를 사용한 것이 매우 많고, 쉽고, 특징적인데, 거의 대부분 하나님 나라에 관한 것이다(마 13장, 눅 8장).

둘째, 또한 예수님의 설교 가운데 사용하신 하나님의 나라는 종말의 개념이 깊이 담겨져 있다. 종말적인 뜻이 담겨진 하나님의 나라를 배경으로 하지 않으면, 주 예수 그리스도의 인격과 사역을 합당하게 이해할 수 없다.[4] 신약 성경 전체적으로도 종말에 대한 메시지가 광범위하게 담겨져 있다.

2) 영원한 나라의 우주적 통치자

종말론적인 실재로서 하나님의 나라는 피조물의 세계를 주권적으로 다스리는 하나님의 우주적인 통치를 의미한다. 하나님은 항상 과거, 현재, 미래까지도 왕으로 다스리신다. 시편 145편 13절에, "영원

---

[3] Gaffin, *In Fullness of the Time*, 67.

[4] David F. Wells, *The Person of Christ: A Biblical and Historical Analysis of the Incarnation* (Westchester: Crossway, 1984), 23.

한 나라"를 통치하시는 하나님의 최고 지배권이 모든 세대에 걸쳐서 영향을 끼치고 있다고 고백하였다. 언약의 개념이 특수하게 적용되어져서, 하나님은 야곱의 왕이시다(사 41:21). 구약 성경 안에서 살펴본다면, 이스라엘의 민족사를 통해서 하나님의 나라를 드러내 보여 주셨다.

예수 그리스도는 영원한 나라의 우주적인 통치자인데, 세상에 오셔서는 낮아짐과 높아지심의 방식으로 사역하였다. 주 예수 그리스도는 왕으로서 다스림과 통치와 지배권을 행사하는 분이신데, 아주 낮은 방식과 존귀하게 높아지는 방식으로 발휘하였다. 하나님의 나라를 펼쳐나가면서, 예수 그리스도는 죄인들을 구원하시는 사역을 통해서 드러냈다.

첫째, 예수라는 이름은 죄로부터 자기 백성을 "구원하는 자"라는 뜻이다. 헬라어로 "예수스"(Iesous)인데, 원래는 히브리어 "예호수아" 혹은 "예수아"에서 헬라어로 번역된 사람의 이름이다. 구약 성경에 나오는 눈의 아들, 여호수아에게서 유래되었다. 모세는 믿음의 용사 "호세아"에게 "여호수아"라는 새로운 이름을 지어주었다(민 13:16). 모세의 뒤를 이어서 가나안 땅을 정복한 지도자였고, 그가 이스라엘 백성을 이끌었던 믿음의 용사였다는 점에서 장차 오실 주님의 역할을 미리 보여준 인물이었다(수 1:1-2, 24:29).

유대인들은 조상들의 이름을 후손들에게 물려주었는데, 2세기 초반까지 유대인 남자의 이름으로 보편적으로 사용되던 이름이었다. 구원자로 오신 "나사렛 예수"(마 26:71, 막 1:24, 10:47, 14:67, 눅 4:34, 18:37, 24:19, 요 1:45, 18:5, 7, 19:19, 행 2:22, 6:14, 10:38, 22:8, 26:9)를 따로 구별하여 부르게 되면서, 일반 사람들의 이름으로는 더 이상 사용되지 않았다.

둘째, 그리스도는 공식적인 이름이다. 헬라어 "크리스토스"에서 나온 발음을 따라서 한국어로 표기된 것이다. 그 의미는 히브리어로 이미 사용되었던 "기름 부음을 받은 자"이다. 히브리어 "메시야"를 헬라어로 번역할 때에 "크리스토스"로 표기했다. 기름을 붓는 것은 공직에 취임하는 선포이자 공적인 직무의 시작을 의미하며, 동시에 성령의 은사가 부어져서 그 직책에 필요한 능력을 갖추었다는 뜻이다.[5] 구약 시대에 기름 부음을 받은 "메시야"는 선지자, 제사장, 왕이었다.

예수 그리스도는 "측량할 수 없는 풍성함"(엡 3:8)이요, "감추었던 비밀의 경륜"(엡 3:9)이며, "하나님의 지혜"(엡 3:10)라서 측량할 수 없이 높고 깊다. 이 세상에서 가장 참되고 선하며 기쁜 소식은 예수 그리스도의 생애 동안에 성취하신 사역과 말씀 뿐이다. 이것만이 모든 인간에게 기쁜 소식이다. 사람이 알아야 할 가장 중요하고도 최고의 지식은 예수 그리스도의 인격과 사역에서 드러난 교훈과 행하신 일들이다. 예수님께서는 우리와 함께하시는 임마누엘이며, 역사의 정점에서 하나님의 임재를 알려주셨다. 처음에 인간으로 탄생해서 십자가의 죽임을 당하기까지는 낮아지신 모습으로 보여주셨고(마 1:23), 부활과 승천을 통해서는 왕으로서의 영광을 드러냈다.[6]

셋째, 그리스도의 죽으심과 부활은 가장 중요한 사역의 내용들이다(고전 15:3-4).

신약 성경의 기록자들은 이런 사건들을 구약 성경의 성취로 간주

5　Vos, *Reformed Dogmatics*, 3:10.
6　Vern S. Poythress, *The Miracles of Jesus: How the Savior's Mighty Acts Serve as Singns of Redemption* (Wheaton: Crossway, 2016).

했다. 신약 성경의 저자들은 새로운 이야기를 꾸민 것이 아니라, 그리스도의 사건에 대해서 미리 지적했던 구약 성경의 언급을 재구성한 것이다. 구약 성경의 역사가 성취되는 가장 중요하고도 참된 의미는 예수 그리스도의 죽음과 부활이라고 풀이했다.

수많은 선지자들을 통해서 알려주신 최종적인 메시지이자, 최고의 교훈은 예수 그리스도의 오심을 통해서 성취된 구속 사역이다. 모든 것들은 성자 예수 그리스도를 통해서 드러나고, 성취된다.

사도 바울은 예수 그리스도에 대해서 감격적인 고백과 증언을 제시했다.

"그러나 무엇이든지 내게 유익하던 것을 내가 그리스도를 위하여 다 해로 여길뿐더러 또한 모든 것을 해로 여김은 내 주 그리스도 예수를 아는 지식이 가장 고상하기 때문이라 내가 그를 위하여 모든 것을 잃어버리고 배설물로 여김은 그리스도를 얻고 그 안에서 발견되려 함이니 내가 가진 의는 율법에서 난 것이 아니요 오직 그리스도를 믿음으로 말미암은 것이니 곧 믿음으로 하나님께로부터 난 의라 내가 그리스도와 그 부활의 권능과 그 고난에 참여함을 알고자 하여 그의 죽으심을 본받아 어떻게 해서든지 죽은 자 가운데서 부활에 이르려 하노니 내가 이미 얻었다 함도 아니요 온전히 이루었다 함도 아니라 오직 내가 그리스도 예수께 잡힌 바 된 그것을 잡으려고 달려가노라 형제들아 나는 아직 내가 잡은 줄로 여기지 아니하고 오직 한 일 즉 뒤에 있는 것은 잊어버리고 앞에 있는 것을 잡으려고 푯대를 향하여 그리스도 예수 안에서 하나님이 위에서 부르신 부름의 상을 위하여 달려가노라"(빌 3:7-14).

예수 그리스도는 낮고 비천한 인간으로 오셔서 고난 당하고 십자가 위에서 형벌을 받으셨다. 그러나 부활하셨고, 승천하여 원래의 고귀한 신분으로 통치하신다. 참하나님이시오, 참사람으로 인류 역사 속에 찾아오셔서, 하나님의 나라를 드러내셨다. 생명의 주, 예수님은 부활의 권능을 보여주셨다. 바울 사도는 바로 그 부활의 소망을 굳게 붙잡았다. 바울 사도는 그리스도를 믿는 자에게 값없이 주는 의로움으로 감격하였고, 전에 자신이 가졌던 모든 것들을 다 버렸다.

예수님은 참된 하나님을 보여주시고, 알게 해 주셨다. 성부와 성자와 성령은 한 분 하나님의 위격들로서, 항상 상호 임재 가운데서 모든 것들을 교통하신다.[7] 성자 예수님의 모든 사역들은 진실로 참되고 선하신 하나님으로서 하신 것이다. 하나님에 대해서 인간이 깨우쳐 알 수 있도록 특별하게 주신 계시의 정점이자, 종착점은 그 아들 예수 그리스도에 관한 것이다. 하나님께서 "마지막 날들"에 말씀하신 내용들이 그리스도이다. 종말론적으로 마지막 때에 오신 그리스도는 모든 계시의 역사가 최종 목적에 도달하는 종착점이다.

모든 다양한 사건들과 많은 시간들 속에서 시행된 구원 역사의 사건들은 아들로 인해서 성취되었다(고후 1:20). 성육신하신 성자 그리스도의 생애와 인격과 사역은 말씀 계시와 행동 계시의 절정이요, 이것을 능가하는 다른 메시지는 없다(눅 24:44-47).

하나님의 구원이 역사 속에서 진행되어나가면서, 예수 그리스도 안에서 모든 것이 성취되었다. 교회는 항상 그리스도가 메시야임을 증거하는데 최선을 다해야만 하고, 민감해야 한다. 단순히 하나님이

---

7   John Frame, *The Doctrine of God* (Phllipsburg: P&R, 2002); 김재성 역, 『신론』 (서울: 개혁주의 신학사, 2014), 994-1007.

나 인간이나 우주 만물의 본질에 대해서 지식을 추구하는 것이 아니라, 궁극적으로 예수 그리스도의 인격과 사역 안에서 성취된 것들을 가르치고 증거해야 한다.

교회는 항상 그리스도 안에서 이뤄진 구원의 역사적 성격에 대해서 주목해야만 한다. 교회는 역사 속에서 성취된 구원에 대해서 감격하여야만 한다. 예수 그리스도의 인격과 사역 가운데서 제시된 하나님을 아는 지식과 하나님과 사람과 세상의 본질에 관한 지식들을 가르친다. 바울 사도가 아테네에서 증거하였던 것을 살펴보면(행 17:16-32), 기독교와 철학이 어떻게 서로 다른 것인가를 알 수 있다. 교회는 그리스도의 죽으심과 부활에 초점을 맞춰서 복음의 메시지를 전파한다. 로마 제국의 황제 숭배자들에게 엄청난 핍박을 받았는데, 우상 숭배의 세계관을 가진 자들이었다. 거듭 강조하지만, 예수 그리스도는 구약 성경에 제시된 모든 언약들의 성취이자, 새 언약의 창시자이시다.

그리스도의 생애와 교훈은 모든 성경의 페이지마다 담겨 있는 진리의 핵심이다. 주요 신앙고백서를 작성했던 개혁주의 신학자들은 그리스도의 인격과 사역으로 나눠서 기독론의 체계를 세웠다. 속죄와 화해는 그리스도의 사역에서 일부로 다뤄졌다. 속죄 교리는 그리스도의 낮아지심의 상태를 주로 설명하는 구도 안에서, 그리스도의 제사장 직무의 중심 내용에 위치했다.

3. 세상 속에 도래한 나라

하나님을 알고, 말씀하신 것들에 순종하고자 오신 예수님의 교훈과 생애가 구속 사역이었다. 그런데 예수님은 하나님의 나라를 선포하시면서, 자신이 오신 것은 바로 그 나라가 펼쳐지는 때가 도래하였기 때문이라고 말씀하였다. 예수님을 알기 위해서는 가장 먼저 그가 첫 선포로 하나님의 나라가 임하였다고 하셨으므로, 그 내용과 관련성이 무엇인가를 살펴보아야만 하겠다.

첫째, 감춰졌다가 드러난 나라

한국 사람에게나, 어느 나라 사람에게나, 하나님의 나라라는 개념은 쉽게 파악되지 않는다. "하나님의 나라"는 어려운 개념이다. 왜냐하면 지금 사람의 눈으로 볼 수 있는 나라가 아니기 때문이다. 보이는 나라가 아니기에, 그 나라가 무엇을 의미하는 것이며, 실체가 어디에 있는 것인지 파악 하는게 쉽지는 않다.

예수님의 인격과 그분이 지상에서 사역하신 것들 속에는 하나님의 나라가 담겨져 있지만, 그 목적을 이루기 위해서는 감춰진 비밀들을 간직하는 방식을 취하고 있다. 계시와 비밀 사이에 의심을 불러일으키는 긴장이 담겨져 있다. 예를들면, 예수님은 손에 키를 들고 까불러서 쭉정이를 제거해버리는 재판관으로 등장하시면서도, 병들고 죽어가는 사람들을 치료하고 구원하는 영혼의 의사로 오셨다. 이처럼 많은 사람들은 부드럽고 온유하신 예수님을 대하였지만, 바로 그분이 영원히 온 우주 만물을 다스리시는 주권자이심을 깨닫지 못하였다. 당시에 유대인들에게는 예수 그리스도의 인간적인 연약함이 크게 드러났을 뿐이요, 장차 종말론적인 위대하심이 그분에게 속해 있음을 전혀 분별하지 못하였다.

예수님께서 사람을 살려내는 기적적인 권능을 시행했고, 죄를 용서하는 권세를 행사하였지만, 다른 사람들에게는 이를 공포하지 말라고 금지 명령을 내렸다. 예수 그리스도의 메시야 되심은 한편으로는 공개되었지만, 또 다른 한편에서는 비밀이었다. 그분에게 인자라는 칭호를 붙이고, "사람의 아들"(인자)이라고 부른다는 것은 다니엘서 7장에 예언을 성취하는 것이다. 하지만, 여인의 아들로 태어났고 나사렛에서 살아가는 동안에 주변 사람들 중에서도 가장 연약한 사람으로 살아갔기 때문에, 배척을 당하고 마침내 죽임을 당하고 말았다. 예수 그리스도 안에서 하나님은 위대한 사역들을 감당했는데, 이는 그 인자가 하나님의 율법 아래서 반드시 십자가를 감당해야만 구속사역이 완성되어지기 때문이다. 그래서 인자는 반드시 예루살렘에 가야만 했다. 구속 사역을 위한 질서가 이것을 요구하기 때문이다.

처음에는 감춰져 있던 하나님의 나라가 예수 그리스도의 십자가와 부활을 통해서 드러났다. 즉, 하나님 나라의 신비로움이 가장 잘 드러난 사건이 바로 십자가이다. 씨를 뿌리러 오시는 분이 스스로 씨앗이 되어버렸다. 십자가와 부활은 하나님의 나라를 가장 강력하게 드러낸 사건들이다. 죄인을 구원하는 사역의 성취 과정에서 가장 중요한 분수령이 된 사건들이다. 이들 사건들을 통해서 인류 역사의 종말론적인 시행 과정이 착수되었다. 그리스도의 죽음 가운데서 하나님의 나라가 분명히 사람들이 볼 수 있도록 찬란하게 드러났고, 그에 수반되는 증거들이 자연 세계에 영향을 주었다. 무엇보다도 그리스도의 부활을 통해서 하나님의 나라가 가장 영광스럽게 드러났다. 인자에게 다니엘서 7장에 예언된 모든 권세가 주어졌다. 그리스도 안에서, 하나님의 나라가 이 세상의 모든 제약과 권세들과 범주들을 모두 다 뚫고 나갔다. 이제부터는 어두움 속에서 알려주는 것이 아니라

밝은 곳에서 선포되고, 귓속말로 알려주는 것이 아니라 지붕 위에 올라가서 공개적으로 선포하게 되었다(마 10:27).

둘째, 성도들에게 시민권을 제공하는 나라

땅 위에 태어난 사람은 어떤 특정한 나라에 각각 소속해서 시민권을 갖고 산다. 물론, 그 특정한 국가에 대한 긍지와 자랑을 품고 있다. 그러나 예수 그리스도에게 속한 성도들은 단순히 땅 위에 있는 나라, 혹 한국이나 미국이나 혹 그 어떤 나라에 속한 소속감을 갖고 살아가는 것만으로 그치는 것이 아니다. 예수 그리스도를 믿는 성도들은 영원한 하늘나라의 백성이라는 특수한 신분을 갖는다. 바울 사도는 "우리의 시민권이 하늘에 있다"(빌 3:20)고 강조하면서, "거기로서 구원하는 자 곧 주 예수 그리스도를 기다린다"(빌 3:21)고 강조했다. 예수 그리스도를 믿음으로 기다리는 성도들은 더 높고 초월적이며 영광스러운 나라에 소속감을 갖고 있다. 항상 이런 기대와 바램을 갖고 있기에, 진정한 축복 안에서 모든 세상 일을 역동적으로 감당할 수 있는 것이다. 하늘에 속한 믿음의 사람들은 세상 사람들보다 더 세심하고, 더 겸손하게 봉사하는 마음으로 감당하게 된다. 예수님의 재림을 기다리는 우리 성도들은 날마다 하나님의 나라가 최종적으로 임하는 축복을 믿음의 비전으로 품고 살아가는 것이다.

셋째, 비유로 알려주신 권능과 영광

유대인들은 로마 제국의 식민 지배를 받으면서 정치적으로만이 아니라, 종교적으로도 혼돈스러운 상태에 놓여있었다. 세례 요한이 나타나서 "회개하라"고 질타했을 때에, 수많은 사람들이 물 세례를 받으러 나왔다. 순결한 하나님의 말씀이 들려오자, 모든 사람들의 양심이 찔린 것이다. 오랫동안 잊혀져버린 하나님의 권능이 세례 요한의 설교를 통해서 드러났는데, 바로 하나님 나라의 의로움과 정의가 살아서 빛을 발하는 순간이었다.

하나님의 나라(혹은 신의 왕국)를 의미하는 "바실레이아"는 헬라어 언어권에서 일반적으로 어떤 구체적인 지상의 왕국이나 왕권 통치라는 의미로 사용되었다. 추상적으로는 왕권이나 지배라는 개념으로 사용되기도 했다.

예수님의 비유들은 하나님의 나라의 역동성, 점진성, 초월성을 알려주고자 채택된 것들이다. 마태복음 13장과 마가복음 4장에 나오는 비유들도 역시 하나님의 나라를 설명하는 매우 단순하면서도, 탁월한 대조이다. 씨를 뿌리려 밭에 나가고, 알곡을 모아서 들이는 것은 농경 시대를 살던 그 당시 모든 사람들의 일상에서 가장 중요한 일이었다. 씨는 점차 자라난다. 그 성장 과정과 속도가 사람들의 눈에 보이지는 않지만 자동적으로 자라난다는 점, 그리고 쭉정이도 알곡과 같이 자라도록 기다린다는 것 등은 하나님의 나라를 바르게 이해하는데 도움을 주는 매우 중요한 비유이다.

씨를 뿌리는 자의 비유에 대한 해석에서 가장 강조되어야 할 것이 있다. 이 비유는 하나님의 나라가 어떤 것인가를 알려주신 탁월한 계시라는 점이다. 이 비유는 하나님의 나라의 신비로움에 대한 설명이다. 하나님 나라의 종말적인 성격들은 씨앗을 뿌린 후에 추수하는 내용으로 연결되어져 있다. 하나님의 나라가 이 세상에 장차 완성된 방식으로 다가오는데, 하나님의 말씀이 선포되어 세상 속에 나가 씨를 퍼뜨리는 방식으로 전파된다.

모든 씨앗이 다 열매를 맺도록 잘 자라는 것은 아니다. 좋은 땅에 떨어지지 않은 씨앗들은 결실하지 못한다. 어떤 씨앗은 새들이 와서 먹어 치운다(마 13:4-7). 어떤 씨앗들은 가시 때문에 손상되어 죽어버린다. 어떤 씨앗은 뜨거운 태양에 의해서 말라 죽는다. 가라지가 성장을 방해해서 알곡이라도 풍성한 열매를 맺지 못하는 경우도 있다. 오직 옥토에 떨어지는 경우에만, 잘 자라나서 결실하게 되는데 그 수확은 엄청나다. 어떤 경우에는 삼십 배, 육십 배, 백 배의 결실을 맺는다.

씨를 뿌리고 추구하는 것처럼, 하나님 나라의 비밀스러움은 역동적인 권능이 감춰져 있다는 점이다. 씨뿌리는 자의 비유에는 수확하는 자의 모습도 함께 제시되어 있다. 추수는 미래의 종말에 대한 비유이기도 하다. 그 속에서 무엇보다도 기억해야 할 점은 씨뿌리는 자의 겸손하고도 평범한 외모가 바로 그리스도의 메시야 되심의 감춰진 위대함이다. 그토록 선하시고 영광스러우신 분이 사람의 아들로 오셔서 자신을 감추고 사역하였다는 점이 하나님 나라의 가장 실제적인 신비로움이다. 이런 것들이 하나님의 나라의 비밀에 속한다. 나라를 가지고 오는 분은 씨를 뿌리는 자이며, 모든 사람들이 그분에게 의존하며 기대어 살아가고 있다.

또한 씨뿌리는 비유의 핵심 내용이자 전체 메시지의 가장 중요한 복음 전파다. 이처럼 때를 얻든지 못 얻든지 교회가 해야 할 가장 중요한 임무는 씨를 뿌리는 전도에 최선을 다해야 한다. 마지막 요한계시록에서도 하나님의 나라와 세상의 권세들 사이에 굉장한 대립이 제시되어 있고, 마지막에 하나님의 나라가 충만하게 드러날 것이라고 선포되었다. 예수 그리스도의 감춰진 위대하심이 복음서의 주제이며, 하나님의 나라가 어떤 곳인가를 결정짓는 가장 중요한 요소이다.

그러나 예수 그리스도의 숨겨진 위대함을 모든 사람들이 다 깨닫고 받아들이는 것이 아니다. 천국에 대한 비유의 가르침을 받아서 깨닫는 자도 있지만, 그 비밀을 아는 것이 허락되지 않는 자도 있다(마 13:11). 예수님은 이사야의 예언을 이루시는 분이시다. 마음이 완악한 자들은 "눈으로 보고 귀로 들어도" 깨닫지 못한다. 천국의 비유를 들려주신 것은 아무나 다 바로 받아들이는 것이 아니라, 오직 복을 받은 자들만이 듣는 귀를 가진 자들이기 때문이다.

4. 우주적 나라, 특수한 나라

예수님이 오셔서 더 밝히 말씀하셨지만, 그 이전에 이미 태초에 하나님의 창조 세계를 지배하는 영광스러운 하나님의 주권적 통치에 대해서 알려주셨다. 이처럼 하나님의 나라가 외적으로 전 우주를 지배하는 왕국(universal kingdom)으로 나타났으며, 성경의 첫 부분에서부터 시작된 에덴의 이야기 속에서 하나님의 지배와 다스림이 나타났다. 그리고 외부적으로 드러난 우주적인 나라의 내부에서는 특별하게 택함을 받은 백성들을 통해서 특수한 나라(the particular kingdom)가 진행되고 있다. 특수한 나라의 점진적인 진행을 거역하는 수많은 대적자들이 사탄의 통치 아래서 하나님의 사역을 방해하며, 거역하는 세력으로 반항을 일삼고 있다. 특수한 나라는 아브라함과 그의 후손들 가운데서 지속되어 나간 이스라엘의 역사 속에서 언약의 반복과 갱신으로 발전되어 나갔다.

마지막으로 때가 이르매 예수님께서 사람으로 오셔서 "하나님의 나라"의 본질을 드러내어 소개하면서, 그 나라의 왕권을 행사하시고자 부활하시고 승천하셨다. 이런 하나님 나라에 대한 예수님의 선포가 신약 복음서에서만 발견되었다고 해서, 단순히 문자적으로 발견되는 하나님의 나라에 관련한 구절들에만 집착해서는 곤란하다. 하나님의 나라가 단순히 신약 성경 안에서만 중요한 핵심 내용이라고 강조하는 경우가 많은데, 필자는 구약 전체의 구조에서도 왕 되신 하나님의 통치가 가장 강조되어 왔고, 그것이 신약 성경으로 이어지는 것이라는 점을 상기시키고자 한다.

성경의 이야기들 속에는 두 종류의 왕국들이 담겨 있다. 하나님의 우주적 왕국은 초월적이고 전능하신 창조주이자, 만물을 유지토록 지배하는 능력을 발휘하고 있는 엘로힘(하나님)의 활동을 의미한다. 하나님께서는 각 나라들을 그들이 살고 있는 땅을 기업으로 나눠놓으셨다(신 2:5,9, 32:8). 또한 왕들을 지배하시며(신 2:30), 심지어 각 지역의 잡다한 신들을 허용하셨다(신 4:19, 29:25-26). 여호와는 모든 잡다한 신들 위에 통치하신다(신 10:17). 그러나 하나님께서는 이스라엘에게는 이런 잡신들을 허용하지 않으셨다(신 29:29). 하나님의 섭리 아래서 예배를 드리도록 모든 인류에게 요구하셨다. 모든 인류가 종교 생활을 하는 것은 높으신 하나님의 탁월하신 통치의 수단이었다. 이방인들이 거짓된 우상에게 절하는 것마저도 하나님의 통치의 영역에 속하는 일이었다.

하나님의 나라는 두 가지 측면들로 구분해 볼 수 있는데, 이것은 하나님의 왕권에 속하는 이중적인 내용들을 드러내는 개념들이다. 하나님은 모든 우주, 하늘과 땅과 물속에까지 존재하는 모든 것들을 다스리시는 왕이다(왕하 19:15, 사 6:5, 렘 46:18, 시 29:10; 99:1-4). 동시에 하나님은 특별하게 자신이 택한 백성들의 왕이시다(출 15:18, 민 23:21, 신 33:5, 사 43:15). 여기에서 하나님은 제한적으로 사탄에게 권한을 허용하셨지만, 그러나 자신이 모든 우주적 왕국에 속한 만물을 다스리시며, 택한 백성들을 통해서 자신의 영적인 영광을 펼쳐 보이신다. 하나님께서는 창조하신 이후에도 영원한 권능과 신적인 권세로 우주를 통치하신다. 이런 초월적인 권능에 인간이 접근할 수 없다. 다만, 자신의 택한 백성들에게는 공의와 은혜, 자비로움과 인내, 신뢰할 수 있는 친근함 등을 알려주셨다(출 34:6).

하나님의 특수한 나라는 친히 불러내신 자기 백성들에게 발휘하신 권위 있는 통치 가운데서 드러났다. 하나님께서는 그들을 사랑하셨고, 믿음의 길로 불러내어 오직 하나님만을 섬기도록 요구했다. 민족 국가가 형성되기 이전에 살았던 아벨, 에녹, 노아를 통해서 믿음으로 살아가는 사람들의 모습을 보여주었다. 히브리서 11장에 기록된 이 사람들은 모두 다 믿음으로 살았으며, 세상 속에서는 매우 독특한 사람들로 살아야만 했다. 아벨은 순교자가 되었고, 에녹은 죽음을 맛보지 않았으며, 노아는 홍수 심판 속에서 세상 사람들의 죽음을 목격했다. 이들의 공통점은 믿음으로 살았다는 것이며, 이 땅 위에서는 생명이 끝난 후에도 하늘나라의 약속을 보장 받았다.

5. 참이스라엘 VS 명목상 이스라엘

하나님 나라의 특수한 성격은 이스라엘의 민족을 구원하는 역사 속에서 드러났다. 성경의 이야기들 속에서 우리는 특수한 하나님의 나라에 주목하고자 한다. 이스라엘 백성들을 하나님의 택한 족속으로 특별히 사랑하시사 성숙하도록 지도했다. 아브라함의 후손들로 구성된 이스라엘 민족은 특별하게 선택된 백성이요, 거룩한 민족이다. 그러나 이스라엘이 모두 다 자동적으로 저절로 구원을 얻은게 아니고, 그 가운데에는 참된 이스라엘 사람이 있고, 그저 명목상으로 이스라엘 사람들도 있었다.

이스라엘 민족은 오랫동안 선택받은 특권의 상속자들로서 "참이스라엘"(True Israel)과 "명목상 이스라엘"(Nominal Israel) 사이에 큰 구별이 없이 뒤섞여서 살았다.[8] 외형적으로 아브라함에게 주신 언약을 받아들이고, 할례를 시행하는 것으로 선민의 특권에 참여할 수 있었다. 모세의 시내산 언약이 선포된 이후로는 구두로 이에 복종한다는 선언을 하면, 하나님 나라의 통치에 소속된 사람들로 간주되었다. 다윗에게 주신 국가적인 언약에 동참하던 세대의 사람들에게는 이러한 조상들의 신앙을 기억하는 것으로 참여하였다.

그러나 북이스라엘과 남유다 왕국이 분열되면서, 완전히 구별되었다. 북왕국에서는 족장들에게 주어졌던 신앙의 유산을 거부하고 우상을 섬기는 행사들이 노골적으로 드러났다. 그들은 모세의 율법을 거부했고, 다윗의 후손됨을 부정했다(왕상 12:26-33). 오므리의 아들, 아합 왕의 통치 기간에는 바알 신을 섬기는 국가 종교를 강력하게 추진했다. 가나안 사람들이 숭배하던 우상을 따랐다(왕상 16:29-34). 명

---

8   Bruce K. Waltke, "The Kingdom of God in the Old Testament: Definition and Story," in *The Kingdom of God*, eds., Christopher W. Morgan & Robert A. Peterson (Wheaton: Crossway, 2012), 51.

목상 이스라엘 사람들은 이런 종교적인 배도를 묵인하고 목숨을 유지할 수 있었던 것은 하나님의 은혜와 긍휼하심이 함께하였기 때문이다.

남유다 왕국 안에서도 명목상 유대인들이 많이 늘어갔다. 하나님께 신실한 자들에게는 겉으로 시행하는 할례만이 아니라, 마음속에 할례를 받아서 새롭게 다짐을 하도록 촉구했다. 모세의 율법을 지키고, 중심으로 하나님을 섬기며 살도록 선지자들이 가르쳤다.

우리가 이스라엘 백성들을 통해서 드러난 특수한 하나님의 나라를 말할 때에는 반드시 참된 이스라엘만을 의미하는 것임을 명심해야만 한다. 명목상 이스라엘은 예수 그리스도에 대해서 "아니오"라고 거부하기 때문이다. 참된 이스라엘 사람은 예수 그리스도를 "아멘"으로 받아들인다. 이스라엘이라고 해서 결코 다 같은 이스라엘이 아니다.

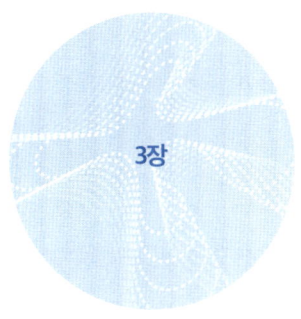

하나님 나라의 본질적 요소들

예수님께서는 산상 보훈에서 기도를 가르쳐 주셨는데, 우리는 보통 "주기도문"이라고 암송하고 있다. 필자는 이 기도를 아침에 일어날 때 올리고, 저녁에도 잠자리에서 하루를 마감하는 기도로 드린다. 우리는 이 기도문에서 날마다 하나님의 나라가 임하기를 간구한다. 그렇다면, 우리는 어떤 나라가 임하기를 소원하며, 기도해야 하는가?

1. 어떤 나라를 간구하는가?

우리가 성경에서 발견하는 가장 중요한 진리는 하나님의 나라에 관련한 예수님의 선포이다. 산상 보훈에서 가르쳐주신 것과 특히 기도의 내용에는 하나님의 나라가 핵심으로 담겨져 있다. "하나님의 나라가 임하시오며"라고 예수님은 기도의 내용으로 가르쳐 주셨다. 또한 "뜻이 하늘에서 이뤄진 것 같이 땅에서도 이뤄지이다"(마 6:10)고 간구하라는 것이다. 누가복음에서는 "당신의 나라가 임하시오며, 일용할 양식을 주시옵소서"(눅 6:10-11)라고 되어 있다.

예수 그리스도를 통해서 제시된 나라를 간구하는 것이다. 하나님의 나라가 어떤 것인지에 대해서는 성경에 담겨진 이야기들 속에서 찾아야 한다. 쉽게 구별되기 어려운 점이 있지만, 모든 이야기들의 중심에는 예수 그리스도가 있다.[1] 필자는 구약 성경의 모든 구절들 속에서 예수 그리스도를 찾으라는 워필드 박사의 교훈을 따르고 있다. 구약 성경의 어떤 본문을 다루든지, 예수 그리스도와의 연관성 하에서 설교하라고 강조하고 있다.

궁극적으로는 성경은 예수 그리스도가 이 땅에 오셔서 고난을 당하시고 영광스러운 부활과 승천을 성취하실 것에 초점을 두고 있다. 그리스도께서 말씀과 성령의 권능으로 새 창조의 나라를 세우게 되며, 다시 재림하시는 날에 최종적으로 영광스러운 나라가 펼쳐질 것이라고 성경은 강조한다.

우리가 간구하여야 할 하나님의 나라가 무엇인가? 이제부터 하나님 나라의 내면적 특성들을 살펴보고자 한다. 질적으로 말하자면, 이 세상의 나라와는 차원이 다른 나라다.

보이지 않는 하나님의 나라를 알 수 있는 유일한 길은 예수 그리스도의 인격과 사역을 통해서 파악하는 것이다. 이 말을 다시 표현하자면, 하나님이 알려주신 특별한 계시의 핵심은 예수 그리스도뿐이다.

---

1 Iain M. Duguid, "Old Testament Hermeneutics," in *Seeing Christ in All of Scripture: Hermeneutics at Westminster Theological Seminary* (Philadelphia: Westminster Theological Seminary, 2016), 17.

예수 그리스도의 사역 속에는 세 가지 중요한 내용들이 담겨 있다;

"예수는 하나님께서 나와서 우리에게 지혜인데,
곧 의로움과 거룩함과 구속함이 되었다"(고전 1:30).

하나님의 나라를 특징짓는 가장 중요한 요소는 예수 그리스도 안에 있는 지혜로서 첫째, 의로움, 둘째, 거룩함, 셋째, 구속함이다. 다시 간단히 요약하면, 하나님의 나라는 구원을 하는 나라요, 의로운 나라이며, 거룩한 나라이다.

고린도전서 6장 11절에 다시 반복적으로 이 세 가지 내용이 성령의 사역에서도 핵심으로 풀이되었다.[2] 하나님의 나라는 먹는 것과 마시는 것이 아니요, 오직 성령 안에 있는 의와 평강과 희락이다(롬 14:17). 성령의 감화와 감동 가운데서 살아가는 성도들은 의로움과 평안과 즐거움을 누린다. 주 예수 그리스도의 이름 안에서, 성령으로 완전히 씻음을 받고, 거룩해지며, 의롭다하심을 받는다.

그리스도의 사역으로 성령 안에서 펼쳐지는 세 가지 내용들에 근거하여 하나님 나라의 본질적 요소들을 구별해 볼 수 있다. 우주와 만물을 지배하시는 하나님의 최고 통치권(supremacy of God)이 행사되는 세 가지 영역(realm)들로 구별해 볼 수 있다.[3]

---

[2] Beale, *Union with the Resurrected Christ,: Eschatological New Creation and New Testament Biblical Theology* (Grand Rapids: Baker, 2023), 299.

[3] Johannes G. Vos, *Christ and His Kingdom: Studies in the Teaching of Jesus Christ,* Taken from *The Blue Banner of Faith and Life*, vol. 16, numbers 1-4, 1961. (Pittsburg: Crown & Covenant Publications, 2001), 40.

첫째, 구원하는 영역에서, 최고 통치권의 권능이 발휘된다.

둘째, 의로움의 영역에서, 도덕적 질서로 나타난다.

셋째, 축복의 영역에서, 영적인 축복들로 즐거워한다.

하나님의 나라에 담겨진 이들 세 가지 본질적인 요소들은 서로 분리시킬 수 없다. 하나님의 나라에서는 이들 세 가지 본질적인 요소들이 다 함께 동시에 작동하고 있다. 다양한 본질들을 확연하게 구별할 수는 있지만, 따로따로 분리시킬 수는 없다. 구원의 영역과 의로움의 영역과 축복의 영역이 항상 동시적으로 작동하고 있기에, 하나님의 나라에 대해서 성급하게 어떤 한 가지로만 규정을 지어서는 안 된다. 어떤 한 두 가지만 강조하면서, 이것이 하나님의 나라를 드러내는 본질이라고 주장하는 오류를 범해서는 안 된다. 하나님 나라의 세 가지 본질을 좀 더 자세하게 설명하고자 한다.

2. 구원하는 영역에서 하나님의 권능

하나님의 나라는 죄인을 구원하는 영역에서 가장 두드러지게 드러나는데, 하나님의 최고 통치권이 절대적 권능을 발휘한다.

하나님께서는 불쌍한 죄인을 구원하시고자 놀라운 권능을 발휘하셨다. 하나님의 나라는 구원받은 백성들로 구성된다. 하나님의 나라는 예수 그리스도를 믿고 구원함을 받은 "택한 백성들"로 구성된 왕국이다. 하나님의 나라에 대해서 가장 먼저 생각할 것은 하나님의 최고 통치권이 구원의 권능으로 강력하고도 은혜롭게 작동한다. 성경에 기록된 모든 내용들의 핵심은 하나님께서 구원하는 말씀과 사건들이다.[4] 타락 후에, 인류가 자연스럽게 번성해 나가는 과정 속에서 특정한 사람과 장소에서 구원의 은혜를 베푸셨다.

창조주 하나님께서는 강력한 권능과 엄청난 힘을 통해서 최고 지배권을 갖고서 만물을 통치하신다. 하나님의 갖고 계신 최고의 지배권은 특별히 이스라엘 백성들을 출애굽하도록 바로 왕을 압박하는 과정에서 드러났다. 당대 최고의 세력자였던 바로는 이집트 문명의 절정에서 거대한 왕국을 거느리고 있었기에, 하나님께 맞서서 완강히 거부했다. 바로 왕을 꺾을 수 있는 것은 열 가지 재앙와 같은 강력한 타격이 필요했다. 모세는 출애굽기 15장에서 대적들을 물리친 하나님의 승리를 노래하였다. 이처럼 압도적으로 "권능"으로 원수들을 무너뜨리자 주변의 모든 부족들마저도 하나님의 다스림에 복종하였다.

구약 성경을 전체적으로 볼 때에, 하나님의 나라에 관한 계시에서 가장 눈에 띄는 대목은 정복의 개념이다. 다니엘서 2장 44-45절에서도, "뜨인 돌"로서 나타난 하나님의 나라가 세상 제국들을 부숴버린다.

신약 성경에서 하나님의 엄청난 절대적 권능을 드러낸 대표적인 사건이 죽음을 이긴 예수 그리스도의 부활과 승천이다. 부활하신 주님께서는 하늘나라의 왕으로 다스리신다; "저가 모든 원수를 그 발 아래 둘 때까지 왕노릇 하시리라"(고전 15:25). 예수 그리스도는 다른 모든 대적들도 하나씩 제거해 나갔는데, 가장 강력하게 끝까지 남은 대적은 "사망"이다. 따라서 예수 그리스도가 아담의 불순종에게 부과

---

[4] Geerhardus Vos, "The Idea of Biblical Theology as Science and as a Theological Discipline," in *Redemptive History and Biblical Interpretation: The Shorter Writings of G. Vos*, ed. Richard B. Gaffin Jr. (Philadelphia: P&R, 2001), 8.

된 사망 권세를 마지막으로 제압하시고, 부활하신 후에 승천하셨다. 예수님의 부활과 승천은 장차 올 종말을 예고하는 엄청난 사건이며, 미래의 종말이 현재의 공간에 침투한 최초 사건이다. "그리스도의 나라는 정복의 과정으로 펼쳐지는데, 영원히 견고한 상태로 정착된 것을 미리 보여주기 위해서 마지막 왕국을 드러냈다."[5]

유대와 이스라엘의 왕국에서도 정복의 개념에 익숙했었다. 그러나 예수 그리스도께서는 정치적인 영역에서 영적인 영역으로 하나님의 나라를 승화시켰다. 예수님은 사탄이라고 하는 영적인 대적의 권세들을 하나님의 영으로 제압하였다. 예수님께서 하나님의 나라를 드러내 보여주시고자 37회 기적을 시행했는데, 특히 구원의 권능을 드러내고자 죽은 자들을 살리시고, 귀신을 쫓아냈다. 이런 기적들은 단순히 놀라운 징조로 그치는 것이 아니라, 예수 그리스도에게로 향하는 절대적 신임을 불러일으켰다. 이런 기적들은 사람들에게 주시는 "시대의 징조들"(signs of time)이었다(마 11:1-5, 눅 4:18-19, 사 61:11절의 인용).

하나님의 나라가 우선적으로는 영적인 나라이지만, 물체적 영역 안에서도 작동하여서 기적을 일으킨 것이다. 예수님께서 하나님 나라의 권세를 드러내어 물체적인 영역에서 악한 영향들을 무찌르신 것은 의미가 크다. 바로 그 물체적인 사악함들이 배경에서 작동하면서, 영적인 사악함과 도덕적인 악을 조장하고 있었기 때문이다. 물체적인 사악함의 배경에는 도적적인 사악함이 있는데, 그것은 인격적 존재인 사탄이 왕노릇을 하면서 사악한 영들을 지배하고 있기 때문

---

5 G. Vos, *The Kingdom and the Church*, 53.

이다. 때로는 예수님께서 열병을 꾸짖으셨는데, 마치 인격적인 존재에게 하신 것처럼 바람과 물결에게 명령하시기도 했다.

예수님의 기적들 중에서 가장 드라마틱한 장면들은 죽은 자를 살려내신 사건들이다. 모두 세 번이나 죽은 사람을 살려주셨다. 이런 육체적인 것에 관련된 기적들은 영적인 것을 상징한다. 나인성 과부의 아들, 회당장 야이로의 딸, 그리고 마리아와 마르다의 오라비 나사로를 살려내셨다. 극적으로 죽은 자를 세 번 살려내신 것은 언제나 동일한 기적을 만드시는 권능의 소유자라는 의미가 있다. 세 번이란 숫자는 유대 사회에서 최상강조법에 해당한다. 예수님 자신의 부활이 있기 전에, 이처럼 죽음에서 다시 살아난다는 믿음을 풍성하게 증거하신 사례들이다.

요한복음 9장에는 태어날 때부터 소경이던 사람을 고쳐주신 기적이 아주 자세하게 기록되어 있다. 육신의 눈을 뜨게 하신 사건은 영혼의 눈을 고쳐주시는 것과 관련되어 있다. 이 기적은 역사의 마지막에 나타날 미래 하나님 나라의 권능을 사도들에게 보여주는 사례들 중에 하나였다. 예수님의 권능으로 육신의 눈을 고쳐주신 것은 사람과 세상을 영적으로 새롭게 창조하시는 권능을 예표적으로 나타낸 것이다. 새롭게 창조된 하나님 나라가 도래한다는 예언들은 그냥 말로만 그치는 것이 아니라, 예수님의 이적들 가운데서 나타났다.

예수님의 가르침에 따르면, 하나님 나라의 권능은 성령이 적용하고, 시행한다.[6] "만일 내가 하나님의 영으로 귀신을 쫓아내는 것이라면, 진실로 하나님의 나라가 너희에게 임하였다"(마 12:28). 하나님의

---

6 Scott R. Swain, *The Trinity: An Introduction* (Wheaton: Crossway, 2020), 89-103.

나라가 권능으로 임하는 곳마다, 성령이 작용하고 있는 것이다.

예수님께서는 이사야 선지자의 글(사 16장 1절 이하)을 인용하여, 기적을 행하는 자신의 권능이 성령으로 부어짐이라고 풀이했다(눅 4:18). 그밖에도 여러 곳에서, 성령의 권능에 관해서 지적했다(눅 1:17, 35). 사도행전 1장 8절에서, 예수님은 구원의 권능이 드러나게 되는 것은 성령의 능력이라고 가르쳤다.

성령은 기독교인의 신앙생활의 저자이며, 전 생애에 걸쳐서 필요한 모든 능력과 은사들을 공급한다. 성령으로 거듭나지 않으면, 하나님 나라에 들어갈 수 없다(요 3:3). 심지어 예수님의 첫 번째 공생애의 사건에서, 성령의 인도하심으로 사탄의 유혹을 물리치며 도덕적 승리를 쟁취했다. 또한 성령은 하나님의 자녀들에게 은사를 공급한다(눅 11:13).

예수님은 잡히시기 전날 밤, 마지막 강화에서 성령에 관한 교훈들을 상세히 가르쳤다. 너무나도 중요한 시간에 주신 교훈은 성령에 관한 교리였다. 요한복음 14장에서부터 16장까지, 가장 긴 성령론 강좌를 남겼다. 성령의 본격적인 출현과 사역은 예수님의 승천 이후에야 가능했다. 승천하신 그리스도가 왕좌에서 부어주신 성령으로 인해서 새 창조의 나라가 능력있게 펼쳐졌다. 성령에 관한 예수님의 가르침은 하나님의 나라와 연결되어 있다.

3. 의로움의 영역에서 하나님의 통치

하나님의 나라는 정의로운 왕국이요, 의로운 나라다.

하나님 나라의 본질은 의로움의 영역에서 하나님의 최고 통치권이 시행된다. 예수님께서는 의로운 나라에 대해서 매우 깊은 의미로 설명했다.

세상 나라들은 불의와 부정과 부패로 얼룩져 있으며, 결국에는 멸망했다. 하나님의 나라는 정의롭다. 율법과 계명들을 통해서 전파된 하나님의 통치와 지배는 악을 미워하고, 선이 이기도록 만든다. 하나님의 통치는 항상 의롭고 공정하며 공평하다.

하나님은 결코 거짓이 없으며, 악을 미워하신다. 오직 선하신 하나님께서는 의롭게 통치하신다. 그러나 세상의 모든 나라들 속에서는 불의와 거짓과 권모술수가 판을 치고 있다. 아무리 절대적인 권세를 가진 자가 독재와 강압 통치를 하더라도, 결국에는 모두 다 망하고 말았다. 의로우신 재판장이신 하나님께서 각 나라마다 악을 행한대로 갚으시기 때문이다. 비록 일시적으로 강한 자가 막강한 권세로 인권을 무시하고 짓밟는다 하더라도, 양심을 통해서 사람들의 심사를 판단하시는 하나님의 진노를 피할 수 없다.

하나님의 나라는 의로움의 영역에서 하나님의 최고 통치권이 발휘되고, 시행된다. 이 의로움의 영역에 대해서 세 가지 내용들로 구성되어져 있다.[7]

첫째, 하나님의 나라는 사람들의 도덕적인 생활 가운데서 하나님의 뜻이 성취된다. 하나님의 최고 통치권을 계시하여 사람으로 하여금 의로움을 성취해 나가도록 왕권을 발휘하신다.

둘째, 의로움은 하나님께서 인간에게 축복으로 하사하셨다.

---

[7] Johannes G. Vos, *Christ and His Kingdom*, 42.

셋째, 지금 생애 가운데서 실천한 의로움에 대한 보상으로서 하나님 나라의 축복들이 주어진다.

좀 더 자세하게, 하나님의 나라가 정의롭다는 것을 예수님의 가르침 속에서 어떻게 설명되었는가를 살펴보자.

1) 하나님의 나라에서는 사람들의 도덕적인 생활 가운데서 하나님의 뜻을 성취한다.

하나님은 율법의 제정자요, 동시에 심판자이다. 주 하나님은 모든 면에서 항상 의롭다. 세상의 왕권에는 일반적으로 법률 제정권과 재판적 권위가 결부되어져 있었다. 구약 성경의 시대에는 각 나라마다 왕이 지배했는데, 한마디로 절대적 왕정 체제였다. 왕이 자신의 뜻대로 통치한다는 말은 곧 그 왕이 자신의 뜻대로 재판한다는 것과 구별이 없었다. 예를 들면, 로마 제국의 시대에 황제의 절대 통치하에서 지배를 받았지만, 로마법이 있었다. 로마 제국이 거의 천 년을 유지할 수 있었던 것은 나름대로 법치 국가의 면모를 갖추고 있었기 때문이다. 세계의 모든 국가법들은 로마법에서 영향을 받았다. 현대 민주 국가의 여러 통치 기관들이 권력을 분할하여 시행하도록 법적인 제도와 규정을 갖추고 있다. 세상의 왕권에 모든 권력이 집중되어져 있던 시대에도, 하나님은 "율법을 주는 분이며, 왕이며, 구원하시는 주"이시다(사 33:22). 여호와 하나님에게는 입법권, 행정권, 사법권이 모두 다 귀속되어져 있었다. 이렇게 하여도 아무런 문제가 없는 것은 하나님이 의롭기 때문이다. 그래서 하나님의 법은 의롭고, 하나님의 통치는 의로우며, 하나님의 판결은 의롭다.

예수님께서는 항상 의로움에 관하여 특별한 의미를 부여하면서, 하나님이 율법을 주시는 분이요, 동시에 심판자라고 강조했다. 하나님은 의로운 법을 주시고, 의롭게 재판하시는 분이시다. 율법이 의롭고, 그 판결도 의롭다. 도덕적 행위와 그러한 도덕적 상태가 옳다고 측정을 하는 것은 하나님의 뜻과 높으신 최고의 본성에 의한 것이다. 그리고 하나님의 뜻을 인간들이 재생산한 것이 하나님의 도덕적 영광에 대한 계시이다.[8]

주기도문에서, "당신의 나라가 임하시오며"라고 기도하는 자들은 이어서 "당신의 뜻이 하늘에서 이뤄진 것같이, 땅에서도 이루어지이다"고 간구를 올린다. 하나님의 뜻이 성취된다는 것은 하나님의 왕권 시행에서 가장 중요한 부분이다. 하나님은 완전하신 분이시다.

"하늘에 계신 너희 아버지께서 온전하심 같이, 너희도 온전하라"(마 5:48).

의로움의 기준이 되는 것들은 모두 다 하나님 안에서 발견된다. 의로움의 목적도 역시 하나님 안에서 발견되어진다. 의로움이란 하나님을 만족시키려는 순수한 동기로부터 발견되어진다. 왜냐하면 하나님만이 모든 도덕적 존재의 최고 목표이기 때문이다.

예수님께서는 그 당시 주도적인 유대인들의 윤리에 대해서 질타하시면서, 무엇이 의로운 것인가를 가르쳐주셨다. 유대인들의 윤리에서 결정적인 오류는 형식주의(formalism), 궤변(casuistry), 스스로 의롭

---

8 G. Vos, *The Kingdom and the Church*, 60.

다함(self-righteousness), 위선(hypocrisy) 등이었다. 이것들은 율법의 긍정적인 측면을 강조하기보다는 부정적인 측면으로 기울어졌기 때문에 나오는 것들이었다. 유대주의자들은 율법을 주신 하나님을 마음으로 공경하는 것이 아니라, 율법 조항들에 저촉되느냐 여부를 놓고서 이런 문제들에 집착했다. 율법을 주신 하나님은 안중에 없고, 율법의 항목들에만 집착했다. 계명들 속에 담긴 하나님의 위대하심, 거룩하심, 존귀하심, 권위 등에는 전혀 관심을 두지 않았다. 유대적인 율법 준수는 하나님 중심이 아니라, 자아 중심이었다. 그들은 이렇게 하는 것이 다가올 세대의 축복들을 얻는 방법이라고 간주했었다. 율법을 주신 분보다는 율법을 지키는 자신들의 의로움을 더 높이고자 했다. 그들은 순종의 동기보다는 이기적인 자랑거리를 챙기려 했다. 하나님의 의로우신 인격과 성품으로부터 멀리 떠나서, 단지 외적인 행동으로 율법의 조항에 저촉되지 않는 일을 하느냐 여부에 촉각을 곤두세웠다. 율법은 하나님의 뜻에 대해서 통일된 계시가 아니라, 이제 단순히 분리적인 조항들의 모음집처럼 간주되었다.

    율법주의의 가장 대표적인 예는 안식일에 관한 전통적인 관행들이 계속해서 추가되었음에서 찾아볼 수 있다. 무엇이 허락이 되는지, 아니면 어떤 것이 저촉되는지 등 복잡한 궤변들이 만들어졌다. 율법의 긍정적인 실천보다는 이기적인 동기에서, 다만 범법자가 되지 않는 길을 찾았다. 일반인들이 안식일에 하거나, 혹은 하지 말아야 할 행동 방식들을 정확히 한다는 것은 어려웠다. 안식일에는 통상적으로 예루살렘에서 베다니까지 가는 정도만 허용되었는데(요 11:18), 약 2마일, 3.2 킬로미터 정도였다. 그 거리보다 더 멀리 가면, 율법을 저촉하는 행동으로 취급했다.

또한 대부분의 사람들은 이웃을 사랑하거나 돕는 것보다는, 계명에 저촉되지 않는 길을 따라갔다. 특히, 살인이나 강도 사건과 같은 것들에 연루되지 않도록 무조건 도피하는 방법을 선택했다. 이런 상황을 간파하신 예수님께서 선한 사마리아 사람의 비유를 통해서, 누가 강도 만난 자의 이웃이냐를 따져 물었다. 곤경에 처한 사람들에게 적극적으로 도움의 손을 내밀었던 사람이 참된 이웃이다.

예수님께서는 계명의 조항들을 주신 하나님의 음성을 들으라고 당시 유대인들에게 촉구했다. 기록된 율법의 배면에 계신 분, 곧 살아 계신 하나님에게로 향하라고 말씀하였다. 율법의 조항들을 외적인 행위로 지키느냐 마느냐에 집착하게 되면, 자기 의로움과 위선에 빠지게 된다.

하나님의 나라는 정의롭다. 그래서 "나라를 사모하는 것"은 "의로움을 추구하는 것"이다. 산상 보훈에 담겨진 예수님의 기도와 가르침 속에서, 하나님 나라의 중심 가치를 알려주셨다. "이름이 영화롭게 되시고, 나라가 임하시오며, 뜻이 이뤄지이다 … 나라와 권세와 영광이 아버지께 영원히 있나이다"(마 6:9-13). 이어서 예수님께서는 "무엇을 먹을까 무엇을 마실까 무엇을 입을까 염려하지 말고", 먼저 "그의 나라와 그의 의를 구하라 그리하면 이 모든 것을 너희에게 더 하시리라"(마 6:31, 33). 하나님의 나라를 추구한다 것은 하나님의 의로움에 따라서 살고자 분투노력하는 것이요, 여기에서 "이 모든 것을 더 하시리라"는 보상이 주어진다. 하나님의 의로움을 따르고자 하는 자는 결코 불의와 부패에 무너질 수 없다. 그런데 심령이 가난한 자, 애통하는 자, 의에 주리고 목마른 자, 마음이 청결한 자, 의를 위하여 핍박을 받는 자들에게는 "기뻐하고 즐거워하라 하늘에서 너희 상이 큼이라"(마 5:12)고 말씀하셨다. 하나님의 상급을 추구하는 것이 인간에게는 최상의 선이요, 최고의 가치이며, 최고로 높은 경지이다.

바울 사도는 이와 똑같은 방식으로 하나님은 만물을 발 아래 두시고 복종하게 하셨다고 강조하였다(고전 15:28). 우리가 하나님을 최고 통치권을 가진 지배자로 인정한다고 할 때에, 강압에 못이겨서 억지로 하는 것이 아니다. 하나님을 사랑하는 의무를 감당할 때에는 온 마음을 다하고, 뜻을 다하고, 성품을 다하고, 힘을 다하고, 목숨을 다해서 사랑하는 것이다(막 12:34). 하나님의 나라는 다른 곳에 있는 것이 아니라, 최고의 감각을 가지고 사랑을 실천하는 곳에 있는 것이다. 예수님께서는 이 세상에서 성부 하나님을 영화롭게 하였다고 언급하였다(요 17:4).

하나님의 의로움이 반영된 율법에서 가장 기본적인 원리는 두 가지로 압축할 수 있다. 예수님은 정확하게 율법 속에서 윤리적인 지침을 지적했다. 하나는 하나님을 사랑하라는 것이고, 다른 하나는 이웃을 자신과 같이 사랑하라는 것이다(막 12:30-31). 이것은 "황금율"(the Golden Rule)이라고 부르고 있는데, 모든 인간이 행동하는데 있어서 가장 실제적인 지침이다(마 7:12).

의로움이란 하나님과 사람 사이에 직접적이며, 인격적인 관계성의 문제이다. 인격적 관계에서는 양심이 작동하게 된다. 그래서 하나님은 사람의 외적인 모양을 보는 것이 아니라, 마음을 헤아리신다.

의로움은 반드시 열매를 맺게 된다. 사람의 생애와 성품은 반드시 결과로 드러나게 되어져 있다. 하나님께서는 열매를 보고 판단하신다(마 7:16, 20, 21, 43). 따라서 예수님께서는 "먼저 하나님의 나라와 그의 의로움을 구하라"(마 6:33)고 강조하셨다. 하나님의 나라를 목표로 살아가야만 하며, 특히 하나님의 의로움을 추구해야만 한다. 우리가 직접적으로 의로운 행동을 실천해서 하나님께로부터 의롭다는 판단을 받도록 해야만 한다. 하지만 우리에게는 의로움이 없으므로 예수 그리스도를 믿는 자에게 주시는 선언적 의로움을 추구하여야만 한다. 의에 주리고 목마른 자가 되어야 한다. 의를 위해서 고난을 당하는 자로 살아야 한다(마 5:6, 10). 예수님께서 가르치신 하나님의 나라는 새로운 이상과 하나님 중심적인 의로움이 펼쳐지는 영역이다.

2) 의로움은 하나님께서 인간에게 축복으로 하사하셨다.

하나님의 나라는 정의로운 나라다. 의로움의 영역에서, 하나님의 최고 통치권이 발휘되기 때문에 세상의 나라와는 다르다. 의로움은 하나님의 나라 안에서 주시는 축복이다. 하나님은 의로운 분이시기에, 그분의 통치에는 불의, 불법, 거짓됨이란 찾아볼 수 없다. 세상의 나라는 통치자와 백성들 모두 다 거짓으로 속이고 다투고 자랑한다. 오직 하나님 나라 안에서만 의로움이 작동하는데, 하나님이 주시는 축복들 중에 하나다.

구약 성경에서 이미 이런 의로움의 개념이 선포되어졌다. 선지자들은 율법을 주시는 여호와의 왕권이 메시야의 시내에 새로운 단계로 들어갈 것이라고 선포했다. 하나님의 법도는 의롭고, 그것을 시행하도록 마음을 바꾸게 되는 것이 바로 새로운 축복이다.

예레미야 선지자는 메시야의 시대를 기대하면서, 자기 백성들의 심령 속에 율법을 새겨주실 것이라고 선포했다(렘 31:33). 에스겔 선지자는 "내 신을 너희 속에 두어 너희로 내 율례를 행하게 하리니"(겔

36:27)라고 예언했다. 이사야 선지자는 여호와께서 자기의 의로움을 보여주시는 결과로서, 자기 백성들에게 의로움의 새로운 선물을 약속하였다고 선언했다(사 55:1-5).

산상 보훈에서 예수님은 마음이 가난한 자에게 천국을 주신다고 말씀하였다. 하나님의 나라가 어떻게 보상이 되는 것일까? 그 가난한 마음의 소유자에게 하나님께서 의롭다하시는 선언과 인정을 하시기 때문이다.

또한 "의로움에 주리고, 목이 마른다"는 구절에 담겨진 의미는 무엇인가? 이 구절도 어떤 신실한 성도가 의를 성취했다기보다는, 의로운 선물에 대한 것을 말하고 있다. 이미 갖고 있는 것에 매달리는 사람은 없다. 따라서 의로움의 원천이 되시는 하나님을 향해서 사모하는 것이다. 우리들의 종교적인 행동이나 신앙적인 성취로서 의로움에 도달하는 것이 아니라, 하나님의 의로우신 판결과 의로우신 행하심의 결과로 인해서 인류 가운데 살고 있는 우리들이 만족하게 된다. 거듭해서 강조하지만, 예수님께서는 하나님의 나라를 구하라고 하시면서, "의로움"을 추구하라고 가르쳤는데(마 6:33) 역시 같은 의미가 내포되어져 있다.

예수님의 비유 중에서 바리새인과 세리에 대한 대조를 살펴보자(눅 18:9-14).

세리는 하나님 앞에 회개하여 의롭다하심을 받았다. 그가 수행한 행동들은 기본적으로 의로운 처신에 해당하지 않았다. 그러나 바리새인은 "자기를 의롭다고 믿고 다른 사람들을 멸시"했다. "토색, 불의, 간음 등의 죄를 범하지도 아니하고, 세리와도 같지 않다"고 자랑했다. "일 주일에 두 번씩 금식하고, 십일조를 드린다"고도 공언했다.

그러나 세리는 "가슴을 치며 하나님이여 불쌍히 여기소서 나는 죄인이로소이다"고 고백했다. 그 결과는 대조적이다. 세리가 바리새인보다 더 "의롭다"하심을 받았다. 이와 같이 "의로움"은 하나님의 긍휼하심에 의한 축복이다. 하나님은 교만한 자를 낮추시고, 자기를 낮추는 자를 높이셨다. 이것이 하나님의 의로우신 판결이다.

바울 사도가 로마서와 갈라디아서에서 강조하는 "의롭다 하심"의 교훈이 매우 중요하다. 사람은 하나님 앞에 죄인이기 때문에, 의로움이란 하나님의 선물이라는 점을 강조하고자 한다. 하나님 나라에 속한 성도들에게 주시는 축복이라는 점을 특별히 지적하고자 한다. 로마 가톨릭의 교리를 거부하고 성경에서 이러한 특성을 밝혀낸 많은 신학자들이 수난을 당했다. 칭의 교리의 역사적, 신학적, 교리적인 내용을 파악하는 것이야말로 신학의 기초를 세우는데 있어서 매우 중요하다.[9] 16세기에 유럽에서 종교 개혁 운동이 확산되면서, 루터의 칭의 교리를 로마 가톨릭에서 이단으로 배척하면서 쟁점으로 부각되었다. 로마 가톨릭의 모순된 교리 체계를 지적하던 대부분의 종교 개혁자들은 칭의 교리에 대해서 공감대를 형성하였다. 성경을 통해서 깨우친 종교 개혁자들은 "믿음으로 말미암아 의롭다 하심을 받는다"(롬 1:17)는 말씀을 근거로 공유하였다.[10]

하나님의 나라는 정의롭고 의로운 나라다. 의로움이 작동하는 원리가 무엇인가? 개혁주의 칭의론은 믿음을 고백하는 성도에게 그리스도의 의로움을 전가시킨다는 것을 핵심으로 한다.[11] 예수 그리스도

---

9 Alister McGrath, *Iustitia Deo: A History of the Christian Doctrine of Justification* (Cambridge: Cambrige University Press, 2005).
10 김재성, 『루터와 칼빈』 (서울: 세창출판사, 2018), 162.
11 김재성, 『종교 개혁의 신학 사상』 (서울: 기독교문서선교회, 2017).

의 모든 순종으로 생애 동안에 율법을 지키시고, 십자가 위에서 흘리신 보혈을 근거로 성취한 의로움을 믿음으로 고백한 것을 우리들의 것으로 간주해 주신다. 아브라함이 하나님을 믿으매 이를 "의로 여기셨다"는 것이 가장 대표적으로 제시된 역사적 사례이다(롬 4:3-25).

칭의 교리는 예수 그리스도의 죽으심과 그 죽음으로터 부활과 승천하기까지는 완전히 다 계시된 것이 아니었다. 죄인들에게 전가된 그리스도의 의로움으로 인하여 칭의, "의롭다 하심"을 받는다. 동시에 성도들은 성령의 역사와 중생과 새사람의 본성에 의해서 거룩함을 실천해 나가는 성화를 실현한다.[12] 사도 바울은 죄인들에게 전가되는 칭의 교리를 충분히 서술하였다. 바울 서신의 근거는 구약 성경이요, 예수 그리스도의 사역들 속에서 성취됨을 강조하면서, 그 내용들을 교회가 이해하도록 구체적으로 설명하였다.

3) 지금 생애 가운데서 실천한 의로움에 대한 보상으로서 하나님의 나라가 주어진다.

지금 현재의 생활 속에서 의로움을 실천하는 자들에게는 현세에서나 내세에서나 하나님 나라에 속한 축복들이 주어진다. 하나님께서는 고생하고 수고한 자들에게 의로운 보상, 정당한 상급을 주신다.

예수님께서는 바리새인과 서기관들보다 너희의 의로움이 높아야만 천국에 들어갈 수 있다(마 5:20)고 말씀하셨다. 이것은 사람이 노력하고 성취해서 더 높은 의로움에 도달하라고 촉구하신 것이 아니다.

---

12   김재성, 『구원의 길』 (용인: 킹덤북스, 2014).

겉으로 드러난 종교적인 행위 혹은 행실로 평가하자면, 사람들은 오십 보, 백 보의 약간 정도의 차이가 있을 뿐이다. 사람들의 외적인 공로라고 하는 것은 큰 차이가 없다. 예수님께서 제자들에게 강조하신 것은 외적인 행실을 바르게 해서 소위 유대주의자들의 율법주의를 능가해야만 한다고 하신 말씀이 아니다.

다시 강조하지만, 더 높은 의로움이란 예수님의 십자가와 부활과 승천의 공로와 권능에 의존하는 자에게 주어지는 칭의를 말씀하신 것이다. 하나님 나라에 속한 성도들은 의롭다함을 얻는데, 이는 전적으로 하나님의 긍휼에만 의존한다.

의로움의 영역에서 하나님의 최고 주권이 시행될 때에, 공정하고 공평한 상급이 주어진다. 그런데 하나님의 나라에 들어간다는 말은 아직 최종적으로 완성된 하나님의 나라에 들어가는 것은 아니다. 종말의 날에 새 하늘과 새 땅이 내려 올 것이요, 그 날에 우리가 영광스러운 하늘나라에 참여할 것이다. 하지만 지금 현재 생활 속에서 의로운 실천을 하는 성도들에게는 축복의 영역에서 살아가게 된다. 단순히 추상적으로 하나님의 왕권이 지배하는 "최고 통치"를 받는 것만이 아니라, 모든 축복들을 누리게 하신다.

포도원 비유에서, 예수님이 강조하신 것은 노력과 고생한 자들에게 값없이 주시는 선물이다. "공로"와 "상급"을 말할 때에, 하나님과 사람 사이에 상업적인 거래를 하듯이 대등하게 주고 받는 관계가 아니다. 예수님이 말씀하신 상급은 주로 긍휼히 여기시는 용서, 구원의에 이르는 축복과 관련되어 있다. 포도원의 비유에서, 일찍 왔거나 늦게 왔거나 차별 없이 모든 품군들은 동일하게 한 데나리온씩 받았다(마 20:13). 무가치한 자들에게 값없이 주시는 보상은 전적으로 하나님의 뜻에 따른 것이다. 천국을 설명하신 예수님의 핵심 교훈은 동일한 품삯을 받은 것, 곧 값없이 주시는 구원의 축복에 관한 것이다.

사도 바울은 갈라디아서와 로마서에서 율법의 행위로 의롭다하심을 얻을 수 없다고 가르쳤다. 유대주의자들은 선행을 해야만 그 공로에 의해서 상급을 받는다고 가르쳤다. 그러나 예수님은 전혀 다르게 말씀하였다. 하나님 나라에 대한 설명에서 모든 상급들은 전적으로 하나님의 은총에서 나온 구원의 선물이다. 그리고 아래 항목에서 하나님의 나라에서 주어지는 축복이 어떤 내용들이 있는지 좀 더 자세히 확인해 보자.

4. 축복의 영역에서, 영적인 행복을 즐거워한다.

하나님의 나라에 속한 성도들은 축복을 받았고, 영적인 행복을 즐거워한다. 성도들로 하여금 축복을 누리도록 하나님의 최고 통치권이 발휘된다. 이 나라에 속한 사람들은 하나님으로부터 주어진 축복을 받고 있기에, 궁극적으로는 모두 다 행복하다. 하나님의 나라는 축복의 영역에서 하나님의 최고 권능이 발휘되고 있으며, 소속된 성도들에게는 행복이 주어지는 나라이다. 왕으로 최고 통치권을 발휘하신 예수 그리스도가 어린 양으로 죽임을 당하셨으나, 마침내는 부활과 승천으로 승리하셨다. 하나님의 나라에서는 요셉, 욥, 다니엘 등이 보여주는 고통의 역설이 있다.

하나님의 영광을 드러내는 것이 하나님 나라의 가장 중요한 이념이자 목적이지만, 결코 인간의 복지와 행복을 배제하는 것이 아니다.

하나님의 나라는 오직 최고 권위자이신 하나님의 영광만을 강요하지 않는다. 하나님의 나라에서는 사람이 행복하게 살도록 최상의 혜택들을 베푸신다. 다만 사람의 행복은 하나님의 통치를 벗어나야만 가능하다고 외치는 속임수에 넘어가서는 안 된다. 하나님의 통치가 없는 곳에는 인간의 행복도 보장할 수 없다.

첫째로, 일반적으로 우리는 하나님의 왕권으로부터 우리들에게 주어지는 것이 축복됨의 원천이라고 생각하지 않는다. 도리어 하나님의 아버지되심에 대해서 더 많이 생각하는 경향이 있다. 하지만 하나님의 왕권이 시행되는 곳이라야만, 자기 백성들에게 왕으로부터 하사받는 선물을 받아누릴 수 있다. 천국은 마치 왕의 아들이 혼인하게 되어서 잔치에 초대를 받은 것과 같다고 예수님께서 비유로 말씀하였다(마 22:2-14). 왕에게서 초청을 받은 사람은 많았으나, 모두들 자기 자신의 이익 추구에만 바빴다. 왕으로부터 택함을 받은 사람은 적다.

둘째로, 모든 어려움을 이겨내도록 구원과 은총을 누리게 된다.

세상에 사는 동안, 기독교인들이라도 가난한 살림을 살기도 하고, 역경과 어려움 속에서 도움이 절실히 필요한 상태에 있게 된다. 하나님께서는 압제를 당하는 자들을 보호하시며 돌보아준다. 이것은 땅 위에서 이상석인 나라의 이념으로만 그지는 것이 아니라, 실제로 고난을 당하는 자들을 돌보아 주신다(고후 1:5). 최고 통치자의 왕권을 가지신 하나님께서는 구원 사역과 긍휼을 베푸시는 사역을 매우 쉽게 전환하신다. 고난과 비통함을 당하고 있는 성도들은 결코 포기해서는 안 된다. 하나님의 나라에 들어가려면, 인내를 배우면서 참고

기다려야만 한다(행 14:22).[13]

셋째로, 성도들은 하나님이 예비해 놓으신 최고의 선물을 받는다.

하나님의 나라에 대한 비유들 중에서, 마태복음 13장 44-46절에는 밭에 감추인 보화와 값비싼 진주를 살펴보자. 이 두 가지 이야기에서 강조하고 있는 바는 자신이 가진 것들을 다 팔아버리고 더 고귀한 것을 소유했다는 점이다. "보화"와 "진주"는 "최고의 선"(sunum bonum, supreme good)을 의미한다. 하나님께서는 그의 나라를 최고의 선으로 여기시며, 그 자신이 영원 전부터 예비해 오셨다.

> "아버지께 복을 받은 자들이여 나아와
> 창세로부터 너희를 위하여 예비된 나라를 상속하라"(마 25:34).

그 나라를 보여주시고자 영원 전부터 준비해 오셨고, 하나님의 은혜로운 목적을 가장 잘 구체화시켰다. 이렇게 해서 준비된 나라를 성도가 축복으로 상속을 받는다.

넷째로, 하나님의 나라는 참된 가치를 지닌 것들을 포함하고 있기 때문에, 천국의 진리를 듣고 보는 자들이 복되다고 주님께서 말씀하였다. 선지자들과 의인들이 보고 듣기를 원했던 것을 주님의 제자들이 보고 듣게 되었으므로 이것이 축복이라고 가르치셨다(마 13:16-17).

다섯째, 하나님 나라는 모든 종류의 사악함으로부터 구출해 내는 일에 깊이 관계한다. 가장 위대한 사역은 모든 죄악들에 젖어있는 죄인들을 구원하는 일이다. 예레미야는 이런 메시야의 시대가 도래할

---

[13] Joel R. Beeke, Paul Smalley, eds., *The Lord of Endurance and Encouragement: Suffering and the Sovereignty of God* (Grand Rapids: Reformation Heritage Books, 2024).

것을 예언했다(렘 31:34). 예수님께서는 죄를 용서하시고 자유케 만드는 것이 천국의 본질이라고 가르치셨다(마 18:23). 천국은 죄인을 용서하시는 은혜로우신 왕이 통치하는 곳이다. 따라서 하나님의 나라가 임하기를 기도해야만 하고, 하나님의 뜻이 이뤄지도록 간구하며, 우리에게 빚진 자들을 용서하도록 염원하는 자가 되어야 한다.

여섯째, 하나님의 나라는 의로운 왕국이기 때문에, 그곳에서는 행복을 선물로 받는다. 의롭다 하심을 얻은 자들에게는 행복과 만족함이 동시에 주어진다. 하나님의 영접을 받게 된 자들은 죄에 눌려있던 마음이 평안을 얻으며, 안식과 평강을 누린다(마 11:28-29).

하나님의 나라에 속한 성도에게는 자녀됨과 영생의 축복을 받는다.

먼저, 자녀됨의 축복이란 무엇인가? 하나님의 자녀가 되는 것은 인종적으로나 혈통적으로나 성별이나 나이에서나 모든 사람에게 다 해당되며, 결코 차별이 없다. 돌아온 탕자의 비유를 통해서(눅 15:11-32), 예수님께서는 심지어 지독한 배신과 타락의 상태에 놓여있던 자에게도 용서하시는 아버지의 사랑을 가르쳐 주셨다. 하나님 나라는 무가치한 자들을 용서하시는데, 회개를 통해서 총체적인 변화를 창출한다. 처음부터 완전하게 자신의 생애를 지켜내는 사람은 없다. 모두 다 죄를 범하여 하나님과 원수가 되었지만, 천국에 들어가도록 예수 그리스도의 보혈로 깨끗함을 얻게 하셨다.

천국에는 죄의 영향력이 전혀 없다. 천국에 속한 백성들은 하나님을 향한 사랑과 봉사를 하면서 그분을 즐거워하는 최고의 목표를 새롭게 설정하게 되었다. 예수님께서는 하나님의 자녀됨이 새로운 관계의 완성이자 절정이라고 설명하였다. "이는 천사와 동등이요 부활의 자녀로서 하나님의 자녀임이니라"(마 20;36). 산상 보훈에서도, "화평케 하는 자는 복이 있나니, 저희가 하나님의 자녀라 일컬음을 받으리라"(마 5:9)고 말씀하였다.

다른 말로 표현하자면, 하나님은 만물의 창조주요 아버지이다. 하나님께서는 자신의 백성들과의 관계에서 아버지로서의 위치에 계신다. 삼위일체 하나님의 존재론적인 설명에서도, 성부 하나님이 성자 예수님을 영원토록 낳으신다. 성자는 성부로부터 영원한 발생, 또는 영원한 근원을 가지신다.[14] 하나님은 성자의 아버지이듯이, 또한 그의 백성들의 영원한 아버지가 되신다(요 5:23-27). 하나님은 그냥 아버지가 아니라, "너희들의 아버지"라고 예수님께서 가르치셨다(요 20:11-18, 고후 6:18). 천국에 속한 자녀들은 하나님과 완벽한 교통을 누린다. 최고의 선물은 마음의 순결함인데, 이런 교통을 가능하게 하며, 하나님과 얼굴을 마주 대하도록 한다.

다음으로, 영생의 축복이란 무엇인가?

"영생" 혹은 "생명"(life)이란 구약 성경에서부터 자주 사용되는 축복의 내용인데, 물질적인 번영이나 왕성한 활동으로부터 빚어지는 행복이라고 할 수는 없다. 신약 복음서에 담긴 예수님의 설명서도 영생의 개념은 구약과 크게 차이가 나지 않는다. 예수님은 최종적인 영생에 대해서 강조하셨는데, 차라리 신체적인 장애를 갖게 될지라도 천국에 들어가는 것이 더 낫다고 말씀하셨다(마 18:8).

영생은 미래적인 개념일 뿐만 아니라, 현세에서도 소유하고 있는 것이라고 예수님은 가르쳤다. 누가복음 15장 11절 이하에 나오는 탕

---

14 Scott R. Swain, *The Trinity: Introduction* (Wheaton: Crossway, 2020), 77; "The Father eternally begets the Son; the Father adopted Jesus's redeemed siblings."

자의 비유를 보면, "이 아들은 죽었다가 다시 살아났다"고 표현했다 (24, 31). 돌아온 탕자가 다시 살아났다는 의미는 영생을 소유한 자가 되었다는 뜻이다. 예수님은 참된 하나님을 아는 지식이 영생이라고 규정했다(요 17:3). 믿음을 가진 성도들은 이 참된 지식을 이미 갖고 있다. 물론 성도가 세상에 있는 동안에는 영원한 곳에서 장차 목격하게 될 것까지 아는 것은 아니다. 초월적인 세상에 대한 지식은 그저 인식으로 갖고 있을 뿐이요, 세상에 있는 사람들의 지적인 역량을 뛰어넘는 것이다. 따라서 우리들은 교육이나 개혁으로 이런 영생과 같은 지식을 갖게 되는 것이 아니라, 중생을 통해서 갖게 된다. 새로운 탄생에 의해서, 인격의 근본적인 성격이 초자연적으로 변화된다.

예수님은 하늘에 속한 영생을 이 땅 위에서 인격적으로 제시하신 분이다. 그분만이 하나님께로 나가는 길이다(요 14:6). 예수님의 교훈은 모든 것이 다 하나님으로부터 나오고 하나님으로 말미암으며 하나님께로 돌아간다는 것이다.

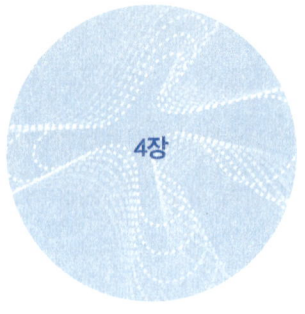

4장

새롭게 창조된 나라

하나님의 나라가 영광스러운 모습으로 등장한 것은 예수 그리스도의 부활과 승천이다. 이 두 가지 사건을 통해서 예수님께서는 새롭게 창조된 나라의 모습을 보여주셨다.

구약 성경에서나 신약 성경에서나 동일하게 증거하는 메시지는 예수 그리스도의 구속 사역이다. 특히 그리스도의 고난과 영광, 십자가와 부활 승천이 핵심이며, 전체적으로는 영광스러운 승리의 하늘나라가 영원히 세워진다는 것을 증거한다.[15] 예수님께서는 이런 내용을 십자가를 목격한 후 심히 절망하여, 엠마오로 내려가던 글로바와 또 다른 한 명의 제자에게 친히 자상하게 설명하셨다:

"이르시되 미련하고 선지자들이 말한 모든 것을 마음에 더디 믿는 자들

---

15   Gaffin, *In the Fullness of Time*, 86-91.

> 이여 그리스도가 이런 고난을 받고 자기의 영광에 들어가야 할 것이 아니냐 하시고 이에 모세와 모든 선지자의 글로 시작하여 모든 성경에 쓴 바 자기에 관한 것을 자세히 설명하시니라"(눅 24:25-27).

예수님은 고난(십자가)과 영광(부활)을 동시에 강조하셨다. 위에 인용한 내용과 똑같은 설명을 다시 한번 더 갈릴리에서 만난 제자들에게도 하셨다. 예수님이 십자가에서 돌아가신 후, 실망하여 다시 고기를 잡으로 가버린 제자들에게 엠마오로 두 제자들에게 주신 것같이 똑같은 내용을 반복하셨다. 이것은 신약 성경에서 자주 사용하던 이중 강조법에 해당한다. 예수 그리스도의 십자가 사건과 부활의 영광은 모든 구약 성경의 핵심 사항이라고 풀이해 주셨다.

> "또 이르시되 내가 너희와 함께 있을 때에 너희에게 말한 바 곧 모세의 율법과 선지자의 글과 시편에 나를 가리켜 기록된 모든 것이 이루어져야 하리라 한 말이 이것이라 하시고, 이에 그들의 마음을 열어 성경을 깨닫게 하시고 또 이르시되 이같이 그리스도가 고난을 받고 제 삼일에 죽은 자 가운데서 살아날 것과 또 그의 이름으로 죄 사함을 받게 하는 회개가 예루살렘에서 시작하여 모든 족속에게 전파될 것이 기록되었으니"(눅 24:44-27).

예수 그리스도께서 구약 성경의 핵심 메시지가 자신의 십자가와 부활이었음을 제자들에게 누누이 설명하셨듯이, 사도들의 설교에서도 핵심 내용은 동일했다. 신구약 성경의 핵심 내용은 예수님의 고난(십자가)과 부활이다.

바울은 그리스도의 십자가와 부활에 대해 설명하면서 아그립바 왕에게 전도했다:

"하나님의 도우심을 받아 내가 오늘까지 서서 높고 낮은 사람 앞에서 증언하는 것은 선지자들과 모세가 반드시 되리라고 말한 것밖에 없으니 곧 그리스도가 고난을 받으실 것과 죽은 자 가운데서 먼저 다시 살아나사 이스라엘과 이방인들에게 빛을 전하시리라 함이니이다 하니라"(행 26:22-23).

우리가 구약 성경을 해석할 때에, 어떤 구절이든지 그 핵심 메시지에 해당하는 것은 오직 예수님의 십자가와 부활이라는 것을 풀어내야 하고, 오직 하나님을 기쁘시게 하도록 헌신해야 한다는 점을 역설해야만 한다. 구약의 모든 구절에서 예수 그리스도의 십자가와 부활을 찾아내는 것이 그다지 쉬운 것은 아니다. 어떤 구절들에는 아주 분명하게 나타나고, 그렇지 않은 경우들도 있으므로, 성경 주석들의 도움을 받아서 문맥상의 연결점들을 찾아야 한다. 구약 성경에 담긴 예수 그리스도의 그림자들, 모형들은 성경의 연속성과 통일성을 파악하는 매우 중요한 부분들이다.[1] 때로는 감춰진 내용을 찾아내기 어려울 수도 있다. 그러나 그리스도의 낮아지심과 높아지심이 가장 핵심이요, 근간을 이루는 중심 진리라고 하는 것을 염두에 두어야만 한다.

기독교는 이미 죽은 사람을 따라가는 것이 아니라, 살아계신 하나

---

1 Vern Sheridan Poythress, *The Shadow of Christ in the Law of Moses* (Wolgemuth & Hyatt: 1991, reprinted Presbyterian & Reformed, 1995).

님을 믿는다. 알파와 오메가를 주관하시는 하나님, 창조부터 재림까지 모든 인간이 알아야 할 진리와 지혜를 가르친다. 이미 2천 년 전에 오신 예수 그리스도의 복음이 아직 21세기에서도 어떻게 유효하냐를 묻는 사람들이 있다. 다시 말하면, 기독교에서는 그 옛날에 있었던 신비로운 이야기를 마냥 반복적으로 복습하는 것이 아니냐는 것이나. 기독교 신앙은 결코 옛날 이야기들을 암기하는 것이 아니다. 지금 살아가는 사람에게 주시는 지침이요, 미래까지도 연결되어진 진리이며, 영원한 교훈이다. 만왕의 왕이신 예수 그리스도가 남긴 초림의 교훈들은 장차 재림의 시간을 포함하고 있기에, 지금도 여전히 모든 기독교 신자들이 기다림 속에서 따라가야만 한다. 특별히, 하나님의 시간 계산은 우리 인간과는 다르다.

1. 과거, 현재, 미래를 관통하는 나라

> "주 하나님이 가라사대, 나는 알파와 오메가라 이제도 있고 전에도 있었고 장차 올 자요 전능한 자라 하시더라"(계 1:8).

과거와 현재와 미래가 모두 다 예수 그리스도의 통치 아래서 생명을 유지하고 있다. 우리 인간들은 잠시 머물다가 떠나가지만, 영원토록 동일하신 하나님이 창조하시고 주관하시는 나라는 지속된다. 그 나라 안에서 장차 완성된 재창조의 나라가 도래할 것이다.

예수님의 첫 강림으로 인해서 구체적으로 드러낸 하나님의 나라는 현재 세상 속에서 작동하고 있으며, 장차 완성된 형태로 다가올 것이다. 하늘나라는 미래적인 성격도 함께 가지고 있으며, 현재 인류 사회 속에서도 큰 영향을 미치고 있다. 현재의 나라이자, 장차 완성되는 나라가 미래에 완성된다는 두 개의 세상이 서로 긴밀히 연결되어 있다. 하나님의 나라가 드러낸 계시와 감춰진 비밀 두 가지 측면을 모두 갖고 있는 것과 아주 유사한 구조를 갖추고 있다.

하나님의 나라는 분명히 현재 세상에서 진행되고 있으며 이 땅 위에서 펼쳐지고 있다. 또한 동시에 그리스도 안에서 미래가 다가왔다. 세상에게 미래에 성취될 하나님의 나라에 대해서 미리 보여주신 것이기도 하다. 그리스도의 부활은 이들 두 가지 경계선을 아우르면서 일어난 사건이다. 부활에는 현재와 미래, 두 가지 시대가 함께 담겨 있다. 부활하신 구세주는 위대한 미래의 처음 열매로서 나타났다. 그러나 마지막 날에 새 하늘과 새 땅이 임할 것이다. 이러한 열매를 맺기 위해서, 먼저 한 알의 씨앗이 땅에 묻혀서 죽은 것이다. 그러나 이스라엘 민족만을 위한 것이 아니라, 온 세상을 위해서 중대한 책임을 감당하신 것이다.

원래 왕국은 하나의 구체적인 지역이나 장소로 형성된 국가를 의미하는데, 그 안에서 왕권을 가진 자가 다스리는 권능을 발휘한다. 하나님의 나라는 영원하고도 초월적인 특성을 갖고 있기에, 지금 세상과 오는 세상이 융합된 상태로 진행되다가 종말의 날에 완전히 드러날 것이다.

예수님께서는 하나님 나라의 복음을 선포하시고자 오셨고, 구속 사역을 완성하셨다. 그리스도의 인격과 사역을 통해서 하나님을 아는 지식을 확고하게 보여주셨고, 십자가와 부활, 승천과 재림을 통해서 인간의 근원적인 불행을 해결하였다. 부활의 권능은 이 세상에 속한 원리들과 자연의 법칙들을 모두 다 깨버리는 사건이다. 장차 올 하나님 나라의 특징을 이 세상에 가져온 파격적인 사건이다.

복음서의 기록들을 살펴보면, 제자들 모두 다 예수님의 부활에 대해서 직접 목격하면서도 무슨 일이 벌어지고 있는 것인지를 잘 몰랐다. 하나님 나라의 전체 과정을 미처 이해하지 못했다. 부활이라는 것은 단 한번도 상상조차 한 적이 없었다. 그들은 과연 죽은 사람이 생명으로 부활한다는 것이 어떻게 가능한지를 전혀 알 수 없었다. 부활 사건은 일반 사람으로는 상상조차 할 수 없는, 그야말로 기적들 중에 기적이었다. 하나님께서는 부활의 권능을 나타내심으로써 죽음을 능가하는 하나님의 권세를 드러내셨다.

사망 권세를 이겨낸 것이 부활이다. 예수 그리스도는 부활의 첫 열매가 되셨다.

모든 사람의 가장 불행한 문제는 죽음으로 끝마친다는 사실이다. 모든 죽음은 슬픔과 좌절을 남겨놓는다. 어린 아이가 죽는 경우에는 그 부모와 가족들은 큰 슬픔을 안고 살아야 한다. 군인들은 전쟁에 나가서 죽는 경우가 많은데, 남은 가족들은 사무치는 그리움과 아쉬움에 휩싸이게 된다. 심지어 평안하게 살다가 인간의 수명을 다 누리고 장수의 축복을 받았던 사람의 죽음이라 할지라도, 역시 비극적이다. 예수님께서는 자신의 부활과 승천으로 이 새로운 길을 보여주셨다.

자신이 부활 사건이 일어나기 훨씬 이전에, 예수님께서는 기적을 통해서 생명의 주관자이심을 드러냈었다. 가족의 주검 앞에서 슬피 절규하는 자들을 위해서 세 차례나 죽은 사람을 살려주셨다. 초상집의 슬픔이야 어느 곳에서나 동일할 것이다. 그러나 그런 사례들 중에서도 가장 사무치는 곳에서 예수님은 절망하는 자들의 눈물을 씻겨 주셨다. 가버나움의 회당장 야이로의 딸(막 5:22-23), 마르다와 마리아의 오라비 나사로(요 11:29-44), 나인 성 과부의 아들(눅 7:11-23) 등 세 번이나 죽은 자들을 살려주셨다. 유대인들의 표현법에서 세 번이라는 숫자는 "최상강조법"이다.[2] 죽은 사람을 세 번이나 살려냈다는 것은 우리 주 예수님께서는 죽음을 생명으로 바꾸는 권세가 있음을 충분히 입증해 보여주신 것이다. 마침내 새 언약의 중보자로 오신 그리스도는 인간의 죄에 대한 형벌, 죽음과 저주로부터 구원을 받게 되는 새로운 길을 열어놓았다(히 8:6, 9:15). 온 우주에 증거되는 하나님의 나라가 신구약 성경 전체를 통관하고 있는 가장 중심적인 주제다.[3]

그리스도의 부활이 실제로 일어나기 이전에는 제자들에게 아무리 설명을 했어도 잘 이해하지 못하였다. 영원한 나라와 죽음 이후의 삶에 대해서 이해하고 받아들이는 것이 매우 모호했었다. 그러나 예수님의 생애와 사역을 담은 복음서에서 하나님의 나라가 무엇인가를 확연히 드러내는 사건이 일어났는데 바로 죽은 자의 부활이다. 유대인들이 예언을 통해서 기대하고 사모하던 메시야의 나라가 임하였는데, 예수님의 부활과 재림으로 완성되어진다. 예수님의 생애 동안의 모든 활동들과 마지막 부활에 이은 승천에 관련한 모든 가르침 안에는 하나님의 나라에 대한 교훈들이 긴밀하게 짜 맞춰져 담겨 있다. 부활은 전혀 새로운 관점을 열어주었다. 우리가 믿음의 내용으로 삼

---

2 성경에 여러 곳에서 세 번 반복하는 최상강조법이 사용되었다. 예를 들면, 예수님께서 제자들에게 십자가를 지라는 말씀을 세 번 하셨다(막 8:34, 눅 9:23, 마 16:24-26). 기도하라는 말씀으로, 구하라, 찾으라, 두드리라고 하셨다(마 7:7-8). 바울 사도는 병이 낫기를 위해서 세 번 기도했다(고후 12:7-13). 이는 그가 얼마나 간절하게 간구했던가를 표현하는 방법이었다.

3 Herman N. Ridderbos, *When the Time had Fully Come* (Grand Rapids: Eerdmans, 1957), 9.

아야 할 그리스도의 구원 사역은 십자가에서만 그치는 것이 아니라, 부활을 동시에 똑같이 강조해야만 참된 복음이 되는 것이다. 바울 서신과 요한계시록에서도 십자가와 부활을 동시에 강조했다.[4]

구속 사역의 최종 단계를 모두 다 완성하신 그리스도께서 부활하시고 승천하신 후에야, 그의 몸된 교회가 세워졌다. 부활은 새로운 소망과 미래에 대한 새로운 안목을 열어주었다. 이미 온 것과 장차 올 것을 대조하여 생각할 수 있게 해 주었다. 그리스도의 부활과 승천은 종말의 시작에 해당하는 것이요, 재창조된 나라의 서막에 해당한다. 부활은 만물을 발 아래 복종케 하는 하나님 나라의 새로운 시대가 막 시작하는 지점이라고 풀이하는 것이다(고전 15:24-28). 부활하신 그리스도가 하늘로 승천하는 장면을 목격하면서, 제자들은 다시 하나님의 나라가 충만한 모습으로 다가올 것에 대한 새로운 관점을 갖게 되었다.

부활과 승천의 주님과 연합된 자들이라는 정체성을 가진 제자들이 사도행전 2장에 등장하는 첫 교회 공동체를 결성하는 구성원들이 되었다. 교회에 속한 성도는 부활하신 그리스도와 연합되어진 공동체의 일원으로서, 하늘나라의 영광을 맛보며 살아간다.[5] 성도들은 부활하신 주님과 연합되었으며, 그 모든 축복과 혜택에 참여하게 되며, 성령으로 교통을 하면서, 또한 성도로서의 정체성으로 인식하고 살아간다. 오순절 성령의 강림 사건으로 탄생한 교회에 주어진 가장 중

---

4 Richard Gaffin Jr. *Resurrection and Redemption: A Study in Paul's Soteriology* (Phillipsburg: P&R, 1987). idem, *By Faith, Not by Sight: Paul and the Order of Salvation* (London: Paternoster, 2006), 22.

5 G. K. Beale, *Union with the Resurrected Christ*, ch. 13, "The Resurrected Christ's Glory and the Believers' Identification with That Glory."

차대한 임무는 온 세상에 구원의 주님, 예수 그리스도를 믿으라고 전파하는 것이다. 유대 민족주의를 벗어나서 땅 끝까지 복음을 전파하여서 하나님의 나라를 확장하는 증인으로 살아가는 것이다.

하나님의 나라를 통치하시는 하나님의 초월성과 신비로움을 완전하게 다 알 수는 없지만, 사람의 역사 속에 개입하고 있음에 주목해야 한다. 하나님의 나라는 인류 역사의 마지막 날을 향해서만 생각하도록 한다거나, 다른 것은 다 희생하고 오직 종말의 날만을 대비하여야만 하는 것이 아니다. 재림만을 극단적으로 강조한 소위 말세파 집단들은 하나님의 나라를 크게 왜곡했다. 하나님의 나라는 지금 현재의 역사 속에서도 진행되어지고 있다. 씨 뿌리는 비유에서 주신 경고의 말씀을 살펴보면, 일하는 사람들에게 가라지를 제거하지 말고 그냥 두도록 주의를 주었다. 가라지가 무슨 가치가 있어서가 아니라, 알곡을 손상케 할 염려 때문에 그냥 놔두는 것이라고 하였다.

이처럼 알곡과 가라지 비유를 풀이하여 보면, 이 땅 위에 예수 그리스도를 따르는 참된 기독교 교회만이 있는 것이 아님을 알 수 있다. 이 세상에는 가라지에 해당하는 자들이 너무나 많다. 재림 주로 자처하는 자들도 있고, 각종 거짓 사이비 유사 종파들, 이단들, 분파주의자들, 각종 왜곡되고 치우친 신학적인 주장들, 헛된 인생관과 세계관, 인간 본성에만 의존하는 철학 등등. 이런 가라지들은 하나님의 나라가 이 땅에서 진행하고 있는 구원 사역에 대해서 전혀 관심이 없다. 현대 신학자들은 하나님의 절대적인 권능을 평가절하하고, 곡해하였다. 불트만은 그리스도로 하여금 참혹한 십자가의 죽음을 감당케 하신 것과 마침내 다시 죽음에서 부활을 실현시켰다는 것을 외면하거나 무의미하다고 주장한다.

하나님의 나라에 대한 일곱 가지 비유들이 마태복음 13장에 담겨 있다. 그 가운데서 누룩과 겨자씨의 비유는 하나님 나라에 대한 여러 가지 교훈을 제시한다. 하나님의 나라가 역사 속에서 거의 보이지 않을 만큼 아주 작은 시작에 불과했고, 서서히 진행되어나가지만, 항상 놀라운 결과를 만들어낸다. 누룩은 보이지 않게 가루를 부풀리는 능력을 발휘하고, 겨자씨는 점 하나에 불과한 씨앗이지만 점점 크게 자라나서 2층 3층 높이의 나무가 된다.

하나님의 나라도 역시 시작은 미약하지만, 그 영향력은 창대하다. 하나님의 나라는 어떤 신실하고 출중한 사람이 나서서 하나님을 위해서 무엇을 이뤄나가는 것이 아니다. 그에 앞서서, 하나님의 절대주권과 하나님 중심의 관점을 가져야만 이해를 할 수 있다. 하나님의 나라는 각 사람을 변화시켜서 세상에서 일을 하게 한다. 하나님께서 죄인들을 회개케 하여 구원하시며, 진정으로 거듭난 사람이 되게 만드는 초월적인 권능을 발휘하고 하신다. 또한 하나님의 나라는 이 세상의 모든 만물과 사람들에게 개입해서 재창조의 능력을 발휘한다. 사람과 세상 속에는 살아서 역사하는 하나님의 구속적인 권능이 충만하다.

하나님의 나라가 그리스도의 구속 사역으로 실현되는 과정에서 정점은 부활과 승천이다. 그리스도의 십자가는 이 세상 속에서 실행되었고, 부활의 사건도 역시 이 세상 속에서 일어났다. 이런 의미에서, 그리스도는 세상의 유일한 소망이다. 십자가에서 죽으시고, 부활로 인해서 존귀케 되신 그리스도는 이 세상 속에서 뿌려진 씨앗의 역할을 하고 있다.

2. 부활의 권능과 새롭게 창조된 나라

예수님의 부활은 사탄으로 인해서 빚어진 저주와 죽음을 정복하는 하나님 나라의 권능이 찬란하게 빛을 발하는 사건이다. 예수님의 영광스러운 승리자의 모습이 부활과 승천에서 제시되었다. 예수님의 구원 사역에서 가장 정점에 도달했던 부활과 승천이 그저 메시야이신 주님에게만 발생한 놀라운 기적으로 그치는 것이 아니다. 예수님의 부활은 장차 종말의 날에 이뤄질 일을 보여주는 첫 열매였고, 그와 같이 모든 성도들도 부활의 몸을 입을 것이다. 기독교의 가장 핵심되는 복음의 내용이 십자가와 부활과 승천인데, 날마다 부활의 권능과 힘으로 살아가는 성도들은 승천하신 주님께서 천국의 왕으로 재림하실 것을 희망하면서 세상 속에서 빛과 소금의 역할을 감당하는 것이다.

하나님의 나라를 주권적으로 통치하시는 왕으로서 예수님의 생애와 교훈을 충분히 이해하기 위해서는 지상에서의 가장 마지막 사건들인 부활과 승천에 주목해야만 한다.[6] 주님의 영광이 드러난 사건들으로부터 거꾸로 그 이전의 사역들, 십자가와 고난과 모욕을 참고 이겨내심과 낮은 천한 출생 등을 살펴보는 안목이 필요하다. 예수님의 부활 사건에서 인류 역사가 오랫동안 기대하며 바라고 있었던 종말의 영광스러운 변형이 제시되었고, 가장 높은 곳으로 올라가는 승천을 통해서 영광스러운 왕이신 주 예수 그리스도의 통치가 온 우주적으로 선포되었다. 예수님의 승천은 당연히 그가 이전에 계셨던 곳으

---

6   G. K. Beale, *Union with the Resurrected Christ*, 24.

로 복귀를 의미하면서, 동시에 그의 재림으로 연결되어진다. 승천을 통해서 주신 가장 중요한 교훈은 삼위일체 하나님의 계시적 사건이라는 사실이다.[7]

부활의 첫 열매가 되신 예수님은 세상 천지에 하늘과 땅을 지배하시는 권능과 위대하고 영광스러운 나라를 펼쳐 보이셨다. 예수님의 부활은 "역사의 마지막 때"(end times)에 일어날 재창조의 나라(new creational kingdom)가 세상 속에서 처음으로 그 장엄한 서막을 시작한 날이다.[8] 부활로 인해서, 예수님 자신의 몸이 영광스러운 형태로 변형되었고, 구원받은 성도들이 갖게 될 새 창조의 모습이 제시되었다.

부활은 종말론적인 희망과 새롭게 창조된 나라의 서막이다.

인간의 모든 비극과 불행을 해결하고자 오신 예수님의 교훈들과 사역들을 살펴보면, 부활과 승천이 매우 중요하다. 제자들은 부활을 확신하고 승천하시는 영광을 목격하게 된 후에야, 장차 다가오는 종말에 대한 기대와 희망으로 가득 차게 되었다.

예수님께서는 "진실로 진실로 너희에게 이르노니 죽은 자들이 하나님의 음성을 들을 때가 오나니 곧 이 때라 듣는 자는 살아나리라" (요 5:25)고 강조하셨다. 예수님께서는 다니엘서 12장 1-2절에 나오는 "그 때"를 회상시켰다. 예수님의 사역 가운데서 영적인 방식으로 이러한 성취가 일어날 것이며, 종말의 날에는 모든 사람들의 육체적 부활이 성취될 것이다.

예수님께서 세상에 오셔서 구원 사역을 하는 것은 "자신을 보내신 이의 뜻을 행하려 함이라"고 명확하게 근거를 제시했다. "나를 보내

---

[7] 김재성, 『현대 개혁주의 교회론』 1권 (킹덤북스, 2023), 제6장, "교회의 비전" (285-406)을 볼 것.
[8] Beale, *Union with the Resurrected Christ*, 64.

신 이의 뜻은 내게 주신 자 중에 내가 하나도 잃어버리지 아니하고 마지막 날에 다시 살리는 것이다"(요 6:39). 예수님께서는 자신을 보고 믿는 자들을 "마지막 날에 다시 살리라"는 말씀을 여러 번 반복하면서 강조하셨다(요 6:40, 44, 54, 11:24).

나사로의 죽음 앞에서, 예수님께서는 마르다에게 "네 오라비가 다시 살아나리라"고 위로하셨다(요 11:23-25). 그러자 마르다는 "마지막 날에 부활 가운데서" 오라비가 다시 살아날 것이라고 대답했다. 이를 안타까이 여기신 예수님께서는 "나는 부활이요 생명이니, 나를 믿는 자는 설령 죽을지라도 다시 살리라"고 말씀하셨다. 예수님께서는 현세에 일어난 자신의 부활로서 영생을 입증하였고, 이와 같은 방식으로 마지막 날에 일어날 부활과 연결시켰다. 예수님은 죽은 나사로를 다시 살리심으로써, 종말의 때에 일어난 부활이 이미 상당히 다른 방식으로 시작되어졌음을 알리셨다(요 11:38-44).

예수님의 부활은 첫 아담이 순종하였을 때에 하나님께서 주시고자 하셨던 축복의 내용들을 미리 보여주신 것이다. 예수님의 부활을 통해서 도래하게 될 축복의 내용들은 모두 다 하나님의 나라에 속한 것들이다. 예수님께서 하나님의 나라를 완성하실 바로 그 재림하실 종말의 날에 가져오실 것을 미리 예표한 것들이다. 예수님의 부활을 통해서 드러난 축복들은 다음과 같이 일곱 가지로 요약된다; 1) 사악한 뱀에 대한 파멸과 지배, 2) 하나님의 영광을 드러내는 것들을 포함하는 하나님의 성품을 반사함, 3) 신령한 영생을 취소할 수 없이 소유함, 4) 끝이 없는 종말적인 안식을 누림, 5) 육신적인 타락으로부터 영구적으로 보호를 받음, 6) 신랑을 맞이한 신부처럼, 하나님과의 무한대한 관계성의 성취를 즐거워 함, 마치 아담과 이브가 누렸던 혼인 관계에서 보여준 것과 같은 관계를 누리게 됨, 7) 땅을 지배하는 왕들로서, 영원한 통치권을 행사함 등이다. 아담의 불순종은 둘째 아담이신 예수 그리스도의 순종으로 인하여 모든 축복들이 연합된 백성들에게 주어지게 되는 바, 그 첫 부분은 예수 그리스도의 부활에서 보여졌고, 종말의 날에 완성된 형태로 성도들에게 주어질 것이다.

3. 옛사람을 벗고, 새사람을 입다

부활하신 예수 그리스도와 연합된 성도는 새사람을 입는다.

창세기 1장부터 3장에 보면, 아담의 불순종으로 저주와 내쳐짐을 당하였지만, 이것이 인류에게 절대적인 폭망을 가져온 것은 아니다. 도리어 종말적인 축복을 향해서 나아갈 수 있는 기대를 갖게 되었으니, 창세기 3장 15절에 여인의 후손이 오심을 약속하는 은혜를 입었다. 아담과 이브에게 주신 말씀은 전적으로 하나님의 은혜요, 긍휼이요, 자비하심이다. 우리는 이 "은혜 언약"에 따라서, 비록 인간에게 선고된 죽음을 피할 길이 없으며 또한 하나님을 부인하는 사탄의 방해 공작이 있음에도 불구하고, 영적인 삶의 종말론적인 축복이 불가역적으로 주어지게 되었다. 여인의 후손으로 오시는 주 예수 그리스도의 권능이 궁극적으로 사탄의 머리를 상하게 만들며, 성도들은 육체적 타락으로부터 보호를 받게 된다. 이 약속이 성취되면, 타락 이전에 아담에게 주어졌던 원래의 축복들이 다시 회복되어질 것이다.

죄인에게 하나님은 친히 지으신 새 옷을 입혀주셨다. 창세기 3장에서 옷을 입혀주신 이야기는 모든 죄인들에게 주시는 소망이다. 아담과 이브는 에덴동산에서 벌거벗은 상태로 살고 있었는데(창 2:25), 죄를 범한 후에는 자신들이 모습에서 부끄러움을 알게 되었다(창 3:7). 아담과 이브는 죄를 범한 후에 스스로 벌거벗음을 깨달았고, 스스로 "무화과 잎을 엮어서" 만든 옷으로 몸을 가렸다(창 3:7). 이처럼 허술한 옷을 입고서 무슨 행동을 할 수 있을 것인가? 사람의 생각이란 이처럼 보잘 것이 없으며, 단편적이다. 그러나 하나님께서는 먼저 "여인의 후손"이 사탄을 제압할 것이라고 약속하셨다(창 3:15). 비록 불순종한 아담과 이브이지만, 사람에게 사망 선고를 가져온 사탄의 모략이 결정적으로 망하게 될 것을 약속하였다. 원래는 아담이 순종하는 경우에만 주시려 했던 종말적인 영생과 보호를 보장해 주셨다. 그리고 하나님께서는 가죽옷을 아담과 이브에게 입혀주셨다(창 3:21). 이제 튼튼한 옷을 입은 아담과 이브가 몸을 보호하면서, 주어진 임무를 수행할 수 있게 되었다. 그때로부터 아주 먼 훗날, 구약의 마지막 선지자 세례 요한이 가죽옷을 입고 척박한 광야에서 외쳤다. 궁전에서 부드러운 옷을 입고 살던 자들이 몰려나와서, 회개의 세례를 받았다.

　새사람을 입혀주셨다는 의미는 성령의 세례를 통해서 새로운 지위와 신분을 주셨다는 뜻이다. 새사람에 대해서는 고린도전서 6장 11-20절, 12장 12-13절, 갈라디아서 3장 26-29절, 로마서 6장 3-6절, 골 3장 10절, 에베소서 2장 15절, 4장 24절에 설명되어져 있다.

　예수님의 부활체에 연합되어 새사람의 옷을 입었다. 옛사람은 아담에 속한 사람을 말한다. 하나님께서는 죄를 범한 아담과 이브에게 새로 만든 가죽옷을 입혀주시고, 은혜를 베푸셨다. 죽음에 이르는 형벌로 인해서, 하나님으로부터 분리되어야 할 인간들에게 보이지 않는 영적인 방식을 통해서 극복해 낼 수 있는 길이 제시된 것이다. 새 옷을 입혀주시는 것은 장차 어느 시기에 아담과 이브에게 유산을 물려주신다는 상징이다.

고대 근동 지방에서 "옷을 입는다"는 것은 후대의 상속자로 선정되었다거나, 중요한 지위를 차지한다거나, 결정적으로 고귀해진 신분의 변화를 의미했었다.[9] 대체로 고대 사회에서는 제복을 입는 날에 왕이나, 선지자나, 신전의 사제들이나 새로운 지위를 부여받는 의식이었다. 특히 왕들은 살아있는 신으로 숭배를 받았기에, 옷을 입는 예식을 통해서 그들의 이미지를 보여주었다. 창세기 1장 28절에 보면, 아담에게는 피조물의 세계를 다스리고 번성하는 임무를 수행하면서, 왕이자 제사장과 같은 높은 지위가 주어졌다.

아담과 이브가 죄를 범한 후에도, 다시 한번 회복의 축복이 주어졌으니, 곧 그의 왕적인 직위에 해당하는 "가죽옷"을 입혀주셨다. 아담과 이브에게 입혀주신 "가죽옷"(창 3:21)은 온 세상을 통치하시는 하나님의 형상으로서, 아담에게 왕권을 가진 통치자의 지위를 주시는 것을 상징한다. 아담과 이브가 스스로 만들었던 옷을 제거하고, 하나님께서 직접 만드신 옷으로 대체시켰다. 사람이 스스로 만든 옷은 부끄러운 모습을 충분히 가릴 수 없다. 더구나 그런 몸의 상태로는 하나님과 대면하여 교제를 나눌 수 없다. 죄를 범했고, 수치를 가릴만한 처지도 아니었으니, 하나님의 임재로부터 완전히 단절된 상황임을 의미하는 것이다. 그들은 스스로의 힘으로는 하나님과의 화해를 이룰 수 없었다. 그들은 먼저 하나님의 낯을 피하여 동산 나무 사이에 숨었다(창 3:8-9). 그러나 하나님께서 그들을 불러 찾아내었다. 그리고

---

9 Gregory K. Beale, *A New Testament Biblical Theology: The Unfolding of the Old Testament in the New* (Grand Rapids: Baker, 2011), 227-234.

가죽옷을 입혀주신 것은 단순히 회복의 의미로만 그치지 않고, 한걸음 더 나아가서 하나님의 영광을 반영하는 일을 해야만 한다는 뜻이 주어졌다고 볼 수 있다.

새 옷을 입혀주셨다는 표현처럼, 새사람을 입혀주셨다는 것은 더 확실한 설명이다. 신약 성경에서도 옷에 비유된 새사람을 입는다는 표현이 매우 중요하게 사용되었다. 새사람은 옛사람과는 완전히 결정적으로 다르다. 다만, 옛사람의 습성과 모습이 여전히 남아있어서, 성화의 투쟁이 필요하다.

새사람의 옷은 하나님의 자녀라는 신분과 지위를 의미하며, 지식에까지 새롭게 된 사람이다. 새사람은 예수 그리스도를 통해서 하나님의 형상을 따라서 "새로운 지식"을 갖는다. 새사람은 그리스도 안에서 하나님을 아는 참된 지식을 갖게 된다. 골로새서 3장 9-10절에서, 부활하신 그리스도와 함께 연합된 성도들은 "옛사람과 그 행위를 벗어 버리고, 새사람을 입었으니 이는 자기를 창조하신 자의 형상을 좇아 지식에까지 새롭게 하심을 받는 자니라"고 하였다. 새사람은 예수 그리스도의 부활과 승천을 믿으며, 재림을 기다리는 마음으로 살아간다. 세상 지식과는 완전히 다른 지식을 갖게 되었다.

성도들은 "그리스도와 함께 다시 살리심을 받았다"(골 3:1). 이제부터 성도들은 그리스도의 부활체와 같은 정체성을 가지게 되었다. 완전히 달라진 새로운 소속감과 존재 방식에 따라서, 그리스도의 생명에 참여하게 되었다. 과거에는 땅에 속한 것들을 따라서, "음란과 부정과 사욕과 악한 정욕과 탐심, 곧 우상 숭배"(골 3:5)에 빠져서 하나님의 진노의 대상으로 살았다(골 3:6). 하지만 "이제는" 옛사람의 행동 양식과 존재 방식에서 완전히 벗어났다(골 3:8). 성도들은 새사람을 입었기 때문에, 이전의 생활을 극복하는 힘을 발휘할 수 있다. 새사람은 바로 그리스도와 함께 부활의 권능에 참여한 성도를 의미하며, 하나님이 계명을 지켜나가는 "결정적 성화"를 성취해낼 수 있다. 믿음을 고백하고 예수 그리스도에게 연합된 사람으로 변화가 일어났지만, 한 번에 다 모든 옛사람의 습관을 버리고 완전케 되는 것은 아니다. 새사람으로의 변화가 부족해서 그런 것이 아니고, 아직도 옛 세상에 속해서 살아가고 있기 때문이다.

골로새서 3장에서 사용된 헬라어를 영어 등 다른 언어로 번역하면서, 어떤 단어를 채택하는 것이 가장 합당한가에 대해서 다소 이견들이 있다. 번역본마다 약간 다른 개념들을 채택하고 있다. 한글 개역 성경에서는 "옛사람"(palain anthropon)과 "새사람"(neon anthropon)으로 번역을 했다. 이것은 적합한 용어를 채택한 번역이라고 본다. 하지만, 일부 현대 영어 번역본들은 "옛 자아"(old self)와 "새 자아"(new self)로 대조시켰다.[10] 그러나 오래전에 영어로 번역된 성경들(제네바 바이블, KJV, ASV, Douay-Rhiems, NET)은 "옛사람"과 "새사람"으로 대조시키고 있다. 헬라어 "안트로폰"을 "사람"으로 번역하는 것이 훨씬 더 합당하다. 그 이유는 우리가 앞에서 살펴본 바와 같이, 대조적으로 연관을 짓고 있는 사람이 두 명이기 때문이다. 한 사람은 옛사람으로 죄를 범한 아담이요, 거듭나지 못한 인간성으로 상착된 집합체를 의미한다. 또 다른 새사람은 새롭게 부활하신 마지막 아담이신 그리스도가 대표한다. 새사람은 새로운 창조로 이뤄진 인간성을 가진 성도들의 공동체를 대표한다.

---

10   영어 번역 성경들 중에서 NIV, NJB, NASB가 "옛 자아"로 번역하였는데 옛사람이라고 부를 수 있다는 추가 설명을 넣었다. ESV는 "old self"(옛 자아)로 본문을 번역하고, "old man"이라고 설명했다.

다시 반복하지만, 일부 현대 영어 번역본들에서는 "옛 자아"와 "새 자아"라고 대조하였다. 이런 번역은 단 한 사람의 개인적인 인격 내부적으로 일어난 변화를 강조하는 것이기에, 그 의미가 대단히 제한적이다. 현대 심리학이 발전되면서, 이런 영어 번역이 더욱더 혼란을 초래하고 있음에 유의해야만 한다. 옛 자아와 새 자아로 대조하는 것은 아담과 예수 그리스도의 엄청난 차이점을 드러내는 용어로는 적합하지 못하다. 완전히 서로 대조되는 거대한 집합체를 대표하는 용어로는 적합하지 않다.[11] 아담과 예수 그리스도는 구속 역사 속에서, 각기 "옛사람"과 "새사람"으로 서로 다른 공동체를 대표하는 인물들이다. "첫 아담"과 "마지막 아담"은 각각 공동체와 관련을 맺고 있기 때문이다. 첫 사람 아담에게 결합된 것을 대표하는 개념이 "옛사람"이고, 마지막 아담이신 예수님은 "새사람"의 대표자로서 부활과 승천을 통해서 드러내셨다.

골로새서 3장 9절과 10절은 결정적으로 대립되는 것을 설명하여 준다. 각 개인 성도의 내면 속에서 옛 자아를 벗어버리고, 새 자아를 정착시키는 대립이 지속된다고 해석될 수 없다. 여기서 바울 사도는 옛사람 아담 안에서 살고 있던 행위들은 영적으로 파괴되었기에 완전히 벗어버려야만 한다고 강조한다. "벗어버리라"는 명령을 연속해서 반복했음에 주목하여야 한다(골 3:8, 9). 이와 대조적으로, 마지막 아담에 의해서 부활 생명에 연합된 새사람으로의 교체가 이뤄졌다. 오직 마지막 아담 안에 있는 성도는 그 이전의 세상에 속했던 행동과는 정반대로 살아가야만 한다. 예수 그리스도가 주시는 힘으로 이 타

---

[11] G. K. Beale, *The Union with Resurrected Christ*, 451.

락한 몸이 놓여 있는 옛 세상 속에서 죄와 더불어 살아가는 생활을 이겨낼 수 있다. 한 개별 성도의 내면 안에는 여전히 새사람과 대립하는 죄와의 사이에 전쟁이 있지만, 점진적으로 새사람이 성장하여 나가다가 결정적으로 마지막 날에 옛사람은 패망할 것이다.

부활의 권능과 영광으로 인해서, 그리스도와 연합된 새사람이 창조되었다. 우리의 옛사람은 첫 아담과 관련된 영적인 정체성이 파괴를 당했다. "새사람"은 아직도 옛 세상의 몸을 가지고 있고, 옛 세상에서 살고 있다. 따라서 그리스도 안에서 새롭게 창조된 존재로 완전히 변화하는 날을 기다리며 사모하는 것이다. 주 예수 그리스도가 강림하실 때에 죄와 함께 하는 옛사람의 생활이 정리되고, 완전한 새사람을 입게 될 것이다.

"이제는"(now)이라는 단어는 옛 세대와 대조되는 종말적인 시간의 개념이며, 바울 사도가 쓴 서신들 속에서 여섯 차례나 사용했다.[12] "이제는"이라는 헬라어, 복수형 "니니"(nyni)이 그 다음에 나오는 "때"(kairos)와 연결되어져서, 시작된 종말적 개념이 담겨져 있다.[13] 부활은 최종 종말의 때에 일어날 일인데, 첫 열매가 되신 예수님의 부활 사건에서 이러한 종말이 이미 현재의 세계 속으로 침투해 들어온 것이다.

옛사람의 옷을 벗어 버리고 새사람의 옷을 입는다는 것은 성도들의 삶 속에서 하나님과의 관계성이 회복되었음을 의미한다. 사람의 심령을 새롭게 창조하여, 하나님과의 인격적인 교제가 이미 시작되

---

12 롬 3:2,26, 8:18, 11:5, 13:11-12, 고후 6:2, 8:14.
13 단수형 "nyn"이 사용된 경우에도, 여러 구절에서 "이제는" "이때라" 등으로 번역되었다. 롬 16:25-26, 엡 3:5,10, 골 1:26. 사도 요한이 사용한 구절들은 "이제", "이때", "지금" 등으로 번역되었다; 요 4:23, 5:25, 12:31, 요일 2:18, 4:3.

었다는 뜻이다. 거듭 지적하지만, 새사람으로 옷을 입혀주신다는 표현은 창세기 3장 9-10절을 상기시킨다. 새사람의 옷을 입은 성도는 더 이상 죄의 지배하에서 살아가는 과거의 삶에서 벗어났다는 것이다. 골로새 지방에서 살던 성도들은 첫 아담의 옷(옛사람)을 벗어버리고, 마지막 아담(새사람)이신 그리스도로 옷을 입었다. 그들은 이제 하나님의 임재와 인도하심을 받으면서, 영적으로 새로움의 진행 과정 속에서 살아가게 되었다. 새 옷을 입음으로 인해서, 골로새 성도들은 하나님과의 생명이 시작되었고, 장차 그들의 완전한 회복이 종말의 날에 완전히 이뤄질 것이다.

사도 바울은 골로새서에서 창세기 3장에 나오는 가죽옷을 입혀주신 사건을 상기시키는 표현을 사용하였음이 분명하다. 새사람의 옷을 입는다는 것은 하나님과의 회복된 관계성이 시작되었다는 의미가 있다. 아담의 타락이 영향을 미치고 있는 옛사람은 중생하지 않은 인간성을 갖고 있지만, 부활하신 마지막 아담 안에서 새사람을 입은 성도에게는 "새로운 인간성"이 부여되었다. 성도들에게 주어진 새로운 생명은 그리스도와의 연합 가운데서 지속된다.[14]

새롭게 창조를 입은 성도에게는 새로운 능력이 주어져서, 죄로부터 결별하고 하나님의 계명에 순종할 수 있는 힘이 있다. 새 창조의 권능을 입지 않고서는 하나님께 복종할 수 없으며, 기쁘시게 해 드릴 수 있는 능력이 발휘되지 못한다. 성도에게는 새사람의 정체성이 주어졌기에 윤리적인 행동들이 자연스럽게 흘러나오게 되는 것이다. 마지막 날에는 옛 세상에 속한 육체적 정체성마저도 육체가 부활의

---

14 Constantine R. Campbell, *Paul and Union with Christ* (Grand Rapids: Zondervan, 2008), 317.

몸으로 바뀌면서 완전히 파괴를 당하고 말 것이다.

새사람은 부활하신 주님으로부터 은혜와 혜택을 공급받기 때문에, 지식에 있어서도 이전 세상에 살던 것과는 완전히 다른 내용을 갖게 된다. 성도는 부활에 참여하는 새롭게 된 사람으로서, "자기를 창조하신 자의 형상을 따라 지식에까지 새롭게 하심을 입은 자"(골 3:10)라고 규정되었다. 형상(image)은 창세기 1장 26-27절에서 "하나님이 사람을 창조하시되, 자기 형상과 자기 모양대로 지으셨다"고 하였다. 따라서 아담과 이브는 하나님의 형상대로 지음을 받았기에, 창조의 왕관이었다. 새사람은 그리스도의 형상을 따라서 지식에 까지도 새롭게 되었다. 부활하신 그리스도와 연합된 성도가 될 때에, 그의 형상을 반사시키는 새사람의 성품을 갖추게 된다. 그리스도가 죽음으로부터 부활하신 것은 옛 세상의 지식과도 결별하는 것이다. 새 창조 가운데서 인간성의 공동체적 구성이 집합적으로 갖춰졌는데, 새롭게 부활하신 마지막 아담의 형상이 최종적으로 주어진 것이다.

4. 모든 사람에게 주신 부활 소망

부활의 소망을 예수 그리스도의 부활 사건 이후에만 수신 것이 아니라, 최초의 인간을 포함하여 모든 성도들이 갖고 있었다. 죽음 앞에서 절망하면서도, 참된 성도들은 미래 부활의 소망을 품고 살았다. 특히 가장 어렵고 힘든 시기에 살았던 구약 시대의 성도들도 희미하지만 부활의 소망을 바라보았다. 구약 성경에서도 부활에의 기대와 전망을 품고 살았음을 증거하는 내용들이 여러 장면에서 발견된다.

이미 창세기 3장 15절에, 하나님께서 주신 최종적인 종말의 승리가 "씨앗"의 형태로 제시되었다. 구약 시대의 성도들은 장차 "여인의 후손"으로 오시는 분이 죽음을 가져온 근원이 되는 사탄을 완전히 제압하고 영광스러운 승리를 가져올 것이라는 기대를 품고 살았다. 구약의 성도들도 죽음의 저주를 불가역적으로 바꿔놓는 희망과 생명의 약속을 믿었다.

구약 성경에서 부활에 관한 가장 명시적인 최초 언급은 신명기 32장 39절에 담겨 있다. "내가 죽이기도 하며 살리기도 하며, 상하게도 하며 낫게도 하리니 내 손에서 능히 건질 자 없도다." 광야의 길을 가던 백성들에게 하나님으로부터 회복과 치유와 부활이 주어질 것이라고 언급되어 있다.

다니엘서 12장 2절에 보면. 구약 시대의 성도들이 부활의 기대를 갖고 있었음을 확실하게 알 수 있다. "그리고 땅 속 티끌 가운데서 잠자는 사람 가운데서도, 많은 사람이 깨어날 것이다. 그들 가운데서, 어떤 사람은 영원한 생명을 얻을 것이며, 또 어떤 사람은 수치와 함께 영원히 모욕을 받을 것이다." 이런 일은 "종말의 때"에 고난과 시련이 오기 이전에 일어날 것이다(단 12:4).

이사야 선지자는 새 창조를 예언했는데, 다가올 시대에 부활을 여러 차례 언급하였다. 하나님께서는 새로운 일을 행하실 것인데, 이로 인해서 하나님을 찬양하게 될 것이다.

이사야 25장 8절에, "주의 죽은 자들은 살아나고 그들의 시체들은 일어나리이다 티끌에 누운 자들아 너희는 깨어 노래하라 주의 이슬은 빛난 이슬이니 땅이 죽은 자들을 내놓으리로다."

이사야 선지자는 부활 신앙을 확고하게 선포했다:

> "주의 죽은 자들은 살아나고 우리의 시체들은 일어나리이다 티끌에 거하는 자들아 너희는 깨어 노래하라 주의 이슬은 빛난 이슬이니 땅이 죽은 자를 내어 놓으리로다"(사 25:19).

이사야 43장 21절과 65장 17-23절과 66장 22절에서 거듭 새로운 창조의 상황들을 설명했다. 이사야는 마지막 부분에서 "새 하늘과 새 땅을 창조하시고, 이전 것은 기억되거나 생각나지 아니할 것이다"고 위로했다(사 65:17-25). 이리와 어린 양이 함께 먹고, 사자와 소가 풀을 먹는 거룩한 산을 약속하였다. 그 성산에서는 해함도 없고, 상함도 없으리라고 약속하셨다.

에스겔 선지자는 구약 성경에서 가장 드라마틱한 환상을 보았다. 그는 이스라엘의 부활을 가장 확실하게 예언했다. 에스겔 37장에 기록된 바, 그가 목격한 "마른 뼈들의 골짜기"와 뼈들에 몸이 덮혀지고 부활한다는 환상은 바빌로니아 포로 생활에서 이스라엘이 다시 귀환할 것에 대한 비유적 예언이었다. 이런 엄청난 사건이 일어날 수 있다는 예언은 먼저 일어날 "영적 갱신"으로 제시되었다. 에스겔은 하나님께서 "새 마음"과 "새 영"을 그들에게 부어주실 것이라고 예언했다. 에스겔 36장 26-27절은 이스라엘의 귀환과 영적인 갱신이 있을 것을 예고한다. 심령의 중생이 있고 난 후에, 이스라엘의 부활이 있을 것인데, 영의 부활인 "새 창조"에는 몸의 부활이 수반된다.

구약 성경에서는 부활이 새 창조의 개념으로 제시되었다. 이사야서 43장과 65-66장에 언급된 새 창조의 세계는 바울이 제시하는 그리스도의 부활을 증거하는 기초가 되었다. 그리스도의 부활은 새 창조의 시작이었다. 그리스도께서 재림하실 때에 이 모든 새 창조의 예언들이 성취될 것이다.

5. 부활과 승천, 영광스러운 나라

하나님 나라의 전개 과정에서 예수 그리스도의 부활은 가장 결정적인 사건이다. 부활하시고 승천하신 예수 그리스도가 통치하는 나라는 사탄과 세상의 왕국들을 무찌르고 영광스러운 승리를 보여주셨다. 부활에서는 창조주의 영광과 권능이 함께 하며, 영원한 나라가 세워질 것이다. 예수님의 부활과 승천은 미래의 영광이 현재의 세계로 침투해 들어온 기적적인 사건들이다. 부활과 승천을 통해서 드러난 하나님의 나라는 새롭게 지음을 받은 사람들로 구성된다.

예수 그리스도의 부활과 승천을 통해서 영광스러운 승리를 보여주셨고, 주님과 연합한 자들로 살아가는 새로운 피조물의 생애 가운데 성령과 말씀을 통해서 그 영향과 권능을 발휘하고 있다. 부활 신앙을 가진 성도는 결코 세상의 고난에 무너지지 않는다. 부활하시고 승천하신 주님을 믿고 살아가는 성도는 세상의 것들에 미혹당하지 않는다. 오직 예수 그리스도만이 가장 고상한 지식이요, 자랑이요, 보배가 되기 때문이다.

1) 부활과 새롭게 임한 나라

예수님의 탄생에서부터 승천까지의 활동과 말씀이 담긴 복음서는 수많은 사항들이 담겨져 있는데, 큰 그림으로 볼 때에는 하나님 나라의 등장이다.

예수님을 통해서 드러난 하나님의 나라는 성령으로 거듭난 사람의 심령 속에 임하였다. 그러나 아직 완성된 단계는 아니다. 각 사람에게는 여전히 옛사람의 성품이 남아있으며, 하나님의 형상이 완전하게 회복된 것은 아니다. 장차 주님의 재림과 함께, 거듭난 영혼과 부활하게 된 몸이 온전하게 회복되어질 것이다. 새롭게 창조된 하나님의 나라는 예수님의 부활을 통해서 그 실체와 본질이 제시되었다.

예수님께서는 니고데모에게 "거듭남"을 설명하였다. 거듭나는 것과 하나님의 나라가 긴밀히 연결되어 있다. "거듭나지 않는 자는 하나님의 나라를 볼 수 없다"(요 3:3)고 말씀하셨다. 니고데모의 반응은 지극히 생물학적인 차원에서 나왔다. "사람이 어떻게 어머니의 몸에 들어갔다가 다시 태어날 수 있느냐"(요 3:4). 이러한 부정적인 반응에 대응하여, 예수님은 다시 하나님의 나라에 들어가는 길이라고 설명하셨다.

> "진실로 진실로 내게 이르노니 사람이 물과 성령으로 나지 아니하면 하나님 나라에 들어갈 수 없느니라 육으로 난 것은 육이요 성령으로 난 것은 영이니 내가 네게 거듭나야 하겠다 하는 말을 기이히 여기지 말라"(요 3:5-6).

예수님께서 언급하신 거듭남의 개념은 이미 에스겔 선지자를 통해서 말씀하신 것이 구체적으로 이뤄진 것이다(겔 36:25-27).

"거듭남"은 "새로운 창조"를 의미한다. 또한 새로운 창조는 부활의 개념이기도 하다.[15] 예수 그리스도가 죽음에서 부활하심으로 새로운 창조를 실현하셨고, 영광스러운 승리자의 모습을 보여주셨다. 예수님의 부활은 새로운 창조의 첫 시작이었다. 예수님의 몸에 부활 사건이 실제로 일어나기 이전에, 새로운 창조에 대해서 언급하였다. 예수님의 음성을 듣고 거듭난 자들은 새로운 창조의 나라에 참여하게 되는 자들이다(요 5:24-29).

예수 그리스도의 부활은 하나님의 영광과 권능을 드러내는 사건이다. 네 복음서에서 가장 중요하게 다뤄진 것이 부활의 목격자들의 증언이다. 복음서를 면밀히 조사해 보면, 어떤 순서에 따라서 예수 그리스도가 부활의 몸을 보여주셨는지는 정확하게 알 수 없다. 그러나 그 어느 곳에서도 네 복음서에 나오는 부활의 목격담에는 서로 간에 충돌이나 대립이 전혀 없다.[16]

1. 부활의 날, 이른 아침에 막달라 마리아에게 보이셨다. 막 16:9-10, 요 20:1-18.
2. 이른 아침에 다른 여인들에게 보이셨다. 마 28:9-10.
3. 오후에 글로바와 실망에 빠진 또 다른 제자가 엠마오로 가는 길에 동행하셨다. 막 16:12-12, 눅 24:13-32.

---

15 Jeannine K. Brown, "Creation's Renewal in the Gospel of John," *Catholic Biblical Quarterly* 72 (2010): 275-90. Beale, *The Union with Resurrected Christ*, 70.
16 John Wenham, *Easter Enigma* (Eugene: Wipf and Stock, reprint of 1992), 45, 75.

4. 같은 날, 베드로에게 보이셨다. 눅 24:34.

5. 같은 날 저녁에 열한 사도에게 보이셨다. 막 16:14, 눅 24:36, 요 20:19.

7. 한 주간이 지난 후, 도마가 함께 한 곳에서, 열한 사도에게 보이셨다. 요 20:26-31.

8. 갈릴리 해변에서 일곱 사도들에게 보이셨다. 요 21장.

9. 오백 여 형제들에게 동시에 보이셨다. 고전 15:5-8. 마 28:16-20.

10. 시간과 장소는 알 수 없지만, 야고보에게 보이셨다. 고전 15:7.

11. 승천하실 때에, 최종적으로 제자들에게 보이셨다. 막 16:15-20. 눅 24:50-51. 행 1:1-13.

부활하신 예수님께서 자신을 보여주신 사건들은 이외에도 더 많을 것으로 추정된다. "해 받으신 후에 또한 저희에게 확실한 많은 증거로 친히 사심을 나타내사 사십 일 동안 저희에게 보이시며 하나님의 나라의 일을 말씀하시니라"고 사도행전 1장 3절이 증거한다. 이와 비슷하게, 사도행전 13장 31절에서도 "갈릴리로부터 예루살렘에 함께 올라간 사람들에게 여러 날 보이셨으니 저희가 이제 백성 앞에 그의 증인이라"고 하였다.

부활의 본질은 아담의 타락과 그로 인해서 초래된 비극들의 결과를 완전히 극복하고 영광스럽게 승리하였다는 것이다.[17] 그리스도의 죽음과 부활은 서로 긴밀하게 연결되어져 있다. 칼빈은 그리스도의 죽으심과 승리의 상을 얻은 부활은 항상 떼어놓을 수 없다고 하였

---

17   D. Kelly, *Systematic Theology*, II:477.

다.[18]

첫째, 부활로 인하여 모든 죗값이 충분하게 지불되었음이 선포되었다.

예수 그리스도가 죽은 후 장사된지 사흘 만에 다시 살아나셨다. 십자가 위에서 당한 그리스도의 고난과 죽음으로 우리들의 죄에 대한 형벌이 완전하게 그리고 영원히 지불되었다(롬 4:25). 하나님께서 이를 받으시고 인정하였기에, 사흘만에 다시 죽은 자 가운데서 일으켜 세운 것이다.

둘째, 부활로 인하여 중생의 씻음과 성화의 축복이 주어졌다.

그리스도의 죽으심과 부활은 우리에게 중생과 성화라는 이중적 축복을 가져왔다. 죽으심과 부활은 성도들에게 사탄을 이기는 승리의 힘을 가져다 준다. 부활하신 주님은 승천하심으로 모든 권세를 제압하고 다스리는 자가 되셨다(벧전 3:22). 칼빈은 두 가지 축복이 연결되었음을 강조하면서, 육체의 죽임이자, 죽음으로부터의 해방이라고 풀이했다.[19]

부활의 의미를 설명하면서, 바빙크는 그리스도의 높아지심으로 인해서 주어지는 윤리적 축복들을 열거하였다. 중생(요 1:12-13), 다시 살도록 만들어짐(엡 2:1,50), 성화(고전 1:30, 6:11), 씻음(고전 6:11), 깨끗함(요일 1:9), 물 뿌림(벧전 1:20) 등이다.[20]

18　Calvin, *Institutes of the Christian Religion*, II. xvi. 13.
19　Calvin, *Institutes of the Christian Religion*, II. xiv. 7.
20　H. Bavinck, *Reformed Dogmatics*, 3:451.

셋째, 부활은 우리들의 영화로움의 전형이요, 목표다.

부활하신 그리스도는 모든 하나님 나라 백성들의 최종적인 목표이자, 마지막 모습이다. 부활하신 그리스도는 성도들의 모든 고난과 슬픔의 눈물을 닦아 주실 것이다(계 7:17, 21:4). 예수님은 친히 "나는 부활이요 생명이니 나를 믿는 자는 죽은 자라도 다시 살아나리라, 그리고 살아서 나를 믿는 자는 영원히 죽지 아니하리니 이것을 네가 믿느냐?"(요 11:25-26)라고 말씀하셨다.

넷째, 부활은 시간의 소멸을 정복하는 것이다.

아담의 타락으로 인해서, 전 우주는 시간에 따라서 자연적으로 소멸되고 낡아진다. 피조물이 타락과 고통 속에서 허망함이 극복될 날이 오기를 기다리는 중이다(롬 8:19-22). 그러나 그리스도의 부활은 우리들의 소멸 되어가는 허망함을 극복하였다. 바울 사도가 부활의 증거들을 제시한 후에, 마지막으로 허망함을 극복하고 이김(victory)을 주신 하나님께 감사하였다(고전 15:57-58).

신약의 복음서들에는 그리스도의 부활을 가장 절정의 사건으로 언급하였다. 부활의 주님께서 제자들에게 주신 대사명은 하나님의 나라를 지속적으로 전파하라는 것이었다. 부활하신 주님께서 지속적으로 임재하실 것이기에 가능한 일이다. 하나님의 나라가 임하게 되면, 전체 우주 만물의 영원한 새 창조와 함께, 성도들의 부활한 몸이 부활한 영과 함께 거하게 될 것이다. 마지막 때에 새 창조의 천상 차원을 보게 될 것이다(계 21:1-22:5).

2) 부활과 승천, 새 창조의 나라

사도행전은 그냥 여기 저기서 일어난 일들에 관해서 조사한 것들을 모아 놓은 책이 아니다. 예수님의 생애 마지막에 성취하신 놀라운 구속 사역들을 중심으로 삼고 있다. 갖가지 놀라운 이적들과 기적들에 관한 증언들과 권능의 현상들을 정리하되, 그 가운데서 증거된 메시지는 예수님의 부활과 승천이었다. 이것이 모든 증언들의 중심을 이루고 있는 핵심 메시지이다. 예수님의 놀라운 증거 사역들과 십자가에서 죽으신 사건은 즉흥적으로나 일어난 것이 아니다. 세상 권세자들에게 짓눌려서 하는 수 없이 당한 일들이 아니라, "하나님의 정하신 뜻과 미리 아신대로"(3:23) 진행되어진 것이다. 모든 것은 다 하나님의 작정 가운데 있었으며 한치의 오차도 없이 치밀하게 준비하신 바에 따른 것이다.

사도행전의 첫 서두에 보면, 부활하신 예수님께서 "하나님 나라의 일"을 사십 일 동안에 말씀하셨다고 하였다(행 1:2-3). 또한 사도행전을 전체적으로 살펴보면, 그리스도의 부활과 승천이 매우 강조되고 있는데, 그 이전에 수행하신 구속 사역의 여러 가지 내용들보다 훨씬 더 중요하게 취급되고 있다.

높아진 왕권의 시작에 해당하는 부활과 승천을 보여주신 예수님께서는 시편 110편 1절의 메시야적인 예언을 성취하기 시작하셨다. 성령이 믿는 자들에게 부어져서, 위대한 구속 역사적 성취를 증거하도록 권능을 불어넣었다(행 1:8). 또한 베드로의 설교에서는 예수 그리스도의 부활과 승천이 중요하게 다뤄졌다. 베드로는 다윗에게 주신 약속의 성취로 설명하면서, 특별히 썩어질 몸과 죽음의 변혁을 강조했다(행 2:25-28). 다윗도 선지자라서 "미리 보는 고로 그리스도의 부활하심을 말하되, 저가 음부에 버림이 되지 않고 육신이 썩음을 당하지 아니하시리라 하더니 이 예수를 하나님이 살리신지라"(행 2:31-32). 또한 승천하신 예수님을 강조하면서, "다윗은 하늘에 올라가지 못하였으나 친히 말하여 가로되 주께서 내 주에게 말씀하시기를 내가 네 원수로 네 발등상 되게 하기까지 너는 내 우편에 앉았으라 하셨도다"(행 2:35)라고 했다.

사도행전 13장에 나오는 바울의 설교에서도 부활의 의미를 강조했다.

하나님께서 자신의 메시야를 왕으로 세우실 것이라는 구약 성경의 예언이 성취된 것이라고 풀이했다; "죽은 자 가운데서 저를 일으키사"(행 13:33)라는 부활의 증거는 시편 2편 7절이 인용된 것이다. 하나님께서 "썩음을 당하지 않게 하셨다"는 구절은 이사야 55장 3절을 인용한 것이다. 사도행전 13장 34절은 시편 16편 10절에서 나온 것이고, "주의 거룩한 자로 썩음을 당하지 않게 하시리라"는 구절은 시편 16편 10절에서 인용한 것이다. 다윗은 "그 조장들과 함께 묻혀 썩음을 당하였으나 하나님의 살리신 이는 썩음을 당하지 아니하였다"고 선포했다.

사도행전 2장과 13장에서 있는 두 설교에서 구조저으로 중요한 내용들이 드러났다. 하나는 죽음의 파멸에서 벗어나서 부활을 통해서 새 창조가 진행되었다는 것이다. 두 번째로는 부활을 통해서 세워진 하나님 나라가 긴밀하게 연결되었다는 점이다. 종말론적인 이스라엘의 왕이신 메시야의 부활이 거듭해서 강조되었다. 예수님의 부활은 계속해서 사도행전에 나오는 핵심적인 주제이다(1:22, 3:15, 26, 4:2,

10, 33, 5:30, 25:19).

3) 다메섹에 나타난 부활하신 주님

사도행전에 담겨진 그리스도의 부활과 승천의 증언들 중에서, 가장 결정적인 장면은 다메섹으로 가던 바울에게 나타나신 것이다. 이 내용은 사도행전 안에서 세 번(9장, 22장, 26장)이나 반복되었을 정도인데, 이런 증언들은 "최상강조법"에 해당한다. 사도행전 26장 16-23절에서, 바울 사도에게 나타나신 예수님에 관한 설명은 인용된 구약성경을 통해서만 이해될 수 있다. 바울은 회심 체험을 했고, 또한 사도로, 선지자로 부르심을 받았다.

바울 사도가 다메섹으로 가는 길에서 부활하시고 승천하신 예수님을 뵙게 되었다. 결국, 바울은 지금도 살아계시면서 하늘 위에서 새 창조의 나라를 통치하고 있는 예수 그리스도를 체험하였다. 바울에게 나타나신 예수님은 종말론적인 하늘나라의 왕이요, 또한 이사야의 예언에 나오는 고난당하신 종이다. 신약 학자 메첸 박사가 독일 자유주의 신학자들을 향해서 바울의 신앙의 근거이자, 기독교의 근원적 진리는 예수 그리스도의 부활이라고 반박한 것은 참으로 올바른 지적이었다.[21]

다메섹으로 가는 길에 나타난 "하늘로부터 온 빛"(행 9:3), "태양보다 더 밝은 빛"(26:6, 13)이 바울에게 비쳤다. "하늘"은 종말적인 통치를 시작하신 예수님이 머무는 장소이다. 예수님께서 하늘로 승천하실

21　J. Gresham Machen, *The Origin of Paul's Religion* (Grand Rapids: Eerdmans, 1925).

때에 "구름"으로 가리워졌는데(행 1:9), 다니엘서 7장 13-14절에서도 인자 같은 이가 구름과 함께 오셨다. 하늘로 오르시어 존귀하게 되신 메시야로서, 예수님은 하나님의 우편 보좌에 앉아서 통치하신다(행 2:30-36, 7:55-56).

하늘에서 빛이 내려왔다는 증거를 통해서, 바울은 예수님께서 부활하시고 승천하셔서 높은 보좌에 계시면서 만물을 그 발 아래 두고 통치하신다는 점을 증거하였다(엡 1:22). 하늘 보좌에 관련한 내용이 다른 곳에서도 증거되었다(엡 4:10).

예수님의 부활과 승천은 그의 왕권과 긴밀히 연결되어져 있다. 복음서와 사도행전에 증언들을 살펴 보았는데, 부활은 새 창조의 시작이요, 승천은 구원받은 자들이 영원한 새 하늘과 새 땅에 살게 될 것을 보여주는 방식이었다. 이처럼 주님의 부활과 하늘로의 승천을 통해서 새로 시작된 하나님의 나라를 보여주셨고 드러냈지만, 그러나 아직 완성될 날을 기다리고 있다.

부활과 승천은 네 복음서의 절정에 해당하는 사건들이며, 곧바로 사도행전에서도 동일한 중심 주제로 다뤄졌다. 그리스도의 부활은 새로운 창조된 하나님 나라의 시작이며, 가장 압도적으로 신학적인 구조를 형성하여 다른 주제들을 연계시키고 있다. 부활은 성경에 담겨진 구속 역사적인 이야기들의 중심 주제이며, 신약의 모든 증거들 속에 새롭게 창조된 왕권으로 깊숙이 녹아져 있다. 삼위일체 하나님의 영광을 위해서, 은혜로 주어진 믿음을 통해서 신실한 자들이 새롭게 창조된 하나님의 통치를 증거하여 나갈 것이다. 불신자들에게는 심판이 내려질 것이다.

4) 부활과 하나님의 나라

그리스도의 부활은 성도가 멀리서 다가오는 미래의 종말 시점에 참여하게 될 것으로만 기대하는 차원에 머무는 사건이 아니다. 그리스도의 부활은 성도의 생애 가운데 깊은 영향력을 발휘하고 있다. 부활의 신앙을 가진 성도들은 험악한 이 세상에서 그리스도로부터 온 새 생명을 지니고 살아갈 수 있다(롬 6:4).

사도 바울은 믿음의 공동체 밖에서 살아가는 자들에게는 의롭게 살아야 한다는 명령을 강조하지 않았다. 오직 하나님의 계명에 순종할 수 있는 능력을 가진 자들은 오직 중생을 한 자들이다. 죽은 자 가운데서 살아난 자들만이 새로운 피조물이며, 순종할 수 있는 능력을 가진다. 중생하지 못한 자는 옛사람으로 살면서(롬 6:6), 죄와 사탄과 세상의 영향에 지배를 받는다.

로마서 6장에서 8장에 나오는 기독교인들은 이스라엘의 영적인 부활을 예언했던 것에 따라서 실제적인 시작이 일어난 사람들이다. 에스겔 36-37장에 예언된 것은 포로 생활에서 훗날에 회복이 되어질 것이며, 이것은 영적인 부활을 의미하는 것이었다.

바울 사도는 성도들이 영적인 "생명"(헬라어로 zoe, '조에', 롬 8:6, 10)을 가지고 "사는 것"(헬라어로 zao '조에', 롬 8:13)은 부활의 체험 속에서만 가능하다고 강조한다. 불신자들처럼 그저 생존하는 것과는 대조적이다. 오히려 성도들은 실제로 종말론적으로 부활한 존재들로서 현재의 세상 속에서 살아간다. 성도들은 부활하신 예수 그리스도에게 속한 자로서 마지막 날에 일어날 그 체험을 이미 시작한 사람들이다. 새로운 피조물로서 살아가는 자들은 영적이며 도덕적인 능력을 가지고 있으므로 그들의 창조주를 기쁘시게 해 드릴 수 있고, 순종할 수도 있다는 말이다.

부활 신앙을 가진 성도들에게는 이미 시작된 부활의 생명이 실재로 작동하고 있다. 로마서 8장 18-23절에 설명된 바, 현재는 고난을 당하지만, 최종적으로 일어날 육체적 부활 시에는 새 생명에게 놀라운 영광이 주어질 것이나. 양자의 영을 받은 성도들은 영광스러운 몸의 구속을 기다린다. 내주하시는 성령에 의해서, 그리스도인 안에서 새 부활의 생명이 시작된 자들은 "성령의 처음 익은 열매들"이 되어진다(롬 8:23). 그리고 이렇게 시작된 새롭게 창조된 생명은 완전히 새롭게 피조된 우주의 일부로서 육체적으로서 절정에 도달하게 될 것이다.

창세기 1-3장에 나오는 세상은 하나님의 백성들이 새롭게 되어짐에 따라서, 다시 영광을 회복할 것이다. 성도들의 부활은 다른 피조물 세계의 회복과 함께 이뤄질 것이다. 믿는 성들의 부활은 그 자체가 새 창조의 본질이다.

이처럼 부활 신앙을 갖고 살아가는 성도들은 일상생활에서 사소한 음식 문제로 다투거나 비판에 몰두해서는 안 된다. "하나님의 나라는 먹는 것과 마시는 것이 아니요 오직 성령 안에서 의와 평강과 희락이라"(롬 14:17)고 바울 사도는 설명하였다. 하나님의 백성들은 세상에서 얻는 칭찬과 위로로 살아가는 것이 아니라, 하나님이 주시는 의로움과 평화와 즐거움을 갖고 사는 것이다.

"우리가 살아도 주를 위하여 살고, 죽어도 주를 위하여 죽나니 그러므로 사나 죽으나 주의 것이로다"(롬 14:8).

5) 부활의 증거들과 격려

고린도전서 15장에는 부활의 복음이 담겨 있다. 성경 가운데서 부활에 대해서 가장 많은 내용들이 담겨져 있는데, 스물세 가지나 관련 사항들이 언급 되었다. 핵심 내용만을 간추리자면 다음과 같이 다섯 가지로 요약할 수 있다.

첫째, 그리스도는 무덤에서 살아나셨다(3-11절).

둘째, 그리스도의 부활이 참되다는 생각은 일반적으로 죽은 자들의 부활을 믿는데 있어서 필수적이다(12-19절).

셋째, 그리스도의 부활은 사실이며, 그를 믿는 모든 성도들의 부활도 필수적이다(20-23절).

넷째, 마지막 시점에, 성도들이 최종적으로 살아날 것이며, 그리스도가 왕국을 성부 하나님께 넘겨드릴 것이다(24, 28절).

다섯째, 죽음은 소멸되고, 창조의 영광이 드러날 것이다(26, 38-54절).

요한 칼빈은 실제적으로 사람의 마음속에 예수 그리스도의 육체적 부활을 받아들이는 것이 어렵다는 사실을 인식했다. 그리하여 그는 우리들에게 부활에 대해서 두 가지를 생각하도록 조언을 했다.

"완전히 썩어버린 몸이 때가 오면 드디어 부활하리라는 것은 믿기 어렵다. 그러므로 많은 철학자들이 영혼의 불멸을 언급하는 경우는 있지만, 부활을 인정한 사람은 적다. 이런 견해에 대한 어떤 변명도 있을 수 없으나, 이 사실은 사람의 마음이 이 일을 이해하기 어렵다는 것을 우리

> 에게 알려준다. 이 큰 장애물을 믿음이 극복할 수 있도록, 성경은 두 가지 도움을 준다. [우리의 부활이란] 첫째로는 그리스도의 부활과 유사한 점을 이해하는 것이요, 둘째로는 하나님의 전능하심에 대해서 생각해야만 하는 것이다."[22]

예수 그리스도는 죽음을 벗어난 후에 단순히 아담의 최초 상태로 되돌아간 것이 아니라, 부활하신 것이다. 이 부활은 최초의 아담을 훨씬 뛰어넘으며, 자기 백성들도 동일한 부활체로 넘어가게 하시는 능력을 보여주셨다. 여기서 바울 사도는 예수 그리스도와 첫 번째 아담의 믿음 없는 불순종을 대조시킨다. 예수 그리스도의 부활하신 몸은 하늘의 신령하고도 무너지지 않는 몸으로 변형되었다. 첫 사람 아담의 상태와 마지막 아담의 새롭게 피조된 상태에 대해서 대조하였다(45-48절). 부활과 새로운 창조는 동전의 양면과 같이 결합되어 있으며, 하나님의 나라와도 긴밀하게 연결되어 있다.

고린도후서에서는 부활이 그리스도인들에게 미치는 영향을 서술했다.

초대 교회 성도들은 너무나 험악한 박해를 당하고 있었기에 위로가 필요했는데, 예수 그리스도의 부활로부터 오는 감격과 영광을 품고 이겨낼 것을 당부했다. 그 어떤 핍박과 환란과 고난 속에서도 오직 하나님만을 의지해서 인내해야만 하는데, 우리의 하나님은 "죽은 자를 다시 살리시는 분"이기 때문이다(고후 1:9). 성도들이 하나님에 대한 신뢰와 희망을 가져야만 하는 이유는 장차 죽은 자를 일으키실

---

22 Calvin, *Institutes of the Christian Religion*, III. xxv. 3.

전능하신 분이기 때문이다.

고린도후서 2장 14절에서 3장 18절까지에서, 바울은 참된 하나님의 사도로서 자신의 교훈들이 신적인 권위를 갖추고 있음을 강조하였다. 이 편지는 단순히 개인적인 것이 아니라, 그리스도에게서 온 구속사적이며, 종말적인 메시지이다. 그리스도의 영은 생명을 주신다. 따라서 우리도 성령에 의해서 영광스럽게 변형된다(고후 3:18).

> "주 예수를 다시 살리신 이가 예수와 함께 우리도 다시 살리사
> 너희와 함께 그 앞에 서게 하실 줄을 아노라"(고후 4:14).

바울 사도가 자신의 처지에서 낙심하지 않는 것은 주 예수 그리스도의 부활이 시작되었기 때문이다. 우리의 겉사람은 점점 낡아져 간다. 그러나 우리들의 속사람은 날로 새로워진다(고후 4:16). "속사람의 새로움"은 그리스도의 부활과 함께하는 성도의 정체성이다. 누구든지 그리스도 안에 있는 자는 "새롭게 창조된 자"(new creation)이다(고후 5:17). 새롭게 지으심을 받은 자에게는 부활하신 주님의 영광스러운 승리로부터 오는 기쁨과 즐거움이 이미 작동하기 시작하였고, 그로 인해서 성도의 모든 삶에 영향을 끼쳐서 하나님을 기쁘시게 하려는 일에 힘쓰면서 최선의 가치를 거기에 두게 된다(고후 5:9). 심지어 새로운 피조물이 된 성도는 자연의 이치에 따라서 점차 나이가 들어가더라도 낙심하지 않는다. 그에겐 "영원한 영광의 중한 것"이 이뤄지기 때문이다(고후 4:17). 이러한 영원한 갱신의 진행 과정은 사람의 눈으로는 확인하기가 어렵고, 오직 믿음의 눈으로만 알 수 있다(고후 4:18).

새로운 피조물로서 살아가는 성도는 종말론적인 부활의 권능과 실상을 현세에서 맛보게 된다. 사도 바울은 먼저 죽은 성도들의 육체적인 부활에 초점을 두고 설명하였다.

"땅에 지어진 장막"(고후 5:1, 영어로 tent, 혹은 천막)은 성도들의 육체적인 몸을 의미하는데, 언젠가는 무너지게 된다. 즉, 죽음을 맞이하게 된다. 그 후에는 사람들의 손으로 지은 것이 아니라, 하나님께서 지으신 "하늘에 있는 영원한 집"(5:2)에 들어가게 된다. "하늘로부터 오는 우리의 처소"(temple)는 영광스러운 임재가 있는 곳이다. 하나님의 형상이 반영되어서 신적인 영광을 반사하도록 머물러 있는 곳이다.

바울 사도는 이미 "너희 몸이 성령의 전이라는 것을 알지 못하느냐?"고 질문하면서, 성도들의 몸에는 하나님의 영광이 머물러 있음을 정확하게 알려준 바 있다(고전 6:19-20). 하늘의 처소에서는 영원토록 새 창조의 성전 안에 하나님의 영광이 반사될 것이다(계 21:11). 이것은 미래의 부활과 변형된 몸을 지적하는 것이다. 새 하늘과 새 땅의 일부가 될 것이다. 성도들은 부활 생명에 의해서 삼킨 바 될 것이다(고후 5:2). 왜냐하면 생명이 그들 안에서 이미 작동하고 있기 때문이다. 그것의 보증은 성령이다(고후 5:5). 성령은 새 창조의 증거이다.

바울 사도는 고린도후서 5장의 첫 부분에서, 미래에 일어날 심판의 상황을 강력하게 설명했다.

> "우리 모두는 다 반드시 그리스도의 심판대 앞에 드러나 각각 선악 간에 그 몸으로 행한 것을 따라 받으려 함이라"(5:10).

우리가 모두 다 그리스도 앞에 드러난다는 말은 육체적인 부활이 필연적이라는 뜻이다. 부활이 없다면, 이러한 최종 정의로운 판결이란 불가능하다. 참된 성도들은 몸으로 행한 일에 대해서 보상을 받게 될 것이고, 불신자들은 땅 위에서 행한 죄악에 대해서 징벌을 받게 될 것이다. 모든 이들은 육체로 있을 때에 저지른 일에 대해서 책임을 져야만 하는 것이다. 성도들이 하나님을 기쁘시게 하도록 살아야만 하는 동기부여가 확실하게 강조되어졌다. 지금 그리스도 안에서 하나님을 기쁘시게 하려는 열망을 가진 성도들은 하늘의 아버지로부터 올 상급을 받기 위해서 앞으로도 최선을 다해서 노력해야만 한다. 장차, "잘하였도다, 착하고 충성된 종"(마 25:21, 23)이라는 칭찬은 바라보며 달려가야 한다.[23]

고린도후서의 첫 서두에서, 바울 사도는 고난 속에서도 용기를 잃지 말고 믿음으로 이겨내라고 격려했다. 그리고 11절에서 13절까지, 눈에 보이는 외모에 의한 것이 아니라, 하나님을 기쁘시게 하려는 동기에서 살아가도록 권고했다. 그 기초가 되는 그리스도의 부활을 상기시키면서, 믿음으로 살아가는 성도는 하나님을 기쁘시게 하기 위해서 고난을 참는 것이라고 강조하였다. 14절에서 17절까지는 그리스도의 죽으심과 부활에 연합한 성도들은 새로운 피조물이라고 규정하였다.

편지의 마지막 부분에서, 우리는 사도 바울의 부활에 관한 교훈들이 가장 절정에 이르고 있음을 발견할 수 있다. 고린도 교회에는 바

---

[23] 천국에서 우리가 어떤 보상(reward)을 받게 될 것인가? 개혁주의 신학자들의 해석이 나뉘어져 있다:오직 구원뿐이라고 주장하는 입장도 있고, 구원만이 아니라 차별된 보상을 받게 될 것이라는 입장도 있다. 분명한 것은 천국에서 받게 될 상급은 본질적으로 이 세상에서의 상급과는 전혀 다르다는 점이다.

울의 사도성을 의심하는 자들이 있었는데, 편지의 말미에서 단호히 선포하였다. "내가 다시 가면 용서하지 아니하리라"(13:2). 바울 사도의 강력한 징계 선포는 부활의 능력에서 주어졌다.

> "그리스도께서 약하심으로 십자가에 못 박히셨으나 오직 하나님의 능력으로 살으셨으니 우리도 저의 안에서 약하나 너희를 향하여 하나님의 능력으로 저와 함께 살리라"(13:4).

그리스도께서 약한 가운데서 죽으셨으나 하나님의 능력으로 다시 죽은 자 가운데서 살아나셨듯이, 바울과 그의 지체들도 약한 가운데 있지만 하나님의 권능으로 고린도에서 사도적 권위가 확실하게 세워질 것이다. 고린도 교회 안에는 바울의 사도적 권위에 대해서 의심하는 자들이 상당히 있었지만, 바울은 이것을 반박하는 결정적인 선언을 편지의 말미에서 부활의 권능에 관련된 증언으로 확증한 것이다. 사람들이 보는 외모로는 여러 가지 부족하고 약한 것들이 보이지만, 마지막 날에 이르기까지 부활의 권능으로 강하게 이겨나간다는 것이다.

6) 부활의 권능과 입증된 사도성

갈라디아서는 유일하게 부활을 첫 줄에 언급하면서 시작하는 서신이다. 부활에 대한 언급에서부터 시작하는 이유는 바로 사도의 직무에 대해서 확실한 증거를 제시하고자 함이었다. 누가 바울을 사도라고 선발을 했느냐? 바울은 도대체 어떻게 해서 사도가 된 것이냐? 사람에게서 난 것도 아니고, 누구에게 받은 것도 아니라고, 바울은 분명히 제시한다.

바울 사도는 갈라디아서 첫 부분에서 자신의 직분이 하나님에게서 온 것이라고 제시했다. 그 하나님은 누구이신가? 어떤 일을 하시는 분이신가? 서신의 첫 줄에서 바울은 부활의 권능을 가지신 하나님이라고 풀이했다. 죽은 자를 살리시는 분이기에 자신도 새로운 사람으로 만드셨다는 것이다. 그리스도의 부활을 가능케 하신 하나님의 권능으로 지금도 이 사도직을 감당하고 있다고 하였다. 바울 사도는 그 부활의 놀라운 영향력 아래서 살아가고 있음을 확고히 제시했다.

그는 서신의 첫 줄에, 그리스도의 부활을 언급하면서, 자신의 사도성을 입증하였다.

> "사람들에게서 난 것도 아니요 사람으로 말미암은 것도 아니요 오직 예수 그리스도와 및 죽은 자 가운데서 그리스도를 살리신 하나님 아버지로 말미암아 사도된 바울"이라고 소개하면서 시작한다"(1:1).

이 서신의 말미에서도 그리스도 안에서는 할례와 무할례의 차별이 없고, "오직 새로 지으심을 받은 자 뿐이다"(6:15)고 결론지었다. 갈라디아 교회에서 계속해서 논쟁해온 것들에 대한 최종 결론이다. 할례냐 무할례냐? "만일 서로 물고 먹으면 피차 멸망할까 조심하라"(5:15)고 까지 엄중하게 지적했던 문제가 바로 유대인의 할례였다. 이 서신에서 주는 해답은 할례가 중요한 게 아니라는 것이다.

할례가 아니라, 오직 성령의 새롭게 하심을 받아서 새로운 피조물이라는 것이 가장 중요한 성도의 정체성이다. 이것은 첫 서두에서 부활의 권능으로 사도가 되었다는 것과 동일 선상에 있는 것이다. 갈라디아 성도들은 오직 성령으로 살아가야만 하고, 부활의 영향과 권능으로 새사람이 되었다는 것이다. 따라서 그 이전에 율법이나 전통 속에서 갖게 된 할례와 그 무엇이라도 자랑할 것이 전혀 못된다. 주 예수의 사람들은 성령의 감동 안에서 살아가는 것이다. 사도 바울은 이것을 마지막 축복의 인사에서 선포하였다.

"형제들아 우리 주 예수의 은혜가 너희 심령에 있을지어다, 아멘."(6:18).

7) 성도들이여, 빛을 발하라

에베소서에서 부활은 하나님의 권능으로 말미암은 새로운 창조로서 언급되었다. 그리스도의 부활하신 왕권이 시작되었고, 하늘 보좌에서 종말론적인 아담의 통치를 하고 계시다고 소개되었다. "그 능력이 그리스도 안에서 역사하사 죽은 자들 가운데서 다시 살리시고 하늘에서 자기의 오른 편에 앉히사 모든 정사와 권세와 능력과 주관하는 자와 이 세상뿐 아니라 오는 세상에 일컫는 모든 이름 위에 뛰어나게 하시고 또 만물을 그 발 아래 복종하게 하시고"(엡 1:20-21). 시편 8편 6절에 "만물을 발 아래에 둔다"고 했던 예언이 부활하신 그리스도의 존재를 의미한 것이라고 바울 사도가 확인해 준 것이다. 부활의 권능으로 인해서, 그리스도의 왕권이 발휘되었으며, 새롭게 창조하시는 세상이 펼쳐지는 것이다.

성도들은 그리스도의 부활과 왕권에 함께 연합된 자들이다. 에베소서 2장 5절과 6절에 보면, "허물로 죽은 우리를 그리스도와 함께 살리셨고, 너희가 은혜로 구원을 얻은 것이라. 또 함께 일으키사 그리스도 예수 안에서 함께 하늘에 앉히시니." 이렇게 될 수 있는 것은 성도들이 그리스도 안에서 새로운 피조물이 되었기 때문이다.

"우리는 그의 만드신 바라 그리스도 예수 안에서 선한 일을 위하여 지으심을 받은 자니라"(엡 2:10).

이러한 새로운 창조를 다시 설명하면서, 그리스도 안에서 이 둘을 하나의 새로운 사람으로 지으셨다고 하였다(엡 2:15). 여기서 말하는 "하나의 새로운 사람"은 예수 그리스도다. 종말론적인 아담이요, 대표자요, 모든 성도들이 자신의 정체성을 규정하는데 있어서 다 함께 동참하도록 하신 분이다.

부패한 인간이 새롭게 지음을 받은 사람이 되는 길이 있다;

"유혹의 욕심을 따라 썩어져 가는 구습을 좇는 옛사람을 벗어 버리고, 오직 심령으로 새롭게 되어 하나님을 따라 의와 진리의 거룩함으로 지으심을 받은 새사람"을 입는 것이다"(엡 4:22-23).

에베소 성도들에게 더 이상 잠자고 있지 말라고 바울 사도는 명령한다. 어두움에 살고 있는 자들에게 나아가서 빛을 전파하라는 아주 강력한 촉구로 결말을 짓는다. 이 부분은 앞에 나오는 새사람의 임무로서 제시된 것이다.

"잠자는 자여, 일어나라, 죽은 자들 가운데서 일어나라, 그리스도께서

네게 비춰시리라"(엡 5:14).

그전에 이미 우리는 이사야의 예언에 담긴 내용에서 이 구절을 볼 수 있었다. 이사야 선지자는 이스라엘의 부활이 올 것이라고 예언을 했는데, 이는 하나님의 백성들이 다시 유배지에서 되돌아올 것이라는 의미였다. 이사야 51장의 예언을 통해서 일어나라고 격려를 해 주신 것이다. 그리고 이사야 60장에서는 새로운 피조물로서 어둠에 있는 이방인들에게 빛을 발휘해서 하나님의 영광을 반사하라고 촉구했었다. 바울 사도는 이사야 26:19, 51:17, 60:1-3을 종합하여 인용하면서, 새롭게 지음을 받은 성도들이 보다 더 능동적인 역할을 해야만 한다고 주문한 것이다. 새사람이 된 성도들은 종말을 향해가는 시대에 빛을 발하는 임무가 주어져 있다고 선포했다.

"너희가 전에는 어두움이더니 이제는 주 안에서 빛이라 빛의 자녀들처럼 행하라 빛의 열매는 모든 착함과 의로움과 진실함에 있느니라 주께 기쁘시게 할 것이 무엇인가를 시험하여 보라 너희는 열매없는 어두움의 일에 참예하지 말고 도리어 책망하라 저희의 은밀히 행하는 것들은 말하기도 부끄러움이라 그러나 책망을 받는 모든 것이 빛으로 나타나나니, 나타나지는 것마다 빛이니라"(엡 5:8-13).

이제 교회는 이사야의 예언에 담긴 내용들을 성취하는 책무가 주어진 것임을 알 수 있다. 깊은 어둠에 잠겨있는 사람들에게 착한 행실의 빛을 증거하여야 할 사명이 있다.

8) 부활과 영원한 생명

그리스도의 부활과 승천은 그의 왕권으로 연결되어진다. 이제 그리스도의 낮아지심과는 대조적으로 높아지신 신분을 취득하였고, 곧 하나님 나라의 왕 되신 주 예수 그리스도에게 복종하여야 할 것을 설명하였다. 부활하시고 승천하신 예수 그리스도는 "모든 이름 위에 뛰어난 이름"이다(빌 2:9). 그 이름 앞에 "모두 다 꿇게 하시고, 모든 입으로 예수 그리스도를 주라 시인하여 하나님 아버지께 영광을 돌리게 하셨다"(2:10-11). 부활하시고 승천하신 주 예수 그리스도는 땅 위에 있는 것들이나 땅 아래에 있는 것들이나 모든 것을 통치하신다. 이 내용은 바로 앞에서 검토한 바와 같이, 에베소서 1장 20-22절에 내용과 본질적으로 동일하게 기록되어 있음을 보게 된다.

높아지신 그리스도를 신실하게 따르는 성도들은 하나님의 자녀들이다. 도무지 흠이 없는 자녀들로 살아가야만 하는데, "세상에서 빛들로 나타내며 생명의 말씀을 밝혀, ... 그리스도의 날에 나로 자랑할 것이 있게 하려 함이라"(2:15-16). 성도들은 어둠에 갇혀 있는 자들에게 "생명으로 이끌어 주는 말씀"을 밝히 드러내야만 한다. 여기서 "생명의 말씀"이란 구절은 "방향을 지적하는 소유격"이기에, "생명으로 이끌어주는 말씀"이라고 풀이하는 것이 가장 타당한 해석이다.[24] 그렇다면, "생명"(life)이란 무엇을 말하는 것인가? 바로 연결된 구절에서 "어그러지고 거스르는 세상에서 별처럼 빛나는" 생명이다. 그런 생명이란 어떤 것인가? 이 생명은 부활하신 그리스도를 통해서 드러

24　G. Beale, *The Union with Resurrected Christ*, 87.

난 "영원토록 지속되는 생명"(everlasting life)을 의미하는 것이다.

빌립보서 2장 15-16절에 나오는 "생명"은 다니엘서 12장 3절과 관련성이 깊다. 다니엘은 마지막 시기에 관한 예언을 계속했는데, 그 중에서 영생을 얻을 자들이 있을 것이요, 그들은 하늘의 빛과 같이 빛날 것이라고 하였다. "영생"은 부활하여 얻는 생명을 의미한다. 영원토록 지속되는 생명, 또는 영생은 오직 그리스도의 부활로 인해서 분명하게 제시되었다.

5장

하나님 나라의 현재성과 미래성

하나님의 나라는 현재에 누리는 축복의 영역이며, 동시에 우리는 하나님의 나라에 영광스러운 그리스도의 재림의 날에 완전한 모습으로 참여하게 될 것이다. 현재 하나님의 나라는 초기적인 단계에 있으며, 미래에 최종 단계를 드러낼 것이다. 따라서 기독교 교회의 역사는 점진적으로 완성된 하나님의 나라를 확장시켜 나갈 것이다. 예수 그리스도의 인격과 공생애 사역을 통해서 선포된 하나님의 나라는 종말론적인 통치와 영역에서 나타났다. 하나님의 나라가 도래하는 시간적인 측면에서 본다면, 그리스도의 가르침 속에서 현재와 미래의 형태로 담겨져 있다.

구속 역사의 진행 과정에서 볼 때에, 세 단계를 거쳤다; 첫 단계는 그리스도의 죽으심과 부활 이전의 단계이고, 둘째 단계는 부활에서 재림까지의 단계이며, 마지막 단계는 재림 이후다.[1] 부활은 구속 역사에서 가장 중요한 기점이다.

예수님의 하나님의 나라는 "이미" 이 세상 속에서 진행되고 있으며(already), 장차 완성된 나라가 도래할 것이다(not yet). "이미-아직"의 이중적 구조를 이해하는 것이 필요하다. 천국의 현재성을 선포하면서도, 동시에 미래 종말론의 개념을 함께 포함해서 핵심으로 가르친다는 점이 가장 두드러진다.[2] 하나님 나라의 종말론적 성격은 메시야의 출현과 그의 사역의 시작을 통해서 이 땅에 드러났고, 훗날에 영광스러운 재림을 통해서 찬란하게 새 하늘과 새 땅에 드러난다.

1. 하나님 나라의 현재성

예수님께서는 하나님의 나라가 현재의 시점에 임한다고 말씀하셨다. 그러한 현재적 특성을 설명하기 위해서 비유를 들었는데, 이것은 사실 상당히 놀라운 선포였다. 첫 선포에서부터 모든 가르침을 살펴보면, 현재 임하여 있는 하나님의 나라가 광범위하게 담겨져 있다. 다시 말하지만, 이러한 하나님의 나라를 알려주려고, 여러 가지 비유들을 사용했다.

하나님 나라의 현재성은 마가복음 1장 14-15절에 요약된 메시지가 담겨져 있다.

---

1 Gaffin, *In the Fullness of Time*, 114.
2 G. Vos, "Eschatology of the New Testament," in *Redemptive History and Biblical Interpretation*, ed. R. Gaffin (Phillipsburg: P&R, 1980), 25.

"요한이 잡힌 후 예수께서 갈릴리에 오셔서 하나님의 복음을 전파하여 이르시되 때가 찼고 하나님의 나라가 가까이 왔으니 회개하고 복음을 믿으라 하시더라."

이 구절은 예수님의 교훈과 사역을 요약한 것으로 매우 중요한 선포였다. 하나님의 나라가 예수님의 사역을 통해서 현재의 세계 속으로 침투해 들어오게 됨을 선언한 것이다.

하나님 나라의 현재성을 드러낸 중요한 내용들만을 살펴보고자 한다.

1) 마태복음 13:10-17

씨 뿌리는 비유와 그 설명에서, 왜 예수님께서 이렇게 비유로 말씀하셨는가를 알 수 있다. 우리가 주목해야 할 결정적인 선언은 마태복음 13장 10-11절과 13장 16-17절에 담겨 있다. 이어서, 마태복음 13장 24-30절에도 밭에 뿌린 씨 비유가 나온다. 좋은 씨앗과 가라지가 뒤섞여 있다. 그물의 비유도 똑같은 진리를 증거한다(마 13:47-51). 이렇게 좋은 것과 나쁜 것이 뒤섞여 있다는 것은 현재 이미 도래한 나라이지만, 아직 최종적인 하나님의 나라가 나타나지 않았다는 것이다. 최종적으로 임할 하나님의 나라에는 결코 사악한 것은 찾아볼 수 없다. 그 마지막 날이 올 때까지는 하나님의 나라 속에 악한 세력들이 활동하도록 허용하신다. 겨자씨와 누룩 비유에는 하나님의 나라가 점차 확장되며, 성장하는 모습이 담겨 있다(마 13:31-33, 막 4:30-32, 눅 13:18-21). 하나님의 나라가 영적이며, 역사 속에서 유기체적인 구조를 갖고 있음을 알려주셨다.

하나님의 나라는 영적이며, 내적이며, 점진적으로 진행되고 있다. 이 나라는 사람의 눈으로 분별할 수 있지만, 어떤 때는 잘 드러나지 않는다. 하나님의 나라가 영적인 성격을 갖고 있기 때문이다. 마태복음 13장, 마가복음 4장, 누가복음 8장에 나오는 천국 비유들은 한결같이 점진적으로 확산되어 나가는 영적인 특성을 강조하고 있다. 그리고 장차 역사의 마지막 날에 최종적인 단계의 하나님의 나라가 올 것이다. 따라서 현재와 미래 사이의 긴장이 있다.

특히, 씨 뿌리는 비유에 대해서 자세하게 의미를 되새겨 보자.

이에 제자들은 "왜 비유로 말씀하시느냐"고 물었다. 예수님께서는 "천국의 비밀을 아는 것이 너희에게는 허락되었으나 그들에게는 아니되었다"고 대답하셨다. 비유에 대해서 설명하면서, 이사야 6장을 인용했는데, "너희 눈은 봄으로, 너희 귀는 들음으로 복이 있도다 내가 너희에게 이르노니 많은 선지자와 의인이 너희가 보는 것들을 보고자 하여도 보지 못하였고 너희가 듣는 것을 듣고자 하여도 듣지 못하였다"고 지적하였다.

제자들에게는 "천국의 비밀"을 아는 것이 허락되었다. 그들에게는 현재의 실재로서의 하나님 나라를 체험하고, 비밀의 계시를 경험하는 일도 허용되었다(롬 16:25, 골 1:26). 현재의 세상 속에서 체험적인 지식을 갖는다는 것은 제자들에게 주어진 축복이자, 특권이다. 심지어 많은 선지자들과 의인들도 제자들이 누린 특권을 맛보지 못했었다. 옛 언약에 속해 있던 자들과의 차별성을 확실하게 지적한 것이다. 누가복음 10장 24절에서도, 많은 선지자들과 임금들도 제자들이 체험한 것을 맛보지 못했다. 그들은 하나님 나라의 체험을 원했고,

이것이 바로 옛 언약에 속한 자들의 희망과 바람이었다는 것을 놓쳐서는 안 된다. 오직 제자들에게는 하나님의 나라를 보고 들을 수 있는 축복이 주어졌다. 그리스도의 오심이 이뤄졌고, 약속된 것들을 성취하였기 때문이다. 옛 언약에 속한 자들의 열망은 실현되지 못했지만, 제자들에게는 그런 소망이 이뤄졌다.

2) 마 11:11-13

옥에 갇힌 세례 요한의 제자들이 예수님께 찾아와서 매우 혼란스러운 질문을 던졌다(마 11:2-3). 예수님께서는 자신의 사역에 대해서 설명하면서, 여러 사람들의 질병을 고쳐주셨다는 것을 가서 요한에게 알리라고 하였다. 요한은 이런 여러 기적들을 행하신 예수님에 대해서 "실족하지 않아야만 복을 받는다"(마 11:6).

이 대화의 내용 중에서, 가장 결정적인 구절은 "세례 요한의 때부터 지금까지 천국은 침노 당하나니 침노하는 자가 침노하느니라"(마 11:12)는 말씀이다. 하나님의 나라는 예수 그리스도와 함께 도래한다. 요한의 시기로부터 지금까지라는 의미는 현재 진행되고 있는 천국의 도래를 의미한다. 다른 말로 표현하면, 요한은 지금 진행되고 있는 하나님 나라에 속한 자가 아니다. 왜냐하면 그는 선지자들과 율법에 속한 옛 언약에 속한 자이기 때문이다(마 11:13). 세례 요한에 대해서 언급하면서, 예수님은 "율법과 선지자들은 요한의 때까지요, 그 후로는 하나님의 나라가 선포되어졌고, 사람마다 그리로 침입한다"고 말씀하셨다.

예수님께서는 세례 요한을 높이 평가하셨다. "여자가 낳은 자 중에 세례 요한보다 큰 이가 일어남이 없다"고 하셨다. "그러나 천국에서는 극히 작은 자라도 그보다 크니라"(마 11:11)고 하셨다. 세례 요한이 천국에서 아주 작은 자로 평가를 받는 것은 도덕적으로 그의 행실이 나쁘다는 의미가 아니다. 세례 요한은 예수 그리스도의 놀라운 구속 사역들, 십자가와 부활, 승천과 성령의 부으심, 교회의 사역과 장차 올 종말 등에 대해서 전혀 맛보지 못한 사람이라는 뜻이다. 하나님의 나라가 예수 그리스도의 공생애 가운데서 펼쳐지는 것을 목격하지 못한 세대에 속한 자라는 의미이다. 하나님의 나라가 세상 속에서 현재 펼쳐지고 있음을 알게 해 준다.

"침노"를 강조한 마태복음 11장 12절은 해석하기에 매우 어렵고, 까다로운 구절이다. 그러나 핵심은 간단하다. 세례 요한의 생애와 관련해서 볼 때, 천국은 무자비한 반란과 탄압을 당하지만 결국에는 이겨낼 것이라는 뜻이다. 이 말씀에는 지금 현재에 하나님의 나라가 실지로 격렬한 반대 속에서도 존재하고 있다. "침노한다"는 구절이 과연 긍정적인 의미냐 아니냐에 대한 논쟁이 있지만, 필자는 긍정적인 의미로 사용했다고 본다. 그 앞 구절에서, 세례 요한이라 하더라도, 천국에서는 가장 작은 자라고 예수님이 단정적으로 선언하셨다. 천국에서 가장 작은 자라도, 세례 요한은 현재 그 나라 안에 있는 자이다. 하지만 다른 관점에서 볼 때에, 세례 요한은 천국에서 작은 자이다.

예수님은 큰 구속 역사의 진행 과정을 언급하셨다고 보아야 한다.[3] 세례 요한의 개인적인 구원 여부를 평가하신 것이 아니라, 그가 감당

---

3 Gaffin, *In the Fullness of Time*, 75.

했던 구속 사역의 특징을 지적한 말씀이다. 구약 시대의 아브라함과 그 이후의 성도들처럼, 구속 역사의 진행 과정에서 극심한 반란과 탄압이 있다는 것이다. 세례 요한은 그런 가운데서도 자신에게 주어진 역할을 수행했다. 세례 요한은 메시야의 출현 직전에 등장했던 선구자요, 광야의 소리로서 예수 그리스도의 증거자였다. 그는 옛 언약을 전파했고, 그 후에 오는 하나님 나라와 새 언약을 알지 못했다. 하나님의 나라는 현재 세상 속에서 나타났으며, 영적인 왕국이다(마 11:11, 13:41, 16:19).

3) 마태복음 12장 27-28

예수님께서는 "내가 하나님의 영으로 귀신을 쫓아내면, 하나님의 나라가 너희 안에 있느니라"고 말씀하셨다. 이 구절은 하나님의 나라가 현재 존재하는 권세로서 작동하고 있다는 것을 가장 분명하게 설명한 곳이다. 곧바로 예수님께서는 시각 장애인과 청각 장애인과 귀신들린 자들을 고쳐주셨다. 이 기적의 결과로 하나님의 나라의 특성이 무엇인가를 분명하게 드러냈다. 바리새인들은 예수님이 사탄의 힘을 빌려서 이런 기적들을 행한다고 모함했다(마 12:24). 이에 대응하여, 예수님께서는 이런 치유 사역은 사탄의 나라와는 전혀 상관이 없으며, 종말론적인 하나님의 통치를 드러내는 것이라고 설명하셨다.

이 구절은 매우 중요하다. 하나님의 나라가 예수님의 사역을 통해서 드러났음을 보여주기 때문이고, 현재 이 세상에서 작동하고 있음을 알려주기 때문이다.

첫째로, 하나님 나라와 성령 사이의 본질적인 연관성을 드러내는 사건이다. 성령은 하나님 나라의 권능이며, 하나님의 종말론적인 통치의 핵심으로서 역동적으로 사역을 감당한다. 예수님께서 하나님 나라의 사명을 감당할 때에 성령과 깊은 연관을 맺고 있다. 성령은 지금 우리가 살고 있는 세상 속에서 하나님 나라의 권능을 드러내도록 역사한다.

하나님 나라의 내적인 원리와는 별개로, 그저 한 개인적인 차원에서 성령의 체험을 한 것으로 축소시켜서는 안 된다. 성령의 활동을 체험하는 것은 종말론적인 왕국 안에서 일어나는 것으로 이해되어야만 한다.

둘째로, 이 구절은 다가올 종말론적인 왕국의 본질과 주요 기능에 대해서 중요한 사항들을 제시하고 있다. 하나님의 나라가 도래할 때에는 대립적으로 싸웠던 사탄의 나라를 제압할 것이다. 마태복음 12장 26절에서, 명시적으로 사탄의 나라를 언급했다. 하나님의 종말론적인 통치와 그리스도의 오심으로 드러난 왕국에서는 사탄의 지배가 작동할 수 없다. 본질적으로 하나님의 나라는 죄인을 구원하는 성격을 갖고 있기 때문이다. 그 나라는 사탄을 멸망시킬 것이며, 죄로부터 종말적인 구원을 시행할 것이고, 그 결과로서 그의 통치와 영역이 완성될 것이다.

하나님의 나라가 "너희 안에 있다"는 지적은 누가복음 17장 21절에도 나온다. 결과적으로는 불신하는 바리새인들은 하나님의 나라 안에 들어와 있지 않다고 예수님이 선포하신 것이다. 예수님이 말씀하신 비유의 의미는 간단하다. 이스라엘 사람들 가운데서 그리스도가 영적인 권세를 발휘하여 하나님의 나라를 건설했다. 불신자들은 그 안에 포함되지 않는다.

산상 보훈에서, 예수님은 "너희는 먼저 그의 나라와 그의 의를 구하라"(마 6:33)고 말씀하셨다. 이 구절도 역시 지금 살고 있는 생활 속에서 하나님의 나라를 소유하고 있음에 대해서 말씀하신 것이다. 동시에 무엇을 먹을까, 입을까, 마실까 염려치 말라고 하셨다. 의식주는 세상에 살고 있는 동안에 필요한 것들이다.

이런 교훈들을 통해서, 하나님의 나라가 현재 세상 속에 실재하고 있음이 드러난다. 예수님께서는 집중적으로 하나님의 나라를 여러 가지 비유들로 설명하셨다. 누구나 쉽게 하나님의 나라에 대해서 이해할 수 있도록, 평범한 이야기들 속에서 비유로 말씀하셨다. 하나님의 나라는 영적이며, 점진적이며, 인식하기 어려운 가운데서 진행되고 있다.

2. 하나님 나라의 미래성

하나님 나라의 미래적 특성을 살펴보자.

장차 다가올 세상의 마지막 날에 하나님의 나라에 들어갈 것이다. 그 결정적인 시점은 미래에 다가올 하나님 나라의 완성을 목격하는 날이다. 이러한 미래적 사건들은 모두 다 하나님의 나라와 긴밀히 연관되어 있다.

1) 마태복음 8:11-12(눅 13:28-29)

예수님께서는 백부장의 하인을 고쳐주시고, 놀라운 믿음에 대해서 칭찬하셨다. 이어서, "너희에게 이르노니 동서로부터 많은 사람이 이르러 아브라함과 이삭과 야곱과 함께 천국에 앉으려니와 그 나라의 자손들은 바깥 어두운데 쫓겨나 거기서 울며 이를 갈게 되리라."

여기서 언급된 나라는 시간적으로 볼 때에 철저히 미래적인 시점이다. 그 나라에는 유대인이나 이방인들이나 다 같이 차별이 없게 들어갈 것이지만, 본 자손들은 어두운데 쫓겨나게 될 것이다.

예수 그리스도를 거부한 그 나라의 아들들은 유대인들이다. 그들의 기대와는 달리, 약속된 왕국에 들어가지 못할 것이다. 그리스도와 함께 그 나라가 제시되었으나, 유대인들의 자손들은 영접하지 아니했다. 어떤 이들은 미래의 나라에 들어가서 잔치에 참여할 것이다. 동시에 어떤 이들은 바깥 어두운데로 추방을 당하게 될 것이다.

위와 매우 유사한 일을 예수님께서 말씀하셨다. 마태복음 13장 42절에서도 예수님께서는 동일한 하나님 나라의 비유를 말씀하셨다. 미래의 확정된 날에 천국에 들어가지 못하는 자들은 "슬피 울게 될 것이요, 이빨을 갈 것이다." 가라지 비유의 해설에서, "추수는 세상의 끝날에" 하게 된다(마 13:39). 추수하는 자들은 가라지를 모아서 불태워버릴 것인데, "세상의 끝에도 그러하리라"(마 13:40)고 말씀하셨다.

"세상의 끝날"은 두 개로 구성된 시대의 결정적인 전환점이다. 한 시대가 끝이 나고, 다른 시대로 넘어가는 확정된 시점이다. 이 세상은 임시적이요, 죄로 물들었으며, 다가올 다른 시대의 종말론적인 완성이 이미 침투해 들어와서 시작되었다. 가라지들 율법을 어기고도 회개치 않은 자들의 궁극적인 방향은 그 나라에서 추방을 당하는 것이다(마 13:42). 의로운 자들은 그들의 아버지의 나라에서 태양과 같이 빛나게 될 것이다(마 13:43). 마지막 날의 징조는 "슬피 울며, 이를 가는 자들이" 있을 것이다.

"세상의 끝날에" 추수하는 사람들은 가라지를 모아서 태워버릴 것이다(마 13;40). 역시 하나님 나라를 그물에 비유한 말씀에서도, "세상 끝날에" 못된 것은 버리고, 좋은 것은 그릇에 담을 것이다(마 13:49). 최종 심판에서 의인과 악인이 갈라질 것이고, "풀무 불에 던져진 자들이 슬피 울며 이를 갈 것이다"(마 13:50).

2) 마태복음 25장 31-46절

예수님께서는 하나님의 나라가 가까운 장래에 임할 것이라고 여러 차례 강조하셨다. 그냥 막연하게 기다리는 미래가 아니라, 곧 임하실 것이라고 주의를 촉구하셨다.

"인자가 자기 영광으로 모든 천사와 함께 올 때에 자기 영광의 보좌에 앉으리라"(마 25:31). 보좌의 오른쪽에 앉은 양들은 천국을 물려받게 될 것이며, 염소의 무리들은 영원한 파멸을 당할 것이라고 예수님께서 선언하셨다. 인자가 재림하는 날에 닥쳐올 심판을 피할 수 없다. 마태복음 16장 27절에서도, 마지막 날에 각 사람이 행한 대로 보상을 받으리라고 선포하였다. 그 나라에 들어갈 것이며, 최종 심판이 있을 것이라고 언급되었다. 예수님의 지상 사역의 유리한 위치로부터, 그 나라가 도래하는 것은 상당히 떨어진 시점이고, 거리가 있는 미래의 일이다.

마지막 심판이 있을 것임을 분명히 선언하였고, 이런 일은 미래에 벌어질 것이다. 마태복음 16장 28절에서도 "인자가 왕권을 가지고 오는 것을 볼 자들도 있느니라"고 하셨다. 또 다른 미래에 대한 선언은 마태복음 10장 23절에서 볼 수 있다. 제자들이 이스라엘의 모든 동네를 다니면서 복음을 선포하라고 하는 과제를 받았는데, 그 일이 다 끝나지 않은 시점에 인자가 돌아오실 것이라고 말씀하셨다. 임박한 하나님 나라의 도래를 지적하는 구절이다.

이처럼 신약 성경의 종말론은 철저하게 그리스도 중심적인 특징을 갖고 있다. 성경은 종말에 대한 교훈들과 형태들을 막연하게 말하지 않는다. 그리스도께서 땅 위에서 성취하신 일에 근거하여, 현재 왕권을 가지고 행사하고 있기에 최종적인 때가 도래하는 것이다. 하늘 보좌에서 성령의 권능을 통해서 영적이며 초월적인 역사를 영원의 상태로 진행하여 나간다는 것이다. 실재적으로는 그리스도의 부활을 통해서 하나님의 새로운 창조를 확실하게 시작하였고, 승천의 영광을 통해서 위대한 나라의 초월성을 보여주셨다. 그리고 마침내 그리스도께서 재림하시는 종말의 때에 심판과 영생이 주어질 것이다.

종말론은 구약 성경에서부터 형성된 개념이지만, 메시야의 시대에 대한 기대와 이해는 유대인들 사이에서 매우 왜곡되어 있었다. 신약 성경에는 메시야의 시대가 일부만 성취되있고, 미래에 최종 완성의 상태에 도달할 것으로 두 단계들이 담겨 있다. 두 단계들 가운데서, 첫 단계에서는 메시야적인 시대의 내용들이 다소 덜 영적이지만, 두 번째 단계에서는 초월적인 성격으로 나타날 것이다.

사도들이 설립한 초대 교회는 주님의 재림을 기대하면서 살았다는 것이 분명하다. 요한계시록을 통해서 초대 교회 성도들은 미래적 소망을 굳게 붙잡았다. 초대 교회에서 일반적으로 널리 확산되어 있던 개념을 합당하게 이해하는 것이 중요하다. 사도들의 가르침을 따르던 초대 교회 성도들은 주님의 재림이 곧 가까운 미래에 일어날 것이라고 하는 기대 속에서 살았다. 교회 안에서는 초자연적인 삶의 실재들에 대한 열망이 간절해서 실제적인 체험보다는 언제 다시 오시는 것인가에 대한 징조들을 열심히 계산하기도 했었다. 하나님 나라의 충만한 성취와 기쁨의 열매들이 빨리 드러나지 않고, 점차 오래 지체되어가는 것에 대해서 부자연스럽게 생각하고 있었다. 바울 서신의 한 부분은 초대 교회의 종말에 대한 기대를 확실하게 보여준다.

> "형제들아 때와 시기에 관하여는 너희에게 쓸 것이 없음은 주의 날이 밤에 도둑같이 이를 줄을 너희 자신이 자세히 알기 때문이라 그들이 평안하다, 안전하다 할 그 때에 임신한 여자에게 해산의 고통이 이름과 같이 멸망이 갑자기 그들에게 이르리니 결코 피하지 못하리라"(살전 5:1-2).

3. 현재와 미래가 함께 하는 나라

하나님은 항상 왕이시다; 과거, 현재, 그리고 미래에도 유일한 주권자이시다.[4] 알파와 오메가요, 처음과 나중이시다. 현재에도 임재하시는 가운데 계시면서, 장차 영원한 나라의 통치자로서 오신다.

예수님께서는 초림과 재림 사이의 기간을 교회의 시기로 언급하셨

---

4 Herman Ridderbos, *Coming of the Kingdom* (Philadelphia: P&R, 1962), 36-47.

고, 마지막 종말의 날에 이르기까지 확장되어 나갈 것이다. 그 나라의 중요한 임무는 교회가 복음 전파를 통해서 수행할 것이다(마 28:18-2). 하나님 나라의 열쇠는 교회가 선포하는 복음이다. 하나님 나라는 예수님의 부활과 재림 사이에 있으며, 교회의 시기가 뚜렷하게 진행될 것이다.

예수님의 탄생과 지상 사역을 통해서 시작된 하나님 나라의 모든 특징들은 장차 완성을 향해서 진행하여 나간다. 예수님이 선포하신 하나님의 나라는 오직 한 분의 뜻과 권위에 복종한다. 여호와 하나님은 의롭고 순결하며 아름다운 분이기에, 결단코 억압하거나 불의한 일이 있다거나 억울함이란 찾아볼 수 없다. 하나님이 만물의 근원이자, 모든 권한을 가진 지배자이시다. 친히 모든 피조물들의 세계에 대해서 영원하고도 보편적인 왕권을 행사하신다.

하나님은 절대적 권위와 최상의 왕권을 가지시고, 만물을 합당하게 통치하신다. 또한 하나님은 온 우주와 만물과 인간들을 그냥 자연적 질서에 따라서 움직이도록 방관하지 않으시고, 직접 임재하심 가운데서 친히 다스리며 주권적으로 통치한다. 절대적인 왕권을 가지신 하나님은 과거에나 현재나 미래에도 변함이 없다. 시편 145편 13절에 "주의 나라는 영원한 나라이니 주의 통치는 대대에 이르리이다"고 찬양한 것과 같다. 하나님은 "야곱의 왕"이시다(사 41:21).

이스라엘의 역사 속에서 하나님만이 참된 왕이시라는 것을 구체적으로 가르쳐주셨고, 이제는 그리스도를 통해서 전혀 다른 차원으로 다스려진다.

"그가 큰 자가 되고 지극히 높으신 이의 아들이라 일컬어질 것이요 주 하나님께서 그 조상 다윗의 왕위를 그에게 주시리니 영원히 야곱의 집을 왕으로 다스릴 것이며 그 나라가 무궁하리라"(눅 1:32-33).

예수님이 선포하신 하나님의 나라는 구약 성경의 약속과 기대를 실현하되, 그들이 기대했던 정치적이며 군사적인 강대국이 아니라고 말씀하셨다. 예수님에게 있어서, 하나님의 나라는 현재 로마 제국에 대항하여 세워지는 지상의 나라가 아니었고, 군대를 동원하여 싸우고 짓밟는 패권 국가가 아니다. 로마 제국이 쇠퇴해 가는 현장을 목격했던 어거스틴은 『신의 도성』을 썼다. 이 책에는 하나님의 섭리와 기독교의 역사관이 제시되어 있는데, 두 개의 영역들로 나눠진 하늘의 나라와 땅의 나라가 뒤섞여 있다고 제시했다.

하나님의 나라는 구약 시대의 족장들에게 약속하신 것들의 실현이요, 성취이며, 완성이다. 예수님이 선포하신 하나님의 나라는 새롭고 최종적인 질서의 실재적 도래이며, 역사의 마지막에 나타날 하나님의 종말론적인 통치 질서이다. 이 나라는 예수 그리스도가 이 세상에 오심으로써 시작된다. 그 이전에는 이런 종말론적인 실재가 없었다. 이런 의미에서, 헤르만 리델보스는 하나님의 나라로 표현된 그리스도의 교훈들 속에는 "종말론적 실재"가 담겨 있다고 강조했다.[5]

하나님의 나라는 어디에 있는가? 지금 거듭난 성도들의 심령 속에 성령의 내주하심과 같이 항상 임재하고 있고, 또한 훗날에 주님의 재림과 함께 찬란한 영광이 드러날 것이다.

---

5   Herman Ridderbos, "The Redemptive-Historical Character of Paul's Preaching," in *When the Time Had Fully Come: Studies in New Testament Theology* (Grand Rapids: Eerdmans, 1957), 48.

예수님이 선포하신 하나님의 나라는 현재 세상에서는 임시적인 단계의 내용들과 특성들이 있고, 동시에 다가올 미래와 영원한 왕권이 같이 담겨 있다. 예수 그리스도께서 이 땅 위에 강림하심을 통해서 시작된 하나님의 나라는 새롭게 창조된 성도들의 심령 속에 이미 이뤄졌고(already), 또한 새 하늘과 새 땅에서 영광스럽게 맞이하게 될 완성 상태는 아직 아니다(not yet).[6] 이 땅 위에서 실현된 하나님의 나라는 예수 그리스도의 부활을 기점으로 확고하게 새로운 창조가 시작되었고, 승천을 통해서 종말론적인 모습을 알려 주셨다. 이 땅에서 부활과 승천을 통해서 존귀케 되신 예수 그리스도는 하나님의 나라를 통치하는 왕으로서 새로운 창조를 시작하였고, 그 완성은 아직 이뤄지지 않았다.

예수님께서는 이 땅에 오셔서 마지막 아담의 사역을 감당하셨고, 새로운 창조로 형성되는 하나님의 나라를 드러내셨다. 첫 아담이 실천하지 못한 순종으로 주어진 형벌을 예수님께서 완전히 감당하심으로 모든 저주를 완전히 전환시켰다. 또한 예수님은 광야에서 사탄의 유혹을 물리치심으로서 첫 아담과는 달리 결정적으로 승리하셨다. 이제는 그리스도 앞에서 더 이상 사탄이 왕권을 행사할 수 없다. 또한 예수님은 병든 자들을 치유하는 기적들을 여러 차례 실행하셨는데, 타락의 저주에 대한 왕권을 행사하셨다. 아담에게 주어진 형벌로 인해서 사망이 왔지만, 그리스도가 부활하심으로 승리하였다. 부활은 더 이상 사망이 왕노릇 하지 못하게 되었음을 의미하며, 훗날 모든 자기 백성들의 부활의 첫 열매로서 다시 살아나셨다. 그리스도의

---

[6] Beale, *The Union with Resurrected Christ*, 69.

부활은 죽음의 저주를 완전히 해체시켜버리는 사건이요, 동시에 결정적으로 사탄을 무찌른 일이다. 실제로 사도행전과 서신들에 기록된 내용들을 살펴보면, 사탄을 이기고 승리하는 일이 일어났다.

예수 그리스도와 연합한 성도들은 이 땅에서 사는 동안에 이러한 승리와 영적으로 보이지 않는 차원에 대한 진정한 부활을 체험하게 된다. 그리고 마지막 날에는 눈으로 볼 수 있는 차원에서 충만한 승리를 누리게 될 것이다. 죽음의 유배로부터 되돌아오게 될 것이며, 옛사람과 죄악된 세상의 지배로부터 자유하게 될 것이다.

신약 성경에 담겨져 있는 종말론적 교훈 안에서 이러한 하나님 나라의 이중적인 본질이 발견된다. 주 예수 그리스도가 통치하시는 나라가 전 세계로 확산되는 과정에는 연속적으로 이어지는 현재와 미래가 공존하고 있다. 하나님의 나라는 "이 세상"(this age) 혹은 "금생"(the present age)에 이뤄지는 나라이다(마 12:32, 13:22, 눅 16:8, 롬 12:2, 고전 1:20, 2:6, 8, 3:18, 고후 4:4, 갈 1:4, 엡 1:21, 2:2, 6:12, 딤전 6:17, 딤후 4:10, 딛 2:12). "저 세상"(that age) 혹은 "장차 올 세대"(the future age)를 의미하기도 한다(마 12:32, 눅 18:30, 20:35, 엡 2:7, 히 6:5).

4. 종말론적 전망들

성경 안에서 우리는 하나님의 나라가 어떻게 발전해왔고 펼쳐졌는가를 파악할 수 있다. 하나님의 권위와 통치와 임재를 보여주는 구약과 신약 성경의 이야기는 지난 수천 년에 걸쳐서 연속되고 있다. 특히 구약 성경에 비친 인간의 역사와 문화에 대한 내용들 속에는 하나님의 나라에 대한 기대와 소망이 담겨 있다. 구약의 성도들은 여러 가지 체험을 통해서 예수 그리스도의 고난 당하심과 영광스러운 승리를 대망하면서 살았다.[7] 우선 여기에서는 구약 성경에 담긴 종말론적 신앙을 살펴보고자 한다. 신약 성경에 나오는 내용들은 따로 다음 장에서 소개할 것이다.

1) 종말론적 약속과 소망

구약 성경에는 그야말로 오래전에 살았던 수많은 사람들의 이야기들이 기록되어 있는데, 그 가운데서 핵심은 예수 그리스도의 오심을 통해서 구원에 이르게 되는 종말론적인 신앙이다. 구약 성경에서 가장 중요한 교훈을 남겨준 사람들은 하나님을 경외하며 믿음을 가지고 있었다. 그들은 미래의 희망을 잃지 않으면서 현실의 고난을 이겨내는 가운데, 놀랍게도 멀리서 다가오는 메시야와 하나님의 나라를 품고 있었다. 구약 성경 속에 등장하는 이스라엘 민족의 족장들과 지도자들은 땅에서 받은 축복도 있지만, 장차 그들에게 주어질 약속의 땅에서 살면서 종말에 주어질 새로운 나라를 사모하였다. 이들은 자신들의 생애가 마치게 될 때에, 하나님께서 그들을 죽은 자 가운데서 다시 일으켜 세우시고 영원한 유업에 참여하게 될 것을 기대하였다.

아브라함은 생애 동안에 수많은 체험들을 통해서 하나님의 약속이 지켜졌음을 분명히 깨우쳤다. 또한 그는 가장 분명하게 미래적 관점을 갖고 있었다. "하나님의 경영하시고 지으실 터가 있는 성을 바랐

---

7   Iain M. Duguid, *Is Jesus in the Old Testament?* (Phillipsburg: P&R, 2013).

음이라"(히 11:10). 아브라함은 하나님의 약속을 믿고 살았던 믿음의 조상이었다.[8] 뿐만 아니라, 구약에 등장하는 믿음의 위인들은 모두 다 동일한 종말론적 소망을 품고 살았다:

> "더 나은 본향을 사모하니 곧 하늘에 있는 것이라 그러므로 하나님이 저희 하나님이라 일컬음 받으심을 부끄러워 아니하시고 저희를 위하여 한 성을 예비하셨느니라"(히 11:16).

장차 얻게 될 마지막 축복은 무너지거나 파괴되지 않을 것이요, 영원하다는 소망을 갖고 있었다(히 12:27-28). 새 땅에서는 거룩함과 평안함이 있을 것이고, 하나님을 친히 볼 것이다. 그의 임재가 충만하게 체험될 것이다(히 12:14).

구약 성경 속에 등장하는 첫 번째 아담의 이야기는 단순한 사건으로 그치는 것이 아니다. 첫 이야기 속에는 마지막 종말이 함축되어 있다. 시작 속에 마지막이 포함되어 있다. 에덴동산에서 아담에게 주신 문화 명령은 단순히 한 번만으로 그치지 않고, 장차 주님의 재림 시에 최종적으로 완성되는 날을 맞이하게 될 것이다. 아담과 이브가 그들의 불신앙으로 인해서 그 마지막의 영광을 맛보지 못하고 추방을 당했다. 하지만 하나님의 은혜로우신 약속 가운데서 장차 오실 예수 그리스도가 새 하늘과 새 땅으로 인도하여 낼 것이요, 새로운 창조가 영원히 수립될 것이다(창 3:15).

구약의 이야기들이 연속적으로 아담의 문화 명령과 깊이 연계성을

---

8 Iain M. Duguid, *Living in the Gap Between Promise and Reality: The Gospel According to Abraham* (Phillipsburg: P&R, 1999).

갖고 있듯이, 역시 모든 이야기들 속에 담겨진 종말론적인 약속과 소망이 담겨져 있다. 성경 전체를 살펴보면, 에덴동산의 이야기는 그저 단순히 일회성 사건으로 그치지 않았다. 처음에는 아담에게 주신 문화 명령이 에덴동산 안에서의 이야기로 그치고 있지만, 곧 이어서 그의 후손들에게는 더 넓은 땅을 지배하고 다스리는 왕권의 통치와 행사가 있었다.

아담은 창조된 동산 안에서 제사장이나 왕처럼 지배권을 갖고 있었으나, 사탄을 제압하고 죄에 물들지 않도록 거룩하게 지켜내지는 못하고 말았다. 또 다른 표현을 하자면, "에덴 성전"을 거룩하게 지켜내지 못하고, 죄로 더럽히고 말았다. 아담의 실패로 인해서 피조물도 부패했고 사람도 오염되었다. 그렇지만, 처음 주어진 에덴동산의 목표는 본질적으로 종말론적인 것이다. 왜냐하면 아담과 피조물의 세계에 들어온 죄는 최종 심판의 때에 완전히 멸절될 것이기 때문이다. 에덴동산이 처음 시작할 때의 모습은 완전한 질서 속에서 죄가 전혀 없는 곳이었다. 그 상실한 본질적인 것들은 최종 종말의 때에 다시금 그 온전함을 회복하게 될 것이다.

에덴의 회복과 재창조의 시작은 구속적인 종말론이다.[9] 거듭되는 하나님의 구원 사역을 통해서 회복과 재창조가 정점을 향해서 지속되어 나가는 것이다. 아담의 목표가 불순종으로 인해서 실패하였지만, 이것을 다시 성취하고자 오신 분이 예수 그리스도이시다. 첫 시작을 알리는 창세기 1장과 2장에서, 아담과 피조물들을 통해서 드러낸 것들은 장차 종말론적으로 성취될 것들의 씨앗과 같다.

---

9 Vos, *Eschatology of the Old Testament*, 74-75.

에덴동산 안에서, 왕과 제사장의 임무가 시작되었다. 아담은 죄가 없는 질서를 지키고 보전하기 위해서 하나님께 신실하게 순종해야만 했다. 에덴동산에서 아담이 실패했다고 해서, 그냥 그 위대한 하나님의 영광이 손상된 채로 끝나는 것이 아니기 때문이다. 죄로 인해서 더럽혀지고 말았으므로, 다시금 종말론적으로 전혀 부패가 없는 최종적인 영화에 도달하기에 이르러야만 하는 것이다. 죄로부터의 회복은 새 창조의 시작이며, 에덴동산의 복구는 장차 정점에 이르게 되어진다.

종말론적인 개념으로 제시된 "새 하늘과 새 땅"의 개념이 이사야 65장 17절과 66장 22절에 나오는데, 이와 똑같이 요한계시록 21장 1절과 22장 5절에 나타난다. 에덴의 회복은 단순히 타락 이전의 상태로 되돌아가는 것으로 끝나지 않는다. 오히려 전혀 부패성이 없이, 더 승화되고 영원한 절정의 조건을 갖추게 될 것이다. 죄로부터의 회복은 영원한 새 창조의 절정으로 이어질 것이다. 아담에게서 시작된 왕권과 하나님의 영광을 반영하는 사역은 하나님 나라의 영광 가운데서 종말론적인 점진을 체험하게 될 것이다.[10] 에덴의 원래 목적, 그리고 아담과 이브의 언약적인 구조 속에는 하나님의 선하심과 아름다움이 담겨 있었고, 종말론적으로 더 위대한 축복들 속에서 완전케 되어질 것이다.

---

10 Kline, *Kingdom Prologue*, 101.

2) 시작된 종말

예수 그리스도의 첫 번째 강림에서 종말의 시대가 시작되었고, 그의 마지막 재림에서 영광스러운 새 창조의 왕국이 영원토록 세워질 것이다.[11] 에덴동산에서의 아담과 다른 후손들의 실패는 그리스도 안에서 최종적으로 성취될 영광스러운 나라의 예표적인 전조였다.

> "아담으로부터 모세까지 아담의 범죄와 같은 죄를 짓지 아니한 자들 위에도 사망이 왕노릇 하였나니 아담은 오실 자의 표상이라"(롬 5:14).

요셉의 통치와 성취의 매우 중요한 사건들 속에는 새로운 창조의 시작 가운데서 역사하는 예수 그리스도의 왕권을 찾아볼 수 있다.[12] 죄로부터 회복과 화해의 과정을 통해서 은혜를 체험했고, 종말론적인 절정을 향해서 진행되고 있음을 보여준다.

새 창조에 대한 이사야의 예언에는 포로에서 돌아오는 이스라엘의 회복이 제시되었다. 물론, 이사야가 전하는 회복은 단회적인 사건이며, 새 창조의 과정이 확대되고 있던 것도 아니다.

> "보라 내가 새 하늘과 새 땅을 창조하나니 이전 것은 기억되거나 마음에 생각나지 아니할 것이라"(사 65:17).

---

11 G. K. Beale, *A New Testament Biblical Theology* (Grand Rapids: Baker, 2011), 92-111.

12 Iain M. Duguid, *Living in the Light of Inextinguishable Hope: The Gospel According to Joseph* (Phillipsburg: P&R, 2013).

> "나 여호와가 말하노라 나의 지을 새 하늘과 새 땅이 내 앞에 항상 있을 것 같이 너희 자손과 너희 이름이 항상 있으리라"(사 66:22).

구약 성경 전체를 종합적으로 살펴보면, "마지막 때"(end time) 혹은 "훗날에"(in the latter days)의 언급이 광범위하게 담겨져 있다(창 49:1, 민 24:24, 신 4:30, 31:29, 사 2:2, 41:22-23, 렘 23:20, 48:47, 49:39, 겔 38:14-16, 단 2:28-29, 45, 8:17, 10:14, 12:4, 13. 호 3:5, 미 4:1-4 등). 성도들이 가졌던 마지막 날에 혹은 훗날에 대한 약속과 기대 속에는 타락 이전의 에덴 동산이 회복되는 모습으로 그려졌다. 그날에는 악에 대한 승리가 선포되고, 죄의 확산과 오염이 없고, 육체의 패망과 세상의 오염이 방지될 것이다.

구약 성경에는 종말론이 모든 중요한 사건들과 이야기들 속에 본질적인 부분으로 자리하고 있다. 하나님께서 약속과 언약과 구속을 통해서 말씀과 성령에 의해서 죄악된 백성들을 혼돈에서 구출해서 새롭게 창조된 하나님의 나라를 점진적으로 세워나가신다. 그 결과, 불신앙에 대하여는 심판하시고, 하나님의 영광을 드러내는 나라가 전 세계적으로 확산되어 나가게 하였다.

"장차 후에 오는 날"과 "마지막 때"에 대한 기대와 강조가 담겨 있는 구절들이 너무나 많다. 신 32:29, 욥 14:14, 19:25-26, 삼상 2:6, 시 16:9-10, 22:28-29, 29:14-16, 73:24, 사 25:7-9, 26:19, 53:10-11, 겔 37:1-14, 단 12:1-2, 호 6:1-3, 13:14 등이다.

구약 성경에서, 다니엘은 상당히 오랜 기간 후에 벌어질 미래의 예언을 발표하였다.

다니엘이 환상 가운데서 목격한 '인자'(a son of man)는 구름을 타고 오시는데, 신성을 가진 분이심을 의미한다(단 7:13). "지극히 높으신 자의 성도들이 나라를 얻으리니 그 누림이 영원하고 영원하고 영원하리라"(단 7:18). 세상의 마지막에 이르게 되면, 전쟁들과 전쟁의 소문들과 제국의 패망이 연속될 것이요, 승리는 가장 높은 자에게 속한 성도들에게로 돌아갈 것이다. 다니엘에 제시한 메시지의 핵심은 마지막 승리가 주어지기 직전에 성도들은 고난과 시련을 당하게 될 것이다. 그리고 하나님께서 개입하셔서 역사가 종결될 것이다.

다니엘은 자신이 보게 된 환상으로 인해서 기진맥진할 정도가 되기도 했었다. 그가 목격한 이상들에 관해서도 놀랐거니와, 그 뜻을 깨닫는 자도 없었다. 다니엘은 근동 지방에 등장할 미래의 제국들에 대해서 예언하였는데, 주전 322년부터 주전 163년 사이에 통치하였던 프톨레미와 셀류시드 왕국들에 대해 예언한 내용들이 다니엘서 11장에 담겨 있다. 아마도 다니엘은 프톨레미 왕조와 셀류시드 왕국 사이에 벌어진 대립의 내용들을 충분히 이해하지 못했을 수도 있을 것이다. 그러나 다니엘이 제시한 교훈의 핵심은 막연한 낙관주의적 희망을 가진 자들에 대한 준엄한 경고였다.[13] 칠십 이레에 걸친 하나님의 심판이 마지막에 이르고 있음을 알리는 것이었고, 훗날 예수 그리스도가 오심으로 더욱 상세하게 밝혀졌다.

다니엘서 12장 2절은 구약 성경에서 가장 분명하게 부활의 기대를 표현한 구절이다; "땅의 티끌 가운데서 자는 자 중에 많이 깨어 영생을 얻는 자도 있겠고 수욕을 받아서 무궁히 부끄러움을 입을 자도 있을 것이다." 이런 사건은 그 이전에 주어질 고난의 시기와 동반되는

13　John Goldingay, *Daniel* (Word Biblical Commentary: Dallas: Word, 1989), 295-6.

데, "마지막 때"(단 12:4)와 "마지막 날들"(단 12:13)에 일어날 것이다.

유대 땅에서 아하스와 히스기야 왕의 시대에 예언했던 이사야는 바빌론 포로에 대해서도 언급하였고, 미래 부활을 증거하였다. 하나님께서는 "사망을 영원히 멸하실 것이라 주 여호와께서 모든 얼굴에서 눈물을 씻기시며 그 백성의 수치를 온 천하에서 제하시리라"(사 25:8). 이사야는 반복적으로 정확하게 장차 올 부활을 서술하였다.

> "너희 죽은 자들은 살아나라, 그들의 시체들은 살아날 것이다. 티끌에 거하는 자들아 너희는 깨어 노래하라"(사 26:19).

이사야를 통해서 공개적으로 오직 하나님만이 참된 창조주요, 미래의 구원자이심을 선포하였다.

> "여호와는 하늘을 창조하신 하나님이시며 땅도 조성하시고 견고케 하시되 헛되이 창조하지 아니하시고 사람으로 거하게 지으신 자시니라 그 말씀에 나는 여호와라 나 외에 다른 신이 없느니라 나는 흑암한 곳에서 은밀히 말하지 아니하였으며 야곱 자손에게 너희가 나를 헛되이 찾으라 이르지 아니하였노라 나 여호와는 의를 말하고 정직을 고하느니라 열방 중에서 피난한 자들아 너희는 모여 오라 한 가지로 가까이 나아오라 나무 우상을 가지고 다니며 능히 구원치 못하는 신에게 기도하는 자들은 무지한 자니라 너희는 고하며 진술하고 또 피차 상의하여 보라 이 일을 이전부터 보인 자가 누구냐 나 여호와가 아니냐 나 외에 다른 신이 없나니 나는 공의를 행하며 구원을 베푸는 하나님이라 나 외에 다른 이가 없느니라"(사 45:18-21).

이스라엘의 회복에 대해서 사람의 부활로 예언한 곳이 에스겔서 37장이다. 다시 살아나는 "마른 뼈들의 환상"은 바빌로니아의 포로에서 옛 조상들의 땅으로 귀환을 의미한다, 유대주의자들은 이 구절을 문자적으로 죽은 성자들의 육체적인 부활이라고만 해석하고 있으나, 그런 외적으로 드러나는 측면만이 본래의 초점은 아니다. 에스겔서 37장 1-14절은 이스라엘이 땅을 회복하던 때에 주어지는 영적인 갱신의 예언(겔 36:26-27절)이 발전되어지는 모습이다.

> "새 영을 너희 속에 두고 새 마음을 너희에게 주되 너희 육신에서 굳은 마음을 제하고 부드러운 마음을 줄 것이며 또 내 신을 너희 속에 두어 너희로 내 율례를 행하게 하리니 너희가 내 규례를 지켜 행할지라."

이스라엘 백성들이 땅에서 살아가게 되는 것은 하나님께서 그들에게 "새 마음"과 "새 영"을 주시고, 하나님의 신이 그들 가운데 있도록 하셨기 때문이다. 이스라엘이 그 조상들의 땅으로 돌아오게 된 것은 영적으로 중생하였기에 가능한 일이다. 에스겔 37장 14절에서도 역시 동일한 내용이 반복되어졌다. 에스겔서 37장에 나오는 이스라엘의 부활에 대한 예언은 영의 부활이라는 의미에서 새로운 창조를 지적하고 있다. 영의 부활은 불가피하게 육체의 부활과 연결되어 있다.

이사야는 새로운 창조에 대해서 예언했는데, 그 내용이 장차 다가올 부활의 의미였다. 이사야의 두 부분에서 새로운 창조의 조건들이 설명되었는데(사 43:18-21, 65:17), 여기에는 부활의 개념이 포함된다. 이사야의 마지막 권고에는 하나님의 백성들 가운데 새로운 창조와 무한한 지속성이 함께 할 것이라는 약속이 있다. "나의 지을 새 하늘과 새 땅이 네 앞에 항상 있을 것 같이 너희 자손과 너희 이름이 항상 있으리라 "(사 66:22). 이사야는 고난 당하는 종의 영원한 승리와 하나님의 백성들에게 주어질 회복을 선포하였다. 그들은 새로운 피조물 속에서 영원토록 살 것이다. 사도 바울은 이사야서 43장, 65장, 66장을 근거로 하여, 그리스도의 부활이 새로운 창조의 시작이 되어질 것이라고 승거하였다.

주전 520년의 사건들 가운데서 성전 재건을 요구하던 학개 선지자는 출애굽기, 레위기, 신명기, 열왕기, 이사야, 시편에서 발견되는 중앙 성소의 중요성과 이스라엘 가운데서 하나님의 임재를 강조한다(학 1:12-14, 출 32-34장, 왕상 8장, 신 28:64-68, 사 60-62장, 렘 30-33장, 겔 40-48장). 학개 선지자가 더 나은 미래를 기대하는 이유는 여호와가 역사에 개입하기 시작했고, 성전 건축을 이런 미래와 연결시키기 때문이다. 학개는 자신의 시대에 믿음으로 살아가는 사람들에게 여호와께서 미래에 하실 큰 일을 기대하라고 주문했다. 그는 언약의 약속과 그 이전의 성경에서 발견되는 종말론적인 비전을 품고 있었다. 언약의 약속과 언약적 순종을 현재의 고난과 미래의 축복에 연결시켰다. 지금 순종하는 여호와의 종들에게는 미래에 일어날 일을 시작하는 것이다. 학개서에는 성경 전체를 관통하는 삶, 약속, '지금'과 '아직'으로 구성된 종말의 측면들이 모두 다 담겨 있다. 따라서 예언적인 약속에 대한 구약과 신약의 차이는 거의 없다.[14]

구약 시대에 살았던 성도들은 여러 가지 측면에서 우리가 현재와 다가올 미래 사이에서 생각하는 것과 매우 유사한 삶을 살았다. 우리

---

14   Paul R. House, *The Unity of the Twelve*, The Library of Hebrew Bible/Old Testament Studies (Sheffield Academic Press, 1990; 2009).

들은 하나님의 궁극적인 미래 계획에 대해서 정확하게 알고 있다. 시편 2편을 보면, 구약 시대의 성도들도 그들의 대적들을 정복하고 승리하는 날에 그리스도가 육체적으로 재림하실 것을 믿었다. 이 세상의 왕국들은 우리 주님과 그의 나라에 정복을 당할 것이다(계 11:15). 그리스도를 믿는 자는 누구든지 결코 버림을 당하지 않을 것이다(히 13:5).

다만, 그리스도의 재림에 관한 여러 가지 사항들을 우리가 완전히 다 파악하고 있지는 못하다. 우리가 기대하는 것과는 달리 전개될 것에 대해서 놀라움을 금치 못할 것이다. 그리고 하나님께서 성경 안에서 말씀하신 것들에 대한 우리의 무지함과 더디 믿음에 대해서 가슴을 치게 될 것이다. 우리는 마지막에 놀라움을 금하지 못할 것인데, 그리스도 안에서 이루진 우리들의 구원을 위한 사역에 관해서 그 깊이와 높이를 다 파악하지 못하고 있기 때문이다.

구약 시대의 성도들에게 감춰졌던 것들이 그리스도의 초림 가운데서 분명하게 밝혀졌다. 부분적으로는 여전히 우리들의 눈에 가려져 있는 것들이 있는데, 장차 주님의 재림 때에 알게 될 것이다. 창세기부터 요한계시록에 이르기까지 모든 성경에 담긴 하나님의 말씀은 복음을 전함에 있어서 일관성이 있고, 분명하다. 성경이 전하는 복음의 메시지는 그리스도의 고난과 장차 올 영광을 모든 세대의 사람들에게 동일하게 증거하고 있다.

3) 종말의 끝으로부터 오늘을 비춰보자

예수님의 지상 사역을 통해서 펼쳐진 하나님의 나라를 이해하는데 있어서, 최종적으로 일어난 주님의 부활과 승천이 가장 핵심이 된다. 주님의 생애로부터 시작된 종말의 때와 그가 새롭게 창조하신 왕국의 모습이 바로 이 부활과 승천을 통해서 제시되었다. 그런 관점에서 볼 때에, 신약 성경의 맨 뒷부분에 실려진 요한계시록은 성도가 마지막으로 읽어야 할 책이 아니다. 모든 성경은 요한계시록의 관점에서 되돌아서 보아야 할 것이다. 구약에서 신약의 마지막 부분까지 연속해서 점진적으로 성취되고, 이어져 내려오고 있음을 알 수 있다. 결국, 요한계시록의 전망에서 전체 성경을 파악하여 나가게 된다면, 장차 우리가 영광스럽게 변화된 몸으로 살아갈 하나님의 나라가 면면히 이어져 내려가고 있음을 이해할 수 있을 것이다.

우리는 날마다 시시때때로 항상 요한계시록을 들여다보면서 살아야만 한다. 장차 임하는 하나님의 나라를 향해 나가면서, 그 미래를 보여주신 요한계시록을 품고서 살아야만 믿는 자로서 희망을 잃지 않는다. 물론 요한계시록에 어렵고 난해한 부분들이 많다. 하지만 쉽게 이해할 수 있는 부분들이 얼마든지 많다. 요한계시록에 대해 거듭해서 공부하게 되면, 전체 문맥과 교훈들을 깨닫게 된다. 탁월한 신약학자 그레고리 빌 박사의 요한계시록 강해서를 참고하면서 본문을 살펴 나가면, 어려운 구절들도 비교적 잘 이해할 수 있을 것이다.[15]

종말의 깨달음을 얻는 은혜의 관점에서, 그 앞에 나오는 모든 성경들을 돌아보라. 때를 따라 펼쳐지는 하나님의 나라가 확실해지고, 더욱 선명하게 파악되어질 것이다. 요한계시록 21장과 22장의 새 하늘과 새 땅에서 하나님을 경배하는 모습으로부터 거슬러 올라가서 창세

---

15 Gregory K. Beale, *The Book of Revelation*. New International Greek Testament Commentary (Grand Rapids: Eerdmans, 1999);『요한계시록 주석』, 김귀탁 역 (복있는 사람, 2015).

기 1장-3장의 에덴동산을 살펴보면, 하나님의 임재하시는 내용들이 동일하다는 점을 발견하게 된다.[16] 마치 할아버지 할머니가 성장해 나가는 손주들을 보고 있는 듯한 기쁨이 넘치는 것이다. 인생의 모든 단계들을 맛보았던 백발의 지혜자는 고된 삶 속에 몸부림치며 시행착오를 겪고 있는 후손들에게 적절한 격려와 조언을 할 수 있는 것이다.

요한계시록의 예언을 주신 이유는 하나님의 백성들이 마지막 구원을 얻기 위해서 신실하게 믿음을 지키도록 격려하기 위함이다.[17] 요한계시록에 나오는 환상들은 하나님의 주권적 통치의 역사적 결말에 대해서 예민하게 느낄 수 있도록 안내하려는 것이다. 봉인들, 나팔들, 대접들은 과거, 현재, 미래 역사에서 시행되는 하나님의 구속과 심판을 보여준다. 가장 중심적인 주제는 하나님을 경외하고, 영광을 돌려드리라는 것이다(계 14:7). 요한계시록의 마지막 결론 부분에서 찬란히 빛을 발휘하고 있는 종말의 모습 속에 하나님의 나라가 펼쳐져 있다.

> "또 그가 수정 같이 맑은 생명수의 강을 내게 보이니 하나님과 및 어린 양의 보좌로부터 나와서 길 가운데로 흐르더라 강 좌우에 생명나무가 있어 열두 가지 열매를 맺되 달마다 그 열매를 맺고 그 나무 잎사귀들은 만국을 치료하기 위하여 있더라 다시 저주가 없으며 하나님과 그 어린 양의 보좌가 그 가운데에 있으리니 그의 종들이 그를 섬기며 그의

---

16   Gregory K. Beale, *The Temple and the Church's Mission*: A Biblical Theology of the Dwelling Place of God (Leicester; IVP, 2004).

17   Gregory Beale, "The Structure and Plan of John's Apocalyse," in *Creator, Redeemer, Cosummator*: A Festshrift for Meridith G. Kline, eds., Howard Griffith and John R. Muether (Eugene: Wipf and Stock Publishers, 2000), 151-152.

얼굴을 볼 터이요 그의 이름도 그들의 이마에 있으리라 다시 밤이 없겠고 등불과 햇빛이 쓸데없으니 이는 주 하나님이 그들에게 비치심이라 그들이 세세토록 왕 노릇 하리로다"(계 22:1-5).

이러한 나라가 도래하기까지, 그것을 이루어나가는 하나님의 경륜이 펼쳐지고 있다. 하나님께서는 각 시대마다 여러 가지 사람들을 사용하신다. 창조주 하나님께서는 친히 사람을 지으시고 돌보시며 은혜를 주신다. 사람은 스스로 태어나고 싶어서 이 세상에 등장한 것이 아니다. 모든 사람의 생애는 하나님의 뜻에 달려 있다. 그 누구도 자신이 태어날 나라와 민족과 가문을 결정할 수 없다. 그 어느 나라에서 어떤 부모를 통해서 태어날 것을 스스로 결정하고 태어나는 사람은 단 한 사람도 없다. 또한 재창조된 새사람이 되는 것도 오직 성령의 역사하심에 달려 있다. 결코, 사람의 의지에 따라서 옛사람을 버리고 새사람이 될 수 없다. 모든 일의 마지막 날도 역시 사람의 예상과 기대에 따라서 정해지는 것이 아니다. 창조주 하나님께서 뜻하신 바대로, 오래 참고 기다리시다가 역사의 커튼을 닫을 것이다. 사람은 하나님의 뜻과 비밀을 다 알 수 없지만, 지금 이 순간에도 창조의 모든 일들을 섭리 가운데 주관하시며, 종말의 날 그 후에도 모든 일들을 통치하실 것이다.

신약 성경은 예수 그리스도의 생애와 성취하신 사건들을 증거하고 있는데, 그것들에 대한 의미를 밝혀주는데 있어서도 거꾸로 바라보는 관점이 적용되었다. 제자들은 예수 그리스도를 따라다녔지만, 마지막 승천의 장면을 목격한 이후에야 비로소 그 이전의 가르침을 파악할 수 있었다. 신약 성경의 다양한 기록들 속에는 십자가와 부활과 승천의 관점이 반영되어졌다. 특히, 네 권의 복음서 속에 기록된 상당히 많은 부분들은 예수 그리스도의 십자가와 부활과 승천 사건이 일어나기 이전에 벌어진 사건들이었다, 하지만 그 일들을 문자로 기록할 때에는 예수 그리스도의 부활과 승천을 목격한 사람의 관점에서, 훨씬 후에 파악된 안목을 가지고 그 이전에 전개된 사건들을 바라보는 관점으로 총제적인 의미를 서술하고 있다.

제자들이 예수님의 부활과 승천을 경험하고 난 후에서야, 그 이전에 말씀하셨던 내용들을 이해할 수 있었다. 부활과 승천의 체험을 하고 난 후에야 깨달았다는 고백을 토로해낸 두 가지 사례를 살펴보자.

예수 그리스도의 제자들은 자신들의 눈 앞에서 벌어지는 시시각각의 사건을 미처 이해하지 못한 채, 참가하고 있었음을 솔직히 인정하는 대목들이 많다.

> "이 성전을 헐라 내가 사흘 동안에 일으키리라 … 그러나 예수는 성전 된 자기 육체를 가리켜 말씀하신 것이라 죽은 자 가운데서 살아나신 후에야 제자들이 이 말씀하신 것을 기억하고 성경과 및 예수의 하신 말씀을 믿었더라"(요 2:19-22).

또한 제자들은 예수님이 선포하셨던 "생수의 강"을 이해하지 못했었으나, 승천하신 후 오순절 날에 성령을 부어주심으로 인해서 그 말씀이 성취되었음을 깨달았다.

> "명절 끝날, 곧 큰 날에 예수께서 외쳐 가라사대 누구든지 목마르거든 내게로 와서 마시라 나를 믿는 자는 성경에 이름과 같이 그 배에서 생

수의 강이 흘러나리라 하시니, 이는 그를 믿는 자의 받을 성령을 가리켜 말씀하신 것이라. 예수께서 아직 영광을 받지 못하신 고로 성령이 아직 저희에게 계시지 아니하시더라"(요 7:37-39).

승천하신 예수님께서 부어주신 오순절 성령의 강림 사건이 있은 후에야, 제자들은 수많은 사람들에게 선포하신 바를 이해할 수 있었다. 들을 때에는 잘 몰랐던 것인데, 승천 사건 후에 성령의 부으심과 그 역할을 알게 된 것이다. 이런 사례들은 얼마든지 많이 찾아 볼 수 있을 것이다. 예수님께서 공생애 기간 동안에 하신 말씀의 진정한 의미와 내용을 그가 승천하신 이후에 이해할 수 있었던 것이다. 이렇게 부활하시고 승천하신 예수 그리스도께서 왕의 자리에 복귀하시고, 약속하신대로 성령을 부으심으로 인해서 제자들은 진정으로 깨닫게 되었고 확신을 가졌다. 그리고 그들은 예루살렘과 사마리아와 유대와 온 세상을 두루 다니며 복음의 증거자들이 되었다. 세상 권세자들에게 무릎을 꿇지 않는 증인들이 되었다. 성령의 권능으로 충만한 사도들이 주 예수 그리스도의 복음을 선포할 때에, 그 누구도 가로막을 수 없었다.

신약 성경은 다양한 내용들이 담겨 있지만, 이런 사실들에 기초하여 다음과 같은 일반적인 원리를 적용해서 이해하여야만 한다는 것이다. 구속 역사의 절정을 기록한 책으로서 신약 성경은 부활과 승천 이후의 관점에서 예수 그리스도에 대해서 증거한다는 사실이다. 신약 성경은 그 내용들은 방대하고 다양하지만, 높아지신 예수 그리스

도에 대해 초점을 맞추고 있다.[18]

예수님이 가장 역점을 두고 선포하신 "하나님의 나라"를 이해하는 데 있어서도, 동일한 원리를 적용할 때에 훨씬 더 이해하기가 쉽다. 즉, 뒤에서 앞으로 거슬러 보는 관점이다.

요한계시록에 예언 되어진 종말은 구속사의 종착점이다. 구약과 신약 성경의 계시를 하나로 묶여진 구속사의 진행 과정을 살펴볼 때에, 그 구속사의 종결점은 매우 중요하다. 어떻게 마지막 결론에 도달하게 되는 지에 대해서 알려주는 그 이전에 주어진 계시들에 대해서 비상한 관심을 가질 수밖에 없다. 구약 시대에 일어났던 율법과 선지자들의 가르침은 세례 요한의 사역에서 종결되었고, 곧 바로 주 예수 그리스도의 지상 사역이 성취되었고, 부활과 승천으로 드러난 권능의 역사가 사도적 교회를 설립하는 원동력이 되었는데 그 모든 역사적 전개 과정이 신약 성경에 자세히 펼쳐져 있다. 부활과 승천하신 예수님께서 사도들에게 하나님의 나라를 우주적으로 확장시키도록 증거하고 전파하라는 임무를 수행케 하셨다. 기독교는 유대주의 종교의 변형이 아니라, 하나님의 나라를 선포하신 예수 안에서 진리와 거룩함과 의로움과 구원이 본질이다(고전 1:30).

하나님의 나라는 예수 그리스도가 처음 세상에 오셔서 성취하신 일들과, 마지막으로 재림의 날에 변화와 완성된 모습으로 드러낼 것이다. 처음 지상에 강림하는 것과는 달리, 마지막 날에는 엄청난 영광 가운데 맞이할 것이요, 심판과 멸망의 무리를 처벌하는 변혁도 일어날 것이다. 히브리서 1장 2절에, "마지막 날들에는" 성자 예수 그리

---

18   Hermann N. Ridderbos, *Redemption History and the New Testament Scripture* (Phillipsburg: P&R, 1988), 58-68.

스도 안에서 하나님의 새로운 언약이 제시되었다고 선포하신 것을 기억하여야만 한다. 그렇게 "때가 차매" 최종 정점에서 우리를 찾아오신 주님의 종말론적인 선포는 "하나님의 나라가 임했다"는 결정적인 선언이었다.

우리는 지금 그 날을 향해서 나아가는 진행 과정 속에서 살아가고 있다. 신약 성경의 계시 속에 담긴 구조적 특성은 그냥 종착점을 향해서 무작정 세월 속에서 진행되어가는 것이 아니다. 구약 성경에는 모세로부터 포로기에서 돌아온 선지자들에 이르기까지 천 년이 넘는 세월 동안에 계시가 연속적으로 주어졌다. 이와 대조적으로 신약 성경은 한 세대 안에 요한계시록까지 다 기록되었다. 구약부터 연속되어온 구속 역사의 진행 과정이 종착점에 이르게 됨에 따라서 종결지었다. 예언들이 지속되었지만, 신약 성경의 걸친 예언들이 "오메가"이다.

때를 따라서 하나님의 뜻이 성취 되어지되, "때가 차매" 오신 예수 그리스도의 인격과 사역이 신약 성경에 담긴 계시의 핵심 내용이다. 마지막 일들 (last things)이 다가오고 있기 때문에, 예수 그리스도는 하나님의 나라를 드러냈고, 선포하셨다. 우리가 예수 그리스도의 사역과 교훈에 담긴 종말론적인 내용에 대해서 주목해야만 하는 것이다.

"때가 차매" 그 시기의 역사 속에서 성취하신 그리스도의 사건적 전개는 단지 현재에만이 의미가 있는 것이 아니라, 그 복음의 전파에 있어서도 기본적인 요소가 되는 중요한 일이었다. 복음의 핵심은 그리스도 예수에 의해서 역사적으로 점진적으로 스스로 체험된 것이다. 주님은 결정적으로 십자가를 지셨고 부활하셨는데, 인간으로 오신 중에 가장 천박한 자리에서 죽으셨다가 승천하셔서 영광스러운 승리자의 지위에 복귀하셨다. 이것은 죄를 지은 백성들에게 부과된 하나님의 진노와 심판를 그리스도가 대속적 형벌을 당하심으로써 하나님의 호의를 얻도록 바꿔놓는 것이다. 그 결과가 역사 속에서 진노를 벗어나서 은혜로 영구적인 변화가 자기 백성들의 구원을 위하여 효력을 발휘하게 하였다.

신약 저자들은 그리스도의 죽으심과 부활을 가장 중요한 것으로 다루었다(예, 고전 15-3,4). 사도들은 십자가와 부활의 사건을 오랫동안 진행되어 오던 역사적으로 결말이라고 판단하였기에 즉각적으로 역사적 상황들에 대해서 주목하였다. 이렇게 하면서, 사도들은 장차 그리스도의 재림 때까지 충분한 계시를 준비시켜 놓았다.

십자가와 부활에 초점을 맞추는 사도들의 설명은 신약의 기록들과 연관을 맺고 있으며, 구약 성경으로부터도 역시 직접적인 관련이 깊어서, 성경 전체를 하나로 묶어 놓았다. 사도들은 그리스도의 십자가와 부활에서 일어난 사건들을 다른 방식으로 강조했는데, 그리스도의 사건들이 그냥 아무런 관련도 없이 무의미하게 일어난 것이 아니고, 구약 성경의 역사가 성취된 것으로 설명했다. 십자가와 부활을 다루면서, 이스라엘의 성경에 담긴 것에 대해서 새로운 의미를 부여한 것이 아니라, 그 안에 내재해 있던 직접적인 의미들과 가장 중요한 의미를 연결시켰다.

영원한 하나님의 주권적 통치와 권위와 임재하심은 에덴동산에서부터 시작하여 종말의 날까지 전개될 것이다. 특히, 하나님께서 아브라함을 선택하심으로 인해서 이스라엘 사람들의 역사 속에서 수많은 사건들과 사람들을 통해서 점진적으로 알려졌다. 구약 시대의 계시가 최종적으로 예수 그리스도의 십자가와 부활을 통해서 성취되고 절정에 이르렀다(히 1:1-2). 예수 그리스도의 생애에 마지막으로 일어난 부활과 승천을 통해서, 하나님 나라의 영광스러운 승리가 찬란하게 드러났다(눅 24:50-53). 새 하늘과 새 땅에서 펼쳐지는 하나님의 나라는 최종적으로 그리스도의 재림과 함께 임할 것이다(계 21:1-7). 예수 그리스도의 나라가 처음에는 고난과 승리로 임하였고, 최종적으로는 영광과 심판으로 임하게 될 것이다.

우리의 소망은 마지막 나라에서 영원토록 위로를 받는 것이다. 우리의 희망은 하나님의 나라가 이 땅 위에 임하는 것인데, 주님과 함께 왕처럼 살아갈 것이다. 하나님의 나라는 이미 에덴동산에서부터 시작해서 예수님의 지상 사역을 통해서 구체적으로 세워졌고, 다시 재림하실 때에 그 나라의 찬란한 영광스러움이 드러날 것이다. 미래에 임할 하나님의 나라는 요한계시록 마지막에 기록된 바와 같이 찬란하며, 성도들의 지위는 왕처럼 고귀하다.

6장

왕국과 구속 역사의 파노라마

하나님의 나라는 갑자기 어느 한 시대에만 특수하게 등장한 것이 아니라, 이미 인류 역사 속에서 펼쳐졌다. 하나님과 그가 통치하시는 나라에 대해서, 우리가 알아야 할 가장 중요한 내용들이 성경 속에 담겨져 있다. 하나님 나라의 모든 것들을 알기 위해서는 성경의 내용들과 흐름을 살펴보아야 한다.

구약과 신약 성경의 이야기들 속에는 새 창조의 하나님의 나라가 진행되어지는 전체 과정이 담겨 있다. 다시 강조하지만, 구약 성경에 "하나님"이 왕으로서 우주를 다스린다는 선언이 거듭 반복되었다. 그러나 "하나님의 나라"라는 정확한 개념과 용어는 나오지 않는다. 오직 예수님이 오셔서 정확하게 선포하실 때까지, 구약 성경의 시대에는 그들의 수준과 형편에 적합하게 하나님의 임재와 권위와 통치를 알려주셨다.

구약 성경에는 여러 선진들의 삶 가운데서 하나님의 통치와 영광와 임재를 드러내는 이야기들이 연속적으로 이어져 내려갔다. 구약성경의 이야기들은 죄인에게 베푸시는 구원의 역사인데, 종말론적으로 완성된 모습이 장차 나타날 것임을 함축하고 있다. 첫 창조의 세계가 아담의 불순종과 죄악으로 징벌을 받아야 했기에, 마지막으로 예수 그리스도가 오셔서 새 창조를 통해서 하나님만을 경외하고 영광을 돌리는 심령들 속에 하늘나라를 시작하였으며, 종말을 예비케 하였다.

간단히 압축하자면, 첫 사람 아담의 불순종으로 초래된 사망과 저주를 둘째 아담으로 오신 예수 그리스도의 순종으로 회복시키고 새롭게 성취하였다. 아담과 예수 그리스도는 매우 중요한 대표자이다. 예수님의 모든 사역은 아담의 에덴동산에서 시작된 일들의 마지막 클라이막스(절정)에 해당한다. 예수님은 하나님의 영광을 보여주셨으며, 생사를 결정짓는 왕권을 가지고 오셔서 잃어버린 에덴의 회복과 새 창조를 시작하였다.

1. 문화적 사명과 축복들

하나님의 나라는 인류의 첫 조상, 아담의 이야기 속에 담겨 있다. 특히 에덴동산에서 아주 간략하면서도 가장 중요한 요소들이 제시되었다.[1] 하나님께서 아담에게 주신 언약적 의무들을 신실하게 수행했더라면, 영원한 나라를 소유하게 되었을 것이다. 나는 이런 아담에

1　Kline, *Kingdom Prologue*, 104.

게 부과된 의무들을 "행위 언약"이라는 개념으로 규정한 종교 개혁자들의 설명이 과도하지 않다고 본다.[2] 창세기 1장 16-28절을 요약해 보면, 다섯 가지 내용들이다: 1) 하나님께서 그들을 축복하였고, 2) 열매를 맺고 번성하며, 3) 땅에 충만하고, 4) 땅을 정복하라, 5) 모든 땅에 있는 것들을 다스리라고 하였다. 이런 내용들은 아담에게만이 아니라, 거의 동일한 내용의 축복으로 그의 후손들도 승계를 받았다.

1) 지배하고 다스리라

아담에게는 하나님의 축복으로 인해서 번성하고 지배하는 특권이 부여되었다. 아담은 하나님의 형상과 모양으로 지음을 받았기에, 마치 왕과 같이 특수한 임무를 수행할 수 있었다. 하나님께서는 아담에게 축복하셨다; 땅에 충만하고 번성하라, 지배하고 다스리라는 지위를 부과해 주셨다. 창세기 1장 26-28절은 아담에게 주어진 "문화적 대사명"(cultural mandate)인데, 이 모든 내용들이 고스란히 그의 후손들에게로 계승되었음에 주목해야만 한다. 하나님께서는 아담의 후손으로 태어나는 모든 인류에게 문화를 창출해서, 하나님의 영광으로 온 세상을 채우고 경영하라고 축복하였다.[3]

에덴동산에서 아담과 이브는 완전한 자유함을 누리고 있었다. 보다 정확하게 설명하면, 전혀 때묻지 않은 순수한 자유 의지를 갖고 있었다. 동산의 모든 실과를 마음대로 먹고 사용하였다. 그러나 선과

---

2   김재성, 『현대 개혁주의 교회론』, 1:698.
3   William Edgar, *Created and Creating: A Biblical Theology of Culture* (Downers Grove; IVP, 2016).

악을 구별하는 지식의 나무는 함부로 먹지 말라고 금지 명령을 받았다. 먹는 날에는 죽음에 처해진다는 형벌 조항도 함께 받았다. 하나님의 형상으로 지음을 받은 아담은 창세기 2장 16-17절에 나오는 순종의 명령에 담긴 하나님의 뜻을 충분히 이해할 수 있는 능력을 갖고 있었다. 이러한 인간의 능력은 하나님의 형상을 반영하는 것이다. 아담이 에덴동산에서 문화 명령을 수행하는데 있어서는 하나님의 말씀을 이해하고 순종하는 것이 결정적이었다. 사람에게 있는 이런 기능적인 인간성은 얼마든지 하나님의 의도를 파악하고 수행할 수 있었다.

2) 아담에게 주어진 하나님의 형상

하나님의 형상과 모양으로 지음을 받았기에, 아담에게는 놀라운 성품들과 지배권이 주어졌다. 아담은 하나님의 형상을 드러내면서, 하나님께 영광을 돌려야 하는 책임과 사명을 갖고 있었다. 그러한 특수성과 소명으로 인해서, 아담은 자신에게 주어진 수많은 기능과 임무를 수행할 수 있었다. 아담은 이성적이요, 도덕적이며, 열성적인 형상을 갖고 살았다. 그의 도덕적인 속성에는 의로움, 지혜, 거룩함, 정의, 사랑, 신실함, 순결함 등이 주어졌다(엡 4:24, 골 3:10). 무엇보다도 아담은 하나님의 영광을 반사하는 존재였다.

그러나 아담은 실패하고 말았다. 사탄적인 뱀의 미혹에 접하게 된 아담의 아내는 말씀을 변형시켰다. 하나님의 말씀을 정확하게 들었으나, 그대로 지키는 일에 실패했다. 그녀는 사탄의 의도적인 왜곡을 따라가고 말았다. 하나님께서는 "먹지 말라"고 금지하셨는데, 그녀는

"만지지도 말라"고 말씀하였다는 것이다(창 2:16-17). 죄의 시작은 이처럼 말씀의 왜곡에 있었다. 아담과 이브는 명령의 준엄함을 망각한 채, 금단의 열매를 먹었다. 그들은 결코 변명할 수 없는 불순종에 이르고 말았다.

아담은 하나님의 명령에 불순종함으로써, 훨씬 더 높은 차원의 엄청난 축복들을 받지 못하였다. 만일 그들이 하나님에게 순종했더라면, 하나님의 속성들을 반사하면서 종말론적인 축복들을 모두 누릴 수 있었다. 하나님과의 교제를 나누면서, 영원한 안식과 동산을 지배하는 즐거움을 누릴 수 있었다. 에덴동산은 마치 성전과 같았다. 그 안에서 아담은 하나님의 형상을 지닌 살아있는 지배자였고, 하나님의 제사장으로서 깨끗하지 못한 피조물들로부터 거룩하게 지켜나가는 사명을 감당하고 있었다. 사악한 뱀이 들어오지 못하도록 지키고, 보전하는 임무를 수행했어야 했는데, 아담이 도리어 지배를 당하고 말았다. 구약 성경에 나오는 성전과 오늘날의 교회는 바로 에덴동산처럼 거룩하게 보전해 나가야 하는 곳이다.[4]

에덴동산에서 영광스러운 하나님의 임재를 확장시켜 나가야 했으나, 도리어 아담과 이브는 그곳으로부터 추방을 당했고, 영생을 얻지 못했다. 결국 아담과 이브는 문화 대명령을 완수하지 못한 것이다. 아담으로 하여금 하나님 같은 왕권을 행하고, 제사장의 직무를 수행하는 자로 예비케하셨지만 그렇게 하지 못했다.

인간 사회의 근본 문제는 아담의 타락 이후로, 왜곡된 문화 명령이 극단적인 지배권 쟁탈로 이어졌다는 점이다. 아담이 에덴동산에서

---

4 G. K. Beale, *Temple and Church Mission*, 93-96.

쫓겨난 이후로, 세상의 모든 영역에는 "엉겅퀴와 가시"라는 악의 영향이 미치고 있는데, 그런 가운데서도 사람은 누군가를 다스리고, 어떤 일이나 영역의 지배자로서 살고자 한다는 점이다. 문화 명령의 본질은 사라지고, 한마디로 말하면 모든 인간은 다 머리가 되어 지배하고 다스리려고만 하는 것이다.

구약 성경에 등장하는 이야기 속에는 사람들끼리 지배하고 정복하고 빼앗으려는 모습이 적나라하게 담겨 있다. 안타깝게도 아담에게 주어진 하나님의 형상이 일그러져서 모든 사람들은 자신의 영광만을 추구하였다.

3) 후손들에게 이어진 문화 명령

이 세상의 자연 세계를 정복하고 다스리라는 사명과 함께 아담에게 주어졌던 지배권은 그의 후손들을 지도하던 핵심적인 중추 세력자들에게로 이어졌다. 그들 주요 지도자들이 문화적 대사명을 수행하게 될 때에, 이 땅에 사는 사람들에게 하나님의 영광을 드러내는 역할을 감당해야만 했었다. 그러나 안타깝게도 죄로 인해서 왕권의 행사가 하나님의 뜻을 거역하고 항상 무너지고 말았다.

현재까지도 이러한 양상이 계속되고 있다. 모든 성도들은 믿음과 의로움과 진실함으로 영적인 무장을 하고, 영적인 전투를 치러야 한다(엡 6:13-18). 하나님께 영광을 돌려드리도록 주어진 문화 명령은 외적인 형식은 남았으나, 그 내용은 변질되고 말았다. 모든 인간들은 하나님을 섬기지 않으면서, 오직 다른 사람을 지배하고 다스리기를 원한다. 그 누구도 구속과 속박을 당하지 않으려 한다. 정치와 경제

분야에서도 역시 양육강식이다. 인류 역사에서 강한 나라가 약한 자들을 침략하였다. 전혀 동정심이나 긍휼이 없다. 인류 문화 속에 깊이 뿌리를 내리고 있는 사탄의 영향 때문이다. 인간적인 성품은 접어두고 오직 동물적인 정복자들로 변질해서 남을 짓밟고 빼앗으려고만 한다.

특히 우리 한국 사람들은 큰 대륙에 연결된 반도에 위치한 지정학적인 환경 때문에, 극심한 침략을 많이 받았다. 전쟁 속에서 생존의 투쟁을 해온 민족의 기질이 남아있어서, 기민하고 빠르게 반응한다. 문제는 생존 경쟁이 너무나 치열하다는 점이다. 남들과의 경쟁에서 살아남기 위해서, 공정과 정의를 무너뜨리는 일이 많다. 좌절한 사람들은 극단적인 선택을 한다. 전 세계에서 경제적으로 성공한 나라들 사이에서 자살율 1위라는 통계는 결국 한국 사람들이 지극히 불행하다는 뜻이다. 노인 빈곤율이 최고로 높고, 황혼 이혼율도 치솟았다. 이쯤되었으면, 우리가 자랑스러워하는 K-팝, 드라마, 영화, 음식 등은 다 무슨 의미가 있는가? 그저 안타까울 뿐이다. 자본주의가 갖고 있는 긍정적 장점들은 사라지고, 가장 나쁜 측면만 남았다. 그 해답은 아담의 실패에서 찾을 수 있다.[5] 우리는 오직 남을 지배하고 다스리려는 욕망에만 사로잡혀서는 안 된다. 예수 그리스도의 지혜와 의로움과 거룩함을 닮아서, 이웃을 존중하고 사랑하는 마음으로 협력해야만 한다. 하나님을 향한 영광스러운 직무를 수행하는 인생철학이 체득되어야만, 이 지독한 경쟁 사회가 진정될 수 있다.

다시 강조하자면, 아담의 통치하는 권세는 점차 모든 사람들에게

---

5 김재성, 『인간의 좌표』 (도서출판 하나, 1999), 116.

로 확산되었다. 처음에는 아담의 직계 후손으로 택함을 받은 아브라함과 그의 후손 족장들에게로, 이스라엘의 제사장들에게로, 선지자들에게로, 그리고 왕들에게로 이어져 내려갔다. 하나님께서 그들에게 주신 권세와 축복은 하나님의 영광을 드러내도록 세상을 바르게 통치하라는 사명을 부여하신 것이었다. 그러나 안타깝게도 모든 권세자들은 자신의 영달에만 빠져서 하나님께 영광을 돌려야 하는 일을 접어버렸다. 모든 인류는 영적인 눈이 어두워졌다. 모든 인생들은 결국 자기 우상화에 빠져서 살다가, 실패를 거듭하여 고통스러운 심판을 초래하고 말았다. 오직 주 예수 그리스도의 새 창조와 성령으로 인한 중생을 통해서만, 처음 창조의 의미와 목적을 깨닫게 되어진다. 새 창조의 나라가 회복되어야만, 주 예수 그리스도 안에서 다가올 미래에의 희망을 가지게 된다.

하나님께서는 아담에게 주신 것과 똑같은 내용들로 노아와 그의 아들들에게 축복하셨다. 홍수 이후에도 여전히 번성하고 창대하도록 복을 주셨다(창 9:1, 7). 아브라함에게 주어진 축복은 훨씬 더 구체적으로 번영하는 민족 공동체의 형성과 보호하심이었다(창 12:2-3). 아브라함이 우상 숭배에 빠지지 않고, 오직 하나님께만 신실하게 복종하고 영광을 돌리는 삶을 살았기에, 그의 흔들리지 않는 믿음의 길에는 창대한 축복이 주어졌다(창 17:2,6,8). 이삭의 경우에도, 하나님의 축복에는 거의 변함없었다(창 26:3,4, 24). 야곱에게로 이어졌고, 땅의 모든 족속들에게 축복이 되게 하셨다(창 28:3,4, 13-14, 35:11-12).

이처럼 아담에게 주신 문화적 대사명은 노아, 아브라함, 이삭, 야곱, 요셉, 그리고 모세와 이스라엘 백성들에게로 연속적인 계승이 이뤄졌다(창 47:27, 신 7:13, 출 1:7). 하나님께서 아담에게 동산을 주셔서 그곳을 지배하고 다스리게 하셨듯이, 아브라함에게도 후손의 번성과 비옥한 토지를 허락하시고 그곳을 통해서 모든 민족들이 축복을 받게 하였다(창 22:17-18). 창세기에 나오는 족장들의 이야기들은 최초의 조상 아담에게 주어진 문화 명령의 수행이 지속되어졌음을 보여 준다.[6]

이스라엘의 성공적인 역사를 통해서 하나님의 문화 명령이 수행되어야만 했는데, 그러기 위해서 신실하신 하나님의 축복이 부어졌다. 하나님의 영광을 드러낼 문화 명령을 위해서 지속된 축복의 약속이 지켜졌고, 그 가운데서 국가로서나 개인으로나 남다른 은혜를 입게 되었다(대상 4:10, 17:9-11,27). 안타깝게도 이스라엘과 국왕들은 단지 부분적으로만 하나님의 명령에 순응했다. 궁극적으로 모든 이스라엘과 유다의 왕들은 아담과 이스라엘의 족장들이 실패한 것과 거의 다를 바가 없었다.

따라서 하나님께서는 종말론적인 이스라엘과 그들의 마지막 왕을 보내사 아담에게 주어진 문화 명령을 수행하도록 하시려는 약속을 거듭하셨다. 이스라엘의 왕들은 자신들의 권위를 과시하는 정복자의 예복을 입었다. 마치 아담과 이브가 자신들의 벌거벗음을 가리기 위해서 하나님이 예비하신 옷을 입은 것과 같이, 왕들도 하나님의 형상으로 지배자의 임무를 수행했다.

이상에서 살펴본 바, 구약 성경의 모든 이야기들은 아담에서 시작된 위대한 문화 명령의 축복과 사명의 반복이요, 미래적인 약속으로 연결되어졌다. 이처럼, 아담의 문화 명령이 전체 구약 성경의 중심

---

6   Iain M. Duguid, *Living in the Grip of Relentless Grace: The Gospel According to Isaac and Jacob* (Phillipsburg: P&R, 2002).

구조를 이루고 있으면서, 이야기들 속에 내적으로 서로 긴밀하게 연결되어져 있음을 확인할 수 있다. 문화 명령의 축복은 단지 아담에게만 주어진 것이 아니라, 노아에게도 족장들에게도, 모세 이후로는 민족 국가의 선지자들과 제사장들에게, 그리고 왕들에게 약속되어졌다. 그 내용들 속에는 항상 창대한 종족은 번성과 땅의 확대였는데, 이는 하나님의 영광을 땅 위에서 드러내도록 하기 위함이었다.

창세기 1장 28절에서 아담에게 주어진 문화 명령은 인간 사회 전체에 반복적으로 주어진 내용이었다. 문화 명령에는 땅에 대한 축복이 골자를 이루고 있는데, 이것은 하나님의 구원하시는 임재하심이 있었기에 가능하다. 타락 이전에, 아담과 이브는 하나님의 형상을 갖고 있었고, 이를 통해서 하나님의 영광을 반사하여 세상을 충만케 하는 종족의 번성을 가져올 수 있었다. 타락 후에는, 에덴동산에서 추방되어서 어두움에 살고 있는 자들 가운데서 하나님께서 회복시켜 주신 형상을 가진 자로서 영광스러운 하나님의 임재를 증거하는 사명을 갖게 되었다. 이러한 증거의 사역은 온 땅에 이르기까지 지속되어져 나갈 것인데, 하나님의 영광이 온 세상에 가득 차게 되어질 것이다. 구약 성경의 시대에 이스라엘은 아담의 후손들로 구성된 공동체로서 그러한 역할을 담당하고 있었다.

그러나 아담에게 주신 문화 명령에 따라서 하나님께 영광을 돌리는 사명을 다하지 못하고 반복적으로 실패하고 말았다. 그 결과로 하나님의 진노를 받아서 고통스러운 심판을 당해야만 했고, 심지어 민족 전체가 조상에게 받은 땅을 지키지 못하고 바빌로니아로 추방을 당하게 되었다. 그럼에도 불구하고, 하나님께서는 새로운 창조 가운데서 미래 회복의 약속을 선포케하였다.

2. 사탄과의 영적인 싸움

하나님의 나라는 보이지 않는 사탄과 그의 영향하에서 맹종하는 세력들과의 영적인 싸움 속에서 펼쳐지고 있다. 하나님의 나라는 오직 하나님의 영광을 추구하고 있지만, 어두움의 세력들과의 영적인 전쟁이 지속되고 있는 것이다. 수많은 세대를 거쳐 진행되는 동안에, 때로는 거의 소수만이 하나님의 나라를 지켜나가면서 희망이 없는 듯 보였다. 그러나 마침내 예수 그리스도에 의해서 완전한 모습을 드러낸 하나님의 나라는 성령의 역사 가운데서 도움을 얻으며, 그리스도의 교회 공동체가 세계사의 주역으로 드러나게 되었다. 이런 진행 과정에 강력하게 저항하는 세상의 나라들은, 하나님에 대한 믿음이 없이 오직 자신들만을 사랑하는 인본주의적인 사상에 의해서 움직이면서도, 그럴듯한 사회적 체계를 갖추고 있다. 오늘날 그 대표적인 세력들은 무신론자들과 사회주의 공산 혁명으로 세워져 독재 권력에 의해서 다스려지는 나라들이다.

구약 시대에는 이스라엘의 왕국 형태로 특수한 하나님의 나라가 구원의 역사를 진행했다. 아담은 하나님의 영광을 반영하는 제사장이자 왕으로서 만물을 다스렸지만, 영적인 미혹에 걸려서 넘어졌다. 그 후손들은 아벨, 에녹, 노아의 시대를 거쳐서 아브라함에게로 이어졌다. 장차 예수 그리스도로 인해서 드러나게 될 하나님의 나라는 아브라함, 족장들, 모세, 제사장들, 왕들, 대선지자들, 소선지자들에게로 이어져 내려갔다.[7] 지배권과 정복의 사명을 받았던 아담과 같은,

---

7 G. K. Beale, *The Union with Resurrected Christ*, 25-32.

메시야의 기대가 특히 이사야 53장, 다니엘 9장, 스가랴 12장 등에 명시적으로 전개되었는데, 그리스도가 장차 아담의 실패를 극복하고 이스라엘의 회복을 가져올 것이라고 전파되었다.

택한 백성들은 세상의 무기들, 즉 군대들, 돈의 위력, 동맹을 맺은 이방인들의 연합군에 맞서서 싸웠다(신 17:16). 때때로 모세 시대의 이스라엘 백성들은 때로는 자신들만을 의지하면서 하나님의 은혜를 가볍게 여기다가 패퇴했었다. 모세가 가진 무기는 하나님의 말씀에 순종하는 가운데서 나오는 것이었고, 궁극적으로 하나님을 신뢰하여야만 구원을 얻을 수 있었다. 그들이 하나님의 영광을 도모할 때에는 승리했었다. 하나님의 신실하심이 더욱 두드러지게 돋보이는 이야기가 바로 모세와 그의 백성들의 출애굽 사건이었다. 이때부터 이스라엘 민족 공동체가 수백만 명의 큰 규모로 드러났는데, 이러한 대반전과 특별한 사건들을 통해서 하나님의 문화 명령이 지속적으로 유지되었다. 하나님께서 이스라엘을 번성하도록 축복하였기에, 강한 부족 국가로 발돋움하게 되었다(출 1:7, 레 26:9, 신 7:13, 15:4,6, 신 28:11-12, 30:16).

사탄의 나라와의 싸움은 예수 그리스도가 고난을 당하는 과정에서 절정에 달했다. 사탄과 그 충복들은 유대인 대제사장을 모독하였다. 로마 제국의 하수인들은 영광의 주님을 십자가에 못 박아 죽일 때에 마치 그들이 이 전쟁에서 승리한 것처럼 보였다. 하나님의 나라가 죄와 죽음으로부터 그들을 구원해 준다는 것을 알았더라면, 죄 없으신 분을 십자가에 못 박지는 않았을 것이다. 예수 그리스도는 그들을 영원한 형벌에 처하게 하는 심판의 권세를 가지신 분이다. 예수 그리스도는 이사야의 환상에 나왔던 고난 당하는 종이었다(사 52:13-53:12).

하나님의 나라에 속한 자들의 죄를 속죄하는 분이시며, 죽음의 두려움을 이기고 승리하는 종이었다.

예수 그리스도가 십자가에 달렸을 때에, 유대 지도자들과 로마 관원들은 하나님에 대한 믿음을 조롱했다. 예수 그리스도가 매우 신중하게 하나님이 택한 백성들의 구원을 위해서 하나님의 계획을 완전하게 성취한 후에는, 하나님께서 유대의 대제사장을 조롱하셨다. 가장 거룩한 곳으로 신성되었던 지성소의 휘장이 찢어지고, 더 이상 일반 사람들과는 구별되었던 대제사장만이 누린 특권이 사라지게 만들었다. 휘장이 없어짐으로써, 대제사장의 특권을 잃고 말았다. 이제는 모든 믿는 자들이 직접 몸으로 하나님의 임재하심 가운데 거할 수 있게 되었다.

하나님께서는 로마의 권세자들도 조롱하셨다. 로마인들은 태양(Sol)과 땅의 여신(Terra Mater)을 경배했었다. 그들은 황제들의 탄생과 죽음을 하늘의 점성술과 연계시켰다. 밤하늘에 일어나는 점성술적인 변형들이 황제들의 신성화 작업에 동원되었다. 로마의 원로원에서는 신격화된 씨저의 전각을 매우 중요시했다. 그러한 생각을 갖고 살았던 로마 군대의 백부장이 예수 그리스도가 사망하자마자 태양이 어두어지고, 땅이 흔들리는 것을 목격하면서, "이 사람은 진실로 하나님의 아들이었다"고 외쳤다 (막 15:39).

예수 그리스도가 속죄의 제물로 자신의 목숨을 바친 후에, 더 이상 사악한 자들의 손이 그리스도의 몸에 손을 대지 못하게 하였다. 시편 기자는 "그는 그의 모든 뼈들이 보호를 받을 것이요, 그 하나라도 꺽지 못할 것이다"(시 34:20)고 서술한 바 있었다. 이사야의 예언처럼, 고난당한 종의 몸이 보호를 받았다. 또 이사야의 예언대로, 죽음에서 일어나서 승천하시어 영화로운 지위에 올라가셨다(사 52:13). 봉인된 무덤을 떨치고 나온 그리스도의 부활은 사탄의 왕국에 속한 죽음과 파멸을 이기고 승리하신 사건이다.

3. 구속 역사의 파노라마

"당신의 나라가 임하시오며"(눅 11:2-3)라고 특별한 왕국을 위해서 기도하라고 예수님이 가르치셨다. 이 구절을 통해서 우리는 두 가지 사항들을 파악할 수 있다.

첫째, 하나님의 나라는 이 땅 위에서 전개되는, 장소와 시간이 관련성을 갖는, 역사적인 차원이 있다. 세상의 창조에서부터 지금까지의 모든 일이 최종적으로 절정에 도달하는 마지막 날이 다가온다는 것이다.

둘째, 하나님의 나라가 종말론적인 실재로 임하게 되는데, 여기에는 법적인 차원이 담겨 있다. 즉, 이 왕국 안에서 하나님은 심판의 권한을 공평하고 정의롭게 행사하신다. 하나님은 모든 분야에서 지배권의 최종 권위를 갖고 만물을 다스리신다.

예수님의 선포하신 하나님의 나라 안에서, 주님은 모든 인간에 대한 지배권을 행사하신다. "당신의 뜻이 하늘에서 이뤄지듯이, 나라가 이 땅 위에 임하시옵소서. 오늘 우리들에게 일용할 양식을 주시옵소서"(마 6:10-11)라고 기도해야만 하는 것이다. 주님이 가르쳐 주신 기도문은 교회에게 미래를 향한 희망을 갖도록 이끌어 준다. 교회는 하나님의 특별한 왕국으로서, 그에게 보호하심을 탄원하여서 결국 영광스러운 승리를 지속해 나가는 것이다.

셋째, 하나님의 나라는 구속사의 전개 과정에서 펼쳐졌다.

구속의 역사(redemptive history, *historia salutis*)는 아담의 타락에서부터 예수 그리스도의 재림에 이르기까지, 전체 역사를 통해서 하나님이 자기 백성들을 구원하시는 것을 의미한다.[8] 따라서 구속사는, 세속적인 역사 또는 일반 역사에 대조되는 것으로, 하나님께서 역사의 다양한 단계들 속에서 그리스도가 오기까지 어떻게 자기 백성들을 구원하셨는가를 밝혀내는 것이다. 우리들의 구원에 대한 시간적인 연표를 제시하는 것이다. 즉, 창조, 타락, 홍수, 족장 시대, 출애굽과 가나안 정복, 단일 군주 국가, 예언, 포로기, 귀환, 그리스도의 성육신, 십자가에 죽으심, 부활과 승천, 재림 등의 단계들로 구성된다.

구약 성경에 담겨진 전체 이야기들을 살펴보면, 이스라엘 사람들은 민족적인 정체성과 구원 역사를 경험하면서 하나님의 택함을 받은 백성들로 규정을 하였다. 그들은 매우 중요한 사건들로 구성된 하나님 나라의 전개 과정을 통해서 살아나갔다.

각 사건들과 중요한 시기마다 믿음의 위기가 있었다. 개인이나 국가적으로나 역사적으로 중요한 순간들마다 신앙의 삶을 포기했던 그들이 스스로 몰입했던 이념들과의 충돌이 일어났었다. 신앙의 위기가 초래된 것은 소수의 집단에 의한 것이든지, 혹은 지도자 개인이든지, 과거에 있었던 것들을 재해석하면서 공동체의 이념을 왜곡된 방향으로 재편성하여 몰입했기에 벌어진 사건들이었다.

---

8 G. K. Beale, *A New Testament Biblical Theology:* The Unfolding of the Old Testament in the New (Grand Rapids: Baker, 2011), 174.

여호와 하나님은 이스라엘의 역사 속에서 주도적으로 믿음을 가진 사람들을 통해서 자신의 나라를 지켜나갔다. 아담과 이브, 노아, 아브라함, 모세와 여호수아, 다윗, 엘리야, 엘리사, 에스라, 느헤미야 등은 구원 역사 속에서 믿음을 대변하는 하나님 나라의 건설자들이었다.

하나님의 모든 사역을 포괄적으로 제시하는 하나님의 나라는 복합적이요, 많은 차원들이 내재해 있다. 우주적인 나라 속에서 특수한 이스라엘, 즉 선민의 나라를 통해서 구약 성경의 시대에 계시되어졌다. 하나님은 최고의 권위와 통치와 임재를 통해서 우주 만물을 창조하셨고, 아브라함에게 주신 언약을 통해서 장차 하나의 민족 국가로서 이스라엘에 복을 내려주시고 구원하셨다.

우리가 하나님과 그의 나라가 어떠한가를 파악함에 있어서 모든 것을 다 이해할 수 없다는 점을 인식해야만 한다. 그리고 적어도 성경에 계시된 하나님 나라에 관련한 사항들 중에서 어느 것이라도 파악하고자 한다면, 구속사의 흐름을 통해서 제시되어온 여러 측면들에 주목해야만 한다. 무엇보다도 절대적인 주권을 갖고서 인류 역사를 주도하시는 하나님의 초월적인 존재와 속성들을 이해해야만 한다.

스스로 존재하시는 하나님은 그 무엇에 의존하지 않으시는 분이시다. 스스로 충족하시며, 독립적으로 자존하는 분이시다(출 3:15). 알파요 오메가이며, 처음이요 나중이며, 어제나 오늘이나 영원토록 존재하시는 분이시다. 아브라함이 있기 이전부터, 세상의 모든 만물들이 창조되기 이전부터 영원토록 존재하는 분이시다(요 1:1, 8:58). 하나님의 나라 속에서 일어난 모든 사건들이나, 쓰임을 받았던 모든 사람이

나 그 무엇이든지, 스스로 존재하는 것은 없었다.

> "깊도다 하나님의 지혜와 지식의 풍성함이여, 그의 판단은 헤아리지 못할 것이며 그의 길은 찾지 못할 것이로다 누가 주의 마음을 알았느냐 누가 그의 모사가 되었느냐 누가 주께 먼저 드려서 갚으심을 받겠느냐 이는 만물이 주에게서 나오고 주로 말미암고 주에게로 돌아감이라 그에게 영광이 세세에 있을지어다 아멘"(롬 11:33-36).

인생들은 하나님의 생각과 뜻을 다 파악할 수 없다.

> "하늘이 땅보다 높은 것 같이, 그의 길과 그의 생각은 우리들의 생각보다는 너무나 높다"(사 55:9).

구약 시대에도 주님의 택하신 백성들은 하나님께 충실하고 언약을 지키도록 이끌어주는 지도자를 애타게 갈구하고 있었다. 이러한 부르짖음은 다윗의 후손으로 유다 지파에서 나오는 예수 그리스도 안에서 응답되었다. 구원자이신 예수 그리스도 안에서 나타날 큰 은혜와 영원한 평화가 구약 시대의 사건마다 담겨져 있다. 십자가에 근거한 하나님의 자비하심이 구약 성경에서 구속사의 진행 과정과 하나님의 나라를 향한 핵심 메시지로서 반복적으로 선포되었다. 다윗이 기도를 통해서 현명한 간구를 했던 내용들의 핵심 사항이 주기도문에서 가르쳐진 하나님의 나라를 풀이한 것이다.

> "그의 이름이 영구함이여 그의 이름이 해와 같이 장구하리로다 사람들

이 그로 말미암아 복을 받으리니 모든 민족이 다 그를 복되다 하리로다 홀로 기이한 일들을 행하시는 여호와 하나님, 곧 이스라엘의 하나님을 찬송하며 그 영화로운 이름을 영원히 찬송할지어다 온 땅에 그의 영광이 충만할지어다 아멘 아멘 이새의 아들 다윗의 기도가 끝나니라"(시 72:17-20).

(1) 아브라함에게 주신 언약과 축복들

성경 안에 있는 계시의 내용들을 통해서 드러난 바를 종합할 때에, 하나님의 나라가 어떻게 운영되어오고 있는가를 우리가 몇 가지로 압축해 볼 수 있다. 처음에는 아브라함으로 인해서 천하 만민이 복을 얻었다고 알려졌는데, 이제는 주 예수 그리스도를 통해서만 하나님의 구원이 주어진다. 아브라함에게 주시는 복들은 땅과 후손의 씨로 요약되는데, 장차 오실 예수 그리스도께서 산상 보훈을 통해서 주시는 천국의 축복들이 그 안에 담겨진 실체가 된다.

하나님께서는 창세기 12장 1-3절에 요약되어 있듯이, 아브라함에게 내려주신 일곱 가지의 내용들을 약속해 주셨다. 약속의 내용들은 매우 중요하므로, 세밀하게 주목해 보아야만 한다.

가. 큰 민족을 이루고,
나. 축복을 받으며,
다. 창대케 하고,
라. 복이 되게 하며,
마. 축복하는 자에게 축복함,
바. 저주하는 자에게 저주함,

사. 모든 족속이 복을 얻는다.

하나님이 "복"을 주신다(히브리어 '바라크')는 의미는 창대함과 승리를 뜻하는 단어로서 유독히 여기 창세기에서 가장 많이 강조되어졌다. 또한 축복의 내용에는 땅과 번영만이 아니라, 그들과 함께 동거하시며 싸워주신다는 것이요, 이스라엘에 관련해서 판결하신다는 의미가 있다.

먼저는 아브라함에게 개인적으로 창대한 복을 주실 것이다. 그 다음에는 그의 후손들이 큰 민족이 될 것이다(창 12:2). 그리고 아브라함을 통해서 모든 민족에게 복을 주실 것이다. 아브라함에게 축복하는 자들은 복을 받을 것이고, 그를 저주하는 자에게는 저주를 내릴 것이다. 모든 족속이 아브라함으로 인해서 복을 얻을 것이라고 약속하셨다(창 12:3).

첫째, 개인적인 축복들

아브라함에게 주신 축복의 내용들은 첫째 개인적인 축복들인데, 땅은 세 번이나 강조되었고, 후손들에게 주시는 약속이 중심이다. 우상을 숭배하던 본토 친척 부모의 집을 떠나도록 아브라함을 따로 분리시켰다. 개인적인 축복들은 오직 아브라함 한 사람에게만 제한적으로 적용되었다. 그에게는 아내 사라와 자신의 친척들과 일꾼들이 있었지만, 하나님의 선택은 오직 아브라함에게만 제한적이었다.

둘째, 국가적인 축복들

하나님께서는 아브라함에게 거대한 민족이 될 것이라고 약속했다.

그의 후손들이 단순히 숫자만 많아지는 것이 아니라, 당대의 사건들과 방향을 결정짓는 정치적 영향력을 발휘하게 된다는 것이다. 아브라함의 후손들이 살아갈 땅은 가나안이었다. 오늘날 이스라엘과 팔레스타인과 요르단 등이다. 여호수아가 출애굽한 백성들을 이끌고 이곳에 정착했고, 국가의 법을 만들고, 정부를 세웠다. 출애굽기와 신명기에 기록된 바대로, 이 나라를 이끌어 나가는 지도력은 하나님으로부터 주어졌다.

사사들과 선지자들에 이어서, 왕들이 통치를 하면서, 이스라엘 민족 국가를 향한 하나님의 약속은 반복되고, 갱신되고, 새롭게 확성되었다. 창세기 22장에는 아브라함의 순종이 매우 중요한 요소로 기술되어져 있는데, 그의 아들 이삭을 바치라는 명령에 순종함으로써 엄청난 보상을 받았다. 아브라함과 그의 후손들을 통해서 우주적인 축복들을 내려 주실 것이라고 약속했다.

셋째, 우주적인 축복들

아브라함에게 주신 축복들은 그 대상과 지평이 "모든 민족들"로 넓어졌다. 아브라함을 축복하는 자는 축복을 받고, 저주하는 자는 저주를 받는다.

> "너를 축복하는 자에게는 내가 복을 내리고 너를 저주하는 자에게는 내가 저주하리니"(창 12:3).

이 본문에서 매우 중요한 것을 놓쳐서는 안 된다. 아브라함에게 축복하느냐의 여부로 하나님이 내리시는 축복이 달라진다는 사실이다. 하나님께서 판결을 내리는 기준은 매우 단순하게도 아브라함을 대하는 태도에 따라서 판결을 내리신다. 아브라함과 그의 후손은 하나님으로부터 오는 축복의 중보자 역할을 하게 된다는 것이다. 아브라함은 하나님으로부터 받게 될 축복과 저주를 판가름하는 중보자의 위치에 있었다. 아브라함은 주 예수 그리스도를 통한 축복의 예표이자, 표상이요, 그림자였다. 그로 인해서, 이 땅 위에 있는 모든 사람들에게로 확산되었고, 모든 세대와 모든 시대에 이루어졌다. 아브라함은 축복의 통로가 되든지, 아니면 저주의 대상이 되는지를 갈라놓는 결정적인 위치에 있었다.

전체적으로 아브라함에게 주신 언약의 축복들은 예수 그리스도를 통해서 보다 더 풍성하고 정확하고 폭넓게 드러났다.[9] 아브라함에게 저주를 한 자들이 모두 다 저주를 피할 수 없었듯이, 주 예수 그리스도와 그의 교회를 경멸하고 모욕하는 자들에게는 저주가 내린다. 누구든지 예수 그리스도를 영접하는 자는 그를 보내신 하나님을 영접하는 자이다(마 10:40). 누구든지 예수 그리스도의 이름으로 세례를 받는 자가 바로 아브라함의 후손이다(갈 3:29).

> "영접하는 자 곧 그 이름을 믿는 자들에게는 하나님의 자녀가 되는 권세를 주셨다"(요 1:12).

따라서 참된 하나님의 백성을 판가름하는 것은 예수 그리스도를 영접하느냐에 달려있는 것이다. 이제는 더 이상 아브라함의 후손에

9　B. Waltke, *An Old Testament Theology* (Grand Rapids: Zondervan, 2007), 321-32.

속하는 혈통이나, 지파가 결정짓는 것이 아니다. 과거에는 유대인이나 이스라엘의 우월함이 있었으나, 지금은 모두 다 사라지고 말았다. 이제 참이스라엘은 인종적으로 이스라엘의 후손들 가운데서 남은 자들과 족장들의 거룩한 뿌리에 접붙혀진 이방인들로 구성된다(롬 11:24).

아브라함은 오실 예수 그리스도의 사역을 미리 보여준 믿음의 조상이었다. 그러나 예수님은 아브라함보다 더 탁월하신 중보자이시다. 예수 그리스도는 "아브라함이 나기 전부터 계신 분이시다"(요 8:58). 알파요 오메가이신 주 예수 그리스도는 이 땅 위에 사는 모든 사람들에게 하나님의 축복을 베풀어 주시기를 소망했고, 이를 위해서 기도하셨다.

축복의 내용 면에서도, 아브라함이 받은 복과 예수 그리스도 안에서 주어지는 혜택들은 차이가 크다. 아브라함은 미래 세대에까지 이르는 안전과 번영과 승리에 대한 약속을 받았고, 하나님과의 관계성을 맺으므로서 구속함을 얻는다는 축복을 받았다. 일반적으로 구약성경의 시대에는 하나님의 축복은 주로 물질적인 것들과 땅 위에 있는 것들을 주된 내용으로 삼고 있다. 그러나 신약 시대에는 축복의 내용이 훨씬 더 본질적이며, 영적인 혜택을 풍성하게 받는다. 예수 그리스도를 믿는 자들에게는 이 땅 위에서의 축복만이 아니라, 영원한 생명과 하늘의 축복들이 주어진다. 예수 그리스도는 승천하면서 제자들에게 손을 들어 축복하셨다(눅 24:50-51). 사도 바울은 예수 그리스도만이 보배라고 확신했다. 그는 주 예수 그리스도를 아는 고상한 지식으로 만족했으며, 다른 모든 것들은 배설물로 여겼다.

고린도전서 1장 30절에 의하면, 하늘로부터 오신 예수 그리스도는 지혜, 의로움, 성화, 구속함을 주셨다. 신약 성경 전체를 살펴보면, 보다 확실하게 예수 그리스도가 담당하는 중보자의 사역으로부터 주어지는 혜택들과 축복들이 서술되어 있다. 예수님으로부터 받는 축복의 내용들은 그와의 연합을 통해서 성도들에게 주어지는 풍성한 혜택들이 많다; "중생, 의로움, 지혜, 칭의, 영화, 하나님의 자녀됨, 하나님의 형상 회복, 성령의 강림과 내주하심, 교회의 지체됨과 사역, 구속, 부활, 고난, 성화" 등이다.[10]

(2) 출애굽 사건

하나님의 나라는 사탄의 나라와 대립하면서 진행되고 있다. 두 진영의 전쟁은 엄청난 대가를 치르고 있다. 일시적이지만, 의인들의 죽음은 피할 수 없다. 그러나 사악한 자들에게는 영원한 형벌이 주어질 것이다. 인류 역사 속에는 이런 전쟁들이 지속되어가고 있는데, 궁극적으로는 하나님을 영화롭게 할 것이다.

첫째, 스스로 존재하시는 분

출애굽 사건을 준비시키면서 가장 먼저 하나님께서는 자신의 이름을 처음으로 모세에게 알려주셨다. 그 이전에는 "내가 아브라함과 이삭과 야곱에게 전능의 하나님으로 나타났으나 나의 이름을 여호와로는 그들에게 알리지 아니하였다"(출 6:3).

모세를 떨기나무 불꽃 가운데서 불러내신 출애굽을 통해서 자기 백성들을 구출해 낼 것을 지시하였다. 그때 모세는 바로의 궁전에서

---

10 G. K. Beale, "The Reality and Benefits of Christ's Life, Death, and Resurrection," in *Union with the Resurrected Christ*, 101.

나와서 들에서 양을 치던 목동이었다. 그에게는 당대 세상의 최고의 강자로 군림하던 이집트의 바로 왕을 꺾고, 이스라엘 백성들을 이끌어낼 능력은 전혀 없었다. 모세는 "당신의 이름이 무엇입니까?"라고 물었다. 모세가 이런 질문을 제기한 것은 하나님의 이름의 의미심장함, 즉 그의 이름으로부터 주어지는 확신을 얻고자 했던 것이다. 모세는 자신에게 주어진 사명을 성공적으로 완수하고자 확신을 얻고 싶었으며, 동시에 이스라엘 백성들에게 알려주어야 할 이름을 알고자 했던 것이다.

출애굽기 3장 14-15절에서, 하나님께서는 "나는 스스로 있는 자"(I am who I am)라는 "야훼"(Yahweh) 혹은 영어로는 "여호와"(Jehovah)라는 이름을 알려주셨다. 하나님께서 알려주신 이름의 뜻에는 영원하신 분이요, 모든 만물보다 먼저 스스로 존재하는 분이요, 그와 비슷한 존재는 전혀 없다. 하나님은 우주를 통치하시는 분이시며, 역사 속에서 그분이 존재하심을 알 수 있다.

그러나 바로는 마음이 강퍅해져서, 모세가 선포하는 하나님의 뜻을 거역했다. 바로는 사탄이 지배하는 우주적인 나라의 일부분으로서 살아가고 있었기에, 결코 순수하게 하나님의 명령에 따르지 않았다(출 6:7, 11:7, 16:6). 바로는 사탄의 통치를 받는 어두움의 나라에 속했기 때문이다. 출애굽을 하도록 만든 동기는 "내가 바로와 그 군대로 말미암아 영광을 얻어 애굽 사람들이 나를 여호와인줄 알게 하리라"(출 14:4). 하나님께서는 위대하신 사건을 통해서 자신의 이름에 영광을 돌리도록 하셨다. 모든 나라들 가운데서 하나님을 증거하도록 함에 있어서, 일시적이나마 택한 백성들이 고난을 당해야만 했었다. 때때로 위대한 영광은 임시적인 고난들을 수반하기도 한다.

현재 우리는 죄악이 가득하고, 찢겨진 세상 속에서 살아가고 있다 하더라도, 마지막 날에는 하나님께서 모든 악을 무찌르시고 궁극적으로 승리하실 것임을 이미 보여주셨다는 사실을 이해해야만 한다. 이 승리는 하나님의 정체성의 일부분이다. 하나님은 자신의 이름에 합당한 영광을 가져오는 분이시다.

하나님께서 "여호와이심을 알찌어다"는 구절이 강조되었는데(출 15:3), 여호와라는 이름에는 강력한 만군의 여호와로서 애굽을 일격에 무너뜨리는 용사라는 수식어가 첨가되었다.

> "내가 아브라함과 이삭과 야곱에게 주기로 맹세한 땅으로 너희를 인도하고 그 땅을 너희에게 주어 기업을 삼게 하리라 나는 여호와라 하셨다 하라"(출 6:8).

이스라엘의 역사가 파국으로 치닫게 되었을 때에, 만군의 용사이신 여호와께서 자기 백성을 위하여 싸웠다. 여호와의 이름을 조롱하는 이방인들에게 알리시고자, 불의한 자들에게 징계를 내리셨다. 하나님의 선지자 에스겔은 말씀의 검을 사용하여 여호와의 이름에 영광을 돌리게 될 것을 예언하였다.

신명기서의 전체 내용을 압축해 보면, 여호와는 의롭고, 정당하며, 도덕적인 자신의 성품을 더욱더 많이 계시하였다.

> "너희의 하나님 여호와는 신 가운데 신이시며 주 가운데 주시오, 크고 능하시며 두려우신 하나님이시라 사람을 외모로 보지 아니하시며 뇌물을 받지 아니하시고 고아와 과부를 위하여 정의를 행하시며 나그네를

> 사랑하여 그에게 떡과 옷을 주시나니 … 네 하나님 여호와를 경외하며 그를 섬기며 그에게 의지하고 그의 이름으로 맹세하라 그는 네 찬송이시오 네 하나님이시라 네 눈으로 본 이같이 크고 두려운 일을 너를 위하여 행하셨느니라"(신 10:17-21).

이처럼 구약 성경의 이야기들은 보편적인 나라 속에 하나님의 특별한 나라가 침입한 것임을 보여준다. 대적자들은 매우 도전적이며, 정치적인 권세를 갖고 있었지만, 하나님께서는 출애굽과 같은 구원 사건들을 통해서 자신의 이름과 성품을 모든 사람들에게 알게 하셨다.

둘째, 평화주의

아브라함으로부터 번성해 나간 족장들의 시대에는 하나님의 명령을 수행하면서 거대한 나라를 성취해 나가면서, 평화를 도모했다. 창세기 12장부터 26장까지에 기록된 족장들의 자취를 살펴보면, 그들에게는 정치적인 권세도 없었고, 군대의 힘도 없었으며, 거룩한 전쟁을 수행하라는 하나님의 명령도 없었다. 하나님이 약속하신 땅을 쟁취하기 위해서도 싸움을 하지 않았다. 오히려 창세기 13장에 기록된 바, 아브라함은 조카 롯에게 좋은 땅을 먼저 선택하라고 양보를 했다. 이삭은 우물을 직접 팠다. 그는 합당한 권리를 주장하던 블레셋 사람들과 우물을 놓고서 다툼을 벌이지 않았다(창 26장). 야곱은 자신의 자녀들에게 히위 족속에게 보복하지 말라고 촉구했다(창 34:30). 레위와 시므온이 누이 디나를 범한 자들에게 복수하려 했을 때에 오히려 이를 거부했었다. 그러나 극히 예외적으로 명예를 짓밟힌 디나와 부족을 위해서, 레위와 시므온은 철저히 응징을 했다(창 34:27).

전체적으로 족장들은 칼로 사람들을 죽이고 거대한 나라를 세우는 것이 아니라는 점을 철저히 인식했다. 하나님의 약속에 따라서 신뢰하게 될 때에, 땅과 민족의 번성을 모두 다 주실 것이라고 믿음으로 기대하였다. 미래에 대한 영적인 희망을 품고서, 하나님의 말씀에 의지하여 선하게 이루실 것을 기대했다. 마침내 여호수아의 시대에 가나안 복지에 입성함으로써, 아브라함에게 주셨던 하나님의 약속이 성취되었다.

(3) 거룩한 전쟁: 하나님의 백성들이 싸워온 궤적

성경은 결론적으로 "하나님의 나라가 임한다"고 선포하는 책이다. 그 나라의 도래에 대해서 계속해서 반복적으로 선포되는데, 특히 출애굽 사건에서 드러나듯이, 거룩한 전쟁을 수반한다. 하나님의 나라가 진행되어 온 역사를 통해서 거룩한 전쟁이 변화되기도 하고, 발전되어 나갔다. 처음에는 하나님 나라가 복합적이었다. 우주적인 나라 속에는 거룩한 하나님과의 충돌이 점차 드러났다. 특별한 하나님의 나라는 언약 관계 속에서 지속적으로 성숙화되었다. 하나님의 목적을 이루기 위해서 궁극적으로 모든 나라들을 통치하신다.

구속사 속에서 드러난 하나님의 나라는 약속의 성취를 실현하는 구도를 갖고 있다. 하나님께서 말씀하신 바와 같이, 여인의 후손이 사탄의 머리를 부술 것이다(창 3:15). 이 약속이 점차 구체적으로 진행되면서, 아담의 씨로 번성한 후손들이 드러났다. 가인이 아니라 셋을 통해서 계승되었고, 가나안이 아니라 셈을 통해서, 나홀이 아니라 아브라함을 통해서, 이스마엘이 아니라 이삭을 통해서, 에서가 아니라

야곱(이스라엘)을 통해서 계승되었다.

이스라엘의 지도자는 요셉의 후손이 아니라, 유다의 후손으로 오셨다. 그리고 다윗의 가문에서 나왔고, 마침내 예수 그리스도가 오셨다. 구약 성경에 선포된 약속된 씨앗의 후손들은 오직 예수 그리스도를 통해서 새로운 세대들에게 알려졌다. 교회는 예수 그리스도의 이름으로 세례를 받으며, 기도한다(행 2:38). 아담의 씨앗으로 살아가는 자들은 사탄에게서 벗어나서 교회 안에서 최종적으로 발견된다(롬 16:20).

출애굽 사건에서는 하나님께서 영광스러운 용사요 왕으로 등장한다. 하나님의 모습이 이렇게 급진적으로 변화된 것은 "나는 스스로 있는 자"라고 하는 이름을 알려주시는 가운데서 새로운 세대의 사역이 일어날 것임을 제시하였다. 특히 바로 왕에게 생동감 넘치는 권능을 드러내셨다. 만일 모세가 자신의 힘으로 이스라엘 백성들의 자유를 추구했더라면, 하나님께서는 조용히 그냥 계셨을 것이다. 그러나 모세는 이미 자신의 힘으로는 불가능하다는 것을 철저히 깨닫고 광야에 피신을 갔다. 그곳에서 하나님이 그를 불러내셨고, 구원의 도구가 되라고 하는 사명을 주셨다. 하나님께서는 이름을 알려주시고, 창검이 아니라 지팡이를 들고 가서 바로와 싸우도록 선지자로 만드셨다.

바로 왕을 제압하고 출애굽에 성공한 것은 오직 여호와 하나님의 승리였다. 홍해를 마른 육지같이 건넜으며, 뒤에 쫓아오는 애굽의 군마들을 물 속에서 전멸시켰다.

"여호와께서 너희를 위하여 싸우시리니, 너희는 가만히 있을지니라"(출 14:14).

하나님은 무기를 들고 이스라엘을 위해서 싸우신 것이 아니라, 사람들의 무기보다 더 초월적이며, 더 강력한 말씀으로 자기 백성들을 위해서 싸웠다.

하나님 나라의 거룩한 전쟁이 새로운 단계로 접어들었다.

직접적으로 무기를 들고 싸움을 하게 된 것이다. 출애굽 후에 한달이 지나갈 무렵에 르비딤에 이르렀을 때였다. 아말렉 족속들이 공격을 해 왔는데, 그때에도 모세가 그냥 잠잠히 있으라고 명령한 것은 아니다. 여호수와를 비롯한 젊은 이들에게 무기를 가지고 나가서 싸우라고 명령했다. 모세는 지팡이를 들고 높은 곳에 올라가서 이스라엘 군대를 향해서 축복하였다.

이런 행동과 함께, 하나님께서는 이스라엘의 칼은 하나님의 정의로움에만 의존해야 한다고 강조했다. 이스라엘은 무기에 의존하지 않고, 여호와 하나님에게만 의존해야 한다(시 149:6-9).

(4) 거룩한 전쟁에 관한 신명기의 지시들

신명기에는 이스라엘 백성들이 가나안 부족들과의 거룩한 전쟁을 수행해야만 하는 정당성에 대해서 명백하게 밝히고 있다.

> "네가 가서 그 땅을 차지함은 네 공의로 말미암음도 아니며 네 마음이 정직함으로 말미암음도 아니요 이 민족들이 악함으로 말미암아 네 하나님 여호와께서 그들을 네 앞에서 쫓아내심이라"(신 9:5).

이스라엘의 군대가 요단강을 넘어서 주둔하게 되자, 여호와 하나님께서는 가나안 족속들을 향한 은혜의 시간이 끝났고, 여호수아의 칼이 당도했다고 말씀했다. 가나안 사람들의 불의함이 극심해서 심판의 열매를 먹어야 할 때가 도래한 것이다(창 15:16, 레 18:24-30).

모세는 장차 이스라엘의 군대를 지휘하는 왕이 세워질 것이라고 예언했다(신 17:14-20). 그러나 미래의 왕이 군대의 힘을 오용할 우려에 대해서 경고했다. 병마를 많이 두지 말 것이요, 아내를 많이 두지도 말 것이며, 은금을 쌓으려 하지도 말라고 명령했다. 모든 세상의 왕들은 군사적인 힘을 기르고자 하고, 외교적으로 혼인 동맹을 맺어서 아내가 많았으며, 세금을 징수하여 국가적인 힘을 강하게 하려고 했다. 하지만 하나님의 나라를 다스리는 이상적인 왕은 자신의 모든 한계를 인정하고 하나님을 의지하도록 촉구한다.

(5) 사사 시대의 통치

여호와 하나님께서는 사사들이 수행하는 거룩한 전쟁을 통해서 자신의 대적들을 심판하시고, 또한 자기 백성들로 하여금 믿음의 선한 싸움을 경주하도록 훈련시켰다(사 3:1-4). 신명기에서는 미래의 왕이 권세를 크게 하려고 해서는 안 된다고 경고했다. 아굴의 잠언에서는 다스리는 자는 겸손한 왕으로서, 모든 참된 진리 앞에서 두려워하면서 살아가도록 가르쳤다(잠 30:7-9).

여호수아서는 맹세한 땅에 들어가서 행하는 일들에 대한 기록들로서, 모든 신명기서의 지침들을 실천하는 내용들이다. 이스라엘 사람들은 가나안 원주민들에게 무자비한 대량 학살을 하거나, 인종 청소를 하지 않았다. 라합과 그녀의 가족들은 여호와 하나님께 신실한 자들로서 구원을 얻었다(수 6장). 할례를 받은 이스라엘 사람이지만, 아간은 여호와 하나님께 불신을 하였기에 죽임을 당했다(수 7장).

모든 전쟁마다 여호와 하나님께서는 사사들에게 장수로서 지휘할 지혜와 담력과 힘을 불어넣어서, 숫자에 관계없이 용감하게 승리하도록 하였다. 모세와 여호수아에게 하신 것처럼, 하나님께서는 지진과 해일로 이스라엘의 원수들을 멸망시켰다. 여호와는 폭우를 사용하기도 했다(삿 5장). 기드온은 단지 삼백 명으로 싸워서 승리케 했다(삿 7:1-8). 더욱이 하나님께서는 적군들의 심리 상태를 낙담케 하였다.

하나님의 나라가 항상 승리하고, 악한 세력을 진압했지만, 그렇지 않은 경우도 있었다. 이스라엘 자손이 여호와의 목전에서 악을 행할 때에는 미디안의 손에 칠 년 동안 패배를 맛보게 하였다(삿 6:6). 이스라엘은 전적으로 하나님을 신뢰하고, 신실하게 살아가도록 촉구를 받았다. 이스라엘은 상설된 군대 편재가 없었고, 평소에는 목축업과 농업 등 가업에 종사하다가, 유사시에만 각 부족에서 군대를 소집하였다. 드보라의 찬양은 이러한 임시 자원 부대들의 활동을 기록했다(삿 5:13-18).

(6) 통합 왕국 시대와 선지자들(주전 1050-925년)

사무엘과 선지자들은 "만군의 여호와"(Sebaot)라는 이름을 사용했다. 이스라엘에 왕권을 제정할 때에 사용되었는데, 하나님께서는 특수한 지휘관이라는 의미를 넘어서서, 모든 대적자들과 그들의 왕국에 대해서도 통치자라는 뜻이다. 하나님께서는 우주적인 나라를 통치하시는 왕이시기에, 특수한 민족 공동체의 왕을 넘어서는 이름으로 알려주신 것은 전혀 놀라운 일이 아니다.

사실 단일 군주 국가 체제는 복합적인 축복으로 드러났다. 군주 한 사람의 통치자가 군대를 동원해서 국가를 효과적으로 보호한다는 장점이 있다. 그러나 그 사람이 여호와 하나님을 거부하게 되면, 군사적 효율성이나 정치적인 안정성 자체가 큰 문제로 대두될 수 있다. 인간 왕들은 임시적으로 신적인 역할을 수행하면서도 마치 자신이 신이 되었다는 착각을 하기도 했다. 그래서 인간 왕들은 자신들의 업적을 높이려고만 했다. 사무엘을 비롯하여 선지자들이 전하는 하나님의 음성을 거역하는 왕들은 폐위를 당하고 말았다. 사무엘이 기름을 부었던 사울을 버리시고, 나단 선지자를 통해서 다윗을 택하신 것이다.

사무엘과 같이 참된 선지자들은 왕들에게 나가서 오직 여호와 하나님의 계명들과 언약에 복종하라고 설득했다. 출애굽에서부터 시작된 거룩한 전쟁이 이스라엘 왕궁에서도 계속되었다.

왕과 선지자 사이의 합당한 관계는 예수 그리스도와 세례 요한 사이에서 드러났다. 예수님은 선지자들 중에서 가장 위대한 사람 세례 요한에게 세례를 받으셨다. 세례 요한이 예수님에게 세례를 베풀게 되면서, 예수님은 왕들 중에서도 가장 위대하신 메시야로 구별되는 기름 부음을 받으셨다.

여호수아는 이스라엘이 하나님의 편에 서지 않으면, 하나님께서도 이스라엘의 편이 되어 주지 않으리라고 경고했다(수 5:13-14). 여호와 하나님은 첫 번째 왕 사울이 하나님을 배반하자, 그를 버렸다. 하나님께서는 만왕의 왕이시며, 근동 지방에 퍼져 있던 모든 신들 중에서 가장 높으신 통치자임을 선포케 하였다. 사울과 다윗과 솔로몬으로 이어지는 왕정 체제의 역사는 이스라엘의 유일한 통치자는 하나님이라는 것을 보여준다. 사무엘서와 열왕기서에서, 하나님의 백성들은 습관적으로 다른 신들에게 눈을 돌리는데, 하나님은 열방의 신들과 대조되는 분이심을 제시하였다.[11] 여러 편의 다윗의 시를 통해서, 영광스러운 왕의 통치와 나라가 알려졌다(시 8:5-8).

> "그가 바다에서부터 바다까지와 강에서부터 땅 끝까지 다스리니... 사람들이 그로 인하여 복을 받으리니, 열방이 다 그를 복되도다 하리로다. 그 영화로운 이름을 영원히 찬송하지어다 온 땅에 그 영광이 충만할찌어다"(시 72:8, 17, 19).

(7) 분열된 왕국의 초기 역사(주전 925년- 586년)

유다와 이스라엘로 분열된 왕국을 향해서 가장 중심적인 메시지는 여호와 하나님이 통치자이심을 인정하라는 것이었다. 솔로몬의 아들 르호보암이 국왕의 자리를 계승했지만, 만국의 여호와께서는 왕들의 폭정과 우상 숭배를 마냥 방치해 둘 수 없었다. 엘리야와 엘리사와 같은 하나님의 선지자들이 일어나서 영적인 순결을 선포하면서, 국왕과의 사이에 대립과 갈등이 고조되었다. 정치적인 왕국의 통치자들은 군대를 동원해서 백성들을 다스리고자 했었고, 영적인 영역을 대표하는 선지자는 도덕적인 교훈을 선포했다. 선지자들은 믿음과 열정을 가진 영웅들로서, 담대하게 권세를 가진 왕들 앞에서 외쳤다. 자신들의 생명을 잃어버리는 경우가 있었는데도 이를 감수했다. 세상의 왕들이 가진 힘이 크고 거창했지만, 선지자들과의 전쟁에서 승리할 수는 없었다. 이러한 선지자들의 선포는 국왕들이 통치하

---

11 Kevin J. Vanhoozer, *Theological Interpretation of the Old Testament* (Grand Rapids: Baker, 2005), 170.

던 나라를 지켜내기 위한 수단이었다. 심판의 설교는 두려움과 걱정으로 뒤덮혀 있던 청중들을 좌절하게 만들기도 했다. 회개를 촉구하는 열정적인 설교가 백성들에게 전파되어져서, 하나님의 사랑을 받은 영적인 신부의 위치를 재인식하도록 만들었다.

하나님께서는 다른 많은 잡신들을 숭배하지 말라고 가르쳤다. 오직 하나뿐이며 윤리적인 유일신만을 숭배하는 신앙을 가르쳤다. 우상을 거부하고 영적으로 싸워나갔던 하나님 나라의 용사들은 잠잠히 순응하지 않았다. 엘리야와 엘리사는 하나님의 선지자들로서 신실한 믿음의 삶을 잊지 말도록 선포했다.

영적인 나라와 세상의 정치적인 나라 사이에 갈등은 계속되었다. 아합 왕의 시대에도 칠천 명의 숨겨놓은 사람들이 바알 숭배를 거부했다. 아람에 살던 벤 하닷 2세 밑에서 군대 장관이던 나아만은 엘리사를 통해서 하나님으로부터 질병을 치유 받았다(왕하 5:14). 나아만의 병고침 사건은 명목상 이스라엘로 살아가던 자들을 향한 하나님의 심판을 극명하게 보여주었다.

(8) 후기 왕국과 선지자들(주전 760-586년)

아모스 선지자는 주전 760년에 "여호와의 날"에 대해서 선포하였는데, 마음이 교만하여 거역한 자들에게 닥쳐올 미래의 처절한 심판 날에 관한 것이었다.

"화 있을진저 여호와의 날을 사모하는 자여
너희가 어찌하여 여호와의 날을 사모하느냐
그 날은 어둠이요 빛이 아니라 ...

> 여호와의 날은 빛 없는 어둠이 아니며
> 빛남이 없는 캄캄함이 아니냐"(암 5:18, 20).

아모스 선지자 시대에 이스라엘의 부패한 관원들, 부정한 제사장들, 거짓 선지자들에게는 그들의 오만과 게으름에 상응하는 처참한 형벌이 내려졌다. 그들은 겉으로는 사치하고 낭비할 정도로 과도한 탐욕적 생활을 즐겼고, 속으로는 하나님을 멸시하였다. 따라서 아브라함의 축복을 누리는 후손들로 살아가고 있었으나, 실상은 여호와 하나님의 대적자들이었다. 이들은 겉으로만 하나님 백성의 모습을 갖고 있었을 뿐이었다. 그래서 얼핏 표면상으로는 구별이 되지 않았지만, 그 땅의 신실한 남은 자들과는 전혀 달랐다. 참된 하나님의 백성들은 당시 민족적으로 유행하던 우상들을 거부하고, 오직 하나님의 영광만을 추구하다가 구원을 체험하였다.

미가 선지자는 주전 722년에 사마리아가 앗시리아에 의해서 멸망할 것을 예언했다. 미가는 바빌로니아에 의해서 유다가 멸망할 것도 예언했는데, 이 일은 주전 586년에 이루어졌으며, 포로들의 귀환에 대한 예언대로 539년에 일어났다. 미가는 앗시리아의 폭정 아래서 암흑의 시기를 보내는 동안에도 거듭해서 하나님의 나라가 임하게 될 소망을 촉구했다. 장차 오실 예수 그리스도의 말씀과 사역이 미가를 통해서 선포된 복음이었다.

> "끝날에 이르러는 여호와의 전의 산들이 산들의 꼭대기에 굳게 서며 작은 산들 위에 뛰어나고 민족들이 그리로 몰려갈 것이라 곧 많은 이방인들이 가며 이르기를 오라 우리가 여호와의 산에 올라가서 야곱의 하나

님의 전에 이르자 그가 그의 도를 가지고 우리에게 가르치실 것이니라 우리가 그의 길로 행하리라 하리니 이는 율법이 시온에서부터 나올 것이요 여호와의 말씀이 예루살렘에서부터 나올 것임이라 그가 많은 민족들 사이의 일을 심판하시며 먼 곳 강한 이방 사람을 판결하시리니 무리가 그 칼을 쳐서 보습을 만들고 창을 쳐서 낫을 만들 것이며 이 나라와 저 나라가 다시는 칼을 들고 서로 치지 아니하며 다시는 전쟁을 연습하지 아니하고 각 사람이 자기 포도나무 아래와 자기 무화과나무 아래에 앉을 것이라 그들을 두렵게 할 자가 없으리니 이는 만군의 여호와의 입이 이같이 말씀하셨음이라"(미 4:1-4).

주전 740년, 웃시야 왕이 죽던 해에 사역을 시작한 이사야 선지자는 에덴동산의 재현과 아브라함의 축복과 같은 위로함이 있을 것임을 선포했다. 또한 하나님의 은총 가운데서 가장 강력하고도 광대한 메시야 왕국을 예언했다.

"아브라함이 혈혈단신으로 있을 때에, 내가 부르고 그에게 복을 주어 창대케 하였느니라 대저 나 여호와가 시온을 위로하되… 그 광야로 에덴 같고 그 사막으로 여호와의 동산같게 하였나니 그 가운데 기뻐함과 즐거움과 감사함과 창화하는 소리가 있으리라"(사 51:2-3).

"홀로된 여인의 자식이 남편 있는 자의 자식보다 많음이니라, 네 장막 터를 넓히며 네 처소의 휘장을 아끼지 말고 널리 펴되 너의 줄을 길게 하며 너의 말뚝을 견고히 할찌어다 이는 내가 좌우로 펴지며 네 자손은 열방을 얻으며 황폐한 성읍들로 사람이 살 곳이 되게 할 것임이니라"(사

54:1-3).

예레미야는 눈물의 시련이 지난 후에, 조상들에게 주신 것과 같은 번성과 축복이 메시야의 나라가 임하면서 주어질 것이라고 예언했다.

"너희가 이 땅에 번성하여 많아질 때에… 내가 너희 조상에게 기업으로 준 땅에 함께 이르리라"(렘 3:16,18).

"내가 내 양 무리의 남은 자들을 그 몰려갔던 모든 지방에서 모아내어 다시 그 우리로 돌아오게 하리니 그들의 생육이 번성할 것이라"(렘 23:3).

선지자들은 믿음의 거장들이요, 열심히 하나님만을 섬기는 사람들이었다. 세속적인 왕들을 향해서 단호하게 맞섰다. 에스겔 선지자는 장차 하나님의 나라에 대한 축복을 선포했다(겔 36:9-12). 에스겔은 장차 전개될 이스라엘에 대한 심판을 선포했다(겔 10:1-2). 성전에서 성경책을 발견하고 유다의 신앙을 회복하였던 요시아 왕은 바로 느고의 진격을 막다가 므깃도에서 주전 609년에 사망하였다(왕하 23:29, 대하 35:20-25). 애굽에 충성하려는 유다 왕국에 대해서, 하나님께서는 보호하시는 대신에 멸망을 선포하시고, 계획대로 시행되도록 감독하셨다. 하나님께서 유다의 예루살렘만이 아니라, 주변의 방대한 나라들, 이집트, 메소포타미아의 바벨론 왕국에 대해서까지도 통치하시고 있음을 선포하였다.

나훔은 앗시리아의 미래를 예언하면서도, 이스라엘의 청중들을 향해 선포하였다.[12] 주전 597년에 여호야긴은 왕위를 박탈당하고, 바벨로니아의 느부갓네살은 에스겔을 포함한 상류층과 왕가의 사람들과 많은 포로들을 잡아갔다(겔 2:3-8). 에스겔은 바벨론 제국의 절정기와 주변 국가들의 몰락에 대해서 하나님의 말씀을 선포했다. 이스라엘을 향해서는 소망, 회복, 자비, 은혜 등을 선포했다(겔 33-48장).

다니엘에게는 환상을 통해서 인자가 오실 것이요, 통치하실 것이라고 알려주셨다. 인자의 통치는 짐승들을 대체할 것이다(단 7:13,14). 호세아는 이스라엘의 번성을 예언하였다(호 1:10).

하나님의 나라는 하나님의 뜻이 하늘에서 이뤄진 것과 같이, 이 땅 위에서도 이뤄지게 되도록 전달되었다. 이 땅 위에서 진행된 구원의 역사는 인류가 하나님께 나아가는 과정이었다. 구약 성경에서는 하나님께서 이스라엘 백성들을 사용하셨는데, 이 땅 위에서 세워진 인간들의 나라들과는 결별하는 방식으로 하나님의 나라를 드러내도록 하였다. 구약 성경에서는 하나님의 나라가 단계적으로 확실히 구별되어 나타나지는 않는다.

12　Trump Longman III, Raymond B. Dillard, *An Introduction to the Old Testament* (Grand Rapids: Zondervan, 1994), 479.

7장

새 언약 안에서 성취되는 나라

　하나님은 그의 백성들 사이에 언약 관계를 맺었다. 이스라엘 백성들을 구원하는 과정에서, 언약 백성들에 대한 하나님의 주권적 통치가 지속되었다. 하나님께서는 자기 백성들을 불러내어 언약으로 묶여진 특수한 나라를 세웠고, 무엇보다도 영광과 존귀와 감사를 그분께만 돌리도록 하였다. 또한 하나님께서는 이 특수한 나라에 속한 사람들을 통해서 자신을 드러내시고, 세상 속에서 변화를 이끌어가는 도구들로 삼으셨다. 하나님 나라의 백성들에게 고상한 임무와 높은 소명이 주어졌던 것이다. 이를 위해서 구약 성경 시대의 사람들에게는 중요한 시기마다 언약적 관계를 맺으셨고, 하나님께서 원하시는 목적을 이루고자 하였다. 하나님의 백성들이 언약을 지키지 못하고 실패할 경우에는 또다시 다른 언약으로 대체시켰다.

　최종적으로는 예수 그리스도가 오셔서 새 언약을 세우시고, 모든 믿는 자들이 궁극적으로 하나님 나라의 축복을 누리면서 하나님의 나라를 실현할 수 있는 길로 인도하셨다.

1. 새 언약과 하나님 나라의 출현

하나님의 나라가 때를 따라 펼쳐지는 전체 구속 역사의 진행 과정에서 언약은 확고한 기반이자, 결정적인 도구가 되었다. 모든 구약의 언약들은 예수 그리스도가 맺은 새 언약으로 귀결되어진다. 예수 그리스도의 새 언약이 모든 언약들을 능가하는 최고의 언약이요, 최종적인 언약이다. 구약의 모든 약속들은 새 언약에 비하면 저급하고 부족한 것들이며 그림자에 불과하다. 새 언약이야말로 언약의 최고 절정이다.[1]

이 땅 위에서 전개된 하나님의 구속 사역이 최종적인 절정에 이르렀을 때가 예수 그리스도의 십자가와 부활 사건이다. 바로 그리스도가 십자가를 향해 가는 날, 성전에서 대제사장들과 경비대장들과 장로들에게 잡히기 직전에 예수님께서 중요한 선언을 하셨다. 제자들과 마지막 만찬을 하시면서, 주님께서도 빵과 포도주를 먹으셨다.

그 밤에 주 예수 그리스도께서는 자신의 피로 맺어지는 "새 언약"의 포도주를 마시게 하였다(눅 22:1-23, 고전 11:25, 히 8:13). 그리고 다음 날 십자가에서 속죄의 제물로 죽으셨다. 모든 구약 성경의 언약들 속에 담긴 의무 조항들은 예수 그리스도의 인간적인 사역 가운데서 성취

---

1 John Murray, *The Covenant of Grace: A Biblico-Theological Study* (London: Tyndale Press, 1954), 10-12; idem, "Covenant Theology," in *Collected Writings of John Murray*, 4 vols. (Edinburgh: Banner of Truth, 1982), 4:216-40.

되었다. 구약 시대의 성도들은 언약을 통해서 하나님의 특별한 왕국에 소속된 백성들로 살아갔는데, 이교도 국가들로 둘러쌓인 가운데서 그리스도를 향해 섬기도록 만들었던 것이다.

그러나 옛날이나 지금이나 우리 모든 인간들은 하나님의 나라가 진행되고 있음에 대해서 전혀 관심이 없다. 창조주 하나님의 영광을 드러내기 위해서 그분을 기쁘시게 해 드리는 일에는 외면한다. 그러면 인간들은 과연 무엇을 위해서 살아가는가? 대부분의 세상 사람들은 오직 자신의 만족을 위해서, 자신의 성취를 자랑하고자 명예, 재물, 권세, 쾌락 등에 골몰하고 있다. 그러나 하나님의 나라에 속한 사람들에게는 존귀한 신분과 함께 매우 고상한 책무가 주어져 있다.

언약과 관련한 연구들이 많이 있지만, 안타깝게도 때를 따라 펼쳐지는 하나님의 나라를 위하여 사용된 가장 중요한 도구라는 점을 연결시키지 않는 경우가 많다. 언약은 하나님의 나라를 위한 영적인 기초이자, 가장 중요한 수단이다.

언약 관계에 주목한 개혁주의 신학자들은 큰 관점에서 하나님의 구원 역사는 하나님 자신의 작정과 섭리적인 통치 가운데 진행되고 있음에 주목하였다.[2] 하나님의 나라는 진행되고 있으며, 인류의 구원 역사는 지금도 계속된다. 우리가 어디에 있으며, 어느 곳을 향해서 가고 있는가를 알기 위해서는 오직 성경에 계시된 구속 역사의 흐름을 이해하는 길 뿐이다. 사람이나 세상이나 학문을 이해하는 것에 앞서서, 인류는 가장 먼저 계시된 하나님의 뜻을 이해하는 것이 첩경이다. 그 계시된 구원의 길에서 벗어나게 되면 혼란에 휩싸이는 것이다.

---

2 J. Mark Beach, *Christ and the Covenant: Francis Turretin's Federal Theology as a Defense of the Doctrine of Grace* (Vandenhoeck & Ruprecht, 2007), 17.

예수 그리스도를 믿는 신앙을 갖고 살아가는 성도들은 단순히 개인의 축복을 누리면서 행복에만 머무르는 것이 아니라, 계시의 역사에서 드러나는 "하나님의 크고 원대하신 뜻"(행 20:27)을 헤아리는 안목을 가져야 한다. 궁극적으로 하나님의 영광을 드러내기 위해서 필요한 그릇으로 사용되는 것이기 때문이다.

성경 전체를 관통하는 계시적 구속 역사는 지금도 흘러가고 있다. 구약과 신약 성경으로 나뉘어져 있지만, 그 속에는 연속성이 있으며 점진성이 내재해 있다. 마침내 예수 그리스도를 통해서 하나님의 나라가 이 땅에서 승리하였고, 이루어지고 있으며, 마지막 종말을 향해서 나아가고 있다. 역사적 재림이 임할 것이라는 종말사관에 입각해서 가장 위대한 세 가지 핵심 주제로 배우게 된 것이 언약, 교회, 그리고 총체적 주제가 되는 하나님의 나라이다.

2. 언약적 관계성

여호와 하나님과 그의 백성들 사이에 맺어진 언약 관계는 매우 독특하다. 다른 곳에서는 전혀 비슷한 유래를 찾아볼 수 없다. 자존하시는 여호와 하나님께서 자기 백성들과의 인격적인 관계를 맺는 것이 바로 언약이다. 여호와 하나님과 믿음의 조상들 사이에 맺어진 언약적 관계는 다른 종교에서는 전혀 찾아볼 수 없다.[3] 언약의 개념은 이스라엘 민족에게서만 특별하게 등장했다.

---

3 Moshe Weinfel, "berith," *The Theological Dictionary of the Old Testament*, ed. G. Johannes Botterweck and Helmer Ringgren, tr. John T. Willis (Grand Rapids: Eerdmans, 1975), 2:278.

성경 분문으로부터, 우리는 인간이 하나님의 형상대로 지음을 받았으며, 하나님과 아담과 이브 사이에는 친밀하고도 인격적인 상호 관계가 있었음을 발견하게 된다. 그러한 근원적인 축복이 타락으로 인해서 파괴되고 말았다.

사람이 태어날 때부터 주어진 일반 계시로부터 얻는 다양한 지식들이 있지만, 하나님을 아는 지식과는 다르다. 인간의 지식들은, 예를 들면, 물리학의 법칙이나 수학에서 공리로서 인정하는 지식들은 임시적이고, 가변적이다. 하나님을 아는 지식은 완전히 다른 차원에 속한다. 시편 기자는 하나님이 선하심을 "맛보고 알라"고 초대한다(시 34:8). 마치 요리 학원에서 실제로 현장감 있게 느끼는 것과 유사하다! 또한 예레미야 선지자는 하나님을 아는 것은 행동을 통해서 드러나는 것이라고 독자들에게 촉구했다. 하나님을 아는 것은 의롭게 살아가는 것이다(렘 22:15-16).

따라서 하나님의 계시가 사람과 자연 속에 담겨 있지만, 그러한 일반 계시로부터 얻은 지식들을 정확하게 해석하려면 특별 계시가 필요하다.[4] 죄가 인간에게 개입된 후로, 사람이 자연을 해석하는 것이 불합리하게 변질되었기 때문이다. 우리는 반드시 성경에 의하여 인도를 받아야만 하고, 성령의 조명을 통해서 빛을 받아야만, 하나님을 아는 지식과 자연, 사람 자신에 대한 참된 지식을 가질 수 있다.[5]

죄가 들어오고 난 후로, 하나님과 인간 사이에는 엄청난 간격이 벌어지고 말았다. 그러나 하나님께서는 주도적으로 인간과의 관계를

---

4   Herman Bavinck, *The Doctrine of God*, 57.
5   Cornelius Van Til, *An Introduction to Systematic Theology: Prolegomena and the Doctrines of Revelation, Scripture, and God* (Phillipsburg: P&R, 2007), 179.

연결하시고자 다리를 만들어 놓으셨다. 하나님께서는 인간에게 자신을 계시하시는 방식을 채택하였으니, 언약적 관계성을 맺도록 하신 것이다. 하나님과 피조물과의 언약적 관계가 그냥 자동적으로 형성된 것이 아니라, 필요성에 의해서 의도적으로 설정되었다는 말이다. 하나님께서는 언약을 통해 관계를 성립하도록 선정하셨다. 그러한 언약적 관계성은 오직 하나님만이 하실 수 있으시며, 영원하신 하나님의 뜻에 따라서 설립된 것이다.

하나님을 아는 지식과 관계성을 갖도록 주신 것이 '언약'이다. 창조주와 피조물 관계를 기본적인 설정으로 이해하도록 하나님이 세운 중요한 인격적 관계성이다. '언약'을 통해서 하나님은 택하신 백성과의 관계를 세워 놓으셨다. 성경에 수없이 많이 등장하는 언약이란 무엇인가를 이해하고 하나님에 대한 깊은 신앙심을 정립하게 되기를 기원한다.

언약이란 히브리어 성경에 나오는 "베리트"라는 단어를 한문으로 번역한 것이다. 구약 성경에 모두 280회 사용되었다. 이 단어를 헬라어로 번역한 70인 경에는 "디아데케" 혹은 "신테케"로 변환되었다. 히브리어 "베리트"와 헬라어 "디아데케"를 동일한 의미로 해석하는 학자들도 있지만, 이 두 단어의 정확한 의미가 무엇인가에 대해서, 학자들의 논의가 다소 차이가 있다.[6] 신약 성경에서는 히브리서에서만 17회 사용되었고, 복음서와 다른 서신들에는 모두 16회가 나온다.[7]

성경에 사용된 언약이라는 개념은 창조주와 피조물이 쌍방 간에

---

6 김재성, 『현대 개혁주의 교회론』 1권 10장, "새 언약과 교회," 677-762를 참고할 것.
7 Robert J. Cara, "Covenant in Hebrews," in *Covenant Theology: Biblical, Theological, and Historical Perspectives*, eds., Guy Prentiss Waters, J. Nicholas Reid, & John R. Muether (Wheaton: Crossway, 2020), 247.

합의를 맺었다는 의미가 담겨 있다.[8] 성경적인 믿음은 언약 관계의 구체적인 상황과 함께 시작하는 것이다. 피조물이 창조주를 향한 관계성은 임시적이고도, 언약적이다. 다시 말하면, 그냥 자연스러운 관계가 아니라, 명령과 순종을 주고 받는 관계이다.

언약적 관계는 상호 소통을 통해서 의식적인 형식을 갖추고 있다. 하나님께서 말씀하시고, 피조물이 반응을 한다. 모든 피조물들의 세계는 찬양과 감사의 합창을 통해서 마땅한 존경과 공손한 예배를 창조주께 올려야만 마땅하다. 인간은 하나님이 지으신 세계, 하나님의 영광을 드러내는 무대에서 윤리적으로 의미있는 행동을 수행하여야 한다. 하나님이 기뻐하시는 일을 도모해야만 사람의 행동에 의미가 있는 것이다.

하나님은 세상과 사람으로부터 멀리 초월하신 분이시지만, 그는 결코 따로 떨어진 곳에 거하시거나, 관심을 갖지 않은 채 그저 바라보고만 있다거나, 전혀 개입을 하지 않는 분이 아니라는 말이다. 저기 계시면서도, 직접 개입하시고, 성경과 성령을 통해서 말씀하시는 하나님이시다. 역사와 자연 만물의 존재 이유는 하나님의 영광을 드러내고자 함이다. 사람의 존재 이유도 역시 사람을 위한 것이 아니라, 구원의 드라마를 펼치시는 창조주를 위한 도구로서 의미가 있을 뿐이다.

삼위일체 하나님은 우리들을 자신의 구속적 계시 가운데서 상호 교류를 하시고자 창조하셨다. 하나님의 본질 안에서 교통을 나누는 것이 아니다. 그래서 이런 면에 있어서, 질적으로 하나님과 피조물은

---

8   Meredith G. Kline, *By Oath Consigned* (Grand Rapids: Eerdmans, 1968), 14.

서로 멀리 떨어져있으며, 큰 차이가 난다. 창세기 2장 7절에서, 하나님은 창조 가운데서 아담에게 생령을 불어넣으셔서, 살아있는 존재가 되게 하셨다. 하나님의 전능성은 선하시기에, 피조물인 인간과는 존재론적으로 그 차이가 엄청나게 크다. 더구나 아담의 타락 이후로 도덕적 차이가 드러났다.

하나님께서는 가장 중요한 시기마다 언약을 맺으시고, 자기 백성들에게 약속을 지키시며 은혜를 베푸셨다. 때로는 무조건적으로 약속하셨고, 때로는 조건을 포함시켰다. 하나님의 무조건적인 언약들은 하나님 나라의 백성들이 나가야 할 방향을 결정지었는데, "믿음과 희망"을 품고 살아가도록 충만하게 채워주셨다. 간략하게나마, 이런 특징들을 각각의 언약에서 찾아볼 수 있다. 이처럼, 모든 언약들의 핵심 내용들을 정리하면, 무조건적인 언약과 조건적인 언약으로 구별해 볼 수 있다.

아담과 이브에게 주신 약속은 하나님의 무조건적인 은혜였다. 아담과 이브가 타락한 이후에 그들에게 주신 약속에서 여인의 후손이 장차 인간의 대적자를 부숴버리게 만들 것이라고 하는 은혜로운 희망을 주셨다.[9] 인간이 죄성으로 인하여 어두워져서 하나님을 잊어버리게 되자, 언약이 제정되고 새롭게 갱신되었다. 보편적인 은총의 역할이 제기능을 하지 못하게 되었다. 하나님과 언약을 맺을 노아와 아브라함 이전부터 사람들 사이에 이미 언약이 존재하고 있었다. 하나

---

9 Robert A. Oden, Jr., "The Place of Covenant in the Religion of Israel," in *Ancient Israelite Religion; Essays in Honor of Frank Moore Cross*, ed. Patrick D. Miller Jr., Paul D. Hanson, and S. Dean McBride (Philadelphia: Fortress, 1987), 421-47.

님께서는 이 보편적인 개념을 사용하셨는데, 인간 생활에서 편리한 개념을 가지고 보다 더 깊은 것을 알게 해 주려고 하셨다.

노아에게 주신 언약은 홍수 심판 후에 베푸시는 은혜로운 약속이다. 하나님은 노아에게 무조건적으로 다시는 인류를 홍수로 심판하지 않으시겠다고 약속하셨다.

다시, 우상 숭배자들 속에서 순종하는 아브라함과 언약을 맺고 축복하셨다. 그를 조상 대대로 살아오던 갈대아 우르에서 밖으로 불러내신 후, 영원한 후손과 땅을 약속하셨다.

모세의 출애굽 역사를 주도하신 하나님께서는 율법에 기록된 명령들에 대해서 순종의 조건들을 지켜나갈 때에만, 이스라엘을 축복하신다고 선언하셨다. 다윗이 하나님을 향한 신실함을 입증하자, 영원한 집, 왕국과 왕의 보좌를 약속하셨다. 역시 다윗도 모세의 율법에 순종하여야만 다윗의 집이 영원하리라고 조건적으로 축복하셨다. 우리는 이런 조건적인 언약들을 가운데서 외부적으로 드러나는 하나님의 나라를 발견할 수 있으며, 그 안에서 특수한 백성들을 통해서 경건함과 거룩함이 점차 더 발전되어 나가고 있었음을 알 수 있다.

언약은 현대 사회에서도 일상적으로 사용되고 있는데, 다음과 같이 세 가지 영역에서 쉽게 활용되고 있다. 첫째의 사례를 들면, 우리가 배우자와 결혼을 한다는 것은 언약 관계에 들어간다고 할 수 있다. 둘째 사례로는 우리가 다양한 용도로 은행에서 장기 대출금을 받고, 법적인 책임을 서약하는 것에서도 활용되고 있다. 약속이라는 것은 채권자와 채무자 사이에 맺어지는 법적 관계를 의미하는 것이다. 신용카드라든가, 마일리지라든가 상호 신용에 근거하여 쌍방 간에 의무와 특권을 나누는 것이다.

3. 언약의 세 가지 기본 요소들

언약이라는 용어가 이처럼 중요한 시기마다 등장하고 있고, 아주 중요하게 취급되어진 것을 인식했다면, 가장 먼저 기본적인 요소들을 명확히 파악해야 한다. 성경에서 사용되는 언약이라는 단어를 단순하고 명쾌하게 정립하기 위해서, 팔머 로벗슨이 쓴 『언약들의 그리스도』를 참고하면 다음과 같다:

> "언약이란 주권적으로 시행된 피로 맺어진 결합이다. 하나님께서 사람과 언약적 관계로 들어가실 때에, 주권적으로 생명과 죽음의 결합을 제정하셨다. 주권적으로 시행되어진 언약이란 피로 묶어진 결합 혹은 생명과 죽음의 결합이다."[10]

첫째로, 언약의 가장 기본적인 요소는 당사자들 사이에 "조약", 혹은 "협약"(pact)이다. 그러나 상업적인 거래에서 맺어지는 "계약"(contract)이라고 주장하는 신학자들이 있으므로, 로벗슨 박사는 "결합" 혹은 "동맹"(bond)이라는 용어가 훨씬 더 낫다고 보았다. 1638년 스코틀랜드 청교도들이 "국가 언약과 엄숙 동맹"이라는 문서에 서명한 뒤, 주교 제도를 거부하면서 목숨을 걸고 싸웠다. "언약"이라는 말은 생명과 모든 것을 다 바쳐서 지키겠다는 "동맹"이다.

다시 말하면, 언약에는 상호 약속이 들어있고, 아주 엄숙한 의무가 동반된다.

---

10   O Palmer Robertson, *The Christ of Covenants* (Phillipsburg: P & R, 1981), 4: "A covenant is a bond in blood, or a bond of life and death, sovereignly administered."

우리는 성경에 나오는 언약들이 약속의 맹세를 포함하고 있음을 자주 보게 된다. 하나님께서는 아브라함에게 언약을 맺으면서 약속을 하셨다:

"내가 네게 큰 복을 주고 네 씨가 크게 번성하여 하늘의 별과 같고 바닷가의 모래와 같게 하리니 네 씨가 그 대적의 성문을 차지하리라"(창 22:17).

이스라엘 사람들은 모세를 통해서 하나님과의 언약을 받아들이면서 맹세의 서약을 했다:

"모세가 와서 여호와의 모든 말씀과 그의 모든 율례를 백성에게 전하매 그들이 한 소리로 응답하여 이르되 여호와께서 말씀하신 모든 것을 우리가 준행하리이다"(출 24:3).

둘째로, 하나님의 언약에는 피로 맺어진 동맹이라는 점이 가장 중요한 요소이다.

피는 무엇을 상징하는가? 구약 성경에서 속죄의 제물이 흘리는 피는 대속 제물이었다. 하나님께서는 동물의 붉은 피를 바치는 자들의 진홍 같은 죄, 먹보다 더 검은 죄를 용서해 주셨다. 그래서 구약 성경에서는 언약을 맺을 때에 피를 흘리게 하면서 언약을 "자르다"(cutting a covenant)라는 표현을 사용하였다. 하나님께서 사람과 언약을 맺을 때에 피를 레위기 3장 2절에 보면, "그 예물의 머리에 안수하고 회막 문에서 잡을 것이요 아론의 자손 제사장들은 그 피를 제단 사방에 뿌릴 것이며"라고 하였다.

직접 자신이 가져온 동물에 손을 얹어서 대속적인 피를 바치는 것이다.

성경에서 피는 무엇을 의미하는가? 하나님께서는 이스라엘 백성들에게 동물의 피를 바쳐서 진홍같이 붉은 죄를 대신해서 용서하는 방식을 알려주셨다. 동물의 피를 흘리도록 하신 것은 그저 적당히 지나가는 한차례 요식 행위가 결코 아니다. 또한 하나님과 인간과의 관계가 그저 아무렇게나 비공식적인 관계에 들어가는 것도 아니라는 점을 환기시키게 하는 요소였다. 동물 피의 제시는 죄에 대한 심각한 회개와 반성이 동반되는 것이다.

피는 동물에게서 있어서 생명을 상징하는 것이다. 장차 사람이 사느냐 죽느냐의 연장 여부를 결정하는 요소가 된다는 점을 피에 의해서 상징하도록 하신 것이다.[11] 하나님께서 아담과 언약 관계를 처음으로 시작하실 때에 "먹는 날에는 네가 정녕 죽으리라"(창 2:17)고 하셨다. 아브라함과 언약을 맺으시는 상황에서도 "삼 년 된 암소와 삼 년 된 암염소와 삼 년 된 숫양과 산비둘기와 집비둘기 새끼"를 가져오게 하여, 중앙을 쪼개어 펼쳐놓게 하였다. 여러 짐승들의 피를 흘리게 하였다. 그리고 난 후, 아브라함은 매우 엄숙한 장면을 목격하였으니, "연기 나는 화로가 보이며 타는 횃불이 쪼갠 고기 사이로 지나더라"(창 15:17). 하나님만이 이렇게 피를 흘리게 만들어 놓은 것들 사이를 지나가신 것으로 "그 날에 여호와께서 아브람과 더불어 언약을 세우신"(창 15:18) 것이다.

---

11 Peter Golding, *Covenant Theology* (Christian Focus, 1969), 78.

하나님께서는 피를 사용하셔서 언약을 맺으시고 약속하셨다. 만일 그렇게 하고서도 하나님과의 약속을 어기게 되면, 그 결과는 죽음이다. 그래서 히브리서 9:22절에 "피 흘림이 없이는 죄 사함이 없느니라"고 하였다. 이것은 예수 그리스도 안에서 새 언약에서도 특별히 강조되는 요소이다. 그리스도께서는 자기 백성을 위하여 죄값을 대신 지불하시되 자신의 피로 직접 사죄하였다.

> "이것은 많은 사람을 위하여 흘리는 나의 언약의 피니라"(막 14:24).

언약의 세 번째 요소는 피로 맺어지는 동맹 관계가 하나님의 주권적인 시행으로 시작되었다는 점이다. 하나님께서 인간을 찾아오셔서 협상을 한 것이 아니다. 창조주이시자 만왕의 왕 되시는 하나님께서 주도적으로 언약을 시행하였다. 하나님의 언약이 발휘되는 기능 면을 주목하자면 분명히 하나님과 인간 양쪽 모두가 참여하고 관여하는 쌍무적이다(bi-lateral). 하나님은 인간의 순종을 조건으로 하여 축복을 제공하신다. 그러나 이 모두 다 하나님이 주도하시는 일방적인 결정이라는 단일성(uni-lateral)이 근간을 이루고 있다. 모든 언약들은 그 기원에서 있어서 하나님의 단독 사역이다(monergism). 언약의 조건들은 하나님 자신이 정한 것이다. 영원한 생명을 갖도록 복을 주시는 것도 하나님에게서 나온 것이요, 형벌을 받아서 죽음에 던져지는 처벌도 역시 하나님에게서 나온 것이다.

4. 언약과 상징

하나님께서는 상징물들과 표상들을 사용하여 언약을 맺으셨다. 이 것들은 과거를 기억하게 만들며, 현재의 생활 속에서 하나님의 나라를 지속해 나가도록 마음에 지속적인 메시지를 상기시켜 주었다. 상징물들은 사람들로 하여금 하나님의 선하심을 존경할 수 있도록 가슴에 새겨주는 작용을 하였다.

먼저, 에덴동산에서 이브에게 약속하신 후손은 다른 모든 언약들의 기초가 되는데, 언약의 아들들과 딸들의 출생을 통해서 기억되었기에 따로 상징을 사용하지 않았다. 클라인 교수는 아담에게는 생명 나무가 언약적인 상징이었을 것이라고 주장하였다.[12]

노아와의 언약에서 무지개가 상징으로 사용되었다. 아브라함과의 언약에서는 할례가 시행되었다. 모세와의 언약에서는 안식일 준수가 징표였다. 다윗과의 언약에서는 하나님이 특별한 상징물을 사용하지 않았는데, 언약의 후손들은 계속해서 성전을 중심으로 살아가면서 언약을 유지하도록 하였다. 마지막으로, 예수님은 새 언약의 상징으로 포도주가 담긴 잔을 들었다.

구속 역사 속에서 하나님의 나라가 발전해가면서 가장 결정적인 시기마다 언약을 맺었다. 각 언약들은 처음 언약의 주제들과 고려 사항들이 지속적으로 다뤄지고 있다. 각각의 언약들 속에 이어지고 있는 연속성이란 측면을 간과해서는 안 된다.

무엇보다도 먼저, 창세기 3장 15-16절에서 이브에게 약속하신 후

---

12 Kline, *Kingdom Prologue*, 96.

손은 하나님의 나라가 전개되는 과정에서 확고한 기반을 제공하고 있다. 그 후로 인류가 번성하면서 홍수의 심판이 내려졌지만, 노아와의 언약을 통해서 확실한 기초가 다시 세워졌다. 하나님의 나라가 최종적으로 승리하기까지 구원 역사의 드라마가 시행되어질 것이다. 모세와의 언약은 율법과 교훈을 펼쳐 놓았는데, 하나님의 통치 아래서 살아가는 백성들 모두를 하나로 묶어 놓는 역할을 했다. 모세의 언약에 참여하는 자들은 율법 아래서 하나된 공동체가 되어야만 했다. 다윗과 맺으신 언약은 이스라엘 민족 국가를 통해서 정치적 지도자들이 통치하도록 만들었는데, 그들 가운데서 하나님의 신정 통치를 확실히 선포하였다.

한국 교회가 신앙적으로 좋은 기초를 가지게 되려면, 성경에 나오는 구원의 역사와 계시의 흐름을 전체적으로 조망해보고 되새겨야만 한다. 기독교는 하나님을 알고 믿고 의지하는 모든 기독교 신자들이 견고하게 지켜야 할 신앙적인 세계관과 역사의식과 계시를 제시하여 책임성이 있고 생동감이 넘치는 삶을 제공해 준다. 오늘 한국 교회는 체험주의와 값싼 기복 신앙, 물질 축복과 현세 행복 추구에서 하루빨리 벗어나고, 성경에 계시된 하나님의 뜻을 깨닫는데 이르게 되기를 간절히 소망한다.

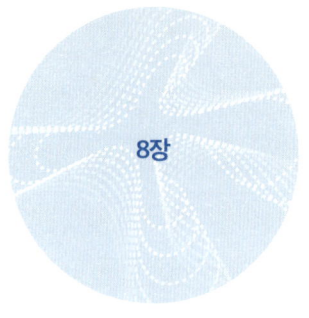

8장

성령과 하나님 나라의 복음 증거

성령과 하나님 나라 사이의 관련성은 뗄레야 뗄 수 없다. 지상에 계시는 동안에 예수님이 감당하신 모든 구속 사역들은 성령의 능력과 권능이 함께하는 가운데 수행되었다. 그 후에도, 승천하신 예수님께서 성령을 보내셔서 교회를 세우고 지켜 나가신다. 하나님의 나라를 모든 민족들에게 알리는 복음 전파의 사명을 감당하는 교회가 그 임무를 수행하는데 있어서, 그 모든 원천은 성령으로부터 나온다.[1]

"하나님의 나라는 먹는 것과 마시는 것이 아니요 오직 성령 안에 있는 의와 평강과 희락이라"(롬 14:17).

하나님의 나라는 성령의 권능과 거룩하심으로 주어지는 모든 축복

---

[1] 김재성, 『현대 개혁주의 교회론 1권』 (킹덤북스, 2023), 제11장, "교회와 하나님의 나라," 763-801.

들을 맛보게 하면서 운행된다. 성령은 종말론적인 하나님의 나라를 진행함에 있어서, 역동적이며, 권능이다.

예수님께서는 베드로에게 "천국의 열쇠"를 사도들에게 맡겨주셨는데, 이 사명은 오직 복음 전파의 사역을 통해서 수행된다. 교회는 사람들에게 하늘나라를 열어주기도 하고, 닫기도 하는 곳이다. 그 이유는 성령이 교회를 지도하고 말씀의 감동을 통해서 이끌어나가기 때문이다. 종말론적인 나라가 점진적으로 확산하면서 최종적인 재림시에 도래하는데 있어서, 가장 중심적인 역할과 임무를 수행하는 곳은 교회다. 하늘나라를 대변하고 있는 교회의 중요성과 그 내적인 권능의 원천이 되는 성령의 사역을 강조하지 않을 수 없다.

1. 예수님과 함께한 성령

예수님께서는 인간의 본성을 입고 세상 속으로 오셨기 때문에, 즉 사람의 모든 단계마다 육체의 연약함과 그 제한성을 체험하시고자 낮은 모습으로 오셨기 때문에, 성령의 능력과 권능이 부어졌다는 전망을 잊지 말아야 한다.[2] 예수님의 신적인 본성에서도 성령과 상호간에 공유하고 교통하며 임재한다.

먼저, 성령은 예수님의 탄생과 성장과 사역 등 모든 지상에서의 단계마다 깊이 연관을 맺고 있다.[3] 구약 성경 전체에서도 성령의 임재와 사역이 간헐적으로 드러났지만, 예수님의 강림과 사역에서 성령

---

2 Vos, *Biblical Theology*, 348-50.
3 Ferguson, *The Holy Spirit*; 김재성 역, 『성령』, 42-64.

의 모든 면모들이 완전히 드러났다. 첫째는 성령에 의한 동정녀 탄생과 성장, 둘째는 세례와 시험과 사역의 단계, 셋째는 그리스도의 죽으심과 부활, 그리고 승천의 단계에서다.

첫째, 성령의 의한 동정녀 탄생과 성장

누가복음 1장 32-35절에 가브리엘 천사와 마리아 사이의 대화가 나온다. 주 예수 그리스도에게는 "그 조상 다윗의 왕위를 주시리니 영원히 야곱의 집을 왕으로 다스리실 것이며 그 나라가 무궁하리라"고 증언했다. 성령의 능력이 마리아를 덮어서, 왕이신 예수 그리스도가 탄생하게 될 것임을 확신하도록 설명하였다. 성령은 예수 그리스도의 출생 과정에 깊이 관계했고, 그 후 모든 그리스도의 지상 사역에서 함께했으며, 다가오는 나라에서도 결코 뗄레야 뗄 수가 없다. 사람의 몸을 입고 낮은 모습으로 오시지만, 성령의 권능으로 순결하게 잉태하였고, 세상의 죄가 전혀 관여하지 못하게 보호했다.

예수님은 키가 자라고 지혜가 자라면서 하나님과 사람들에게 사랑을 받았다(눅 2:52). 사람으로서 예수님이 성장해 나가는 단계마다, 성령의 열매가 합당하게 표현되었다.

둘째, 세례와 시험과 사역

누가복음 3장 21-22절에는 세례 요한에게 세례를 받으실 때에 나타난 놀라운 광경이 나온다. 성령의 사역이 예수 그리스도를 통해서 진행되는 하나님의 나라의 결정적인 단계에서 매우 긴밀하게 관련되어져 있다. 하늘로부터는 성령이 비둘기 같은 모습으로 강림하였고, "내 사랑하는 아들이라 내가 너를 기뻐하노라"는 성부의 음성이 들렸다.

예수님의 세례 장면에 대해서 요한은 매우 자세하게 기록하였다. 요한복음 1장 31-34절에 보면, 성부의 음성은 이 땅 위에 오신 성자가 메시야라는 사실을 인정하는 선포였다. 그리고 아들의 나라가 세워지는 것에 대한 확증이었다. 이 장면은 삼위일체 하나님을 가장 분명하게 입증하는 독특하고도 결정적이며 유일무이한 사건이다. 이와 같은 동일한 모습으로 삼위일체 하나님을 나타낸 적이 없다.

예수 그리스도 위에 성령이 비둘기 모양으로 강림한 것은 단지 상징적인 모습만이 아니다. 성령이 실제로 예수 그리스도 위에 권능을 입혀주신 것이다. 성령은 예수 그리스도가 하나님 나라의 사명을 완수해 나갈 수 있는 모든 것을 갖춰 주었다. 이것은 사람의 몸을 입고 오신 성자의 인간적 본성 때문에 필요했다. 성자 예수님은 기름을 부음 받은 왕으로서, 모든 사람에게 공개적으로 알려지게 되었다.

누가복음 4장 1-13절에서는 보다 더 성령의 사역이 하나님의 나라 건설에 있어서 긴밀하게 관련을 맺고 있음을 보여준다.[4] 예수님은 성령으로 충만하고, 또한 성령의 인도하심을 받아서, 시험과 유혹이 있는 광야로 나갔다. 하나님의 나라와 왕권에 도전하는 사탄의 세 가지 시험을 이겨냈다. 사탄은 예수 그리스도에게 주어진 메시야적 왕국을 손상시키려는 유혹을 던졌다.

예수 그리스도가 수행할 하나님 나라의 메시야적 왕으로서의 지위를 파괴하려는 사탄의 시험은 집요했다. 예수 그리스도의 승리는 구속 역사의 진행 과정에 매우 중요한 의미를 갖는다. 우리들이 살아가는 동안에 각종 미혹을 당하게 되는데, 그런 것들을 거부하고 이겨낼

4　Gaffin, *In the Fullness of Time*, 83.

수 있는 방법이 여기에 제시되어져 있다.

따라서 우리 성도들은 어떤 상황에서라도 절망하지 말고, 예수님이 하신 것처럼 오직 하나님의 말씀에서 해답을 찾아서 대응하고 대처해야 할 것이다.

또한 예수님께서는 제자들에게 "시험에 들지 않게 기도하라"고 가르쳐주셨다(눅 11:4, 마 6:13). 예수님께서도 인간의 몸을 입고 있었기에, 기도하면서 하나님의 뜻에 순종하고자 몸부리쳤다. 예수님은 성령에 의해 인도함을 받아서 시험을 이겼고, 메시야적인 사역을 펼쳐 나갔다. 말씀과 기도가 사탄을 이겨내는 은혜의 방편이다.

갈릴리에서 첫 사역을 시작한 예수님은 회당에서 가르치셨는데, 성령의 권능 가운데서 감당했다(눅 4:14-44). 예수님께서는 세례 받을 때에 임한 성령에 대해서 다시 한번 강조하셨다; "주의 성령이 내게 임하였으니 이는 가난한 자에게 복음을 전하게 하시려고"라고 강력한 선포 하셨다(눅 4:18).

그 어떤 상황에 처해있을지도 이러한 성령의 강림과 권능으로 임하심이 복음 선포를 가능하게 했다. 예수님의 공적인 임무는 "하나님 나라의 복음을 선포하는 일"이었고, 성령의 능력으로만 가능하였다(눅 4:43). 예수 그리스도는 하나님 나라를 전파하는 복음을 증거했고, 그 나라는 실재로 임재했다.

누가복음 11장 20절과 마태복음 12장 28절은 하나님의 나라가 이 땅 위에 현존하고 있음을 증거한다.

"하나님의 손을 힘입어 귀신을 쫓아낸다면 하나님의 나라가 이미 너희에게 임하였느니라."

하나님의 구원 사역과 심판에서 나타나는 하나님의 나라는 귀신을 제압하는 성령의 권능 가운데서 그 모습을 드러냈다.

성령은 하나님의 백성들이 기도할 때에 하나님 아버지로부터 받게 되는 가장 아름다운 선물이다. 누가복음 11장 23절과 12장 32절에서, 약하고 부족한 자들에게 하나님께서 그 나라를 주시기를 기뻐하신다고 하였다. 이들 두 구절에 보면, 사도들이 절실하게 필요로 하는 것에 대해서 아버지 하나님이 관심을 가지고 채워주신다는 것이다. 구하는 자들에게 주시는 가장 위대한 축복은 그 나라를 주시는 것이다. 동시에, 구하는 자들에게 가장 좋은 것을 주시는 하나님께서는 성령을 주신다고 하였다.

성령과 하나님의 나라는 가장 좋은 선물이요, 궁극적인 축복이다. 예수 그리스도의 사역에서 성령이 힘을 불어넣은 것과 하나님 나라의 권능을 드러낸 것은 서로 분리시킬 수 없는 하나님의 목적과 뜻을 이뤄내기 위함이다.

셋째, 죽으심, 부활, 승천

예수 그리스도의 죽으심과 수난의 과정에서 성령의 역사가 동반했다. 히브리서 9장 14절에 "영원하신 성령으로 말미암아 흠없는 자기를 하나님께 드린 그리스도"로 설명되어져 있다.

성령의 권능 가운데서 예수님은 살아나셨다. 로마서 1장 4절과 베드로전서 3장 18절에, 그리스도께서 영으로 살리심을 받으셨다고 기록되었다. 예수 그리스도는 성령 충만한 가운데 부활로 진입하여, 영적인 몸을 입으셨다; "마지막 아담은 살려주는 영이 되었다"(고전 15:45). 성자와 성령의 존재론적 혼합이 일어났다는 의미가 결코 아니다. 그리스도의 부활하신 몸은 새로운 창조의 첫 열매로서 성령에 걸맞는 생명을 주신다. 그리스도의 성령을 소유하는 것은 그리스도가 우리 안에 거하심을 의미한다(롬 8:9-11).

승천하신 그리스도는 영광 가운데 거하신다. 고린도후서 3장 13절에는 "주는 영이시니 주의 영이 계신 곳에는 자유함이 있느니라"고 하였다. 예수님은 승천과 함께 영광스러운 하늘나라의 보좌에서 통치자로서 활동하신다. 베드로는 사도행전 10장 37-38절에서 "나사렛 예수에게 성령과 능력을 기름 붓듯이 하셨다"고 압축했다.

바울 사도는 예수님이 생애와 사역을 통해서 성령께 완벽하게 소유되셨고, 제한없이 그를 경험하셨으며(요 3:34), 이제는 성령의 주님이 되셨다고 설명하였다. 예수 그리스도는 육신으로 사역하는 동안에 성령의 임재와 권능이 현재형으로 함께하였으나, 제자들에게는 대체적으로 미래에 주시는 약속 가운데서 받게 될 것으로 서술되었다(눅 11:13). 이 차이점은 성령의 사역에 대한 역동적이며, 역사적인 전망의 차이점을 지적하는 것이다.[5]

2. 부활에서 승천까지의 교훈과 약속

부활하신 예수님은 자신이 메시야적 고난 당하심과 승리에 대해서 제자들에게 매우 중요한 설명을 하셨다. 누가복음 23장 44-47절은 제자들에게 주신 중요한 설명인데, 동일한 내용이 사도행전 1장 도입부

---

5 Gaffin, *In the Fullness of Time*, 86.

에 다시 한번 반복되었다. 누가는 누가복음 24장과 사도행전 1장에서 동일한 내용을 다시 반복하였는데, "교차 대조법"(A Cross-Sectional View) 또는 "교차 강조법"을 사용하고 있다.[6]

누가가 매우 중요하게 강조하려는 것은 예수 그리스도의 부활과 승천이다. 그래서 그는 누가복음과 사도행전에서 부활과 승천을 소상하게 기록했다. 또한 이 기간 동안에 하나님 나라의 일에 대해서 가르쳤다고 분명히 증거했다(행 1:3). 예수님은 구속 역사의 전체를 자신에게 연결하였고, 부활 사건이 결정적으로 중요함을 역설했다. 그 이전의 가르침들은 이처럼 중요한 마지막 교훈들과 유사했다. 이미 부활하기 이전에 주셨던 가르침과 일맥상통하는 내용들이었다. 그 핵심은 구약의 약속이 성취되었다는 것인데, 사실상으로는 하나님 나라가 그 중심에 있다. 구약의 약속들이 성취되는 것은 하나님 나라가 현실 세계 속에서 구체화되어 가는 것으로 설명되었다. "이같이 그리스도가 고난을 받고 제삼일에 죽은 자 가운데서 살아날 것과 또 그의 이름으로 죄 사함을 받게 하는 회개가 예루살렘에서 시작하여 모든 족속에게 전파될 것이 기록되었다"(눅 24:46-47)고 지적하였다.

1) 복음 선포는 하나님 나라의 현상이다.

하나님 나라의 중요한 부분이 바로 누가복음 24장 46-47절에 담겨져 있다. 예수님께서는 전 세계에, 모든 민족들에게 복음의 선포를

6　김재성, 『현대 개혁주의 교회론』, 1:312. Gaffin, *In the Fullness of Time*, 87.

말씀하셨다. 예루살렘에서부터 전 세계로 "죄의 용서를 비는 회개"가 선포되리라고 말씀하셨다. 이 천국 복음의 선포는 예수님의 고난과 부활에 수반되는 다음 단계의 사역이다.

구문논적으로 볼 때에, 고난과 부활과 세계 선교(복음 선포)가 상호간에 긴밀히 결합된 요소들이며, 모두 다 이미 "기록된 바"에 의존한다. 세계를 향한 복음 선포는 교회를 구성하는 복음이며, 구약 성경에서 기대하던 메시야 왕국의 일부분이다. 그 교회가 만들어내는 복음 선포가 그 시기에 하나님 나라의 실현을 구체화시킬 것이다.

전 인류를 향한 복음 전파는 교회의 구성 요소인데(마 28:18-20), 구약 예언의 성취이자, 하나님 나라의 현상 그 자체가 되는 것이다. 예수님께서 제자들이 이해하기를 원하셨던 것이 바로 그 복음 전파였는데, 하나님의 나라가 확장되어 나가는 과정에서 시행되어진다. 교회는 하나님의 나라에 관련된 것을 벗어나서 다른 것을 제시하지 않는다. 하나님의 나라가 성취되어 가는 것은 결코 임시적인 사항이 아니요, 연기되거나 지체될 사항도 아니다.

2) 아버지께서 약속하신 것

누가복음 24장 48-49절의 기록에 보면, 제자들과 함께했던 성도들이, "이 모든 일들의 증인들"이었다. 그들은 그리스도 안에서 도래한 하나님의 나라, 즉 하나님의 통치와 영역에 관한 "모든 일들"을 전파하였다. 동시에 이들은 예루살렘에 머물면서 하나님 나라의 복음 전파를 할 수 있도록 기다리면서 준비하였다. 그들 위에 부어질 "아버지의 약속하신 바"를 고대하고 있었고, 그렇게 되면 "위로부터 능력으로 입혀진 자"들이 된다(눅 24:49).

그 후에 사도행전의 기록을 살펴보면, 예수님께서 언급하신 것은 오순절이었고, 성령을 그들 위에 부어주실 것을 말씀하신다.

우리가 검토해본 바, 누가복음 24장 48-49절에는 하나님의 나라와 성령에 대한 구체적인 단어나 언급은 전혀 나오지 않는다. 그러나 부활 직후에 예수님의 가장 중심적인 교훈에는 하나님의 나라가 펼쳐지는 상황 속에서 역사적인 성령의 강림이 교회 안에서 일어날 것을 중심 주제로 다뤄졌다. 곧바로 이어지는 오순절 성령의 강림은 하나님의 나라를 제시한 것이다. 오순절은 그 나라가 펼쳐지는 결정적인 계기가 되어질 것이다.

사십 일 동안의 가르침을 기록한 사도행전 1장 3-11절은 예수님의 부활 직후부터 승천 직전까지의 상황들이 기록된 본문이다. 사십 일간의 주제는 "하나님의 나라"였다. 제자들에게 예루살렘을 떠나지 말라고 당부하셨는데, 왜 이런 강조를 하게 되었느냐면 예수님과 관련된 상황 파악을 제대로 하지 못한 제자들이 여러 차례 그런 실수를 반복했기 때문이다. 구속사의 진행 과정을 미처 알지 못했던 제자들에게 정확하게 주의를 환기시킨 것이다.

제자들은 그 기간에 이미 앞에서 누가복음 24장 49절에 나왔던 단어를 다시 반복적으로 듣게 되었다. 그들에게 "아버지의 약속하신 것"(1장 4절)을 기다려야만 한다고 말씀하셨다. "요한은 물로 세례를 베풀었으나 너희는 몇 날이 못되어 성령으로 세례를 받으리라"(1:5)고 예수님이 가르치셨다. 바로 이러한 내용들이 부활과 승천 사이에 기록에서 교차 강조된 부분이다. 이렇게 함으로써, 구속사의 진행 내용이 보다 분명하게 파악되고, 알려지도록 한 것이다.

그 기간은 사십 일이었다.

매우 짧은 기간에 일어난 일은 모두 다 예루살렘에서다. 예수님이 가르친 모든 내용의 핵심은 하나님의 나라였다. 보다 종합적으로 설명하신 것인데, 앞에서 본 바와 같이, 누가복음 24장 44절에 나온 바, "모세의 율법과 선지자의 글과 시편에서 예수 그리스도에 대한 것"이다. 이러한 구약 성경의 구속사에 근거하여 예수 그리스도의 모든 교훈들과 고난 당하심이 이뤄졌다. 그 다음 단계는 무엇인가? 제자들은 성령으로 세례 받는 것이 매우 중요하다. 매우 분명하게 그 후에 일어날 오순절 성령 강림을 지적하신 것이다. 이것은 오순절에 강림하는 성령과 하나님 나라 사이에 긴밀한 연결점이 있음을 분명히 보여주고 있다.

사도행전 1장 2절에 성령의 권능과 사역이 언급되어져 있다. "그가 사도들에게 성령으로 명하시고"라는 구문을 그냥 지나쳐서는 안 된다. 사실 우리는 오순절 사건이 너무나 중요하기 때문에, 그 이전에 나오는 기록들은 전혀 고려하지 않는 경우가 많다. 교회에서 가르쳐야 할 것을 거론하면서, 곧바로 사도행전 2장의 오순절 사건으로 그냥 뛰어넘어가 버리는 경우가 허다하다. 그러나 성경적인 신학을 추구하는 사람이라면, 그 이전의 문맥을 면밀하게 살펴보지 않으면 안 된다. 승천 직전에 주시는 예수님의 모든 교훈들은 "성령으로", 즉 성령을 통해서 명령하신 것이다. 예수님께서 열한 사도에게 무엇을 명령하셨는가는 여기게 나오지 않는다. 하지만 누가복음 24장 48절의 말씀과 사도행전 1장 8절의 말씀에서 "증인들이 되라"고 강조하셨다. 제자들은 하나님의 나라를 증거하는 자들이 될 것이며, 예수님 자신이 성령을 받으신 것처럼(눅 3:22), 중인으로서의 근거를 확실하게 갖추게 되리라는 교훈을 받았다. 성령을 통해서 주신 명령에 따라서 제자들은 성령의 강림을 기다리고 있었다.

3) 제자들의 관심 사항: 이스라엘 왕국의 회복?

성령의 강림은 하나님의 나라를 선포하고 증거하는 일을 하도록 하기 위함이다.

이런 내용들이 사도행전에 광범위하게 설명되었는데, 특별히 오순절 성령 강림 사건에서 두드러졌다. 그러나 제자들의 관심 사항은 전혀 달랐다. 마지막 순간에서도 그들은 예수님께서 펼치시는 하나님의 나라와 구원 역사의 진행 과정을 제대로 이해하지 못하고 있었다.

사도행전 1장 6절에 보면, 사도들이 품고 있던 질문을 하였다;

"주님께서 이스라엘 나라를 회복하심이 이 때니이까?"

아마도 이런 생각이 대부분의 제자들 마음속에 있었지 않았을까 짐작해 본다.

그런데, 예수님의 대답은 곧바로 이 질문의 요지에 대한 것이 아니었다.

"때와 시기는 아버지께서 자기의 권한에 두셨으니 너희가 알 바 아니다."

제자들은 "언제"(when)에 이뤄지느냐, 지금 이때에냐에 관심이 많았는데, 예수님은 전혀 그 질문에 대답을 하지 않으셨다. 물론 그 질문을 반박하거나, 쓸데없다고 물리친 것도 아니다. 그리고 주제를 바꾸지도 않으셨다. 다만 대답을 전혀 다르게 하셨다.

예수님은 "성령의 권능을 받아서 증인이 되라"고 하셨다. 다시 말하면, 간접적으로 대답을 주신 것이다. 여기서 예수님은 하나님의 나라가 무엇이냐(what)로 대답하신 것이다. 제자들은 지금이냐 아니냐에 관심이 높았다. 왜냐하면 그들에게는 미래에 펼쳐지는 하나님의 나라가 아니라, 현재 그들에게 주어질 혜택이 더 중요했기 때문이다. 그 제자들에게는 미래에 다가올 하나님의 나라에 대한 관심이 없었다. 지금 당장에 영광스럽게 임하는 것을 제자들은 간절히 고대했었다. 자신들이 목격한 놀라운 부활의 권능으로 초자연적인 왕국이 이스라엘에 도래할 것이라고 착각하고 있었다.

이스라엘 사람들이 가지고 있던 유대 민족 국가의 미래에 대한 관심은 그냥 열려진 상태로 남아있었다. 사도행전 1장 6-8절에 나오는 것만을 살펴보면, 예수님은 전혀 이런데 관심을 갖지 않으셨다. 그래서 유대 민족이 다른 나라보다 더 탁월하다거나, 지리적인 특성이나, 경쟁적인 우월성 등에 관해 거론하지 않았다.

제자들의 질문은 이스라엘 백성들이 하나님의 나라로 과연 언제 회복될 것입니까?라고 물었어야 한다. 이스라엘 나라의 회복이 언제입니까?라고 물어서는 안 되었던 것이다. 사도 바울이 로마서 9장에서 11장까지 설명한 내용이 이스라엘 백성들에 대한 가장 돋보이는 진단이다. 인종적으로 유대인들은 이방인들과 분리된 상태를 유지했었다. 그런 상태로는 결코 교회가 구성될 수 없다. 이방인들과 모든 계층의 사람들을 구원하시려는 하나님의 뜻을 반영할 수 없기 때문이다.

사도행전 1장 6절에 나오는 제자들은 아직도 여전히 이스라엘 중심적인 사고방식을 갖고 있었다. 그들이 성경에 대해서 이해하는 관점은 지극히 협소한 하나님의 나라로 이어졌다. 제자들이 마음에 품고 있던 좁은 관점은 이미 누가복음 24장 45절에 지적을 받았다. "이에 그들의 마음을 열어 성경을 깨닫게 하시고"였다. 그렇게 마음을 넓혀 놓지 않으면, 결코 이방인들을 받아들이는 교회로 발전할 수 없었다. 사도행전 10장에서, 고넬료를 교회로 영접하는 과정에서 중심 역할을 했던 베드로마저도 주저하고 있었다. 사도 바울은 안디옥에서도 유대인들의 좁은 행실을 따라갔던 베드로를 꾸짖었다(갈 2:11-14).

예수님의 대답을 통해서 사도들은 모든 민족을 포괄적으로 수용하는 안목이 필요하다는 점을 깨우쳤다. 이제 그들은 세계를 바라보고 살아야 한다. 단순히 이스라엘 민족 공동체만을 위해서 일하는 것이 아니다. 이스라엘 중심이어서는 안 된다. 훗날 '니케아 신경'(325년)에서 이런 교훈을 담아서, 교회는 하나요, 보편적이며, 사도적이라고 고백했다.

사도행전 1장 7-8절에 제시된 이 마지막 대화 속에는 우리가 배워야 할 교훈들이 많이 담겨 있다. 예수님은 질문을 피하지도 않으셨고, 주제를 바꾸지도 않았다. 그러나 예수님이 강조하신 답변은 사도들이 하나님의 나라에 대해서 갖고 있던 관심을 간접적으로 바꿔놓았다. 그들은 예수님의 부활 사건에 충격을 받았고, 세상에서의 영광스러운 나라 회복을 기대하고 있었다. 그러나 예수님은 하나님의 나라를 말씀하셨다. 이를 위해서 제자들은 땅 끝까지 나가서 복음 선포의 임무를 감당하라고 말씀하셨다. 제자들은 그러한 종말적인 관점을 전혀 갖고 있지 못했기 때문이다. 현재 그들에게 주어진 가장 중요한 사명은 전 세계를 향해서 하나님의 나라를 증거하는 것이다. 그들이 가진 자연스러운 힘으로는 안 되기 때문에, 오순절에 일어날 일에 대해서 미리 알려 주신 것이다.

예수님의 지상 사역은 승천으로 끝이 난다. 그 후에는 사도들이 물려 받아서 임무 교대를 하는 것이다. 복음의 선포를 통해서 하나님의 나라가 도래하는 것은 오순절에 성령의 부어주심과 긴밀히 연결되어져 있다.

4) 약속하신 성령을 기대하라

예수님이 마지막 사십 일 동안에 오순절에 발생할 일에 대해서 여러 가지 표현들로, 여러 차례 반복적으로 알려주셨음에 주목해야 한다. 누가복음과 사도행전에 나오는 표현에 대해서 세밀하게 주목해 보자.

첫째, 예수님께서는 성령의 부으심에 대해서 "내 아버지의 약속하신 것을 너희에게 보내리라"라고 하셨다(눅 24:49, 행 1:4). 성부 하나님의 약속이 실현되어지는 것이다.

둘째, "너희는 위로부터 능력으로 옷을 입혀지는 것"(눅 24:49)이라고도 설명했다.

셋째, 성령의 권능이 너희들 위에 임한다(행 1:8)고 강조하였다.

넷째, 요한의 물 세례에 대조하여, 너희는 "성령으로 세례를 받으리라"(행 1:5)라고 하였다.

누가는 이처럼 다양한 표현을 동원해서, 오순절 날에 일어날 사항들을 알려주고자 하였다. 어떤 특정한 기술적인 용어로 한정하지 않았다. 그만큼 여러 가지 측면들이 동시적으로 수행되었기 때문이다.

따라서 우리가 가장 중요하게 기억해야 할 사항은 성령을 주신다는 약속이 먼저 주어졌고, 그 후에 권능을 입은 제자들이 전 세계를 향해서 나갔다. 사도들이 복음을 선포하는 "임박한 임무"를 수행하기 위해서 그들은 먼저 성령의 권능을 기다려야만 했었다. 성령의 권능으로 인해서 사도들은 하나님의 나라를 제시할 수 있기 때문이다. 이 일은 사도행전 1장 8절의 성취로 인해서, 오순절 날에 예루살렘에서 시작되었다. 그리고 사도행전에 나오는 모든 복음 전파의 중심 메시지는 하나님의 나라를 증거하고 제시하는 것이었다(행 8:12, 19:8, 20:25, 28:23,31).

성령의 권능을 입은 사도들은 담대하게 능동적인 사역을 감당하였다. 그들의 적극적인 행동은 고난과 순교를 두려워하지 않았을 정도였다. 예수 그리스도와 하나님의 나라에 관하여 확신을 갖고 있었기 때문이다.

예수님은 오순절 날에 성령의 강림이 하나님의 나라가 도래함에 있어서 결정적인 시점이라는 사실을 보여주시려는 의도를 갖고 계셨다. 복음서에서 사도행전으로 연결되어지는 모든 사건들의 진행 과정들 속에는 진정한 하나님의 나라가 펼쳐지고 있었던 것이다.

예수 그리스도에 의해서 시작된 하나님의 종말론적 통치가 오순절을 기점으로 사도들에게 땅 끝까지 나가서 증거하라는 명령을 통해서 제시되었고, 모든 교회 사역의 중심이다. 사도행전의 모든 사건들과 바울 서신의 핵심 주제는 하나님의 나라가 펼쳐지는 것들이다.

그러나 예수님은 그들이 감당할 복음 선포의 임무가 더 중요하다고 대답하셨다.

성령의 권능을 입은 교회가 복음 사역을 잘 감당하게 되면, 그것을 통해서 하나님의 나라가 도래할 것이다. 제자들은 증인의 임무를 수행하기 위해서, 성령이 임하여 권능을 빌아야만 했다. 이 모든 말씀이 오순절 성령의 강림에서 성취되었다.

하나님의 나라와 복음 전파는 교회를 세우는 일과 결코 분리될 수 없다. 또한 현재 교회의 생활과 종말론적인 하나님의 나라가 분리되지 않는다. 복음과 그 현재적인 선포는 상당히 멀리 미래의 기대 속에서 다가오는 하나님의 나라와 긴밀히 연결되어져 있다.

사도행전 1장 6-8절에 제시된 주제는 성령의 권능으로 모든 민족들에게 하나님의 나라를 선포하라는 것이다. 사도들의 설교에서 핵심 주제는 하나님 나라였다(8:12, 19:8, 20:25, 28:23, 31). 각각의 설교들은 사도행전 1장 8절의 성취로 귀결되어진다.

사도행전을 극히 간략하게 한 줄로 요약하자면, 아마도 마지막 구절 28장 31절로 집약시킬 수 있을 것이다. 바울 사도는 로마에서 연금되어 있던 집에서 이 년간에 걸친 사역을 하고 있었다(행 28:27). 그는 담대하게 "하나님의 나라와 우리 주 예수 그리스도에 관하여" 설교했다. 하나님의 나라를 설교하는 것과 예수 그리스도를 증거하는 것이 가장 중요한 목표였다. 하나님의 나라와 복음과 복음을 건설하는 교회는 서로 교환할 수 있는 내용이다. 이것을 설교하거나, 저것을 가르치거나 상호 연결되어질 수밖에 없다.

3. 성령과 불의 세례

아버지의 약속에 따라서 오시는 성령의 강림은 예수님이 주시는 세례다. 예수님께서는 지난 날 세례 요한의 사역과 자신의 역할을 비교하면서, "요한은 물로 세례를 주었으나, 지금부터 몇 날이 되지 않아서 너희는 성령으로 세례를 받을 것이라"(행 1:5)고 말씀하셨다. 우리는 이와 똑같은 설명을 이미 세례 요한에게서 들은 바 있다. "그분은 성령과 불로 세례를 주실 분이다"(눅 3:16)고 하였다. 장차 이뤄질 오순절 성령의 강림에 대해서 세례 요한이 제시한 것이고, 다시 예수님께서 마지막 순간에 제자들에게 약속하신 것이다.

기본적으로 예수님께서 부활 후 사십 일 동안에, 특히 승천 직전의 마지막 순간에 "성령의 세례"를 강조하였다. 예수님이 주시는 성령의 세례는 개인적인 성령 체험을 의미하는 것이 아니고, 구속 역사의 전체 진행 과정에서 매우 중요한 시점이 되어질 오순절 성령 강림의 사건을 의미하는 것이다. 이것을 성도가 개인적으로 성령의 체험을 하게 되는 것으로만 좁혀서 강조하는 설교자들이 많은데, 구속 역사의 전체 흐름에서 벗어나지 않도록 매우 세밀한 설명이 필요하다. 그렇지 않으면, 성경의 특수한 사건을 개인적으로만 적용하는 오류와 왜곡을 피할 길이 없다.[7] 사도행전 2장의 오순절은 시내산에서 율법을 주신 것과 대조적인 사건이다. 율법은 돌판에 새겨서 주셨지만, 성령은 마음 판에 인을 친다. 이 날을 기점으로 해서, 온 우주적으로, 보편적으로 성령의 세례가 시작되었다.

---

[7] Ferguson, *The Holy Spirit*, 61; 김재성 역, 『성령』, 71.

예수님의 부활, 승천, 그리고 재림을 전파하도록 모든 구속 사건이 완성되었기 때문에, 오순절부터는 다음 단계로 전환된다. 이미 구약 성경의 시대에도 수많은 사람들이 성령의 은사를 받아서 하나님을 섬기고 살았었다. 그러나 오순절부터는 구원 역사에서 성령의 경륜적 사역이 새롭게 모든 민족으로 확장되어저서, 새 언약의 백성들을 결성케 하는 중요한 전환점이다. 오순절에 오시는 성령의 강림은 승천하여 보좌에 앉으신 예수님께서 베푸는 세례다. 그 성격이 어떠한 것인가를 성경에서 세밀하게 살펴보아야만 한다.

1) 세례 요한의 예비적인 사역들

세례 요한은 앞으로 오시는 메시야의 역할에 대해서 백성들에게 기억하도록 만들었다. 세례 요한이 전달한 내용을 간추리면, 장차 자신보다 더 큰 능력을 가진 분이 오신다. 자신은 그분의 신발 끈을 풀기도 감당치 못할 정도로 위대한 분이 오신다고 했다. 그분은 성령과 불로 세례를 주실 것이다. 손에 키를 들고 알곡과 쭉정이를 구별하실 것이라고 증거했다. 결국, 한마디로 요약하면, 세례 요한의 가르침은 예수 그리스도와 그의 나라에 관한 것이었다. 우리는 세례 요한의 증거를 그냥 단순히 한 번 말하는 것이었고, 그 후에 그냥 지나갔다고 생각해서는 안 된다. 그는 "그밖에 여러 가지로 권하여 백성에게 좋은 소식을 전하였다"(눅 3:18). 진심을 다해서 열성적으로 증거했던 것이다.

요한이 시작한 세례는 백성들 사이에 큰 관심을 끌었다(마 3:4-6, 막 1:5-6). 그가 왜 세례를 활용했던가? 물 세례의 본질은 무엇인가? 그의 사역을 특징짓는 세례는 장차 오실 예수 그리스도의 세례와 대조되도록 하고자 했던 것이다. 예수님께서는 이스라엘 지도자들에게 세례 요한의 권위와 그 근거가 어디에서 나온 것이냐고 물었다(눅 20:1-8). "하늘에서 온 것이냐 사람에게서 온 것이냐?" 대제사장들과 서기관들과 장로들은 답을 하지 않았다. 도무지 예수님의 결정적인 질문에 대해서 대답할 말을 찾지 못했었기 때문이다.

베드로는 세례 요한의 사역 전체를 예수 그리스도의 사역과 대조시켰다;

> "요한이 그 세례를 반포한 후에 갈릴리에서 시작하여 온 유대에 두루 전파된 그것을 너희도 알거니와 하나님이 나사렛 예수에게 성령과 능력을 기름 붓듯 하셨으매 그가 두루 다니시며 선한 일을 행하시고 마귀에게 눌린 모든 사람을 고치셨으니 이는 하나님이 함께 하셨음이라"(행 10:37-38).

세례를 통해서 사람들의 마음에 회개를 불어넣는 사역이 요한과 예수 그리스도의 핵심적인 목표였다.

세례 요한의 세례와 예수 그리스도의 세례는 엄청난 차이가 있다.

요한의 세례는 오직 물로만 주는 것이다. 그는 장차 올 메시야적인 심판을 경고하면서 회개에 이르게 하였다. "크고 두려운 주의 날" 요엘서 2장 31절을 상기시켰다. 요한의 세례에 참여한 자들에게는 구원이 주어진다. 사도행전 2장 20절에 보면, 훗날 오순절 성령의 강림 직후에, 베드로는 요엘서 2장 31절을 인용하였다. 오순절 날에 임하신 성령의 강림은 기본적으로 교회 위에 임하는 구원의 적용 사역에 해당한다.

세례 요한의 물 세례가 심판적 성격을 지니고 있었음에 주목하여야 한다. 세례를 그냥 씻음으로만 이해하여, 양심으로 뉘우치고 반성하는 것으로만 받아들이는 것은 매우 부족한 해석이다. 세례 요한의 물 세례는 하나님으로부터 나오는 진노의 심판에 대한 선포였다. 법정적인 요소가 분명하게 담겨져 있었다. 요한은 사람들을 향해서 하나님의 심판에서 나오는 임박한 진노를 피할 수 없다고 갈파했다.

"요한이 세례 받으러 나아오는 무리에게 이르되 이 독사의 자식들아 누가 너희에게 일러 장차 올 진노를 피하라 하더냐… 이미 도끼가 나무뿌리에 놓였으니 좋은 열매를 맺지 아니하는 나무마다 찍혀 불에 던져지리라"(눅 3:7, 9).

세례 요한의 명확하고도 단호한 질타를 깊이 생각하자. 세례를 그냥 마음의 회개로만 생각할 수 없다. 세례 속에는 다가올 심판이 담겨져 있다. 파멸을 초래하는 엄중한 선고다. 예수 그리스도의 세례는 그저 지나가는 한순간의 장엄한 예식이 아니라는 것을 깊이 숙고해야 한다. 예수님이 주시는 불과 성령의 세례는 심판의 행동이다. 누가복음 3장 17절에 설명된 바와 같이, 손에 키를 들고 타작 마당을 청결하게 하면서, 알곡과 가라지를 구별하는 사역을 하신다. 쭉정이는 불에 태워버린다. 곡식을 추수하여 들이는 것은 알곡만을 추려내는 것이다.

2) 요단강에서 예수님이 받으신 세례

요한으로부터 세례를 받은 예수님은 메시야적인 왕으로서, 비둘기 같이 임하시는 성령의 부으심을 받았다(눅 3:22). 이 사건은 구속 역사에서 획기적인 전환점이다. 예수님이 세례를 받으신 것은 모든 의로움을 완성하고자 함이었다.

첫째, 물 세례 사건에서 예수님에게 일어난 모든 일들은 공식적으로 메시야로서 지정되어진 사건이다. 예수님께서 하나님의 아들로서 구원 역사를 수행하는 공적인 생애를 시작하시는 대관식이었다. 영광스럽지만 낮은 모양으로 오신 메시야의 취임식, 메시야의 임명식, 메시야의 출정식 등으로 해석될 수 있다. 이것을 세례 요한으로 하여금 온 세상에 공포하게 했다.

> "그가 곧 성령으로 세례를 베푸는 이인 줄 알라… 내가 보고 그가 하나님의 아들이심을 증언하였노라"(요 1:33-34).

요단강 사건은 예수님이 하나님이심을 증거하는 결정적인 선포였다.

메시야는 기름 부음을 받은 자라는 뜻이다. 구약 시대의 왕과 제사장과 선지자들은 기름 부음을 받고 하나님의 일을 감당했다. 성령이 임하는 세례는 예수님을 메시야로 지명하는 사건이며, 하나님 나라의 서막에 해당한다.

그 메시야가 요한의 물 세례에 복종하신 것은 모든 백성들의 대표자가 되는 행동을 하신 것이다. 아무런 죄가 없으신 예수님께서 우리와 같은 부류의 대표자로서 받으신 것이고, 죄인들의 용서 받음을 위해서 대신해서 율법의 규례에 복종하신 것이다(롬 8:3).

요단강에서 벌어진 메시야의 임명식은 장차 올 구속 역사에서 결정적인 사건이다. 요단강의 세례 사건은 메시야적인 하나님 나라가 시작하는 결정적인 시점이다. 예수님이 요단강에서 세례 요한에게 나아가 물 세례를 받으신 것은 메시야적인 신분과 역할을 드러낸 사건이다.

요단강 세례 사건은 메시야로서 예수님의 공생애가 시작되는 중요한 전환점이었다. 구속 역사의 흐름 속에서, 세례 요한으로부터 예수님에게로 모든 주도권과 초점이 옮겨가는 결정적이며, 획기적인 사건이었다. 예수님은 메시야적인 공동체의 왕이시다. 백성들의 대표자이다.

둘째로, 예수님의 세례는 한 사람의 개인적인 세례가 아니다.

요한의 세례는 죄의 씻음을 상징한다. 만일 예수님이 개인으로서 세례를 받은 것이라고 한다면, 전혀 의미가 없다. 왜냐하면 개인으로서 예수님은 회개할 죄가 없기 때문이다. 요한의 물 세례는 회개에 이르도록 촉구하여 받는 것이었다(눅 3:3). 예수님은 태어날 때부터 거룩하고 죄가 없었다(눅 1:35). 처음에 예수님이 세례 요한에게 나아갔을 때에, 요한은 오히려 자신에게 세례를 받게 해 달라고 요청했었다(마 3:14). 요단강에서의 세례 사건은 개인적으로나 사적으로 시행된 것이 아니다. 예수님은 죄가 없지만, 사람으로 오셔서 죄가 있는 자들을 위해서 그들과 같은 모습이 되셨다(롬 8:3). 예수님의 세례 사건은 구속사적인 의미를 갖고 있으며, 아주 중요한 의미를 내포하는 전환점이었다.

셋째, 성부, 성자, 성령의 상호 임재가 드러났다.

메시야의 대관식에서는 전무후무한 놀라운 장면이 펼쳐졌다. 성부와 성령이 성자 예수님과 동행 동거하심(circumincessio, mutual indwelling)이 드러났다.[8] 신구약 성경에서 최초이자, 마지막으로 삼위일체 하나님을 드러내 보여주셨다. 삼위일체 하나님의 무수한 행위들과 특징들은 어마어마하고 위대하다. 삼위일체의 행위들은 서로 의존하며, 철저한 통일성을 이루고 있다.[9] 그러나 하나님의 존재는 사람이 대면하여 눈으로 볼 수 없고, 손으로 만질 수 없다. 초월적이요, 신비로움 그 자체였다. 그러나 전체 성경의 역사 속에서 유일하게, 예수님의 대관식에서 삼위일체 하나님의 모습을 드러내 보여주셨다. 그러므로 요단강 사건은 그냥 넘어갈 일이 아니다.

하늘에서는 성자를 인정하는 성부의 기뻐하는 음성이 들렸다. 이런 하늘의 음성은 단순히 객관적인 선포로 그치지 않는다.[10] 하늘에서 울려 퍼진 소리는 강력한 실행 능력이 수반된다. 누가복음 3장 22절의 음성은 "내가 너를 메시야로 인정한다"는 선언이며, 모든 권능이 부여 되어심을 반영하는 선언이다. 요단강 세례 사건에서 선포된 성부의 선언은 매우 중요하다.

성령이 비둘기 같은 형상으로 내려와서 성자 예수님에게 부어졌

---

8 Frame, *The Doctrine of God*, 693-4; 김재성 역, 『신론』, 994-5.
9 H. Bavinck, *The Wonderful Works of God* (Philadelphia: Westminster Seminary Press, 2019), ch. 10, "The Trinity".
10 Gaffin, *In the Fullness of Time*, 111.

다. 이 기름 부음은 메시야적인 사역을 감당하는데 있어서 필수적인 것이다. 구약 시대에 왕과 선지자와 제사장의 머리 위에 기름을 부음과 같이, 반드시 성령의 부으심이 있어야만 했다. 훗날 베드로는 사도행전 10장 37-38절에서, "요한이 그 세례를 반포한 후에 갈릴리에서 시작하여 온 유대에 두루 전파된 그것을 너희도 알거니와 하나님이 나사렛 예수에게 성령과 능력을 기름 붓듯 하셨다"고 강조했다. 이것은 "하나님이 함께 하셨음이라"고 풀이했다. 예수 그리스도에게는 하나님의 나라를 건설해 나가는 능력과 권세가 주어졌다. 그 후로 성령으로 이끌림을 받아서 시험을 이겨냈고, 사탄의 나라를 제압했다(눅 4:1-13).

누가는 요단강 세례 사건을 설명한 직후에, 곧바로 이어지는 누가복음 3장 23절부터 예수님의 족보를 제시하였다. 다른 복음서와 달리, 누가는 예수 그리스도의 족보를 아담에게 거슬러 올라가서, 하나님으로 끝을 맺는다. 이것은 예수님이 하나님의 아들이며, 곧바로 둘째 아담, 마지막 아담(고전 14:45)이라고 강조하려는 것이다.

넷째, 예수님이 받으신 세례는 물과 성령으로 부어짐을 받은 것이었다. 물과 성령은 서로 다른 성격의 것이지만, 이 둘은 긴밀하게 연결되어 있다. 결코 분리시킬 수 없는 요소들이다. 그리스도는 물과 성령으로 세례를 받았다고 서슴없이 말할 수 있다.

예수님은 죄가 없는 분이지만, 우리들을 대표하여 물 세례를 받았고, 메시야로서 사역하기 위해서 성령의 부어짐을 받아야 했다. 그리하여 예수 그리스도는 죄인들에게 주어질 진노와 저주를 벗겨낼 수 있게 되었다.

요단강 세례 사건에서 성령이 부어져서 예수 그리스도가 메시야임을 공포한 것은 매우 중요한 의미가 있다. 선물로서 성령을 받는 것은 축복이다. 메시야 자신부터 먼저 죄 있는 자들이 받아야 할 저주를 이겨내기 위해서 성령을 받아야만 했다.

결론적으로, 세례 요한은 요단강에서 회개의 세례를 시행했다. 세례 요한은 예수님의 사역의 목표가 성령과 불로 주는 세례가 될 것이라고 압축했다. 요한은 이미 예수님께서 성령으로 세례주실 분이라고 언급을 했다(눅 3:33). 사도행전 1장 5절에서, 예수님은 세례 요한의 예비적 활동과 성령과 불로 주는 세례가 얼마나 큰 차이가 나는가를 기대하게 만들었다. 요한은 물로 세례를 주었으나, 예수 그리스도는 불과 성령으로 세례를 주신다.

세례를 시행한다는 것은 종교적인 예식과 의식이라고만 주장할 수 없다. 요한의 물 세례는 장엄하고 성대한 의식 절차가 필요한 것이 아니었다. 오히려 우리가 주목해야만 하는 것은 "상징"과 "실재"가 함께 한다는 부분이다. 세례 요한의 물 세례와는 달리, 예수 그리스도의 불과 성령으로 주는 세례는 엄청난 차이가 있다. 그런데 물 세례가 근본적으로 "심판"(judgement)의 의미로 주어졌음도 절대로 간과해서는 안 된다.[11] 성령과 불로 주는 메시아의 세례는 기본적으로 축복과 심판의 사건이다. 특히 메시야적 세례는 재판정에서 형벌을 내리는 것과 같다. 불과 성령의 세례는 심판하는 판결과 같은 것이다. 메시야의 세례는 사법적인 행동이라는 것을 기본으로 생각해야만 한다.

---

11 Gaffin, *In the Fullness of Time*, 99.

3) 예수 그리스도가 베푸는 세례의 본질

위에서 예수님의 요단강 세례 사건에서 여러 가지 측면들을 살펴보았으므로, 그것에 기초하여 우리는 예수님이 베푸시는 세례를 이해할 수 있다. 이제부터 우리는 예수 그리스도가 불과 성령으로 메시야적인 세례를 주신다는 구절을 자세히 파악할 수 있을 것이다.[12]

첫째, 불과 성령은 세례를 구성하는 요소가 아니라는 점에 주목해야 한다.

다시 설명하자면, 불과 성령은 예수님의 세례에 사용된 재료들이 아니다. 이 구절은 불과 성령에 의해서(by the Holy Spirit and fire), 혹은 불과 성령을 가지고 세례를 베푸신다는 의미가 아니다.

과연 그리스도가 베푸시는 세례의 본질은 무엇인가?

매우 까다롭고, 정교한 성경적, 구속 역사적, 교리적인 사색을 필요로 한다.

우선 먼저 성령과 불로 주는 세례에 대한 잘못된 해석들을 살펴본 후에, 자연스럽게 이 세례의 본질을 이해하도록 하자.

가장 널리 퍼져 있는 오해가 있는데, 성령과 불의 세례를 각각 다른 세례로 해석하는 것이다. 한쪽으로는 은혜로운 성령의 부어주심이라고 보면서, 또 다른 한편으로는 "불"이 정결하게 씻어내는 역할을 하도록 하셨다는 해석이다. 5세기 헬라 교부들, 크리소스톰의 해석이었다. 최근에는 영국 신약 학자 제임스 던도 주장했다.[13] 그러나 누가복음 3장 9절과 17절을 살펴보면, 이들의 이중적인 해석에 찬성하

---

12 김재성, 『개혁주의 성령론』 (서울: 기독교문서 선교회, 2014, 개정판 2021), 207.
13 James D.G. Dunn, *Baptism in the Holy Spirit* (Naperville: Allenson, 1970), 10-11.

기 어렵다. "불"은 정화가 아니라, 타작마당에서 쭉정이들을 태워버리는 파괴적 역할로 이해하는 것이 타당하다. 파멸의 심판을 가져오는 불이라는 의미로 사용된 것이 분명하다.

또 다른 왜곡된 해석은 라틴 교부들에게서 두드러졌는데, 특히 3세기 오리겐과 같은 이들이 제시했다. 성령과 불로 세례를 준다는 구절에서 긍정적인 면과 부정적인 면을 모두 다 함께 표현하는 것으로 해석했다. 성령으로는 의로운 자들에게 베푸는 세례를 수행하고(눅 3:17절의 곡식), 파멸의 불로는 쭉정이들에 대해서 사악한 자들에게 세례를 베푸는 행위에 해당한다는 것이다.

그러나 과연 성령과 불로 행하는 세례가 이런 두 가지 내용을 의미하는 것일까?

두 가지 세례가 있는 것이 아니라, 오직 하나의 세례만이 있을 뿐이다. 다만, 그 결과와 효과로 나타나는 것들이 두 가지라고 보는 것이 더 타당하다.[14] 예수님이 성령과 불로 행하시는 세례는 하나의 세례이다. 그 결과는 두 가지로 나타난다. 이런 해석을 뒷받침하는 내용을 풀어보면, 단 하나의 세례라는 의미가 보다 분명해질 것이다.

첫째로, "성령과 불로" 세례를 준다고 할 때에, 이 두 단어가 함께 묶여서 헬라어 전치사 "en"(영어로는 in, with)에 이어졌다. 이런 문법적인 구조 분석은 본문을 이해하는 결정적인 근거가 될 수는 없지만, 두 가지 요소들이 결합되어진 하나의 세례로 이해하는 길을 제시해 준다. 하나의 세례로 보는 근거를 생각해 보자.

둘째로, 누가복음 3장 17절에, 알곡과 쭉정이를 분리시키는 행동이

---

14 Gaffin, *In the Fullness of Time*, 103.

강조되어 있다. 하나의 빗자루로 타작마당을 쓸어내서, 두 가지 결과를 만들어낸다. 알곡은 따로 모아 곡간에 들이고, 쭉정이는 태워버리는 것이다. 이것은 성령과 불로 주시는 하나의 세례가 만들어낸 결과적인 현상들을 의미하는 것이다. 두 가지 세례를 각각 주시는 것이 아니다.

셋째로, 요한의 세례와 메시야적 세례의 대상이 동일한 사람들이다. 요한에게 나아가서 세례를 받은 사람들이 있고, 그렇지 않은 사람들이 있었다. 요한에게 나아가서 세례를 받은 자들은 은혜를 받은 자들이다. 그 세례를 받지 않은 자들은 마음이 완악하고 강퍅한 자들이었다. 그리고 그의 세례는 메시야적 세례의 준비였다. 이와 마찬가지로, 알곡에 해당하는 사람들이 메시야적인 세례를 받게 될 것이다. 그러나 은혜를 받은 자들에게만 성령의 세례를 베풀고, 완악한 자들에게만 따로 "불"의 세례를 베푸신다고 할 수 없다.

넷째로, 마가복음 1장 8절에는 예수님께서 성령으로 세례를 주신다고 되어 있다. 마태복음과 누가복음에서는 성령과 불로 세례를 주실 것이라고 기록했는데, 마가복음에는 불이라는 단어가 생략되었다. 손에 키를 들고 타작마당을 정리한다는 내용도 마가복음에는 없다.

그렇다면, 마가복음에 나오는 성령으로 주는 세례와 마태(3:11)와 누가의 복음에 나오는 '성령과 불'로 베푸시는 세례가 다른 것일까? 그렇지 않다. 마가복음은 가장 간단하게 요약된 형태로 기록된 복음서이다. 그런가 하면, 요한복음의 기록을 통해서 어떤 부분은 더 자세하게 이해하게 된다. 마가의 생략된 구절은 마태와 누가의 내용들과 동일하다고 보아야 한다. 따라서 "성령"으로 받는 세례와 "성령과 불"로 주는 세례가 본질상 동일하다고 보아야 한다. 사도행전 1장 5절에도 "성령으로 세례를 받으리라"고 되어 있고, "불"이 빠졌다. 마태와 누가의 복음서에 나오는 "성령과 불"로 주는 세례는 오순절 사건을 의미하는 것이다. 따라서 오순절 사건의 기록에는 다시 "불의 혀"라는 기록이 나온다(행 2:3).

예수 그리스도의 메시야로서의 세례는 "성령과 불"의 세례다. 이 세례로부터 빚어지는 결과가 두 가지 측면들로 드러나는 것을 주목하고자 한다. 예수님의 첫 번째 오심에서는 메시야의 구원 사역을 완성하시고, 그의 재림에서는 역사의 종말 시점에서 심판의 불을 사용하신다.

"성령과 불"로 주는 세례란 의미는 무엇인가? 다시 강조하지만, 두 가지 세례가 있는 것이 아니다. 예수님이 주시는 세례는 오직 하나의 세례 뿐이다. 그 하나의 세례로 인해서 나타는 결과들 또는 측면들이 두 가지로 나눠진다고 필자는 해석했다. 세례 요한의 사역은 주로 백성들의 회개를 촉구하는 일이었다. 요한에게 나아와서 세례를 받은 자들은 메시야적인 심판에 대비하기 위해서 모두 회개했다. 그들은 장차 임할 "크게 두렵고 놀라운 주의 날"이 될 오순절 성령 강림을 고대하고 있었다.

사도행전 2장 17-21절에 보면, 베드로가 오순절을 설명하면서 요엘서 2장의 성취라고 설명한 것이 매우 인상적이다. 메시야가 오셔서 "성령과 불"로 주시는 세례가 있을 것이라고 예언했던 세례 요한의 선포대로 오순절 날에 놀라운 축복이 주어졌다. 동시에 이 축복은 역사의 마지막 날에 선포될 심판도 포함되어 있다. 주의 이름을 부르는 자들에게는 구원이 주어진다. 그러나 회개치 않는 자들에게는 심

판이 내려질 것이다.[15]

예수님께서는 세례 요한의 예언과 오순절을 정확하게 연결시켰다. 사도행전 1장 5절에 기록된 바와 같이, 제자들에게 오순절을 향한 마음의 기대와 준비를 갖추도록 했다. 그리고 오순절에 성령이 그들 위에 강림한 것이다.

오순절 날에 교회에 임하는 성령은 이미 요단강에서 예수 그리스도 위에 충만하게 임하신 동일한 성령이다. 누가복음에 기록된 예수 그리스도의 세례와 교회가 오순절에 받은 성령의 강림은 구속사에서 유일무이한 사건이다. 예수님이 성령을 받고서 등장하는 시점은 하나님의 나라를 시작하는 결정적인 서막이었다. 그 중요한 시점에 성령과 예수 그리스도가 함께하였다. 예수 그리스도는 하나님 나라가 이 땅 위에서 겪는 여러 시련의 단계를 경험하기 시작했다. 이 땅 위에서 종말론적인 심판의 시련을 당하기 시작한 것이다. 십자가 위에서 하나님의 진노를 당해야만 했다. 그로부터 부활하여 승리하심으로 성공적으로 등장했다.

그리고 종말론적인 절정에서는 심판이 주어질 것이다. 역시 성령과 그리스도는 함께하실 것이다. 메시야로서 등장한 예수 그리스도 위에 임한 성령 강림과 초대 예루살렘 교회가 체험하는 것은 그 전에도 없었고, 그 후에도 없었다. 동일한 모습으로 성령을 받은 사람들이 전혀 없다.

다시 한번 더 강조하면, "성령과 불"로 주는 세례란 단 하나의 세례를 의미하는 것이로되, 두 가지 측면들이 담겨 있다. 성령과 불은 함

---

15 Beale, *Union with Resurrected Christ*, 284-287.

께 통합적으로 메시야적인 세례를 가져다 주는 것이며, 두 가지 결과로 나뉘는 하나의 심판이기도 하다. 회개한 자들에 대한 축복이요, 회개하지 않는 자들에 대한 저주이다. 언약의 역사에 보면, 성령으로 인해서 회개한 자들에게는 은혜를 베푸셨다. 노아를 보존해주신 것과 모세의 인도하에 홍해를 건너던 무리들을 건져주셨음을 기억하게 된다.

세례 요한이 선포했던 "성령과 불"로 주는 세례를 이해하기 위해서, 좀 더 역사를 거슬러 올라가서 구약 성경의 본문을 살펴보아야 한다. 이 단어들의 의미를 알아내기 위해서, 보다 깊은 구원 역사 속으로 올라가 보자. 세례 요한은 구약 성경의 배경 속에서 이 구절을 가져왔다. 그는 율법과 선지자의 구약 시대 전통 속에서 살았던 마지막 선지자였다. 따라서 선지자들이 사용했던 "불"의 의미를 잘 알고 있었다. 선지자들이 "불"에 대해서 말할 때에는 "심판"을 의미했다. 메시야의 오심을 예언한 말라기 선지자의 선포를 살펴보자.

> "만군의 여호와가 이르노라 보라 내가 내 사자를 보내리니 그가 내 앞에서 길을 준비할 것이요 또 너희가 구하는 바 주가 갑자기 그의 성전에 임하시리니 곧 너희가 사모하는 바 언약의 사자가 임하실 것이라 그가 임하시는 날을 누가 능히 당하며 그가 나타나는 때에 누가 능히 서리요 그는 금을 연단하는 자의 불과 표백하는 자의 잿물과 같을 것이라"(말 3:1-2).

여기에 나오는 길을 준비하도록 하나님이 보낸 '사자'는 세례 요한이다. 그 다음 문구에, "언약의 사자"가 임할 것이라고 했는데, 이분은 예수 그리스도를 의미한다. 여기에서 언약의 사자가 사용하는 "불"이 나오는데, 이것은 심판을 의미한다(말 3:5). 하나님께서는 "선지자 엘리야"를 보낸다고 약속하셨다(말 4:5). 그는 하나님의 크고 두려운 날을 선포하여, 백성들로 하여금 회개케 하는 일을 한다. 그러나 동시에 "용광로 불 같은 날"이 이르리라고 선포한다. 불은 정화시키거나 씻는 정도가 아니라, 진노의 심판을 상징한다. 말라기서의 예언은 메시야가 오셔서 수행할 심판을 미리 예고했다. 그 심판은 불로 상징된다.

세례 요한은 누가복음 3장 17절에 나오는 키를 들고 타작마당을 청결케 하는 분의 이미지를 말라기 선지자의 예언에서 가져왔던 것이다. 곧 예수 그리스도께서 수행할 성령과 불의 세례는 두 가지 결과를 가져올 것인데, 회개와 파멸이다.

"성령"을 축복으로 주시지만, 동시에 성령은 "불"로서의 심판자의 형벌을 수행한다. 사도행전 5장에 아나니아와 삽비라가 성령을 속이고 거짓말을 했다. 자신들의 재산을 다 팔아서 하나님께 바친다는 칭찬을 받았는데, 사실은 절반을 감췄던 것이다. 이 두 사람은 주님의 성령을 시험한 자들이었다(행 5:9). 성령은 그들을 파멸에 이르도록 했다.

히브리서 12장 22절에 보면, 시내산에 모였던 모세 시대에 속한 옛 언약의 백성들과 하늘의 예루살렘, 살아계신 하나님의 도성, 시온산에 모여든 새 언약의 백성들을 대조시킨다. 성령 안에서 예배하는 특권을 누리는 교회를 향해서 우리 하나님은 악을 파괴하고 소멸하는 불이시다고 조언한다.

"우리가 흔들리지 않는 나라를 받았은즉 은혜를 받자 이로 말미암아 경건함과 두려움으로 하나님을 기쁘시게 섬길지니 우리 하나님은 소멸하는 불이심이라"(히 12:29).

결론적으로 다시 요약해 보자. 누가복음 3장 16절에 나오는 성령과 불의 세례는 하나의 세례를 의미하는 것이다. 다만 우선적으로 성령의 긍정적인 결과를 언급한 것이면서도 동시에 불로 인해서 주어질 심판의 부정적인 결과를 지칭하는 것이다.

추수의 행동 속에는 심판과 재판의 성격이 수반된다. 성령과 불로 주는 세례는 형벌을 내리는 종말론적인 재판을 상징하는 것이다. 하나님께서는 장차 모든 인류를 심판하실 것이다. 이 부어진 오순절 사건은 근본적으로 심판하시고, 형벌을 내리는 사건이다. 오순절은 법정적인 실재이다. 오순절을 가장 잘 이해하기 위해서는 전체적으로 법정에서 판결을 내리는 재판의 상황 속으로 가져가야만 한다. 그렇게 하면 할수록, 종말론적인 심판에 대해서 잘 이해할 수 있게 된다. 사도행전 2장에 나오는 오순절 날에 모든 심판이 다 베풀어진 것은 아니다. 그 날은 최종적인 심판의 일부가 시작한 날이다. 하나님의 종말론적인 최종 판결의 일부에 해당한다. 법정적인 면모가 오순절에 일어난 사건에서 가장 기본적인 구조를 이루고 있다.

4) 축복으로서 성령

오순절 성령 강림 사건의 가장 중심되는 주체는 예수 그리스도이다. 오순절 날의 근본적인 주인공은 예수 그리스도다. 사도 베드로는 오순절을 설명하면서 철저히 예수 그리스도의 사건임을 설명했다(행 2:14-40). 하늘 보좌에서 성령을 보내시는 분은 예수 그리스도다. 오직 성령의 사건으로만, 성도의 개인적인 체험으로만 축소시켜서는 안 된다. 그리스도가 모든 사건을 움직이는 가장 중요한 주연이시다. 이것은 성령을 약화시키거나 축소하려는 의도에서 하는 설명이 아니다.

오순절은 기독론적인 사건이며, 동시에 성령론적인 사건이다. 오순절에 성령에 관련한 새로운 사항들이 많이 쏟아져 나왔는데, 이와 똑같이 그리스도에 대해서도 언급해야만 한다.

오순절은 추가적인 축복을 주신 사건이 아니다.

예수 그리스도의 기본적인 구속의 사역에다가 성령의 은사들을 추가로 덧붙여주는 것이 아니다. 오순절은 그리스도가 구원을 위해서 기본적으로 성취하신 축복들 이외에 그 어떤 것도 더 보태어지는 것이 아니다. 오히려 세례 요한의 예언에서 살펴본 것을 기억할 때에, 단 한 번이지만 영원한 그리스도의 전체적인 지상에서의 사역의 일환으로 주어진 것이다. 오순절에 일어난 것이 제2차 축복이라거나 추가적인 축복이라고 할 수 없다. 예수 그리스도에 의해서 기본적으로 축복이 확정되는 것이요, 모든 축복이 질서정연하게 주어졌다.

예수님에게 성령이 강림하는 설명(눅 3:21-22)과 예수 그리스도께서 "성령과 불"의 세례를 주실 것이라는 예언은(눅 3:16)은 장차 교회에 주시는 오순절 날 성령의 강림이라는 축복으로 귀결되었다. 성령은 위로자요, 대변자요, 돕는 자이다(요 14:26, 요일 2:1).[16]

---

16   김재성, 『개혁주의 성령론』, 41-45.

하나님 나라에서는 축복받은 성도들의 기쁨과 감격이 넘친다. 하나님의 나라가 성령의 축복 가운데서 펼쳐질 것을 설명하는 내용이 누가복음 11장 1-13절에 있다.

제자들은 나라가 임하기를 기도하면서, 동시에 그 응답을 성령으로 받는다. 누가복음 11장 13절에 보면, 구하고 찾으며 두드리는 자들에게 주시는 선물이 성령이다. 하늘의 하나님께서 그 자신의 나라를 위해서 기도하는 자들에게 응답으로 성령의 선물을 주신다. 먼저 예수님께서는 기도문을 가르쳐 주셨다(11:2-4). 오순절 날에 모여서 기도하고 있던 제자들은 모두 다 성령의 임재와 권능에 사로잡혔다. 성령이 그들과 함께하였는데, 축복이자, 동시에 축복의 수단들 중에 하나였다.

4. 요단강과 오순절의 연관성

요단강 사건이 없었다면, 오순절 사건도 없었다.

요단강에서는 예수님이 물로 주는 세례와 성령을 받았다. 오순절에서는 예수님이 베푸시는 성령과 불의 세례가 시행되었다. 이 둘은 서로 뗄레야 뗄 수 없다. 예수님은 성령을 받은 분이시고, 동시에 성령을 보내시는 분이시다. 이들 두 가지 사건은 각각 구속사의 진행과정에서 매우 중요한 전기이자, 획기적인 전환점이었다. 요단강에서 시작된 성령의 부어주심은 메시야적 사역의 공적인 단계를 시작함에 있어서 필수적이었다. 그 관계가 새롭고 깊은 차원으로 전개되어서, 오순절 날의 성령 부어주심으로 드러났다.

처음 요단강 사건에서는 예수님 위에 부어졌고, 나중에 오순절 사건에서는 제자들 위에 부어졌다. 오순절의 중요성을 생각할 때에, 성령으로 충만하신 예수 그리스도의 사역에는 하나님이 함께하셨다는 베드로의 증언이 매우 중요한 결론이다. 예수님께서 육신을 입고 사역할 때에, 사도행전 10장 37-38절이 증거하듯이 성령이 부여졌고, 부활과 승천하신 예수님께서 여전히 성령을 부어주시사 제자들이 사역을 감당하도록 한 것이다.

요단강에서 예수님의 세례 장면을 기록한 누가복음 3장과 요한복음 1장의 설명이 없었다면, 예수님께서 하나님의 나라를 시작하는 모든 공생애의 사역들이 펼쳐질 수 없었다. 예수님 위에 임하는 첫 번째 성령의 강림이 없었다면, 성령으로 교회가 세례를 받는 오순절은 기대할 수 없었다. 요단강의 사건과 오순절은 내적으로 긴밀하게 연결되어 있다. 요한복음 1장 33절에, "성령이 내려서 누구 위에든지 머무는 것을 보거든 그가 곧 성령으로 세례를 베푸는 이인 줄 알라"고 설명했다.

예수님께서 세례를 받으면서 성령이 강림했던 기록과 오순절에 제자들이 성령을 받는 것은 여러 가지 면에서 유사점이 많다. 메시야에게 있어서 참된 것은 성도들에게도 역시 참된 것이다.

먼저 예수님은 요단강 사건 이후로 역사의 종말론적인 서막을 시작했다. 메시야가 그의 나라를 확장하기 위해서 사탄의 나라와 싸움을 시작했다. 여기에는 종말론적인 심판이 이미 시작되었음을 의미한다. 십자가 위에서 하나님의 진노를 담당하셨고, 부활로 인해서 성공적으로 승리하였음을 보여주셨다.

오순절은 구속 역사에서 가장 절정에 해당하는 축복의 사건이었다. 오순절은 예수 그리스도의 완성된 사역을 사도들에게 물려주는 중요한 변곡점이었다. 또한 오순절은 그리스도의 죽으심, 부활, 승천 이후에 벌어지는 사건으로, 앞에 나오는 구속 사역과 긴밀히 연계되어져 있다. 예수님은 죽으신 지 삼일 만에 부활하셨고, 사십 일 동안 제자들과 함께하셨다. 그리고 승천하신 후로부터 열흘 되었을 때에 성령이 강림했다. 예수님을 오순절은 "성령과 불로 받는 세례"의 날이었다. 장차 올 종말의 첫 열매였다.

예수님이 요단강 세례의 사건을 기점으로서 시작하신 하나님 나라와 그 선포는 매우 중요한 의미를 갖는다. 하나님의 나라가 도래한다는 관점에서 볼 때에, 예수님의 구속 역사는 크게 세 단계로 구성되어진다. 첫 단계는 예수님의 죽으심과 부활 이전까지, 둘째 단계는 십자가와 부활 사건에서부터 재림까지, 셋째 단계는 재림 이후 단계다.

지금까지 요단강 사건은 예수님의 생애와 구속사에서 부활과 재림만큼이나 주목을 받지 못하는 경향이 있어왔다. 그러나 동정녀 탄생이 지상 사역의 첫 시작이라서 중요하다면, 요단강 사건은 하나님의 나라가 첫 단계의 서막을 드러내는 가장 중요한 전환점의 사건으로 십자가와 부활에서 결말에 이르게 된다.

요단강 사건에서 성령이 예수 그리스도 위에 강림했다는 점을 강조하는 것은 그 이전에 동정녀 탄생에서 성령의 감동으로 태어났다는 점을 결코 무시하는 해설이 아니다. 누가는 예수 그리스도께서 성령으로 잉태되었다고 분명히 지적했다(눅 1:35). 이미 성령은 그리스도의 생애에 첫 출발부터 깊은 관계를 맺고 있었다. 그 후에도 예수님의 생애는 성령의 임재 가운데서 진행되었다. 키가 자라고 강하게 되었고, 지혜가 충만해졌으며, 하나님과 사람들에게 사랑을 받았다

(눅 2:52). 예수 그리스도가 사람의 본성을 입고 있었기에 성령을 부어 주시는 것이 필요했다는 측면을 잊지 말아야 한다.[17] 물론 성자의 신성이 성령과의 교통을 필요로 하지 않는다는 의미는 아니다.

5. 교회를 통해서 확장되는 나라

오순절은 예수님의 성육신, 죽으심, 부활, 승천에 연결된 매우 중요한 사건이다. 하나님의 구속 역사 속에서 서로 긴밀하게 연결된 사건들 중에 하나이다. 오순절은 예수님의 승천 후 열흘 만에 이뤄진 것으로, 서로 직접 연결되어져 있다. 승천하신 예수님께서 높은 보좌에 오르셔서 베푸시는 성령과 불의 세례가 시작된 날이다. 교회의 역사가 시작된 날이며, 새로운 성령 공동체의 출현이다.[18]

하나님의 통치와 영역으로 구성된 종말론적인 나라가 각 단계를 거쳐서 시행되어 가던 중에, 드디어 존귀케 되신 예수님이 성령을 하나님 나라의 선물로 주신 것이다. 성령이라는 선물을 교회에 주셔서, 보고 듣는 상징들을 소유하게 하신 것이다(행 2:33).

오순절은 예수님의 십자가, 부활, 승천, 보좌에 앉으심에 이어지는 사건, 즉 성령 부어주심이 일어난 날이다. 예루살렘에서 공생애 기간 동안에 예수님께서는 "나를 믿는 자는 성경에 이름과 같이 그 배에서 생수의 강이 흘러나오리라 하시니 이는 그를 믿는 자들이 받을 성령

---

17 Vos, *Biblical Theology*, 348-50.
18 G. H. Lampe, *The Seal of the Spirit: A Study in the Doctrine of Baptism and Confirmation in the New Testament and the the Fathers* (London: SPCK, 1967).

을 가리켜 말씀하신 것이라 예수께서 아직 영광을 받지 않으셨으므로 성령이 아직 그들에게 계시지 아니하시더라"(요 7:38-39). 예수님이 언급한 이런 미래의 축복이 사도행전 2장 33절에 실제로 입증되었다.

오순절은 구속사의 중심 사건이다. 교회마다 종종 오순절 집회를 하는데, 과거로 되돌아간다거나, 과거의 사건을 재현하는 식으로 집회를 이끌어서는 안 된다. 엄격하게 말하면, 이미 예수님의 구속 역사 속에서 오순절은 단번에 완결된(once for all) 사건이다.[19]

지금도 성령은 역사하신다. 모든 교회 안에서 오순절의 효과는 지속되고 있다. 교회의 성령 집회 혹은 부흥회가 오순절 사건들의 외형적인 것들을 그대로 답습하려고 하는 것은 올바른 성경 해석에 근거한 것이 아니다. 성령의 부으심에는 어떤 공식이 있는 것이 아니다. 개인의 삶 속에서 성령이 어떻게 영향을 주고, 어떤 방식으로 효과를 발휘하는가에 대해서는 교회의 역사와 많은 성도들의 생애 속에서 교훈들을 얻어야만 한다. 수많은 성령 운동가들과 신사도 운동가들의 허망한 실패를 답습해서는 안 된다.[20]

성령의 사역과 효과는 사람이 계산을 할 수 없다. 예수님께서는 성령의 중생을 사역을 니고데모에게 설명하시면서, 바람이 부는 것과 같다고 하셨다(요 3:8). 사람의 이해 수준에서는 성령의 주권적 사역은 예측할 수 없고, 예상할 수 없다. 성령의 사역에 대해서 신학적인 공식을 만들려는 자들이 있는데, 결코 사람이 성령님의 운행을 계산할 수 없다. 오직 존귀와 명예와 영광을 성령님에게만 돌려야 한다.

---

19 Gaffin, *In the Fullness of Time*, 128.
20 김재성, 『교회를 허무는 두 대적, 신사도 운동과 변질된 현대 신학』 (킹덤북스, 2011).

그 어떤 신학자라도 성령론을 세워나감에 있어서, 성경에 설명되지 않은 불명확한 것을 진리로 강요해서는 결코 안 된다. 치유, 방언, 통역, 예언, 권능의 임하심 등등 직통 계시의 은사들에 대해서도 역시 오직 영광은 예수 그리스도에게만 돌려져야 한다.

오순절의 성령 강림은 이어지는 사도행전의 기록에서 크게 확장되어 나갔다. 모든 민족들을 위한 복음 확산이 전개되면서, 성령의 적용 사역이 여러 곳에서 교회를 결성하도록 작용하였다. 그래서 일부에서는 오순절을 반복된 성령 운동의 전형으로 간주하여 그대로 재현하려고 한다. 물론 오순절 사건의 반복처럼 여겨지는 내용들이 사도행전 8장, 10-11장, 19장에 기록되어져 있다. 그러나 이들 각각의 경우들을 자세히 관찰해보면, 오순절과 동일한 내용으로 예수 그리스도를 고백하지만, 예루살렘 교회에서 일어난 현상들과 정확하게 동일한 형식과 똑같은 방법으로 성령의 강림을 체험한 것은 아니다. 성령은 사모하는 모든 사람에게 강림하지만, 일만 가지 방식으로 주권적인 능력을 발휘하신다.

오순절은 예수 그리스도의 죽으심, 부활, 승천에 긴밀히 연결되어 있으며, 구속 역사 속에서 이들 중요한 사건들은 모두 다 단번에, 영원한 영향을 끼치고 있다. 오직 단 한 번에 결정적으로, 사도적 특성을 수반하는 오순절은 구속 역사 속에서 가장 기초가 되는 사건들 중에 연속되어져 있다. 이러한 구속 역사의 진행 과정에 대해서 기본적으로 안목을 갖춰야만 오순절 사건에 대한 성경적 기초를 세울 수 있다.

1) 내 교회를 세우리라

예수님께서는 완전히 새롭고, 중요한 역할을 하는 교회를 세우셨다. 마태복음 16장 18-19절에, 예수님이 세우신 교회가 복음 사역을 통해서 하나님의 나라를 열고 닫는 중대한 사명을 수행한다고 선포되었다.

예수님의 공생애 기간 중에서 왜 이때에 이르러서 교회를 언급하셨던가에 주목해야만 한다. 베드로가 "당신은 그리스도이시며, 살아계신 하나님의 아들입니다"고 매우 중요한 신앙 고백을 하였다. 예수님께서는 수많은 불신자들 가운데서 최초로 자신의 메시야 되심을 고백하는 "반석"(베드로) 위에 교회를 세우겠다고 선포하셨다. 반석은 흔들리지 않는 견고성의 이미지를 갖고 있다. 이 대화를 나눈 가이사랴 빌립보 지역은 각종 산당들과 우상들의 전각들이 많았던 곳이었다.

베드로의 고백은 예수님의 외모를 보고 거부하던 군중들과는 달리, 하늘의 아버지로부터 온 계시를 받았기에 나온 것이었다. 예수 그리스도는 참된 메시야의 속성들을 모두 가지신 분이라고 고백하게 되었다. 교회의 가장 중요한 특징은 예수님을 메시야로 고백하는 자들의 모임이라는 것이다. 교회 밖에 있는 사람들은 이러한 신앙 고백이 없다.

예수님께서는 그냥 교회를 건설하는 것이 아니라, "내 교회"를 세우겠다고 말씀하셨다. 예수님을 메시야로 고백하는 자들의 공동체는 그냥 옛날의 사건들을 암기하거나, 특수한 교훈들을 암송하는 것이 아니다. 교회는 지속적으로 살아있는 메시야의 역사 속에서 존재한다. 이것이 "내 교회"의 의미에 담겨 있는 중요한 특징이다.

또한 그리스도는 교회 안에서 유일한 왕으로 통치하신다. 베드로의 고백 위에 교회를 세웠더라도 그 교회는 베드로의 것이 아니다. 교회는 첫 설립 시에 참여한 어떤 유력한 지도자의 것이 될 수 없다. 교회는 예수님이 주신 천국의 열쇠를 가지고 사역하는 곳이다.

> "교회는 이스라엘의 옛 회중들을 대체하는 새로운 모임이다. 그곳은 메시야로서 예수님에 의해서 형성되었고, 메시야적인 통치 아래서 세워져간다."[21]

예수님께서 교회에 주신 천국의 열쇠는 선포와 증거의 사역들을 통해서 지상 명령을 수행하는 가운데서 실현된다(마 28:19-20). 로마 교황청에서는 베드로의 수위권과 교황의 통치권을 의미한다고 주장하지만, 개혁주의 신학자들은 단호히 그 오류를 지적했다.[22] 사도들은 천국을 열기도 하고 닫기도 하며, 묶기도 하고 푸는 일을 한다. 곧 사도들의 복음 증거 사역은 천국의 허락과 금지의 양면성이 수반된다. 예수님께서는 서기관들과 바리새인들이 "천국 문을 닫고, 들어가려 하는 자들도 들어가지 못하게 한다"고 질타했다(마 23:13-24). 그들은 무거운 짐을 지우기도 하며, 어떤 일을 부과하며 명령하기도 하고, 어떤 것은 금지하도록 권세를 사용했다는 뜻이다.

천국의 사역들이 지상에서 수행되어지고 있는데, 교회를 통해서 드러난다. 교회는 보이지 않는 영적인 하늘나라의 진행 과정을 제시한다. 베드로는 사도행전 2장 36절에서, 예수 그리스도의 승천 이후

---

21 Vos, *The Kingdom and the Church*, 79.
22 김재성, 『현대 개혁주의 교회론 2권』, 451.

의 관점에서 "메시야와 주님"이 되셨다고 선포했다. 따라서 예수님은 자신이 영광스럽게 되신 후에야, 신약의 새로운 형태와 단계에서 성령을 부으사 교회를 세우신 것이다.

승천하신 예수님께서 하늘 보좌에서 왕권을 행사하시면서, 오순절에 예루살렘 교회를 세웠다. 하나님의 나라가 확산되어 나가는데 있어서, 예루살렘에서 시작된 교회의 역할이 중요하다는 것을 인식하도록 예수님은 심혈을 기울여 설명했다.

> "이같이 그리스도가 고난을 받고 제삼일에 죽은 자 가운데서 살아날 것과 또 그의 이름으로 죄 사함을 받게 하는 회개가 예루살렘에서 시작하여 모든 족속에게 전파될 것이 기록되었으니 너희는 이 모든 일의 증인이라"(눅 24:46-48).

부활하신 후 승천하신 주 예수 그리스도는 하늘에서도 중보자 사역을 지속하신다. 오순절의 성령 부으심과 교회의 탄생을 통해서, 하나님의 나라가 지속적으로 확산되어 나간다. 하나님의 나라는 그리스도의 부활 승천 이후에 새로운 차원으로 전개되었는데, 성령의 강림을 통해서 역동적으로 움직이게 되었고, 모든 나라와 민족들에게 전파되었다. 예수님의 승천과 오순절 성령의 강림 사건 이후로는 신약의 교회가 하나님의 나라의 대행 기관으로서 중차대한 임무를 수행하고 있다.

성도들은 예수 그리스도의 몸된 교회에 속한 지체들이다. 동시에 우주 만물의 창조자이자 주인으로서 통치하시는 예수님의 돌보심 가운데서 살아간다. 하나님의 나라가 예수님을 통해서 세상에 도래하게 되었는데, 교회도 역시 지상에서 구속 사역을 완수하신 예수님이 직접 세우셨다. 하나님의 나라와 교회가 이처럼 상호 간에 깊은 연관성을 갖고 있다.

교회는 하나님의 나라가 이 세상을 향해서 빛을 발휘하는 과정에서 가장 중요한 대행 기관으로 작동하고 있다. 교회는 승천하신 예수님을 머리로 하여, 모든 지체들이 서로 연합되어진 공동체인데 그들은 모두 다 하늘나라의 시민권을 갖고 살아간다. 교회는 오직 종말론적으로 성취 되어질 하나님의 나라에만 소망을 두고 있다.

메시야이신 주 예수 그리스도와 교회 사이에 긴밀한 연관성을 생각해 보자.

메시야는 장차 백성들의 왕이시다. 그분은 하나님께서 자신의 양떼들을 모으고, 돌보는 목자이시다. 따라서 예수님은 구약 시대에 하나님의 백성들에게 주셨던 것과 똑같이 심령이 가난한 자들에게, 의에 주리고 목마른 자들에게 축복하셨다. 이런 사람들은 하나님의 나라에서 축복을 누리게 된다.

> "하나님의 나라는 먹는 것과 마시는 것이 아니라, 오직 성령 안에 있는 의와 평강과 희락이다"(롬 14:17).

로마서의 이 구절은 하나님의 나라에 속하는 성도들이 받는 축복들을 압축적으로 표현한 것이다. 성령이 작동하는 영적인 영역에서 하나님 나라의 시민들은 의로움, 평화, 즐거움을 누리게 된다. 이 세상에 사는 동안에, 총체적으로 주어진 이런 축복들은 성령의 충만하심 가운데서 교회 공동체가 누리고 있다.

예수 그리스도는 열두 사도들을 직접 불러서 제자로 삼았다. 새로운 이스라엘의 완전수에 해당한다. 구약 시대에는 열두 지파를 근간으로 하여 토지를 분할했고, 각 지역마다 족장을 중심으로 하여 살았다. 하나님의 나라가 등장한 이후에, 전혀 기대하지 않았던 방식으로 오신 메시야가 자신과 교회를 연결시켰다.

교회라는 단어는 이미 구약 성경에서 "카할"이라는 히브리어로 쓰여진 개념을 이어받았다. "하나님의 백성들의 회중, 이스라엘의 모임"이라는 뜻으로 이미 구약 시대부터 내려오던 것이다. 이스라엘 백성들의 모임은 하나님과의 언약을 맺은 백성들이자, 약속들을 받은 자들이다.

예수님이 사용하신 헬라어, "에클레시아"는 전혀 새로운 단어도 아니요, 새로운 개념도 아니다. 이미 그리스 도시 국가에서 투표권을 가진 "백성들의 모임"이라는 의미로 사용되어져 오고 있었다. 그러나 예수님께서 자신의 "교회"를 세우리라고 말씀하심에 따라서, 택함을 받은 자들로서 새 언약에 동참하는 은혜를 입게 되었다. 예수님을 통해서 하나님의 나라가 도래했을 때에, 교회가 세상을 향해서 하나님의 나라를 드러내는 빛을 발휘하는 기능을 하게 된 것이다. 교회는 하나님의 나라가 이 세상 속에서의 존재하는 방식이기도 하다. 교회는 하나님의 나라가 펼쳐지는 향연을 세상을 향해서 감당해 가고 있는 것이다.

교회가 세상의 모든 민족들과 모든 나라들을 향해서 펼치는 사역들은 모두 다 하나님의 나라에 속하는 권능이 발휘되기 때문이다. 예수 그리스도 안에서 하나님의 구원 역사가 진행되어 나가는 가운데서, 교회의 종말론적인 특성이 드러나게 된다.

일부 신학자들은 하나님의 나라와 교회와의 관계성을 외면해 버린다. 그들은 교회를 사회적 현상으로 취급한다. 하나님의 나라는 영적이며, 신적인 것이라고 분리시켜 버린다. 그러나 교회에 대한 첫 언급을 자세히 살펴보면, 마태복음 16장 16절 이하에서, 교회를 위해서 일하게 되는 말씀의 사역자들은 "천국의 열쇠"를 부여받았다. "내 교회"를 세운다고 하신 주 예수 그리스도는 먼저 저주를 당하시고 자신을 죽으심으로 많은 사람들의 대속 제물로 바치셨다(막 10:45). 성부 하나님께서 사람으로 오신 성자 예수님에게 임무를 맡기셨듯이(눅 22:29), 이제부터는 하나님의 나라를 교회에 지정해서 펼쳐나가게 하였다. 하나님 나라와 교회 사이에는 이처럼 긴밀한 연관성이 있는 것이다.

교회는 예수 그리스도 안에서 성취된 위대한 구속 사역들이 때를 따라서 펼쳐지는 곳이며, 미래를 향해서 소망을 제시하고 있다. 교회가 세상 속에서 결코 무너지지 않고 지탱해 나갈 수 있는 것은 예수 그리스도의 구원이 역사 속에서 현재 진행되었고, 또한 미래에도 진행될 것이기 때문이다. 하나님의 나라는 과거와 미래에 연결되어 있기에, 결코 중단되지 않는다.

우리들의 시대에 교회가 과연 정당한 역할을 감당하고 있느냐는 의심을 제기하는 사람들이 많다. 교회가 합당한 역할을 수행하는 곳이냐는 반문이 나올 수밖에 없는 사건들이 많이 있다. 현대 교회의 지도자들은 이런 질문들에 대해서 결코 무시해서는 안된다. 각 국가별로 구체적인 어떤 교회를 특정하지 않더라도, 교회 내부의 문제들이 터져나고 있다. 그러나 지상의 교회가 각종 약점들과 오점들로 얼룩져 있다 하더라도, 그 기초가 그리스도의 구속 사역이기에 교회의 통일성과 정당성을 무너트릴 수 없다. 교회를 부패하게 만든 사역자들이나, 종사자들은 세월이 지나가면서 사라질 것이다. 세대가 흐르고, 한동안 주역을 담당했던 사람들은 떠나가고 바뀌게 되며, 심지어 교회당 건물들도 통폐합에 따라서 사라지는 경우도 많다. 그러나 교회의 정당성은 무너지지 않는다.

교회는 예수 그리스도 안에서 성취된 하나님의 위대하신 일들에 대한 전파의 사명을 감당하고 있는데, 그 기초는 사도적 증거이다. 사도들은 그리스도에 대해서 풍성하고도 실감나게 증언한 사람들이며, 교회의 초석들이 되었다. 교회의 통일성과 정당성은 사도성이라는 특성 속에 내재하고 있는 것이다. 참된 교회가 있는 곳에는 사도들의 증거가 있다. 따라서 교회는 참된 통일성을 유지하게 된다. 또한 하나님 나라의 교회가 그것들을 계시한다.

하나님 나라의 관점에서 살펴볼 때에, 비로소 교회가 무엇이냐에 대한 분명한 개념을 갖게 된다. 하나님의 나라는 교회로 하여금 세상과의 관계를 맺고 있음을 명확하게 규정해 준다. 교회는 사도적 기초 위에 세워졌으며, 그 자체의 존재 방식과 운영 규칙을 갖추고 있다. 그러나 교회가 세상 속에서 오직 하나의 기관으로서만 존재하는 것은 아니다. 교회는 세상 속에서 보다 적극적으로 받아들여지도록 노력하여야만 하는 곳이다. 교회는 세상에 나아가서 씨를 뿌리는 일을 하는 곳이다. 세상은 하나님 나라의 복음, 즉 씨를 받아들이는 밭이다.

교회의 모든 일들은 하나님 나라의 본질과 어울리는 것에만 집중하여야 한다. 하나님의 나라는 범위에 있어서 보편적이다. 교회의 보편성이라는 특징이 바로 하나님의 나라가 지닌 특성에서 나왔다. 하나님의 나라에 속한 자들은 남자와 여자, 노인과 어린 아이, 유대인과 이방인, 먼저 된 자와 나중된 자의 차별이 없다. 마찬가지로 교회의 구성들은 전혀 차별이 없다. 세상의 수평선처럼, 교회의 보편성은 넓고도 넓다.

하나님 나라의 교회이기 때문에 모든 증거와 선교의 사역에서도 강권적이다. 교회는 선교와 복음 전파의 사역을 수행하도록 독촉을 받고 있다. 교회는 결코 소속된 자들만 보호하며, 오직 출석하는 자들만을 관리해서 현상 유지에 힘쓰는 노력에 그쳐서는 안 된다. 고난의 십자가를 지고 최전방 기독교의 불모지에도 뛰어 들어가라는 선교적 명령을 수행하여야 한다.

교회는 미래를 향해서 준비하고 간구하며 소망을 품는다. 하나님 나라의 교회이기에 현재 세상에서 교회에게는 모든 재능들과 은사들이 주어진다. 그러나 교회의 주님은 곧 오실 것이다. 주님을 고대하며 준비하는 일이 교회의 임무이다. 주님은 내가 준 재능들을 가지고 무엇을 했느냐 물어보실 것이다. 교회가 얼마나 어떤 수확을 했느냐고 계산할 것이다.

물론 주님을 사모하며 바라보는 것이 교회의 임무 중에 하나이다. 각종 유혹들과 우상 숭배 속에서도 주님에게만 영광을 돌리는 성도들의 생애는 소중한 것이다. 지혜로운 다섯 처녀와 같이, 기름과 등불을 준비하고 장차 열리게 될 하나님 나라의 혼인 잔치를 준비하는 것이야말로 이 땅 위에 있는 사람들에게 하나님의 나라를 제시하는 일이기 때문이다.

2) 그리스도와 교회와의 연합

바울 사도의 설교와 편지 가운데서 구원의 적용에 관해서 설명해는 단어가 "그리스도 안에"(en Christo)로 표현되어져 있다. 이 문구는 매우 중요한 의미가 담겨져 있다. 바울 사도는 여러 곳에서 교회가 그리스도와 함께 죽었다가, 다시 살았다고 서술했다. 그리스도가 죄인으로 있던 우리를 위해서 죽으셨다(롬 5:8). 그로 인해서, 객관적으로 속죄의 피를 흘리셨기에, 우리가 그리스도를 믿음으로 의롭다하심을 얻는다. 그러나 단순히 한 번에 끝나는 것이 아니라는 점을 바울 사도는 거듭해서 강조하고 있다. 그가 "그리스도 안에"라는 표현을 계속해서 사용하는 것은 우리를 위해서 죽으시고 부활하신 그리스도와 연합된 신분이라는 것을 강조하기 위함이다.[23]

우리가 그리스도 안에 있다는 표현은 과연 무슨 뜻인가?

사도 바울이 영적인 비유를 제공한 것인가? 내용은 없지만, 보이지 않게 영혼이 연결되어 있다는 것인가? 혹 바울 사도는 남다른 영적 체험을 가졌던 분이었으니까, 그리스도와의 신비적인 연합을 의미하는 것인가? 아니면, 영적으로 죽음과 부활의 체험을 다시 하도록 능력을 불어넣는다는 의미인가? 그러나 이런 의미들과는 전혀 다르다는 것을 생각해야 한다.

사도 바울은 그 어떤 예외도 없이, 전 교회에 대해서 그리스도와 함께 죽었던 존재라고 지적하였다. 골로새서 3장 1절에, "너희가 그리스도와 함께 다시 살리심을 받았으면 위의 것을 찾으라 거기는 그리스도께서 하나님 우편에 앉아 계시느니라"고 하였다. 이는 "너희가 죽었고 너희 생명이 그리스도와 함께 하나님 안에 감취었음이니라. 우리 생명이신 그리스도께서 나타나실 그 때에 너희도 그와 함께 영

---

23 Ridderbos, *When the Time had fully Come*, 53.

광 중에 나타나리라"(골 3:3).

종교 개혁의 신학자들이 발견한 것 중에 하나는 시간적으로 그리스도가 우리를 위해서 죽으시고 부활하셨으며, 그리스도와 그의 백성들 사이의 영적인 연합은 그 후에 일어난다. 우리가 그리스도 안에 있다는 것은 영적인 결합을 의미한다.

하이델베르크 교리문답서 16번, "그리스도가 우리를 위해서 죽으셨다. 그로 인해서, 그리스도의 십자가상에서 죽으심과 희생으로부터 우리가 얻는 혜택이 무엇인가?" 그 해답은 그리스도와 함께 우리들의 옛사람이 못 박히고, 죽임을 당하고, 장사지낸 바 되었다는 것이다. 이제는 그리스도의 권능으로 인하여, 우리들 안에 육체의 타락된 이끌림이 더이상 지배하지 않는다는 것을 의미한다. 우리가 그리스도 안에 있으며, 못 박히고, 죽었다는 것은 그리스도가 우리를 위해서 하신 것과 그리스도 안에서 단번에 성취하신 것을 영적으로 교통하며, 개인적으로 실존적인 지불하심을 의미한다.

그리스도 안에 있다는 것과 그리스도와 함께 죽었다가 다시 살았다는 표현은 사실상 구별이 가능하지만, 사도 바울은 동일한 연합의 내용으로 풀이했다. 에베소서 2장 6절에서는 그리스도 예수 안에서 우리가 함께 하늘나라에 앉게 하셨다고 했다. 골로새서 3장 4절에서는 교회가 그리스도와 함께 영광스럽게 돌아올 것이라고 하였다. 바울 사도는 구약 성경에 제시되었던 미래 위대한 메시야에 대한 표현들 속에서 이러한 하나됨의 모습을 발견했다. 다니엘서 7장에 인자가 등장하는데, 그 가장 높으신 분은 성도들을 대표하는 분이다. 예수님께서 인자가 자기 목숨을 많은 사람들의 대속물로 주려고 오셨다고 말씀하셨다. 인자는 자기 몸과 피를 자기 백성들에게 주시고 그들의 음식이자 음료가 되셨는데, 이것은 메시야와 그의 백성들 사이의 하나로 결합됨을 의미한다.

따라서 그리스도와의 연합을 성도의 영혼과의 초월적이요, 신비적인 결합으로 해석 해서는 안 된다. 사도 바울이 거듭해서 그리스도와 합하여 죽었다가 다시 살아나고, 종말의 날에 함께 영광을 나누게 될 것이라고 하였다. 이것은 그리스도와의 연합이란 교회 공동체가 객관적으로 다 함께 참여하는 것이라는 의미가 된다. 그리스도가 먼저 죽었고, 이후에 그리스도의 사람들이 영적으로나 신비적으로 죽었다가 다시 살아난다는 의미가 아니다. 그리스도가 골고다 위에서 죽었을 때에, 그리스도의 사람들도 그와 함께 죽었다. 그리스도가 아리마대 요셉의 무덤에서 살아나셨을 때에, 성도들도 그와 함께 살아났다. 고린도후서 5장 14절에, 한 사람이 모든 사람을 위해서 죽었은즉, 모든 사람이 죽은 것이라고 우리는 판단한다. 그밖에 다른 서신에서도 "우리도 죽었다"고 말했다(골 3:3). 또한 "죄에 대하여 죽었던 우리가 어찌하여 그 안에서 더 지속해서 살려고 하겠는가"(롬 6:2)고 지적했다. 바울 사도는 신실한 개인의 회심에 대해서 설명한 것이 아니다. 그리스도의 죽음 안에 포함되었던 성도들에 대해서 말한 것이다. 이런 동일한 연합의 선상에서, 부활에 대한 것도 설명되어졌다. 하늘에서 존귀케 되신 그리스도는 교회와 함께 돌아오신다.

바울은 구속의 역사를 통해서 볼 때에, 교회가 그리스도의 종말적인 사역의 위대한 진행 가운데서 참여하게 될 것이라고 확신했다. 사람의 종교적 체험에 근거하는 것이 아니라, 오직 그리스도의 공로에 의지하여 이뤄진다. 예수 그리스도에게 일어난 모든 일은 교회에 일어난 일이다. 비유적으로나 상징적으로 일어난 일이 아니라, 단어의 역사적인 의미 가운데서 발생한 일이다. 교회는 구원의 위대한 역사의 모든 단계들과 장면들 속에서, 그리스도 안에 과거에도, 현재에도, 미래에도 포함된다.

아담에게 일어난 일이 전 인류에게 동일하게 일어났다. 아담이 죄와 죽음에 처해진 것처럼, 모든 인간들에게도 주어졌다. 모든 인류는 아담 안에서 존재하였으니, 그는 옛사람을 대표했었다. "모든 사람이 아담 안에서 죽은 것같이, 그리스도 안에서 모든 사람이 살아날 것이다"(고전 15:22). 여기에서도 "아담 안에서"라는 문구가 더 이상 신비적이거나 영적인 연합으로 해석할 수는 없을 것이다. 모든 사람이 아담 안에 포함되어진다는 의미이다. 이 연합에는 단번에 영원히 함께하는 공동체 개념이 들어 있다.

이제 우리는 둘째이자 마지막 아담, 예수 그리스도 안에 연합되었다. 이들 두 아담은 서로 대립되며, 각각의 시대를 대변했고, 두 부류의 존재를 대표한다. 아담 안에 있는 자들은 육체라고 하는 첫 번째 존재 방식으로 살았다. 그리스도 안에 있는 자들은 종말론적인 마지막 시대의 존재 방식으로 항상 공동체적인 의미에서 하나이며, 그리스도 안에서 모두 다 포함되어진다. 인류는 아담 안에서 살아왔고, 교회는 그리스도 안에서 예정되었다.

"그리스도 안에서"는 비밀스럽게 이뤄지거나, 어떤 초현실적이고도 신비적인 방식으로 이뤄지는 것이 아니다. 칼빈은 성령이 접착제이기에 그리스도와의 연합은 영원히 떨어지지 않는다고 하였다.[24] 성령이 서로를 묶는 끈이 되어서 머리가 되신 그리스도에게 교회가 연

24　John Calvin, *Institutes of the Christian Religion*, III, i, 1.

결되는 구속 역사적인 방식이고, 종말론적 방식이기도 하다. 그리스도의 구속사적인 성취가 있은 후에는 구원받은 공동체인 교회가 세워졌고, 모든 회원들은 영적으로 연결된 그리스도의 몸이요, 지체의 일부가 된다. 그래서 교회가 그리스도 안에서 택함을 받았다고 바울 사도가 설명한 것이다(엡 1:4). 그리스도 안에서 믿음을 가진 자들을 택하여서 교회를 이루게 하였다. 그리스도 안에 있는 교회는 동시에 성령 안에 있다(롬 8:9). 교회는 그리스도 안에 있으며, 이미 요셉의 무덤에서 일어난 그리스도의 부활은 교회의 칭의이다.

그리스도 안에서 계시된 바와 같이, 구속의 진행 과정 가운데서 그리스도와 그의 백성들의 하나됨이 드러났다. 구속사의 절정에 있는 십자가, 죽으심, 부활, 승천, 하늘의 시민권 등에서 이런 하나됨이 일관되게 본질적인 부분을 이루고 있다. 그리스도와의 연합은 종교적인 환상이 아니며, 극단적이 신비주의가 아니다. 더구나 회의적인 신학도 아니요, 단지 그리스도의 구속 역사가 전개되어지는 것이다. 이러한 구속 역사만이 유일하게 교회로 하여금 그리스도의 사랑을 알게 만들어주는 것이다. 이 깊고도 넓고, 크고, 높은 사랑을 깨우치는 것이 그 어떤 것보다 더 고상한 최고의 지식이며, 이로 인해서 교회가 하나님의 충만하심으로 충만케 되어지는 것이다.

이러한 진리를 사도 바울은 터득하였기에, 로마서, 에베소서, 갈라디아서, 골로새서 등 교회에 보내는 편지에서 가장 중요한 핵심 교리를 강조한 것이다. 바울 사도는 교회가 그리스도와의 연합체라는 것을 반드시 알아야 할 핵심 진리로 제시하였다. 위대한 구속 역사의 구조 가운데 교회가 그리스도와의 연합된 공동체라는 것을 인식하여야만 한다.

오늘날은 참으로 교회의 존립이 위태로운 시대에 처해 있다. 교회 안팎에서 밀려오는 도전과 비난들이 쓰나미와 같다. 교회를 지상에서 쓸어버리고자 덤벼드는 기세가 태풍과도 같다. 현대 교회가 처한 현실이 너무나 엄중하고 어렵기만 하다. 그러기 때문에 현대 교회와 성도들은 더욱더 확고한 비전을 품고 이겨내야 한다. 이렇게 하나님의 나라가 장차 재림의 날까지 전개되어 나가는 큰 구조에서, 그리스도와의 연합을 이해하게 될 때에, 성도가 누리게 되는 모든 혜택들과 은혜가 얼마나 엄청난 축복인가를 인식할 수 있다. 하나님께서 베푸시고자 하는 은택들은 예수 그리스도 안에서 믿음을 고백하는 자들에게만 제한적으로 제공하신다.

전 세계적으로 볼 때, 현대 교회가 능력과 힘을 제공받는 방식을 혼돈하는 경우가 많다. 안타깝게도 은사주의 운동이 강력하게 널리 퍼지면서, 초자연적인 성령의 은사들과 능력 체험을 구하는 방식을 따라갔던 교회들이 많았다. 최근에는 아예 직통 계시를 받아서 내일을 예비해야 한다고 주장하는 자들이 늘어났다. 이들의 위험성은 이미 드러났다. 성경에 기록된 하나님 나라와 구속의 역사 안에서 진행된 예수 그리스도의 객관적 사역들을 간과해 버리고, 아주 극단적인 방식에 사로잡혀서 예언으로 몰두해 버린다는 점이다.

하나님께서는 구원의 모든 사건들 속에서 간섭하시고, 그리스도 안에서, 특히 그의 십자가와 부활 가운데서, 그리고 그의 하늘로 승천하심 안에서, 최종적으로는 성령 안에서 성도들과 함께 연합하였다. 복음 이외에, 즉 예수 그리스도의 역사 속에서 단 한 번에 일어났던 사건들과 말씀 이외에 다른 방법으로 죄인을 구원하는 길을 제시한 적이 없다. 하나님께서는 오직 그리스도의 죽으심과 영광 가운데서 진행된 인류 구원의 역사 속에서만 죄인을 건져내는 길을 펼치셨다.

신약 성경은 그리스도와의 연합을 강조하면서 그리스도의 몸인 교회가 지니고 있는 특징으로 풀이했다. 사도들이 오직 단 하나의 메시지, 그리스도의 모든 구속의 역사만을 중심하여 복음을 선포한 이유는 그리스도 안에 있는 자들에게만 하나님 나라의 혜택들이 제공되기 때문이다.

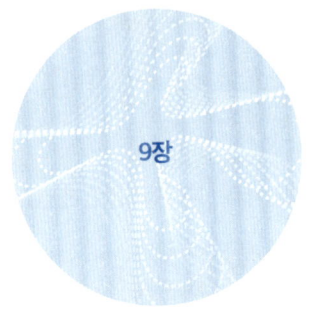

하나님 나라의 새 계명

하나님 나라는 사랑의 왕국이다. 모든 성도들은 사랑을 받았고, 또 사랑을 나누며 살아간다. 천국에 소속된 성도가 땅 위에서 살아가는 동안에 실천해야 할 덕목들이 있다. 최종적으로 하나님의 나라가 펼쳐질 때에, 모든 성도들은 새롭게 된 몸으로 영광스러운 예수 그리스도의 사랑을 받은 신부로서 혼인 잔치와 같은 축제에 참여할 것이다.

1. 산상 보훈의 윤리적 교훈

현재 이 세상을 살아가는 동안에 반드시 실천해야 할 덕목들이 산상 보훈에 담겨 있다. 하나님의 나라를 통치하고 다스리는 예수님의 가장 중요하고도 인상적인 가르침이다. 첫 말씀이 "심령이 가난한 자는 복이 있나니 천국이 저희 것임이다"(마 5:3)고 시작한다. "의를 위하여 핍박을 받는 자는 복이 있나니 천국이 저희 것임이다"(마 5:10)고 강조되었다. 이처럼, 하나님의 나라를 드러내는 성도들의 삶은 가난하고 핍박을 당하는 가운데서도 포기하거나 울분에만 사로잡히지 않는다.

산상 보훈에서 펼쳐진 보석같이 중요한 지혜의 가르침은 하나님 나라의 축복과 소망이다. 산상 보훈은 신약 성경 복음서 속에서 두 곳에 나오는데, 마태복음 5장에서 7장까지, 그리고 누가복음 6장 20-49절에 기록되어 있다. 특히, 마태복음에는 전후 문맥과 전체 구조를 파악할 수 있도록 상세한 설명이 담겨 있다. 특히 마태복음 5장 17-48절까지에 나오는 대조적인 설명이 가장 돋보이는 부분인데, 예수님은 율법에 대해서 서기관과 바리새인들이 얼마나 왜곡하고 있는가를 정확하게 밝혀주셨다.

예수님은 이미 갈릴리에서 공적인 사역을 시작하셨고, 회당들에 가셨을 때마다 하나님 나라의 복음을 선포하고 여러 가지 유형의 병자들을 고쳐주셨다(마 4:23). 그런 영향으로 갈릴리의 언덕에 많은 사람들이 모여들었는데, 그들에게 산상 보훈이라는 주옥 같은 설교를 하셨다. 하나님 사랑과 이웃 사랑, 심지어 원수까지도 사랑하라는 것이 새 계명에서 가장 중요한 핵심이다.

또한 천국에 속한 자의 생활 원리와 윤리적 지침을 풀어 나가는 구조적 전개도 뛰어나고 혁신적이다. 예수님의 선하심과 아름다움이 반영되었기에, 표현상 문학적으로도 너무나 아름답게 서술되었다. 구약 성경과 신약 성경 전체의 중심 진리를 압축해 놓은 것이요, 그 어떤 부분에서도 찾아볼 수 없는 복음의 내용과 구성의 탁월함이 돋보인다.

산상 보훈을 모두 다 들었던 군중들의 반응은 놀라움 그 자체였다.

> "예수께서 이 말씀을 마치시매 무리들이 그 가르치심에 놀래니 이는 그 가르치시는 것이 권세 있는 자와 같고 저희 서기관들과 같지 아니함일러라"(마 7:28).

그 이전에는 단 한 번도 들어본 적이 없는 주옥 같은 말씀들을 듣고 난 후의 반응은 정말로 놀랍다는 것이었다.

2. 원수까지도 사랑하라

하나님 나라의 본질을 밝혀주는 산상 보훈은 그 내용과 형식 면에서 그 어떤 설교와 비교해도, 매우 이채롭다. 먼저 여덟 가지로 복된 자들을 설명하였는데 가히 역설적인 진리다. 그리고 이어서 새로운 계명들이 선포되었는데, "원수도 사랑하라"는 새 계명은 평소 이스라엘 사람들이 가졌던 선민의식과 민족주의를 혁파하는 내용이다. 가히 혁신적이라는 평가로도 부족한 것이지만, 그냥 그것만으로 그치는 것이 아니다. 사랑의 새 계명은 하나님 나라에 들어가는 조건적인 표현이 붙여졌다.

어떻게 이런 사랑이 가능한가? 무작정 명령만 내리고 안 되는 것을 따라오라고 주장한 것이 아니다. 먼저 하나님의 사랑과 은혜를 받은 자들임을 인식하게 하였고, 그로 인해서 풍성한 사랑을 받은 자들이 나눠줄 수 있도록 조치하셨다. 그리스도의 사랑이 빛을 발휘하도록 섬겨 나가는 일에서 실패하는 자들은 도무지 그리스도에게 소속된 자들이 아니며, 하나님 나라에 포함된 자들도 아니다.

"원수까지도 사랑하라"는 말씀은 전 세계 어느 종교 경전에서도 찾을 수 없는 말씀이며, 그 어느 철학자도 말하지 않았던 것이다. 과연 이런 사랑이 인간 관계에서 시행된 적이 있었던가? 참된 사랑이 없는 까닭에 세상은 점점 더 피폐해지고 있다. 살인과 증오, 대립과 복수, 전쟁과 권모술수가 난무하는 세상에서는 상상할 수도 없다. 오직 예수님만이 십자가 위에서 사랑을 보여주셨을 뿐이다.

원수도 사랑하라는 예수님의 지혜와 교훈은 어디에서 나온 것이었는가?

예수님은 하늘로부터 오신 선지자로서 가르침을 베푸는 정도가 아니라, 원래 하나님 나라의 통치자로서의 권위와 창조의 능력을 보유하신 분이기 때문이다. 영원하고도 참된 지혜와 지식에 관해서, 그동안에 여러 선지자들과 여러 제사장들이 전파해 온 교훈들은 모두 다 실재가 아니라, 오실 메시야에 대한 모형이자 그림자에 해당하는 것이었다. 이제야 참으로 의로움과 거룩함과 선하심이 가득 찬 영광스러운 하나님, 성자 예수님이 세상의 모든 진리와 장차 올 세상의 실체와 본질을 밝히 드러내신 것이다. 주님은 율법을 지키라고 명령하였을 뿐만 아니라, 그 결과에 따라서 "나를 떠나라 나는 너를 도무지 알지 못하노라"고 심판하는 권세를 행사하는 분이시다(마 7:21-23).

하나님 나라의 복음과 예수 그리스도의 선하심과 영광스러운 권능을 동시에 보여준 것이 산상 보훈이다. 하나님을 사랑하고, 심지어 원수를 포함하여, 이웃을 네 몸과 같이 사랑하라고 명령하였다. 마태복음 5장 21절부터 48절까지를 살펴보면, 예수님께서는 구약 성경의 십계명에 담긴 본질적인 의미들을 가르쳐 주셨다. 그냥 율법을 지키는 정도가 아니라, 마음과 성품과 뜻을 다해서 하나님의 온전하심을 따르라고 촉구하였다. 그렇기 위해서는 하나님이냐 아니면 재물이냐 둘 중에 하나만을 섬김의 대상으로 선택해야만 한다(마 6:24). 세상 모두 사람들은 가능한 한 더 많은 재물을 갖고자 하는데, "너희는 보물을 하늘에 쌓아두라"(마 6:20)고 예수님은 당부하셨다. 또한 그렇게 애착을 갖고 있기에, "네 보물이 있는 곳에 네 마음도 있다"(마 6:21)고 지적하였다. 세상에 사는 동안에 무엇을 먹을까, 마실까, 입을까를 염려하지 말라고 가르쳐 주셨다(마 6:25). 무엇보다도 먼저 "하나님의 나라와 그분의 의로움"을 추구하면, 돌보아 주신다고 약속하셨다(마 6:33).

산상 보훈을 통해서 신앙생활의 구체적인 지침과 윤리적 명령을 상세히 풀이해 주신 예수님의 가르침은 하나님 나라의 진리를 펼쳐 보이신 것이다. 자유주의 신학자들이 산상 보훈에 대해서 해석하듯이, 예수님께서는 오직 이 땅 위에서 사회의 구성원으로 지켜야 할 새로운 도덕적 명령과 윤리적인 지침을 제시하신 것으로만 해석해서는 안 된다. 왜냐하면 전체 가르침의 관점이 종말론적인 초점을 포함하고 있기 때문이다.

> "나를 인하여 너희를 욕하고 핍박하고 거짓으로 너희를 거스려 모든 악한 말을 할 때에는 너희에게 복이 있나니 기뻐하고 즐거워하라 하늘에서 너희 상이 큼이라"(마 5:12).

참된 믿음을 가진 성도들은 이 세상에 살아가는 동안에 받는 평가와 대우에만 의존하지 않는다. 하나님의 나라에서 받을 상급과 축복으로 위로를 받는 것이다. 결국 영원히 변치않을 나라, 곧 종말론적인 하나님 나라를 향해서 살아가라고 교훈하기 때문이다. 예수님은 하나님의 나라에 들어갈 사람이 가져야 할 태도의 자세를 지적하셨다. 개인적인 의로움을 얻으려고 종교적인 행위를 강조하던 자들에겐 양심의 거울을 비춰주듯이 매우 도발적이고 급진적인 내용들이었다.

예수님이 만났던 그 시대의 유대인들이나, 오늘날 각종 종교의 중심적인 지침들이나, 거의 대부분의 교훈들은 행동 강령에 집중되어 있다. 즉, 사람이 각자 자신의 행동으로 어떤 기준을 지켜야만, "성인" 혹은 "의인" 혹은 상당히 명예로운 "자리"에 올라가는 것이라고 강조한다. 율법을 지켜서 스스로 의로움을 취득하려는 경향을 가지고 있다. 그러나 예수님께서는 하나님 나라에 들어가는 참된 하나님 나라 백성들의 자격에 대해서 매우 엄격하게 언급하였다:

> "너희 의가 서기관과 바리새인보다 더 낫지 못하면, 결단코 천국에 들어가지 못하리라"(마 5:20).

예수님은 과연 무슨 말씀을 하신 것인가? 율법을 지키는 도덕적 행동을 잘해야만, 구원을 얻는다는 주장을 하신 것은 아니다. 그런데도 한걸음 더 나아가서 예수님은 "하늘에 계신 너희 아버지의 온전하심과 같이 너희도 온전하라"(마 5:48)고 요구하셨다. 여기서 "온전함"(perfectness)이란 하나님을 사랑함에 있어서 "일관성" 즉, "일편단심"을 의미한다.[1] 하늘에 계신 아버지가 온전하시다는 뜻은 신의 속성에 담겨 있는 것을 말한다. 즉, 누구든지 다 사랑하는 분이라는 의미에서다. 하나님은 자신을 사랑하는 사람들만 돌보는 분이 아니라, 심지어 원수까지도 사랑하신다.

> "그는 은혜를 모르는 자와 악한 자에게도 인자로우시니라 너희 아버지의 자비하심 같이 너희도 자비하라"(눅 6:36).

산상 보훈에는 율법의 긍정적이며 적극적인 기조가 강조되면서도, 그 율법 안에 담긴 것은 하나님의 본질적인 속성을 나타내주고 있기에, 이것이 기초적으로 인식되어야만 한다. 예수님의 제자들은 동료들에 향한 사랑만으로도 만족해서도 안 된다는 것이 하나님 나라의 논리이다. 이와 같이, 하나님의 계명들에 대해서 순종해야만 한다는 식으로 명령을 내린 것은 아니다. 예수님이 가르치신 것은 긍정적인 의미에서의 순종이며, 서술형으로 말씀하였다. 강요가 아니라, 아름다움을 설명한 것이다. 순종하는 길은 분명히 좁은 길을 가는 것이지만, 좁은 문으로 들어가는 것만이 영생으로 인도하기에, 그의 계명을 따라야만 한다(마 6:13,14).

심령이 가난한 사람은 천국을 소유한 사람이라고 예수님께서 산상보훈에서 선포하였다. 그 당시 유대주의가 가르치던 구원론하고는 전혀 다른 내용이었다. 예수님의 설명에 따르면, 도덕적인 행실을 유지하다가 훗날 하늘에서 구원을 얻는 게 아니라는 것이다. 인자는 이

---

1   Ridderbos, *When the Time Had Fully Come*, 30.

세상 위에서 죄로부터의 구원을 위해서 오셨다. 심령이 가난하고 곤궁한 사람들은 물질이 없기도 하고, 육신적으로 고단하여서, 다소 힘겨운 나날을 살아갈 수밖에 없지만, 희망적으로 하늘나라가 주어진다. 예수님은 긍정적으로, 그리고 단정적인 방식으로 선포하셨다:

> "너희는 세상의 빛이라, 너희는 세상의 소금이라… 너희 빛을 사람 앞에 비취게 하여 저희로 너희 착한 행실을 보고 하늘에 계신 아버지께 영광을 돌리게 하라"(마 5:13,14,16).

제자들은 하늘나라의 소망 가운데서 즐겁게 살아야만 하고, 세상에 빛을 발휘하며 살아야 한다. 이미 제자들은 예수님으로부터 하늘나라의 축복들과 갖가지 혜택들을 받았기 때문에, 신실한 삶을 영위하면서 그 빛을 발휘하게 되는 것이다.

3. 우리가 과연 어떤 사랑을 받았는가?

예수님은 헬라어로 '아가페'라는 하나님의 사랑을 특별하게 표현하셨다. 예수님께서는 아가페 사랑의 실제 사례를 파격적으로 보여주셨다.

1) 시몬과 부정한 여인의 대조

바리새인 시몬이 살고 있던 동네에서 죄인으로 낙인찍힌 여인이 있었다(눅 7:36-50). 이 여인은 예수님에게 나아와서 발을 씻기며 회개의 눈물을 흘렸다. 예수님이 사죄를 선포하자, 바리새인들은 머리를 흔들며 놀랐다. 이에 예수님께서는 두 사람의 빚진 자에 대해서 대조하면서, 더 깊은 내용을 설명하였다. 한 사람은 오 백 데나리온의 부채로 갖고 있었고, 다른 사람은 오십 데나리온을 빌렸다고 가정을 했다. 이들 두 사람이 모두 다 탕감을 받았는데, 누가 더 고마움을 느낄 것인가? 훨씬 더 많은 빚을 탕감받은 자가 더 고마움을 크게 느끼고 주인에게 큰 사랑을 하게 된다.

"사함을 받은 일이 적은 자는 적게 사랑하느니라"(눅 7:48).

이 비유에 등장하는 두 사람의 비유를 적용하여 보면, 하나님의 나라가 어떤 원리로 작동하는가를 알 수 있다.

하나님 나라가 전개되는 과정에서 가장 역동적인 원동력은 사랑의 베푸심이다. 하나님의 사랑이 값없이 풍성하게 부어지기에 삭막한 인간 사회가 존재할 수 있는 것이다. 하나님의 아가페 사랑은 누구에게나 차별 없이 주어진다. 이 세상은 바리새인들처럼 사랑 없이 메마른 율법주의, 혹은 이기적인 우월 의식에 젖어 있는 자들이 가득 차 있는 사회이지만, 하나님의 사랑이 부어지기에 용서와 화해가 가능하게 된다. 하나님의 사랑이 충만하게 부어진 까닭에, 평생 죄인으로 부끄럽게 살아가야만 하는 사람들이 용서를 받는다. 마침내 용서받은 자들은 변화하게 된다. 하나님의 크신 사랑이 무감각한 심령들을 변화시키고, 죄에 사로잡힌 자들을 자유케 하며, 얼음처럼 차가운 자들을 녹여서 마음이 움직이게 만든다. 이방인들과 이교도들이 장악한 곳에서도 전도와 선교를 통해서 교회가 세워질 수 있는 것은 바로 위로부터 온 사랑으로 인해서 돌같이 단단한 사람의 심령에도 변화가 일어나기 때문이다. 교회가 이 땅 위에서 빛을 발휘할 수 있는 것은 하나님의 나라가 사랑으로 움직이고 있기 때문이다.

2) 십자가 위에서 쏟으신 사랑

위대한 하나님의 사랑에 대해서 예수님이 산상 보훈을 말씀하신 때에는 그 일부만 가르쳐 주신 것에 불과하다. 아직 모든 것을 다 설명하신 것이 아니다. 다시 말하면, 그 최대치의 신성한 사랑은 십자가 위에서 나타났다.

산상 보훈에서 사랑하라는 새 계명을 주신 것은 예수님이 십자가 위에서 보여주신 사랑과 분리시킬 수 없다. 십자가 위에서의 사랑과 희생은 인류 역사에서 전무후무한 것이다. 십자가 위에서 보여주신 예수님의 사랑은 원수까지도 포함하였다. 예수님은 자신을 죽음에 몰아넣은 자들을 용서하셨다. 로마 군병들과 그들을 지휘하는 총독부, 성전을 근거지로 삼고 종교적인 권세를 행사하고 있던 대제사장들과 서기관들, 이스라엘의 장로들까지도 포함된다.

예수님께서 산상 보훈에서 명령하신 사랑은 이미 예수님께서 충분히 성취하셨기 때문에, 제자들도 그 짐과 멍에를 가볍게 질 수 있다(마 11:30). 이것이 인류를 향하신 하나님의 사랑의 본질이다. 온유하고 겸손한 심령으로 오신 예수님의 사랑은 헌신적이며, 희생적인 사랑이다. 산상 보훈에서 설명하신 사랑은 각 성도들에게 은사로 주셨을 뿐만 아니라, 실천하며 참여하라는 책임이라는 점을 확실하게 선포하셨다.

3) 이웃과 원수 사랑의 실천 방안

예수님께서는 원수까지도 사랑하라고 말씀하셨다. 그렇다면, 이웃과 원수로 간주해야 하는 범위는 어디까지인가? 누구를 어떻게 사랑해야만 하는가? 국가가 사회 정의를 세우기 위해서는 흉악범들에게 단호한 처벌을 내려야만 한다. 그런데 그런 중대한 범죄자들마저도 용서해야만 한다는 것인가? 영토 확장의 야욕에 눈이 멀어서 이웃 국가를 침범하는 나라에 맞서서 군대를 동원하여 응징하고 방어하는 전쟁을 해서는 안 되는 것인가? 방어적인 전쟁이라 하더라도, 모든 전쟁은 끔찍한 살인 행위를 포함하는 것이다.

이처럼 이웃 사랑과 원수 사랑의 대상을 어디까지로 결정해야 하느냐는 논쟁이 일어나자, 로마 가톨릭에서는 산상 보훈의 윤리적 명령은 오직 성직자들에게만 적용되는 것으로 해석했다. 세속적인 것과 거룩한 것, 또한 자연적인 것과 초자연적인 것으로 모든 사물을 이원론에 의해서 구분하기 때문에, 성직자들에게 적용되는 원리가 가장 크고 포용적이다.[2] 프랑스의 소설가 빅토르 위고가 쓴 "장발장"이라는 소설에서도, 범죄자가 성당으로 피신하는 것으로 설정되어져 있다. 그러나 이런 로마 가톨릭의 이중적인 윤리 적용과 해석은 공적인 직위와 개인적인 삶을 각각 다른 차원으로 인식하는 왜곡된 해석이다. 산상 보훈의 윤리는 성직자든지 일반 성도든지 모두 다 따라야

---

2 김재성, 『개혁주의 성령론』, 제13장 "영적인 것만이 선한 것인가?", 425-442. 로마 가톨릭의 이원론 비판을 참고할 것.

할 새로운 계명이다.

산상 보훈에서 제시된 원수 사랑이 사회적 정의와 정치적 결단을 금지하는 조치로 해석되어서는 안 된다. 16세기 종교 개혁의 초기 시대에도 산상 보훈의 윤리를 축소해서 받아들였다. 루터파 독일 교회와 유럽 개혁주의 신학자들은 산상 보훈의 가르침이 오직 기독교 공동체 내부에서만 시행되어야 할 교훈으로 해석하였다. 오직 기독교 교회 안에 있는 성도들 사이에서는 맹세, 복수, 증오를 해서는 안 된다는 것이다. 그러나 교회의 범위를 벗어나게 되면, 다른 규칙들을 우선적으로 적용해야만 한다고 주장했다. 하나님의 나라에 합당한 규칙은 세상의 국가들에게는 동일하게 적용할 수 없다는 것이다. 산상 보훈에 나타난 하나님 나라의 법칙들은 세속적인 생활에 대해서는 정당성이 없다고 해석했다.

그러나 예수님께서 산상 보훈에서 제시하신 가르침들은 결코 특수한 그리스도의 제자들 사이에서만 시행되어야 할 규칙들이 아니다. 그 어느 곳에서도 예수님께서 교회 내부에서만 원수까지도 사랑하라고 적시하지 않으셨다. 물론 예수님을 따르는 자들은 좁은 길을 통해서 좁은 문으로 나아가는 성도들이다. 그리고 "주여 주여" 고백한다고 해서, 모든 사람이 다 하늘나라에 들어가는 것도 아니다(마 7:21). 하나님의 나라에 들어가려고 하는 사람들은 그 누구도 예외 없이 이 새로운 계명을 지켜야만 한다.

어느 영역을 하나님의 나라와 구별된 곳으로 분리할 수 없다. 예를 들면, 교회 안에서는 원수도 사랑하지만, 직장에서는 원수를 증오하고 진멸해야 할까? 교회 안에서는 서로 용서를 하지만, 친척이나 가족들 사이에서나 사회 생활에서는 꼬박꼬박 따져서 잘잘못에 상응하는 보복이나 응징을 해야만 할까? 그렇지 않다. 예수님께서는 우리에게 세상 속에서 소금이요, 빛으로 살아가라고 당부하셨다.

> "너를 송사하는 자와 함께 길에 있을 때에 급히 사화하라. 그 송사하는 자가 너를 재판관에게 내어주고 재판관이 옥에 가둘까 염려하라"(마 5:25).

심지어, "또 너를 송사하여 속옷을 가지고자 하는 자에게 겉옷까지도 가지게 하라"(마 5:40)고 말씀하셨다.

하나님 나라의 윤리를 새롭게 보여주는 산상 보훈의 교훈들은 기독교인들끼리만 지켜야 할 규칙이 아니다. 예수님은 모든 이들을 향해서 새로운 사랑의 관계를 요구하였다.

> "너희가 너희를 사랑하는 자를 사랑하면 무슨 상이 있으리요 세리도 이같이 아니하느냐 또 너희가 너희 형제에게만 문안하면 남보다 더 하는 것이 무엇이냐 이방인들도 이같이 아니하느냐"(마 5:46-47).

사랑의 새 계명은 결코 급진적이며, 혁명적인 윤리가 아니다. 다만, 우리의 모든 행동 속에 주변 사람에게 보이려는 동기가 숨어 있어서는 안 된다. 이것은 외식이자, 율법주의가 되고 마는 것이다.

4) 사랑은 율법의 완성이다.

사랑의 새 계명을 실천해야 할 대상을 어떻게 결정해야 하는지 알

수 있다. 예수님의 가장 기본적인 의도를 명확하게 밝히신 부분이 마태복음 5장 17절이다;

"내가 율법이나 선지자를 폐하러 온 줄로 생각지 말라 나는 폐하러 온 것이 아니라 완성하려고 왔다."

예수님은 율법을 성취하고자 오셨다. 예수님이 교훈하시는 새로운 사랑의 계명은 모세의 율법을 폐지하거나 대체시키려는 의도에서 나온 것이 아니다. 율법의 참된 내용과 의도를 새롭게 가르쳐서, 성취하도록 하려는 것이다.

이러한 의도에서 예수님은 마태복음 5장에 나오는 다양한 적용들과 설명들을 통해서, 하나님께서 율법을 제정하실 때에 원천적으로 무엇을 의도하셨는가를 설명해 주셨다. 딱딱하고 엄격한 계명들을 열거한 것이 아니라, 그 조항들을 지켜나가려면 사랑의 원리가 작동하여야 마땅한 것이다. 그러나 아담의 원죄로 인해서, 죄의 부패성에 오염된 사람들은 악하고, 게으르며, 이기적이라서 율법주의로 흐르고 말았다. 가인처럼 살인과 폭력, 대결과 모함을 서슴지 않는다. 이것을 방지하고자 계명과 율법을 주셨는데, 그 속에 담긴 참된 의미는 외적인 행동만이 아니라 내적인 의도가 동시에 뒤따라야만 한다는 것이다.

하나님의 나라를 전파하신 예수님은 우리들에게 단지 네 이웃들에게만 사랑을 베풀 것이 아니라, 원수들까지도 사랑하라고 하셨다(마 5:44). 결국 모든 사람들에게, 어떤 경우에서든지, 사랑을 베풀라는 것이 진리이다. 이웃 사랑은 수직적으로 세워진 율법을 수평적으로 적용하는 원리가 된다. 이러한 설명과 적용을 통해서 예수님께서는 율법에 담긴 깊은 내용과 중요한 의미를 설파해 주셨다. 예수님은 하나님의 나라를 이 땅 위에 가지고 오신 분이시며, 그 나라가 요구하는 것이 무엇인가를 예민하게 선포하셨다. 하나님 나라에 참여하는 제자들은 모두 다 예외 없이 하늘에 계신 아버지의 뜻에 따라서 살아가도록 힘써야만 한다.

모세의 율법에 대한 유대인들의 태도는 형식적인 순종으로 나타났다. 마치 영혼 없는 기계처럼, 문자적으로나 관행적으로 율법의 요구 사항을 지켰다는 인증을 받기 위함이었다. 무감각한 율법주의가 굳어지고 말았다. 예수님이 가져오신 이웃 사랑은 율법을 지키는 명령과 동떨어진 계명이 아니었다. 더구나 율법을 폐지시키려는 계명도 아니었다. 율법과 충돌하지도 않았다. 율법에 의해서 의롭다는 인정이나 인준을 받기 위해서, 유대인들은 선지자들의 가르침을 엄격하게 준수한다는 반응을 보였다. 그러나 자원하는 마음이 없었고, 하기 싫어도 억지로 따라갔었다.

그러나 예수님께서는 사랑의 계명을 선포하시고, 은혜받은 자의 특권을 발휘하라고 요구하셨다. 자식을 사랑하는 부모는 여러 다양한 방법으로 자신의 사랑을 표현한다. 때로는 엄격하게 제지를 시키기도 한다. 아버지의 사랑은 겉으로 드러난 표현만으로 평가할 수 없다. 보다 더 깊은 내적인 의도가 감춰진 경우도 많다. 다시 말하지만, 많은 경우에 자식에게 금지를 명령하는 것이 그 자식을 사랑하는 아버지의 깊은 마음일 수도 있다.

4. 사랑과 정의를 함께 세운다.

하나님의 나라는 십자가의 사랑과 엄밀한 정의로움이 함께 본질적인 원리로 작동하는 곳이다. 사랑이 의로움을 잃어버리면, 원칙이 없는 편애에 빠지게 된다. 강한 자, 원수에 대한 사랑이 오히려 나약한 변명이 될 수도 있다. 정의와 공의로움이 빠진 사랑은 약자의 핑계가 될 수도 있다. 율법과 선지자의 가르침을 적용함에 있어서, 사람들 사이의 상호 관계 내에서는 사랑만이 아니라 정의라는 원리가 작동하게 된다. 사랑을 요구하는 계명은 동시에 정의를 세우는 기능도 수반해야만 하는 것이다.

사랑은 정의와 분리할 수 없다!!!

사랑이 믿음과 소망과 함께하듯이, 참된 사랑은 항상 의로움이 같이 한다. "사랑엔 거짓이 없나니 악을 미워하고 선에 속하라"(롬 12:9). 사랑에서 우러나오는 내적인 의도를 강조하더라도, 그에 합당한 순종의 외적인 표현과 과정이 함께 수반되어야만 한다. 사랑을 나누더라도, 공정하여야 한다. 사랑을 베풀더라도 단지 자기에게만 유리하도록 이기적인 왜곡이 될 수 있으므로, 공정과 정의에 합당해야만 한다. 사랑의 시행 과정에서 성도들은 수많은 윤리적 판단을 해야만 하는데, 그때마다 성도들은 사랑과 정의라는 원리를 동시에 고려해야만 한다. 흔히 가장 아름답고 헌신적인 사랑을 말할 때에 어머니의 희생적인 사랑을 말하곤 한다. 그러나 부모의 사랑이 항상 옳고 바르며 정당한 것은 아니다. 내 자식을 사랑한 나머지 같은 학교에서 배우고 있는 남의 자식들에게나, 교사들에게 달려가서 폭력을 행사하는 부모가 있다. 사랑이 아니라, "괴물" 부모가 되어버린 것이다. 사랑의 시행 과정은 반드시 정의로운 수단이 동원되어야만 한다.

사랑의 실천은 하나님의 뜻과 율법에 따르는 행위라서, 원수까지도 포함하는 것이다. 그러나 원수의 악행이나, 사악한 마귀의 책동까지도 다 사랑할 수는 없다. 사악한 것은(evil) 그 어떤 경우에도 거부해야만 한다. 악은 그 어떤 형태라도 대적해야만 하고, 미워해야만 한다. 예수님께서도 서기관들과 바리새인들의 사악함에 대해서 단호히 거부하셨다. 예수님은 순종의 행위를 보여주고자 어린 양으로 오셨지만, 악한 무리들에 대해서는 성난 호랑이처럼 단호하셨다. 사랑의 계명을 주신 분께서 악을 미워하라고 명령하는 것은 지극히 당연한 가르침이다. 사랑은 율법과 선지자들로부터 나온 것이지만, 악한 자에게 대항하는 것도 역시 선하심을 지키는 방법이다.

하나님의 뜻이 담겨진 계명들은 예수님이 제시하신 새 계명을 통해서 확실하게 밝혀졌다. 율법과 선지자들의 계명들은 최상의 법칙이요, 무한한 정당성을 갖고 있는 삶의 기준이다. 그런데 예수님이 가르치던 당대에는 율법의 정신이란 온데 간데 없고, 관행과 변칙들이 더 성행할 정도로 왜곡되어 있었다.

예수님께서 "아무 것에 대해서도 맹세하지 말라"(마 5:34)고 말씀하셨다. 이런 당부는 그 시대에 서기관들과 바리새인들이 잘못된 관행을 가르쳤기에 단호히 거부하는 지침을 내린 것이다.[3] 레위기 19장 21절에, 헛된 맹세를 하지 말라고 하였다. 민수기 30장 2절에서도, 여호와께 맹세한 것은 반드시 지키라고 하였다. 신명기 23장 21절에도 반복되었다. 오히려 진리를 사랑하는 사람이라면 누구든지 마음속

---

3   William Hendriksen, *The Gospel of Matthew* (Grand Rapids: Baker, 1973), 307.

으로 정한 것에 대해서 최선의 노력을 경주해야만 한다. 개인의 기분이나 감정에 따라서 맹세를 한다거나, 남을 속이거나 위기를 모면하기 위해서 다짐을 하는 경우도 많았다. 헛된 맹세는 신실함 없는 위선이기에 주님께서 금지하셨다. 양심에 거리낌없이 뒤짚어 버리는 자들이 너무나 많았던 것이다.

예수님의 산상 보훈은 오늘날 조직신학이나 신약신학에서 다루는 체계화된 주제별 강좌가 아니다. 통찰력을 불어넣고, 율법의 실천에 있어서 새롭게 깨우쳐 주는 내용들이다. 착한 행실을 통해서 빛을 발하라고 가르쳤다(마 5:16). 그리고 이어지는 내용들은 구약의 계명들과 그에 대조되는 역설적 해석들이 가장 돋보인다. 첫째는 살인을 금지하는 교훈들과 미움을 벗어나서 화해하라고 촉구하셨다(마 5:21-26). 둘째는 간음에 대해서도, 마음속에 음욕을 품지 말라고 교훈하셨다(마 5:27-30), 셋째는 이혼의 관행과 결혼의 유지에 관한 것이다(마 5:31-32). 넷째는 맹세에 관련된 계명이다(마 5:33-37). 다섯째는 보복에 관한 대조적 설명이다(마 5:38-42). 여섯째는 총체적인 요약으로서 이웃 사랑에 관한 것이다(마 5:43-47).

"사람에게 보이려고 너희 익를 행치 않도록 주의하라"(마 6:1).

이것은 분명히 외식주의자들에 대한 경고이다. 가증스러운 위선과 비난을 일삼는 태도는 하나님의 나라 안에서 받아들일 수 없다. 언제나 하나님 앞에서 살아가고 있으며, 항상 모든 것을 직시하고 있음을 명심해야만 한다. 아무도 없는 것 같지만, 무소부재하신 하나님께서 다 보고 계신다.

또한 사랑의 실행에 있어서 흔히 범하는 잘못 중에 하나가 남에 대한 비판이다.

"비판을 받지 아니하려거든 비판하지 말라"(마 7:1).

악에 대항하지 말라는 것이 아니다. 불의한 자들에 대해서 맞서지 말라는 말씀이 아니다. 충돌을 금하신 것이 아니라, 바른 행실을 지적하신 말씀이다.

이들 두 가지 행동은 우리 인간의 죄악과 부패성의 다양한 측면들에 해당하는 것이다. 따라서 두 가지 행동이 함께 수반되어야만 한다. 이어지는 강론에서 예수님은 왜 이렇게 설명하셨는가를 첨부하셨다:

"거룩한 것을 개에게 주지 말며, 너희 진주를 돼지 앞에 던지지 말라"(마 7:6).

하나님의 진리와 명령, 이들 두 가지 측면은 항상 함께 긴밀히 연결되어 있다. 하나님의 율법을 얼마나 깊이 이해했느냐와 어떻게 행동으로 실천하느냐는 것은 뗄레야 뗄 수 없는 것이다. 깊은 의미를 이해를 하지 못한 자는 결코 실천하지도 않는다. 개와 돼지처럼, 거룩한 것과 진주를 구별하지도 못한다. 이해도 없고, 실천도 하지 않는 자는 동물이나 다를 바가 없다. 결국 자신의 행동을 위선적으로 하는 자들은 다른 사람에 대한 비판에만 열을 올린다.

산상 보훈에는 하나님 나라의 참여자들이 이 세상 속에서 지니고 살아가야 할 소명과 임무 수행에서 갖춰야 할 합당한 관계성에 대한 통찰력이 담겨 있다. 그 나라에 속한 사람들은 이 세상 속에서 기독교인으로서의 소명과 임무가 주어져 있다. 하나님의 나라는 영적인 영역에 속하는데, 동시에 이 세상에서의 삶을 통해서 실제적으로 드러나야만 한다. 하나님의 나라는 초월적이고, 높은 차원에 속한다. 이 세상의 삶은 낮은 차원이다. 따라서 세상의 삶은 자연과 같고, 하나님 나라는 은혜에 해당한다. 기독교 신학자들이 하나님 나라를 소개하면서 너무나 다양한 해석들을 제시했지만, 가장 중요한 원리는 이웃 사랑의 실천이다. 하나님으로부터 나오는 사랑의 정도와 깊이가 결정적인 동기를 제공한다. 세상 나라의 질서와 정치적인 기준과는 너무나 다른 원리를 가지고 하나님의 나라 백성들은 살아가야 한다.

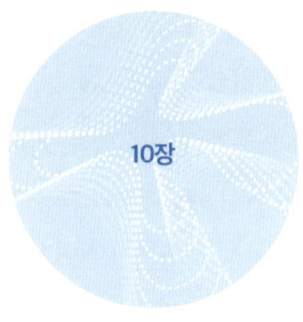

10장

두 왕국설과 신학적인 논쟁들

　마지막으로, 하나님 나라를 연구한 주요 개혁주의 신학자들과 현대 신학자들의 주장들을 살펴보고자 한다. 현대 신학자들이 하나님 나라에 대해서 연구한 내용들, 즉 주된 쟁점과 제기하는 문제들은 과거에 이미 거론되었던 것들과 크게 다르지 않다. 하나님 나라의 본질에 대해서 논쟁하고 있는 주제들은 과거부터 지금까지 지속되고 있는 것들이기에, 우리보다 먼저 살았던 사람들의 토론과 논쟁들을 살펴보면서 지혜를 얻어야 한다.

　하나님 나라에 대한 현대 신학자들의 주장들은 다소 어렵다. 우리가 무엇을 알아야 하고, 어떻게 섬겨야 할 것인가? 남은 생애를 참되게 살아가도록 하는 안목을 갖추었으면 한다. 또한 어떤 가르침이 가장 성경적으로 바르고 중요한가를 판별해 보았으면 한다. 어떤 신학자들은 하나님 나라에 대해서 과도하게 해석했고, 어떤 신학자들이 축소시켰는가에 대해서도 분별력을 가지고 판단하기를 바란다. 가장 분명한 것은 어떤 주제에 대해서 토론하더라도, 오직 성경 말씀만이 기준이라는 사실이다.

1. 두 왕국설: 세속적 왕국과 신앙적인 왕국?

하나님 나라와 관련해서, 가장 최근에 논쟁이 되고 있는 학설이 두 왕국설에 관한 것이다. '신앙적인 왕국'과 '세속적인 왕국'이 각각 독립된 영역에서 따로 영향력을 발휘한다는 것이다. 가장 왕성하게 두 왕국론을 주장하는 밴 드루넨은 자연법(natural law), 즉 이성과 양심을 기초로 하는 세속적인 왕국과 하나님의 통치를 직접 받는 신앙적인 왕국을 대조시킨다.[1] 그가 주장하는 자연법과 일반 은총에 근거한 두 왕국론을 살펴보고, 비판하고자 한다. 요나단 비키가 정통 개혁주의 신학자들의 하나님 나라 이해를 종합적으로 정리한 박사 학위 논문을 출판하여 많은 자료들을 대조할 수 있게 되었다.[2]

자연법이란 도덕적 질서(moral order)와 같은 개념이다. 평생동안 하나님의 주권 사상을 연구해온 프레임 교수는 냉철하게 자연법의

---

1 David Van Drunen, *Natural Law and the Two Kingdoms: A Study in the Development of Reformed Social Thought* (Grand Rapids: Eerdmans, 2010); idem, "The Two Kingdoms and the Ordo Salutis: Life Beyond Judgment and the Question of a Dual Ethic," *Westminster Theological Journal* 70, no. 2 (2008):207-24; VanDrunen, "The Two Kingdoms Doctrine and the Relationship of Church and State in the Early Reformed Tradition," *Journal of Church and State* 49, no. 4 (2007): 743-63; idem, "Abraham Kuyper and the Reformed Natural Law and Two Kingdoms Traditions," *Calvin Theological Journal* 42, no. 2 (2007): 283-307; VanDrunen, "The Two Kingdoms: A Reassessment of the Transformationist Calvin," *Calvin Theological Journal* 40, no. 2 (2005): 248-66; idem, "The Context of Natural Law: John Calvin's Doctrine of the Two Kingdoms," *Journal of Church and State* 46, no. 3 (2004): 503-25.

2 Jonathan David Beeke, "*Duplex Regnum Christi*: Christ's Twofold Kingdom in Reformed Theology," (Ph.D.; University of Groningen, 2019); *Duplex regnum Christi: Christ's twofold kingdom in Reformed theology* (Leiden; Brill, 2020).

내용들을 인정하지만, 두 왕국설로 부풀리는 것에 대해서 반대했다. 불신자들이 일반 은총의 영역에서 살아가면서 제한된 의미에서 선한 일을 할 수 있으나, 하나님의 높은 기준, 방법, 동기에 부합하는 것이 아니라는 것이다.[3] 특별 계시인 성경을 떠나서 살아가는 불신자들도 자연법을 알 수 있으나, 하나님을 인정하는 세계관 속에서 이성과 양심을 합당하게 사용하는 것은 아니다. 밴 드루넨은 이러한 왜곡된 실상을 과소평가한다. 두 왕국론자들은 정치와 종교, 국가와 교회의 철저한 분리를 주장하며, 변혁주의 문화관을 거부한다. 도리어, 세상에서 보다는 오직 교회만을 위해서 충성할 것을 부르짖는다.

밴 드루넨은 이런 두 왕국의 개념들이 칼빈, 아브라함 카이퍼, 헤르만 바빙크 등 개혁주의 신학 속에 흐르고 있다고 여러 가지 연구들을 제시했다.[4] 그러나 이것을 철저히 비판하는 논문들이 많이 쏟아졌는데, 존 프레임 교수를 비롯해서 많은 이들이 하나의 왕국, 그리스도의 나라가 있을 뿐이라고 반박했다.[5]

사실 필자는, 개혁주의 신학자들이 양쪽으로 나뉘어서 논쟁을 거듭하고 있는 현상에 대해서 안타깝게 생각한다. 하나의 왕국, 단일 왕국설을 주장하는 존 프레임 교수는 오랫동안 웨스트민스터 신학대학원 캘리포니아 에스콘디도 캠퍼스에서 가르쳤는데, 후배로 들어온 밴 드루넨과 여러 교수들과의 사이에 논쟁을 거듭하다가 결국 리폼

---

3   John Barber, *One Kingdom; The Practical Theology of John M. Frame* (Lakeland: Whitefield Media Productions, 2015).

4   David Van Drunen, *A Biblical Case for Natural Law: Studies in Christian Social Ethics and Economics* (Grand Rapids: Acton Institute, 2006). Matthew J. Tuininga, *Calvin's Political Theology and the Public Engagement of the Church: Christ's Two Kingdoms* (Cambridge: Cambridge University Press, 2017).

5   John Frame, *Escondido Theology: A Reformed Response to Two Kingdom Theology* (Lakeland: Whitefield Media Productions, 2011), 3-6.

드 신학대학원으로 옮겨갔다. 단일 왕국론을 지지하는 프레임 교수는 다른 주제들에서도 부딪혔다. 그는 공적인 예배 시간에 일반 악기를 사용할 수 있다고 개방된 입장을 표명했다. 그러나 캘리포니아 웨스트민스터 신학대학원 에스콘디도 캠퍼스의 후배 교수들은 오직 시편 찬송만을 주장했다. 웨스트민스터 신학대학원 에스콘디도 캠퍼스에서 가르치는 교수들은 그 앞세대에 속하는 존 머레이 교수(1898-1975)의 조직신학에 대해서도 높이 평가를 하지 않고, 오히려 한동안 다른 학교에서 가르치다가 돌아온 구약 교수 메리디트 클라인(1922-2007)을 따라가고 있다. 특히 두 왕국설의 주창자인 밴 드루넨이 그러했다. 이처럼, 양 진영의 신학자들이 서로 간의 인품과 실력을 아주 잘 알고 있으면서도 대립하는 것에 대해서 필자는 인간적으로 매우 슬프게 생각한다. 똑같은 신앙 고백을 가진 이들이 서로 논쟁하면서, 작은 차이점을 놓고서 대립하는 것은 아름다운 모습은 아니다. 너무나 중요한 교리이기에 어느 쪽도 결코 물러서지 않고 있으며, 양편에서 더 견고한 성을 쌓고 있는 형국이다.

자연법 사상을 비성경적이라고 진단하고, 전면적으로 비판한 존 프레임 교수는 서양 철학에 정통한 변증 신학자다.[6] 그는 원래 자연법이라는 개념은 성경에는 전혀 없으며, 아리스토텔레스와 스토아 철학자들이 인간 본성 속에 이성과 양심을 지칭하는 개념이라고 지적했다. 밴 드루넨이 주장하는 자연법이라는 개념은 성경의 가르침도 아니고, 성경에 담겨진 내용들 속에서 찾아낸 개념이 아니라는 것이다. 단지, 헬라 철학에서 나온 것이고, 이것을 받아들인 로마 가톨

---

6 John M. Frame, *A History of Western Philosophy and Theology* (Phillipsburg: P&R, 2015).

릭에서 주장해온 것이라고 비판했다.

성경에는 자연 계시(혹은 일반 계시)라고 요약되어지는 하나님의 형상이 인간에게 주어져 있다고 말한다. 사람은 양심 또는 순수한 이성을 가지고 있는데, 모든 사람은 스스로 알면서도 이를 왜곡하거나 거부 한다. 로마서 1장 32절에 보면, 양심을 지키는 사람이 없다. 칼빈과 개혁주의 신학자들은 죄의 영향으로 말미암아 양심의 왜곡과 영적인 무능력 상태에 놓였음을 지적하는 성경의 교훈을 매우 중요한 교리로 정립하였다.[7]

2. 루터와 칼빈의 왕국론

밴 드루넨을 비롯하여, 두 왕국론을 주장하는 신학자들은 루터와 루터 해석자들의 저서를 많이 인용하고 있다. 특히 루터는 율법과 복음을 엄밀하게 대조했는데, 이와 같은 대조법으로 두 가지 권세, 두 개의 칼을 하나님이 사용하신다고 보았다. 곧 루터에 의해서 교회와 국가로 나눠서 이해하는 두 왕국설이 형성되었다. 이러한 루터의 두 가지 대조적인 개념들은 어거스틴의 책, 『하나님의 도성』에 그 뿌리를 두고 있다.

어거스틴의 영향을 받은 초대 교부들은 비슷한 역사관과 세계관을 갖게 되었다. 초대 교회 성도들은 예수님의 긴박한 도래를 소망하면서, 하나님의 나라를 사모하였다. 초대 교회의 위대한 교부들은 세

7　John Murray, *Imputation of Adam's Sin* (Phillipsburg: P&R, 1959).

상의 정치와는 달리, 신비적이며 하늘에 속한 새 예루살렘을 깊이 생각하라고 가르쳤다. 구원 역사의 핵심 교리를 파악한 어거스틴은 『신의 도성』(De Civitate Dei, the City of God)이라는 제목하에 22권에 달하는 대작을 남겼는데, 점차 로마 제국이 외적의 침입을 받아서 부서지기 시작하던 시기였다.[8] 이 책의 원래 제목은 『이교도들에 대항하는 하나님의 도성에 관하여』였다. 제국의 수도 로마에 외부인이 침략한 것은 주후 410년이었다. 로마인들은 이 사건을 전통적인 신들을 저버리고 기독교를 받아들인 것에 대한 징벌이라고 추정했다. 어거스틴의 책이 아니었으면, 천년 제국 로마의 멸망을 초래한 것이 기독교 때문이라는 왜곡과 변질된 주장들이 난무할 뻔했다.

어거스틴은 기독교의 진리는 다른 종교나 철학과는 전혀 다르다는 점을 제시했다. "신의 도성"이 이교도들의 제국으로 세워진 "땅의 도성"과는 전혀 동질의 것이 아님을 지적했다. 어거스틴은 이 둘 사이에 긴장 관계 속에서 각각의 통치 영역을 관장하고 있다고 설명하였다. 어거스틴은 로마 제국이 멸망하게 된 원인은 땅의 나라에 속한 자들의 부도덕과 타락이라고 지적했다. 로마 멸망은 부도덕과 방탕에 물들었던 그들 내부적인 요인으로 인해서 쇠퇴하고 말았다는 것을 거침없이 지적했다.

또한 어거스틴은 하나님의 나라가 세상에 제시되어지는 것은 교회와 결부되어져 있음을 언급했다. 그러나 점차 이탈리아 로마에 위치한 주교가 모든 교회의 머리라고 하는 가톨릭 교황 제도를 추구하면서, 크게 변질되었다. 교황이 마치 하나님의 나라를 대행하는 기관의

---

8 Augustine, *The City of God against the Pagans*, tr. R. W. Dyson (New York: Cambridge University Press, 1998).

대표자로서 모든 세상의 권세자들을 통괄하는 지위에 올라섰다. 로마 가톨릭에서는 오직 교황권을 강조하는 것에만 집중해 왔기 때문에, 하나님의 나라에 대해서는 전혀 관심을 두지 않았다. 오늘날까지 로마 가톨릭 교회에서는 이탈리아 바티칸 대성당의 웅장한 건물처럼, 유럽과 각 나라에서 현실 정치에 깊숙이 개입했고 정치, 군사, 외교, 경제 등 중요한 분야에서의 영향력을 극대화시켰다. 로마 가톨릭의 왜곡된 신학 사상으로 인해서 성경과 하나님의 나라가 완전히 사라져 버렸다.[9]

종교 개혁 운동이 일어나고, 성경적인 교리를 연구하여 선포하는 개혁주의 신학자들이 나타나면서, 비로소 구속 역사의 흐름과 핵심 내용들이 조명되었다. 그동안 교황권을 통해서 세속 정치를 지배하던 로마 가톨릭의 거짓된 왜곡들을 바로 잡게 되었다. 루터에게 있어서, 비텐베르크 대학에서 로마서와 갈라디아서를 강의하는 시기에 로마 가톨릭의 율법주의와 신비주의에 담긴 문제점들이 민감하게 다가왔다. 믿음으로 얻는 칭의 교리가 완전히 왜곡된 현실과 성경에서 벗어난 면벌부의 뒷거래를 그냥 묵과할 수 없었다.

수도원에서 성숙했던 루터는 믿음의 확실성을 확보하기 위해서 스스로 노력하고 투쟁하는 시기를 보냈는데, 마치 다메섹으로 가던 바울의 회심 과정과 유사했다. 사도행전 9장 5절에, "나는 네가 핍박하는 예수라", "가시채를 뒷발질 하기가 네게 고생이라"(행 26:14)는 말씀 앞에서 사도 바울은 완전히 꺼꾸러졌다. 여기에서 바울의 모든 신앙이 정립되었다.[10] 한 빛을 발견하였다. 자신이 노력하는 방식으로는

---

9 H. Ridderbos, *When the Time had Fully Come*, 10.
10 J. Gresham Machen, *The Origin of Paul's Religion* (Grand Rapids: Eerdmans, 1925), 299.

의롭다하심을 얻기가 불가능하다는 것을 깨우치게 되는 과정이 루터의 회심으로 이어졌다. 하나님의 말씀에 눈을 뜨게 된 루터는 행위로 얻는 것이 아니라는 것을 확신하게 되었다.

루터의 왕국론은 로마 가톨릭의 주장과 크게 다르지 않았다. 루터는 두 개의 검들에 의해서, 세속적인 권세와 영적인 권세로 하나님이 세상을 다스린다고 가르쳤다. 루터는 거룩의 영역과 세속적인 영역을 대립시켰다. 루터는 『세속적인 권위에 대하여』에서, 세속 정부는 영적인 일에 대해서 권한이 전혀 없다고 가르쳤다.[11] 세속 권세는 생명과 재산을 보호하는 임무에 한정된다고 주장했다. 세속 군주는 신앙적인 문제에 대해서 강압적으로 다스릴 수 없으며, 교회의 특권을 인정해야 한다고 가르쳤다. 세상을 다스리더라도 하나님의 율법, 십계명으로 기준을 삼아야 한다. 반면에 교회는 복음으로 영적인 영역을 통치하는 권세를 갖는다.

중세 시대 말기는 국가와 교회가 다 함께 서로 긴밀히 연결되어져 있던 기독교 왕국의 시대였다. 교황이 지배하는 교회가 영적인 권세로 세속 국가들과 통치자들을 다스렸다. 12세기와 13세기의 십자군 전쟁을 생각해 보면, 교회의 권세가 얼마나 세상을 압도했던지를 쉽게 이해할 수 있다.

그러나 루터의 두 왕국설이 실제적으로는 그리 큰 효력을 발휘했던 것은 아니다. 그가 살았던 독일 동북부 작센의 제후 프레데릭이 기독교 신자였지만, 교회의 지위가 독립적이지는 않았다. 루터과 후

---

11   Robert Kolb, "Luther's Hermeneutics of Distinctions, Law and Gospel, Two Kinds of Righteousness, Two Reals, Freedom and Bondage," in *The Oxford Handbook of Martin Luther's Theology* (Oxford: Oxford University Press, 2014), 168-184.

기 지도자들과 잉글랜드에서도 절대 군주의 보호 아래 교회가 보전되었지만, 따로 독립적인 권위를 발휘할 수 없었다.

종교 개혁의 첫 세대 신학자들 중에서, 루터보다는 칼빈이 훨씬 더 성경적인 대안들을 정립할 수 있었다. 칼빈은 하나님의 나라를 영적인 새로움으로 이뤄지는 주권적 통치로 이해했다. 칼빈은 스위스 바젤의 외콜람파디우스와 스트라스부르크의 마틴 부써가 남긴 저서들로부터 터득한 것을 활용하여, 세속 정부와 교회의 역할에 대해 중요한 원리들을 제시했다.[12] 칼빈은 세속 군주들의 임무가 십계명을 준수하도록 사회를 다스리는 것이며, 거짓 예배를 시도하지 못하도록 세상의 악을 억제시키는 것이라고 설명했다.

특히 요한 칼빈(1509-1564)이 하나님의 주권적 통치를 강조하면서, 교황 주변의 사람들이 지배하는 계급 구조의 모순을 혁파했다. 교회와 국가의 모든 예배와 활동들은 하나님께만 영광을 돌려야 함을 역설했다. 성경의 해석에서도 하나님 중심적인 신학 체계가 정립되었다. 자연스럽게 하나님의 절대 주권을 강조하면서 하나님이 통치하시는 나라가 가장 핵심적인 개념으로 강조되었다. 칼빈은 그리스도 왕권을 강조하면서, 교회와 동시에 세속 정치와 정부 안에서도 권능을 펼치신다고 하였다. 칼빈의 경우엔 두 왕국이라기보다는 하나의 왕국 아래에 있는 두 영역들, 혹은 이중적인 하나님의 나라(duplex regnum Dei, a twofold kindom)를 가르쳤다.[13]

여기에서 예수님이 가르쳐 주시는 하나님의 나라는 종말적인 의미

---

12 Robert Kingdon, "Church and State," in *The Calvin Handbook*, ed. Herman J. Selderhuis (Grand Rapids: Eerdmans, 2008), 355-357.

13 Jonathon David Beeke, "*Duplex Regnum Christi:* Christ's Twofold Kingdom in Reformed Theology," (Ph.D.; University of Groningen, 2019), 73.

가 담겨 있다. 지금은 고난 당하더라도 하나님의 나라를 바라보면서 영생의 소망을 품고 인내할 것을 강조하셨다. 심령이 가난한 사람, 의를 위하여 핍박을 당하는 신실한 백성들에게는 하나님의 나라가 축복으로 주어질 것이기 때문이다. 현재 박해를 당하고 있다고 해서, 모두 다 상급을 받는 것은 아니다. 칼빈은 당시 재세례파가 고난을 당하고 있다고 주장하지만, 그들은 불순한 사상으로 복음의 영예를 훼손하였기에 핍박을 당했던 것이라고 단호히 배격했다.[14]

또한 장차 천국에서는 세상에서 작은 자가 크다는 평가를 받을 것이라고 거듭해서 강조하셨다(마 5:19). 서기관과 바리새인이 크게 보이지만, 하나님의 나라에서는 상극된 평가가 내려질 것이다. 현재 세상에서 가지고 있는 것에만 집착하는 사람은 천국의 문을 닫고 사는 것이다. 부자와 나사로의 비유에서 소개되었듯이, 장차 아브라함의 품에 가게 될 소망을 품는 사람은 천국에서 상급을 받게 될 것이다.

사람의 야망을 점검하라는 것이 예수님의 주문이다. 육체적인 즐거움을 추구하는 자는 하나님의 영광을 바라보는 것과는 멀리 벗어난 사람이다. 예수님은 제자들로 하여금 군중들이 가는 길에서 벗어나도록 가르치셨다. 순수한 하나님의 교리를 훼손하면서 사람들이 좋아하는 것에 치우친 자들에게도 경고하셨다.

하나님의 나라에서는 사람이나 사탄의 권모술수가 통하지 않으며, 오직 하나님의 뜻이 실행된다. 그런데, 왜 우리가 하나님의 나라가 도래하기를 위해서 기도를 해야만 하는가? 현재 우주적인 하나님의 나라 안에는, 비록 제한된 범위에 한정되지만, 여전히 사탄의 통치가

---

14   John Calvin, *New Testament Commentaries*, Vol. 1, Matthew, Mark, & Luke, tr. A. W. Morrison (Grand Rapids: Eerdmans, 1972), 173.

하나님의 일을 방해를 하고 있기 때문이다.

하나님께서는 우주 만물을 통치하시는 왕이시며, 동시에 그가 특별하게 택한 백성들에게 구원의 은혜를 베푸신다. 하나님의 나라는 이런 이중적인 측면들로 구성되어 있다. 이미 구약 성경에서부터 주권적 통치를 통해서 인류를 돌보시며, 구원하셨다. 비록 하나님의 나라에 대한 구체적인 용어는 없지만, 때를 따라 펼쳐지는 하나님의 나라는 구약 성경의 첫 부분에 담겨진 에덴동산에서부터 전개되었다. 구약 성경의 여러 부분에는 고대 지중해 연안에 살던 사람들의 역사와 문화를 알게 해 주는 내용들이 많이 담겨 있지만, 근본적으로는 고대 인류의 역사를 기록한 책은 아니다.

칼빈은 주기도문에서 첫 번째 간구의 내용으로 "하나님의 이름이 거룩히 여김을 받으시옵소서"라는 고백에 대해서, 최고의 경의를 품게 되기를 간절히 바라야 한다고 했다. 이어서 "하나님의 나라가 임하시옵소서"라는 두 번째 간구의 내용은 "우리가 무기력하다는 것을 생각하면서 철저히 알고 있어야 할 사실"을 다시 명확하게 심어주고자 거의 동일한 간구를 다시 하는 것이라고 설명했다.

칼빈은 "하나님의 나라"를 "하나님의 영적인 다스림"으로 해석한다.

> "사람들이 자기 자신을 부인하고, 세상과 이 땅에서의 삶을 멸시함으로써 스스로 하나님의 의를 위하여 헌신하며, 하늘의 생명을 사모할 때에 바로 거기에 하나님의 다스림이 있는 것이다.
>
> 그러므로 이 나라에는 두 부분이 있다. 하나는 하나님께서 그를 대적하여 발악하는 온갖 정욕들을 그의 성령의 권능으로 교정하시는 것이요, 또 하나는 하나님께서 그의 다스리심에 순종하도록 우리의 모든 생각

들을 그렇게 형성시키는 것이다."[15]

칼빈은 그 누구도 이 간구를 합당한 질서를 따라서 행한다고 할 수 없다고 진단했다. 결국 이 간구는 "모든 사람들의 정신과 마음을 이끄사 자발적으로 그 말씀에 순종하게 해 주시기를 하나님께 간구하라는 명을 받은 것이다." 우리가 스스로 하는 것이 아니라, "하나님께서 그의 성령의 은밀하신 감동을 통해서 그의 말씀의 역사가 드러나게 하셔서 그 말씀이 존귀를 받는 높은 자리에 세우시면 그런 일이 이뤄진다". 하나님께서는 갖가지 방법을 사용하셔서, 자신의 최고 권위에 완고하게 도전하는 불신자들을 낮추심으로써, "그의 나라를 세우시는 것이다. 방자한 사람들을 누그러뜨리기도 하시고, 때로는 도저히 꺾이지 않는 고집불통인 자들의 교만을 꺾기도 하신다."

"너희는 먼저 그의 나라와 그의 의를 구하라"(마 7:33)고 하신 예수님이 요청은 매우 절실하다. 하나님의 나라는 "인생의 영적인 새로움 가운데서, 의로움으로 구성되어져 있기 때문이다." 칼빈은 우리에게 주어진 하나님의 나라가 "영적인 새로움"으로 시작된다고 여러 차례 설명한 바 있다.[16]

이처럼 우리가 오직 하나님의 나라를 추구하는 생활을 진전시키려면 어떻게 해야만 하는가? 선행이나 공로를 세워서 획득할 수 없기에, 로마 가톨릭의 교리를 칼빈은 단호히 비판한다. 오직 주 예수 그리스도께서 우리를 영생의 소망으로 할 수만 있으면 자주 들어 올려

---

15   Calvin, *Institutes of the Christian Religion*, III. 20. 42.
16   Calvin, *Commentary* on Mt. 3:2, vol. 1:115, "kingdom of God is simply newness of life," on Mt. 7:33. vol. 1:224, "the kingdom of God consists in righteousness, which consists in spiritual newness of life."

야만 한다. 그렇게 할 때에, 하나님의 나라가 우리에게서 성취되어지고, 하나님을 기쁘게 해 드리는 영생의 샘물이 흘러나가게 된다.

> "우리를 하나님께로부터 완전히 분리시켜서 그의 나라가 우리 속에서 고동치지 못하도록 막는 세상의 온갖 부패에서 우리 자신을 물러나게 해야 하며, 동시에 육체를 죽이는 열심을 우리 속에서 불러 일으켜야 하며, 그리고 마지막으로 십자가를 지도록 우리를 가르쳐야 마땅할 것이다. … 속사람이 새로워진다면, 비록 우리이 겉사람이 낡아진다 해도 근심할 것은 없다"(고후 4:16).[17]

하나님의 나라가 우리 안에 이뤄지는 조건은 "우리가 하나님의 의에 굴복하는 동안 하나님께서 우리를 그의 영광에 참여하는 자로 만들어 주신다." 칼빈은 하나님의 나라가 이뤄질 것을 간구하는 기도가 응답을 받을 것이라고 다음과 같이 확신했다.

> "하나님께서 그의 빛과 진리를 찬란히 드러내서서 사탄의 나라의 어둠과 거짓된 것들이 사라지고 꺼지고 없어지게 하실 때에, 그와 같은 일이 이루어질 것이다. 그때까지 하나님께서는 그에게 속한 자들을 보호하시며, 그의 성령의 도우심으로 말미암아 그들을 공의 속으로 인도하시며, 그들을 강건하게 하사 끝까지 견디게 하시는 것이다. 동시에 하나님께서는 원수들의 악한 음모들을 무너뜨리시며, 그들의 모략과 술수를 폭로하시고, 그들의 악의를 대적하시고, 그들의 강퍅함을 억제시

---

17   Calvin, *Institutes of the Christian Religion*, III, 20, 42.

키며, 그리고 마지막에는 그의 입의 기운으로 적그리스도를 죽이시고, 그가 강림하여 나타나심으로 모든 불경을 폐하시는 것이다"(살후 2:8).[18]

칼빈의 교훈들은 영국의 청교도들에게 수렴되어서 "웨스트민스터 신앙고백서" 31장 2항에 반영되었다. 런던 웨스트민스터 대사원에서 개최된 웨스트민스터 총회에 참석했던 스코틀랜드 출신 새뮤얼 러터포드는 하나님의 뜻을 따르지 않는 왕과 권세자들에게 저항하는 권리에 대한 교리를 발전시켰다.

스코틀랜드 교회에서는 1560년 국왕의 명령을 거부하는 존 낙스의 저항 운동이 큰 성공을 거뒀다. 그 후로, 개혁주의 세계에서는 국가가 교회를 지배하지만, 동시에 교회도 국가 권력의 정책에 대해서 선택권이 있음을 확고히 했다. 올리버 크롬웰이 통치하던 시대에, 영국에서는 교회가 국가의 통치자들에게 종교 정책의 방향을 제시하였다. 17세기에는 국가 권력과 교회가 무조건 분리된 것이 아니라, 교회의 영역 내에서도 적극적으로 국가적인 영향을 발휘했다.

하나님 나라의 절대적인 통치권을 가진 하나님께서는 국가와 교회를 도구로 사용하신다. 두 개의 나라가 있는 것이 아니라, 교회와 국가를 통해서 고유한 영역을 주관하도록 하였다. 구약 성경에서도 왕은 국가를 위해서 세워졌고, 제사장은 성전을 위해서 세웠다. 그들이 거하는 장소도 각각 왕궁과 성전이었다. 성경에 나오는 긴 역사를 간략하게 줄이자면, 하나님께서는 교회에게 세속적인 칼을 주신 적이 없다. 동시에 하나님께서는 세속 권세자들에게 성례를 시행하는 임

18　Calvin, *Institutes of the Christian Religion*, III. 20. 42.

무를 맡기신 적도 없다. 하나님은 국가와 교회를 위해서 기준을 세웠다. 각각 다른 임무와 규정을 갖게 되었다. 그렇다고 해서, 현대 국가 사회에서 개인 성도가 정치 문제에 관해서 아무런 영향력을 발휘해서는 안 된다고 금지할 수는 없다.

현대 사회의 다양한 의견들 속에서, 신앙적인 행위들이 국가적으로 문제시 되고 있다. 미국의 경우에, 한국도 마찬가지이지만, 공립학교에서 하나님께 올리는 기도가 금지되었다. 어린 생명의 보존과 낙태, 전쟁에 참전, 동성애 등등 정치적으로 첨예하게 대립하는 주제들에 대해서 국가와 교회가 각기 다른 입장을 가지게 되는 경우에는 교회의 의견이 반영될 수 없는 구조가 되고 말았다.

종교 개혁자들의 시대에는 왕권신수설에 의한 절대 통치가 아니라, 신본주의라는 의미가 차분하게 제시되었다. 하지만, 여전히 아쉬운 부분도 있었다. 종교 개혁자들의 시대는 중세 말기의 절대 왕권과 신분제 계급 사회였으며, 봉건주의 체제하에서 살았기에, 교회를 개혁했다고는 하지만 여전히 제왕들이나 군주들, 귀족들이 지배하던 왕궁이나 혹은 자치 도시를 다스리던 시정부 당국자들에게 재가를 얻어야만 교회의 목회 활동들을 추진할 수 있었다. 칼빈주의 신학자들이 하나님의 나라를 이해함에 있어서도, 오늘날 성경신학자들이 본문에서 파악하는 하나님 나라의 개념을 상세하게 파악하는데 아쉬움이 있었다.[19] 하나님께서 때를 따라서 구속 역사의 발전 과정을 진행하여 나가시는 총체적인 안목에서 하나님의 나라를 파악하지는 못하였다. 하나님 나라에 속하는 역동성과 역사적이며 종말론적인 측

---

19   J. D. Beeke, "*Duplex Regnum Christi*", 105, n. 80.

면들은 아직 충분히 밝혀지지는 않았었다.

3. 카이퍼와 바빙크의 일반 은총론

두 왕국설을 주장하는 밴 드루넨은 카이퍼와 바빙크의 일반 은총 교리에 호소한다.

19세기 네델란드에서는 개혁주의 교회에서 발전되어 내려온 일반 은총의 교리가 매우 강한 영향력을 발휘하였다. 아브라함 카이퍼는 성도들의 모든 삶의 영역에서 하나님의 절대적인 주권과 궁극적인 승리를 강조했다. 카이퍼는 암스텔담에 자유대학교를 설립하고, 교수 취임 강좌에서 창조의 모든 세계들 속에서 그리스도가 주인이 아니라고 말하는 영역은 전혀 없다고 선포했다. 주 예수 그리스도가 만물의 주인이며, 정치, 문화, 예술, 교육, 과학, 노동 등 인간이 노력하는 모든 영역을 다 포함한다. 그가 미국 프린스턴 신학대학원에서 행한 강좌들을 묶어서 『칼빈주의 강좌』로 출판했는데, "세속주의와 근대주의에 맞서서, 삶과 세상에 대한 관점을 하나님의 통치를 높이는 일에 두라"고 강조했다.[20] 카이퍼는 타락의 영향하에 있는 인간과 인본주의 문화에 적대적이며, 전투적인 역할을 마다하지 않는 "신칼빈주의"의 변혁적 행동주의자로 각인되어졌다.[21]

아브라함 카이퍼의 일반 은총론은 매우 중요한 개념이지만, 밴 드

---

20   Abraham Kuyper, *Lectures on Calvinism: The Stone Lectures of 1898, Calvinism and Science* (N.Y.: Cosimo Classics, 2007), 190.

21   Henry Van Til, *The Calvinistic Concept of Culture* (Grand Rapids: Baker, 1959), 39.

루넨의 해석에 대해서는 강력한 반론이 제기되었다.[22] 필자와 같이, 단일 왕국설을 주장하는 학자들은 카이퍼의 일반 은총 교리에서 자연법을 따로 구별하지는 않는다.[23] 그러나 두 왕국설을 강변하는 밴 드루넨은 카이퍼의 일반 은총 교리는 결국 두 왕국설을 지지하는 것이라고 주장한다.[24] 밴 드루넨은 2008년에 미국 칼빈신학대학원에서 헤르만 바빙크의 신학에도 두 왕국설이 담겨져 있다는 논문을 발표했다. 이에 대해서, 넬슨 클루스터만은 바빙크의 왕국 개념은 카이퍼와 유사하며, 밴 드루넨과는 다르다고 비판했다.[25]

4. 자연법과 일반 은총이 세속적 왕국의 근거인가?

밴 드루넨이 주장하는 "자연법"은 양심과 이성을 의미하는 것인데, 이것은 개혁주의 신학자들이 "일반 계시"의 한 가지 방식이라고 말해오던 것이다. 하나님께서는 자신의 형상을 따라서 사람을 창조하셨고, 모든 인간에게 하나님을 아는 지식을 주셨다. 초자연적인 계시들을 접하지 못하는 자들에게 일반적으로 주신 계시가 바로 양심, 이성

---

22 Ryan C. McIlhenny, ed., *Kingdoms Apart: Engaging the Two Kingdoms Perpective* (Phillipsburg: P&R, 2012).
23 Timothy P. Palmer, "The Two-Kingdom Doctrine: A Comparative Study of Martin Luther and Abraham Kuyper," *Pro Rege* 27.3 (Mar. 2009), 13-25.
24 David Van Drunen, "Abraham Kuyper and the Reformed Natural Law and Two Kingdoms Tradition," *Calvin Theological Journal* 42 (2007): 283-307.
25 David Van Drunen, "The Kingship of Christ is Twofold': Natural Law and the Two Kingdoms in the Thought of Herman Bavink," *Calvin Theological Journal* 45, no. 1 (April, 2010): 147-164. Nelson Kloosterman, "A Response to "Natural Law and the Two Kingdoms," *Calvin Theological Journal* 45, no. 1 (April, 2010): 165-176. John Bolt, "The VanDrunen-Kloosterman Debate on 'Natural Law' and 'Two Kingdoms' in the Theology of Herman Bavinck," *Bavinck Society Discussion* #1 (2010), 1-34.

이다(롬 1:19). 따라서 밴 드루넨이 말하는 "자연법"이라는 것은 전혀 새로울 것이 없다. 그저 용어를 약간 달리 사용한 것에 불과하다.

아담이 에덴동산에서 받았던 일반 계시, 그리고 도덕적 능력은 결코 완전하지 못했다. 심지어 하나님으로부터 직접 받은 특별 계시에 순종하는 반응을 하지 못했다. 불신자들은 하나님이 주신 양심과 이성을 철저히 짓밟고 왜곡하며 부정하고 있는데, 밴 드루넨은 타락과 그 영향에 대해서 로마서 2장 14-15절의 지적을 신중하게 반영하지 못했다.[26]

밴 드루넨이 주장하는 두 왕국설의 기본 구도는 다음과 같다;

양심과 이성을 사용하는 자연법은 세속적인 일에 대한 것이요, 초자연적인 계시들은 영적인 문제들을 위한 것이다. 그는 영적인 왕국과 세속적인 왕국을 곧바로 대별시켰다. 세속 왕국은 "정치, 법률, 전반적인 문화 생활의 영역에 관한 것이고, … 구원과 영생을 위한 것이 아니다." 영적인 왕국은 "창조주, 유지하시는 하나님에 의해서 통치를 받으며, 또한 구세주 예수 그리스도의 통치를 받는다. 궁극적이요 영적인 중요성을 갖는다. … 칼빈도 하나님의 나라를 교회 안에서 발견하였고, 국가라든지 일시적인 기관들 속에서는 찾아볼 수 없다고 확신했다."[27]

그러나 이처럼 구별된 두 왕국 개념으로 나눠놓는 밴 드루넨의 해석에 동의할 수 없다는 반론들이 많이 제기되었다. 칼빈은 오직 그리스도만이 만물의 주인으로서 영적인 영역이든지, 세속적인 왕국이든

---

26 Van Drunen, *A Biblical Case for Natural Law*, 18-22.
27 Van Drunen, *A Biblical Case for Natural Law*, 24.

지 통일적으로 다스린다고 강조했다.[28] 다시 말하면, 우주 만물을 총괄하는 하나님의 나라가 예수 그리스도의 부활과 승천 사건 이후로 시작되었음을 강조했다. 영광스러운 승리자가 되사 하나님의 우편 보좌에 앉으신 예수 그리스도가 만물의 왕이시다.[29] 칼빈은 사도행전 3장 21절 주석에서도, 하나님의 주권적인 통치가 예수 그리스도의 재림으로 완성되어질 것임을 기대하였다.[30] 칼빈은 하나님께서 구원의 경륜을 펼치는데 있어서, 국가라든지 왕이라든지 사람들의 양심 등등 세상적인 도구들을 필요로 하지 않는다고 역설했다.

하나님의 주권적 통치 아래 있는 것들을 종교적인 영역과 세속적인 영역으로 확실히 분리시킬 수가 없다. 다만, 각각의 영역으로 차별화시킬 수 있을 뿐인데, 이것을 지나치게 확대해서 밴 드루넨이 각기 다른 왕국으로 과대포장한 것이다. 우주와 만물을 지배하는 하나님의 주 되심은 항상 모든 만물의 영역에서 보편적으로 시행되고 있다. 피조물의 세상은 하나님의 뜻에 따라서 운영되고 있다(엡 1:11). 하나님께서는 인간의 죄를 용서하실 뿐만 아니라 참새 한 마리도, 머리카락까지도 세밀하게 섭리하신다(마 10:29-30). 하늘은 하나님의 보좌이며, 땅은 그의 발등상이다(사 66:1).

프레임 교수는 세속적인 영역의 왕국이 구분은 되지만, 하나님의 나라에서 따로 독립적인 영역이 될 수 없다고 비판한다. 물론, 믿지

---

28 Calvin, *Institutes of the Christian Religion*, IV. 20. 1, 2. Jason Lief, "Is Neo-Calvinism Calvinist? A Neo-Calvinist Engagement of Calvin's Two Kingdom's Doctrine," *Pro Rege* 27. 3 (March, 2009), 1-12.

29 John Calvin, Commentary on John 12:31 . Vol. 2, Trans. Rev. William Pringle (Grand Rapids: Eerdmans, 1949), 36.

30 John Calvin, Commentary on Acts Vol. 1, Trans. Henry Beveridge (Grand Rapids: Eerdmans, 1949), 153.

않는 자들은 교회와 하나님의 백성들 안에서 아무런 역할이나 의미가 없다. 또한 믿는 자들과 불신자가 공통적으로 일할 수 있는데, 구원의 은혜가 적용되지 않는 분야에서는 함께 공동 작업을 할 수 있다. 그러나 밴 드루넨의 주장과는 달리, 성경은 이런 공통적인 영역에 대해서 왕국이나 나라라고 부른 적이 없다.

창세기 3장 15절에 설명된 바, 일반 은총의 영역에 속하는 사람들이 존재하고 있지만, 그들은 구원에 이르는 은혜를 거부하기에 최종적인 축복을 받아 누리지는 못한다. 예를 들면, 가인이 동생을 살해한 후에, 그는 하나님의 면전에서 떠나버렸다(창 4:16). 가인과 그 후손들은 자기 아들의 이름으로 성을 짓고, 자신만의 명예를 위해서 일한다(창 4:17). 그들 후손들은 점차 더 죄악된 길로 빠져버렸다. 하나님께서는 그들의 사악함에 대해서 최종적인 형벌을 내리셨다(창 6:5). 가인과 같은 부류의 사람들이 살고 있는 세상은 하나님의 사람들로부터 분리되어져 있으며, 사악하다(창 4:26). 이런 자들은 하나님에게 저항하면서 불합리한 사회를 발전시키고 있다. 다만, 하나님께서 가인의 무리들을 살려주셨기에 번영을 누리고 있는데도, 결코 하나님의 영광을 위해서 선한 일에 동참하려 하지 않는다.

하나님께서 이런 불신자들과 반항자들이 만들어내는 문화를 용납하시거나, 긍정적으로 인정을 하시지 않았다. 이 세상 문화에는 중립적인 영역이란 없다. 반틸은 인류 전체에게 주어진 문화 명령과 일반 은총의 교리를 받아들이지만, 특별 은총과 이원론적으로 양립시키지 않는다. 이 세상의 모든 일들은 하나님의 영광을 위하든지, 아니면 그 반대쪽에 있다(고전 1:31).

"신자와 불신자가 모든 것을 공통으로 갖는 하나의 영역이나 차원은 없다. … 중립적 협동 영역이란 있을 수 없다."[31]

마가복음 5장 44-45절과 누가복음 6장 35-36절에 비와 햇빛이 모든 사람에게 공통으로 주어진다고 하였다. 하나님의 친절하신 태도가 심지어 진노 아래 있는 자들에게도 주어진다. 하나님께서는 작정과 허용적인 측면에서 불신자의 문화가 존재하도록 용납하셨지만, 하나님의 교리에 의해서 그것들을 인정하신 적은 없다. 따라서 일반 은총의 개념을 그 이상으로 확대하거나, 추상적인 개념들을 과대포장하거나 증폭시키지 말아야 한다. 밴 드루넨의 두 왕국론에는 반틸이 염려했던 것과 같은 깊은 사색이 없다.

구약 교수 클라인의 영향을 깊게 받은 밴 드루넨은 노아와의 언약을 전체 "일반 은총의 언약"이라고 해석했다.[32] 하나님께서 죄악된 세상 속에 세속적인 왕국을 설립했다는 것이다.[33] 그러나 노아와의 언약은 특성상 한 가정과의 언약이며, 다른 세속적인 국가나 불신자들을 향한 특별한 언급이 없다. 홍수는 오히려 하나님의 최종 심판의 도구였다. 더구나 노아 언약에서는 구원의 은총을 시행하는 것이 주된 목적이었다.

또한 밴 드루넨의 또 다른 결정적인 오류는 아브라함과의 언약에 대한 해석이다. 앞에서 지적한대로, 밴 느루넨은 노아와의 언약은 일반 은총의 언약으로 해석하면서, 세속적 왕국 혹은 세상의 일들을 다

---

31   C. Van Til, *Common Grace and Gospel* (Phillipsburg: P&R, Revised ed. 2015), 79.
32   Meredith G. Kline, *Kingdom Prologue; Genesis Foundations for Covenantal Worldview* (Eugene: Wipf and Stock, 2006).
33   Van Drunen, *A Biblical Case for Natural Law*, 28.

룬 것으로 해석했다. 그래서 노아 언약에는 신앙적이며, 구속적인 사항들이 관련을 맺고 있지 않다고 주장했다. 그러나 아브라함과의 언약에서는 "신앙적이요, 구원적인 사건들"을 다루는 언약이라고 해석했다. 밴 드루넨은 단지 두 가지 왕국의 개념으로만 해석하려다 보니까, 모든 민족을 위하여 축복하신다는 사실이 강조된 창세기 12장 3절의 교훈을 놓쳐버린 것이다.[34]

모세와의 언약에 참여한 이스라엘에 대해서, 밴 드루넨은 노아 때와 같은 공식을 적용했다. 그러나 이스라엘만 십계명을 받았고, 율법을 지키도록 특별한 은총을 받았다. 가나안 사람들을 정복하게 한 것은 우상 숭배에 빠졌던 불신자들의 문화를 제거하고자 함이었다. 노아 언약을 인류 전체에 해당하는 보편성의 원리라고 해석하듯이, 모세 언약에서도 동일하다고 해석하는 밴 드루넨의 주장에 동의할 수 없다. 구원적인 언약의 특징들이 분명히 드러나는데, 불신자들과 평화롭게 공존하도록 했다는 자연법의 개념을 무리하게 적용하는 것은 합당치 않다. 자연법 개념을 가지고 다윗, 솔로몬, 그밖에 후대의 왕국들이 살았던 구속사의 사건들을 설명하는 것은 타당치 않다. 모세로부터 그 후대의 이스라엘 사람들은 초자연적인 하나님의 계시에 의해서 통치를 받았다.

하나님의 나라는 하나이며, 오로지 왕 되신 하나님께서 이교도의 세상까지도 다스리신다. 우리가 성경의 역사를 합당하게 이해하기 위해서 이교도들과 그들의 왕국을 포괄적으로 다뤄야만 하는데, 결코 두 왕국이라는 관점이 있어야만 하는 것은 아니다. 예수님의 새

---

34 Van Drunen, *A Biblical Case for Natural Law*, 29.

언약에서도 신앙적인 것과 세속적인 것으로 병렬시키는 것을 찾아볼 수 없다.

이방인들과 불신자들과 관련된 세속적인 나라에서는 성경과는 전혀 상관이 없다고 밴 드루넨은 주장한다. 그러나 밴 드루넨의 두 왕국설이나, 세속적 왕국의 본질이나, 자연법이나, 윤리적 순종의 근거 등의 신학적인 개념들을 가지고 과연 무엇을 해낼 수 있는지 이해가 되지 않는다. 만일 하나님이 통치하지 않는다면, 과연 벤 드루넨이 말하는 세속적인 왕국 안에서 어떤 근거로 절대적인 윤리적 기준을 세울 수 있을 것인가? 우리는 세속적인 왕국이나, 비신앙적인 도덕성의 그 어떤 근거도 성경에서 찾아볼 수 없다.

또한 윤리적인 동기와 문화적 행동에 있어서, 결코 두 왕국의 기준이나 범주를 분리시킬 수 없다. 하나님께서는 모든 사람들의 순종을 요구하신다. 하나님은 거룩하신 분이시며, 우리 모든 인간도 역시 거룩하라고 명령하신다(레 11:44-45, 벧전 1:15-16, 마 5:48). 따라서 오직 하나님의 나라 하나만이 모든 존재하는 것들을 포괄하고 있으며, 오직 한 분의 주님만이 통치하신다.

자연법이라고 부르는 것이 있다고 본다. 그러나 필자는 밴 드루넨의 주장과는 달리, 자연법도 철저히 신앙적인 요소이며, 로마서 1장 18-32절에 제시된 바와 같이 하나님을 아는 지식을 갖추도록 주신 것이다. 따라서 벤 드루넨의 주장과는 달리, 자연법은 세속적인 도덕이나 세속적인 왕국만을 위해서 주신 것이 아니다. 자연법은 하나님 자신의 본성과 속성들을 분명히 계시한다(롬 1:20). 그것은 심지어 하나님을 아는 인격적 지식으로 인도한다. 사람들은 자연법을 짓누르고 우상 숭배를 하면서 모든 신앙적인 죄악들을 범하고 있다(롬 1:21-25). 우상 숭배는 성적인 죄악으로 이어지며(롬 1:26-27), 다른 죄악들로 연결된다(롬 1:28-31). 이런 것들을 세속적인 도덕이라고 규정하거나, 시민적인 영역이라고 말하는 것은 그 의도를 크게 잘못 해석하는 것이다.

자연법을 근거로 삼아서 밴 드루넨이 구축한 세속적인 왕국과 신앙적인 왕국과의 구별은 성경적 근거를 찾아볼 수 없다. 필자는 교회와 국가를 구별해야만 한다고 보는데, 그것들은 각각의 임무가 하나님으로부터 주어졌기 때문이다. 그리스도와 문화를 구분하는데, 이런 것들이 두 왕국의 구조를 통해서는 이해될 수는 없다. 세속 문화와 구원은 모두 다 하나님의 주권 아래 있으며, 그분의 오류가 없는 말씀의 권위 아래에 있다.

존 프레임 교수는 밴 드루넨의 두 왕국설을 철저히 비판했다. 하나님의 주권 신학을 펼치고 있는 프레임은 하나님의 주 되심(Lordship)을 통치, 권위, 임재로 각각 구별한다. 그는 오직 하나님의 영광을 위한 하나의 왕국이 펼쳐지고 있음을 강조한다.

5. 현대 신학자들의 하나님 나라 이해

하나님의 나라를 어떻게 해석하느냐 하는 것은 예수 그리스도의 생애와 사역과 교훈들을 풀어내는 열쇠가 된다. 하나님의 최고 통치권이 펼쳐지는 나라에 대해서 왜곡하게 되면, 기독교의 구조와 뼈대가 무너지게 된다. 하나님의 나라는 예수님의 중심적인 교훈이기 때문이다. 만일 하나님의 나라에 대한 성경적 개념을 왜곡하게 된다면, 이는 곧 바로 기독교의 핵심 진리가 무너지게 된다.

1) 자유주의 신학의 변질

근대와 현대 자유주의 신학자들이 하나님의 나라와 예수 그리스도에 대해서 제시한 내용들은 철학적으로, 윤리적으로 풀어냈다. 종교 개혁자들과 개혁주의 신학자들에 의해서 정립된 하나님 나라의 교리가 점차 무시되거나 변질되어졌다. 독일에서 번창했던 구 자유주의(old liberalism)의 기독교 교리에 대한 강조점들과 그 근거로 사용했던 성경비평학은 논쟁의 소용돌이를 일으켰다. 칸트와 헤겔의 계몽주의 철학에 영향을 받아서, 인간의 자율적 이성으로 꾸며낸 가설들은 종교 개혁의 교리들을 허물어 버렸다. 성경의 절대적 권위에 도전하는 각종 극단적인 가설들과 해괴한 주장들이 앞다퉈서 제기되었다. 기존의 개혁주의 교회들은 점차 논쟁 속에서 혼란에 빠지고 말았다. 영원한 진리의 권위와 엄중한 지침들은 사라졌고, 신학자들에 따라서 이쪽으로 왔다가 저쪽으로 갔다가 혼란스러운 토론들만 지속되었다.

하나님 나라에 대한 가설들을 간단히 압축하자면, 현실 세계 속에서 벌어지고 있는 하나님 나라의 내재성에만 관심을 두는 "실현된 종말론자"들이 있었고, 장차 임하게 될 미래에 "다가올 종말론주의"로 나눠졌다. 우리는 하나님의 나라를 현재 세상 속에서만 해석하려는 세속화 신학과 현세주의적인 해석에 대해서 경계해야만 한다. 물론, 우리는 그 반대로 미래의 사건들, 다가올 종말론주의에만 치우친 해석에 대해서도 따라가서는 안 된다. 양쪽이 모두 다 잘못이지만, 먼저 강력한 영향력을 발휘한 신학자들이 주장했던 하나님 나라의 현재성에만 집중하는 것이 왜곡된 해석의 시초였다. 하나님의 나라가 이 세상 속에서 구현되려면, 참된 인간화 과정에 집중하여야 한다고 주장하는 것은 독일 신학자들이 지어낸 가설이었다. 구 자유주의 신학자들은 하나님의 나라의 초월성과 종말에 의해서 완전히 감싸여 있다고 말할 정도로 미래를 향해서 움직이고 있음을 애써 외면한다.

유럽에서는 1914년부터 사 년 여간에 걸쳐서 제1차 세계 대전이 벌어졌고, 그로 인해서 기독교 신학과 교리 체계가 급속히 바뀌고 말았다. 이 참담한 전쟁이 발발하기 이전에 나온 신학 사상들을 낭만적 자유주의라고 부르고 있는데, 서구 유럽 국가들이 군사적 식민지 확장의 시대로부터 영향을 받아서 제국주의 풍요로움을 누렸기 때문이다.

19세기 후반부터, 독일에서 발전된 구 자유주의 신학자들은 종말론적인 메시지를 삭제해 버리고자 했으며, 본질적인 것이 아니라고 축소를 시키고자 했다. 성경에서 초자연주의를 배제하고자 했고, 그런 일환으로 성경 전체에서 종말에 관한 가르침을 중립화시켰다.

그동안 자유주의 신학자들과 현대 신학자들이 제시했던 하나님의 나라에 대한 해석들은 잘못된 개념이라는 것을 인식해야만 한다. 예수님이 선포하신 하나님의 나라는 본질적으로 이상형의 도덕적 질서가 아니었다. 릿츌이나 하르낙, 벨하우젠 등은 예수님이 선포하신 하나님의 나라는 본질적으로 도덕적 질서, 혹은 이상적이고 윤리적인 예절에 관한 것이라고 축소시켰다. 따라서 이들에게서 하나님의 나라는 오직 현재 교회 질서 속에서 윤리적이며 도덕적으로 실천하는 것에 불과했다.

독일 자유주의 신학자 알브레흐트 릿츌(Albrecht Ritschl, 1822-1889)이 주장했고, 아돌프 하르낙(Carl Gustav Adolf von Harnack, 1851-1930)이 강조했던 역사적 예수의 실재하고는 전연 상관이 없다. 자유주의 신학자들은 하나님의 나라를 사랑과 화평의 차원으로 이해했다. 그들은 초자연적인 차원으로 이해하지 않았고, 종말론적인 성격을 본질적으로 중요하게 취급하지도 않았다. 역사적, 비평적 방법론이 팽배하던 시대에, 해석자의 합리적 자율성을 강조한 자유주의 신학자들은 결코 성경에 합당한 해석을 내놓지 않았다. 그들의 가설들도 역시 타당치 못하다는 사실이 드러나고 말았다. 하르낙은 예수 그리스도의 교훈들 가운데서 도덕성에 강조하는 왜곡된 해석을 퍼트렸다. 이런 자유주의 신학의 구도에서 만들어진 역사적 예수의 탐구가 낳은 결과는 참람하게도 예수님을 칸트의 윤리적 이상주의와 도덕주의를 합당하게 제시한 인물로 그려내고 말았다. 유럽에서는 이런 신학이 제1차 세계 대전이 발생하기까지 막강한 영향력을 발휘했다.

부활 신앙이 사라지면, 종말 신앙도 의미가 없다. 부활 사건을 믿지 못하면, 장차 다가올 재림의 예수 그리스도가 희망이 될 수 없다. 20세기 중엽부터 신약 연구에 막강한 영향력을 발휘한 루돌프 불트만은 부활의 증언들을 모두 다 현대인들에게는 의미가 없는 "신화"라고 취급해 버렸다. 수많은 부활의 증거들을 실존주의 철학에서 가져온 개념들로 탈색시켰다.

칸트와 헤겔의 계몽주의에 영향을 받은 이들은 인간의 이성을 절대적으로 신뢰하는 철학적 영향에 따라서, 성경에 대한 해석자로서 비평적 판단을 내릴 수 있는 이성적 자율성을 가지고 있다고 주장했다. 성경에 대한 각종 비평적인 가설들이 문서에 대한 새로운 학설이라 하면서 고등비평, 하등비평, 양식비평, 역사비평, 본문비평 등을 쏟아냈다. 자유주의 신학자들은 더 이상 성경을 성령의 감동으로 기록된 하나님의 말씀이라는 종교 개혁의 신조들을 내던져 버렸다. 교황의 절대 권위에 맞서서, 오직 성경으로만(sola Scriptura)을 외쳤던 개혁주의 전통은 모두 다 부정되었다. 미국 프린스턴의 핫지 교수와 워필드 박사가 앞장서서 이들에 맞서서 성경의 신적인 영감을 옹호했고, 성경관은 그 후대의 개혁주의에서 가장 중요한 신학의 기초가 되었다.[35]

그러나 20세기로 넘어오자, 자유주의 신학자들에게 영향을 받은 후대의 성경 비평학자들 사이에서도 변화가 일어났는데, 지속된 세계 대전의 여파가 컸다. 개인적인 종말 신앙을 가진 자들고 있었고, 신약 성경의 종말론을 확대해야만 한다는 재론이 일어났다. 점차 이런 인식이 확고히 세워지도록, 종말론을 연구한 저서들이 연이어 출판되었다. 하나님의 말씀에 신실한 믿음으로 접근한 신학자들은 성경 가운데서 그동안 중요시 하지 않았던 종말론을 재발견했으며, 가장 중요한 성경의 교훈을 접어두고 지나쳐 버렸다는 인식을 갖게 되었다.

하나님 나라의 개념에 대한 신학적 토론이 가장 활발하였던 시기는 19세기였다. 독일 계몽주의 철학자들의 영향을 받은 신학자들은 종교 개혁 신학자들이 신앙고백서에 담아 놓았던 교리들을 대담하게 비판했다. 소위 자유주의 신학이 출현하면서, 새롭게 해석된 기독교 신앙을 제기했다. 기독교의 본질이 과연 무엇인가에 관련한 토론과 논생이 나시 일어난 것이다. 종교 개혁자들은 로마 가톨릭과 교황제의 모순을 비판했는데, 이제 다시 자유주의 신학자들은 인간 중심의 신학 세계를 그려나갔다.

---

35 Archibald A. Hodge, Benjamin B. Warfield, *Inspiration* (Presbyterian Board of Publication, 1881). N. B. Stonehouse, Paul Woolley eds., *The Infallible Word* (Philadelphia: The Presbyterian Guardian Pub. Corporation, 1946).

가장 크게 변질된 신학을 제기한 알브레흐트 릿츌은 인간 예수를 따라서 윤리적으로 살아야 한다는 강조를 하면서, 하나님의 나라를 중심 주제로 삼아야 한다고 주장했다. 한편으로는 타당한 주장인 것처럼 보이지만, 그 본질에 대한 설명에 들어가 보면 정통 개혁주의 해석과는 너무나 달랐다. 또한 바울 중심의 기독교에서 역사적 예수 그리스도의 영적인 복음으로 옮겨가야 한다고 강조했지만, 하나님의 나라는 윤리적 종교적 공동체로서 세상 속에서 사랑을 실천하는 것이라고 보았다. 이 땅 위에 내재하는 하나님 나라의 기본적인 법은 예수 그리스도가 가르친 사랑의 계명들이고, 압도적으로 윤리적 특성을 갖고 있다고 해석했다.

릿츌이 제시한 하나님의 나라에 대한 개념들은 복음서에서 강조하는 내용이라고 할 수 없다. 도리어 그 개념들의 뿌리에는 칸트의 도덕 개념과 계몽주의 철학에서 찾아볼 수 있기 때문이다. 헤르만(Wilhelm Hermann, 1846-1922)과 하르낙(Adolf von Harnack, 1851-1930)을 통해서 릿츌의 해석은 더 확장되었다. 독일 제국 내에서 교회란 사회적 정의를 추구하는 단체로 전락해 버렸다. 오늘날 서구 유럽의 교회들이 몰락하게 된 데에는 끝도 없는 자유주의 신학 사상의 후계자들이 온갖 가설들을 확산시켰기 때문이다. 그 배경에는 인간의 이성을 중심으로 삼는 칸트와 헤겔의 계몽 철학이 광범위하게 자리하고 있었던 것이다.

다시 한번 전체적인 흐름을 요약하자면, 독일에서 확산된 인간 이성과 감각적 체험 위주의 자율주의 사상에 영향을 받은 자유주의 신학자들이 종교 개혁의 신학 사상을 전면 거부하는 가설들을 쏟아냈다.³⁶ 대부분의 독일 교회에서는 성경이 인간 저자들의 문서이므로 오류가 있을 수 있다고 주장하는 설교들이 쏟아져 나왔다. 예수 그리스도의 신성과 대속적 형벌에 대해서도 해석과 학문의 자유에 기초하여 정통 개혁주의 신앙고백서의 내용들을 거부했다. 이러한 영향으로 미국 연합장로교회 내에서 일부 진보주의자들이 "어번 선언"(Auburn Affirmation)을 발표했는데, 총회의 결의라고 해서 각 지역 노회에 통일된 교리를 더 이상 강요할 수 없다고 주장했다. 이런 상황 속에서, 메이첸 박사(1881-1937)가 기독교 신앙의 전통적인 유산을 지키기 위해서 『기독교와 자유주의』를 발표했다.³⁷

2) 바이스와 슈바이처의 종말론적 해석

기존의 하나님 나라에 대한 관점을 완전히 뒤엎는 종말론적 해석이 대두되었다. 요한네스 바이쓰와 알베르트 슈바이처의 종말론적인 해석이 대두되면서, 예수 그리스도와 복음에 대한 이해가 큰 혼돈을 겪었다.

바이쓰(Johannes Weiss, 1863-1914)는 릿츌의 구 자유주의 신학에 철저히 반대되는 다가올 종말론(consistent eschatology)을 제시했다. 그를 이어서 알베르트 슈바이처(1875-1965)가 "철저한 종말론" 혹은 "다가오는 종말론"을 주장하면서 하나님의 나라에 대한 새 해석을 내놓았다. 기본적으로 바이스는 성경 양식 비평학을 철저히 구체화했으며,

---

36 John Frame, *A History of Western Philosophy and Theology* (Phillipsburg: P&R, 2015), 251.

37 J. Gresham Machen, *Christianity and Liberalism: 100ᵗʰ Anniversary Edition* (Philadelphia: Westminster Seminary Press, 2023). Levi Berntson, "Hot Chocolate and Confirmation: J. Gresham Machen and World War I," *Westminster Theological Journal* 85 (2023): 253-66.

전혀 입증되지 않은 원자료(Q-문서설)을 제기하여 복음서의 신뢰성을 파괴하였다. 그는 종교 개혁자들로부터 내려오는 객관적 기독교 교리를 전혀 인정하지 않았다.

1892년, 바이쓰는 『하나님의 나라에 대한 예수의 설교』를 출판했다. 이 책은 독일 자유주의 신학자들이 19세기 말과 20세기 초엽에 집중적으로 연구했던 역사적 예수에 대한 탐구의 효시에 해당한다. 바이쓰는 종말론과 예수의 하나님 나라에 관한 설교를 중심에 놓았다. 바이쓰는 앞에서 살펴본 릿츨의 개념들을 전면 부정했다. 도리어, 하나님의 나라는 내재적 공동체 속에 있는 것도 아니고, 윤리적 이상도 아니라고 보았다. 바이쓰에 의하면, 그 나라는 영적인 성격으로 제시되었고, 미래적이며 종말 사건에 관한 것이다. 그는 예수 그리스도가 하나님 나라를 선포했을 때에는 유대적인 묵시 문서들로부터 나온 영향이 널리 퍼져 있던 시기였다는 점을 강조했다.[38]

슈바이처는 알사스 로렌 지방의 개신교회 목회자 아들로 출생했다. 그는 음악, 신학, 의학 분야의 박사 학위를 가진 비상한 인물이었다. 또한 식민지 지배에 대한 화해와 사죄의 차원에서, 아프리카 가봉 람바레네에 병원을 개설하고 직접 의료 봉사를 했다. 그의 철학이 담긴 『생명에의 경외』가 큰 반향을 일으켰고, 이로 인해서 1952년에 노벨 평화상을 받았다. 그러나 슈바이처의 철저한 종말론은 예수 그리스도의 생애를 종말 개념으로만 해석하여 또 다른 오류에 빠지고 말았다.

슈바이처는 예수의 생애를 집중적으로 다루었다. 그는 독일어로

---

38 H. Ridderbos, *The Coming of the Kingdom*, 12.

펴낸 『역사적 예수에의 탐구』(1906)에서 바이쓰의 설교 연구를 넘어서는 또 다른 주장을 펼쳤다. 이 책에서 슈바이처는 여러 자유주의 신학자들이 계몽주의 철학의 영향을 받아서 예수의 설교에 담겨 있는 종말론을 간과했다고 비판했다. 예수는 자신의 생애 동안에 하나님의 나라가 도래할 것이라고 기대했으며, 자신이 죽은 후에 나중에라도 제자들의 생애 동안에 강림할 것이라고 믿었다는 것이다. 역사의 바퀴를 미래를 향해서 가속시켰지만, 최종적인 하나님 나라와 역사의 종결을 가져오는데 실패했다고 지적했다.

슈바이처의 스승, 홀츠만이 이런 자유주의 신학의 대표자였고, 신약학자들 대부분(Reimarus, Strauss, Bruno Bauer 등)이 예수의 생애를 교리적 전제들로부터 벗어나서 자유롭게 서술하려는 입장에 있었다고 지적했다. 슈바이처는 예수의 생애가 종말론적인 긴장 속에서 살았다는 바이쓰의 입장에 동조하였다. 한걸음 더 나아가서, 종말론적인 교리에 의해서 예수의 생애가 전적으로 압도되었다고 강조했다. 다가올 종말론은 복음의 윤리화와 인간화를 반대하는 것이고, 바이쓰와 슈바이처는 종말론적인 기대 속에서 살았던 예수로 재구성하였다.

슈바이처는 예수의 생애 동안에 하나님의 나라가 임하지 못하였으므로, 그의 생애는 실패했다고 주장했다. 예수님의 교훈들 속에 담겨 있는 하나님 나라의 특성을 제대로 이해하지 못한 슈바이처의 망언이라고 생각한다. 슈바이처는 현재 세상에서 맛보는 하나님의 나라에 대해서 예수님이 설명한 것들은 전혀 도외시했다. 그는 오직 종말론적인 기대와 미래적인 성취에만 고착된 좁은 견해를 가졌던 것이다. 이에 대한 반론으로, 다드의 실현된 종말론이 대두되었다.

3) 톨스토이, "네 안에 있는 하나님의 나라"

슬라브 동방 정교회가 큰 영향력을 발휘했던 러시아에서, 문학자로 영향을 끼쳤던 레오 톨스토이(1818-1910)는 『하나님 나라가 네 안에 있다』는 책을 1894년에 발표했다. 신학자가 아니었지만, 톨스토이는 다가올 미래에 대한 어두운 전망 가운데서 러시아가 부닥치게 될 여러 문제들에 대해서 사회 정치적인 해결책들을 제시하고자 했다. 특히, 이 무렵에 유럽과 북미 대륙에서는 다가올 새로운 천년에 대한 낙관론이 대세를 형성하고 있었다. 그러나 톨스토이는 장차 다가올 난제들이 조국을 어렵게 할 것이라고 판단했다. 그는 새로운 세기가 기독교인들의 백 년이 되기 위해서는 예수 그리스도의 말씀 속에서 해답을 찾아야 한다고 생각했다. 기독교의 세기라는 지상 낙원에 이르게 되려면, 누가복음 17장 21절, "하나님의 나라가 네 안에 있다"는 구절에서 교훈을 얻어야 한다고 보았다. 보다 정확히 말하면, 그가 생각해 온 것이 하나님의 나라였다는 점이다.

믿음의 예수, 또는 기독교의 예수가 아니라, 역사적 예수를 찾아야 한다고 논쟁하던 독일 자유주의 신학의 세계를 정확하게 파악하지 못했던 톨스토이는 신앙 고백의 예수를 따르고자 했다. 역설적으로 톨스토이는 잘못된 기대에 빠지고 말았다. 니케아 신경에 기록된 예수를 믿어야 한다는 것은 좋았지만, 결과적으로는 톨스토이도 예수 그리스도의 한쪽 측면에 대해서만 집착하고 말았다. 그는 예수 그리스도가 강조한 사랑의 메시지를 하나님의 나라에서 찾았지만, 가난한 농노들의 역경을 개선해 주지는 못했다. 톨스토이는 하나님의 나라가 네 안에 있다는 말씀 속에서 인간적인 번영을 발견하고자 했

다. 하나님의 나라는 지금 여기 땅 위에서 전개되는 것으로만 이해했다.[39]

톨스토이에게는 신학적인 주제들과 교리들은 전혀 중요한 관심 사항이 아니었다. 예수 그리스도에 관한 니케야 신경의 강조점들, 신성과 인성을 가지고 십자가 위에서 죽으신 대속적인 죽음, 무덤으로부터 육체적인 부활, 승천하셔서 왕권으로 통치하심, 오래 기다림 끝에 마지막 재림 등에 대해서는 전혀 관심이 없었다. 톨스토이는 장차 오실 주님께서 심판하신다는 종말론을 전면 부정했다. 결과적으로, 톨스토이가 강조하는 하나님의 나라는 거짓 복음에 해당한다. 예수님께서 제자들에게 이미 경고하신 대로, 하나님의 나라가 여기 있다, 저기 있다고 할 수 없다. 그러나 톨스토이는 오직 하나님의 나라를 산상 보훈에 나오는 윤리적인 체계로만 강조했다. 그는 그저 문학자로만 자신의 재능을 발휘했어야 했었다.

4) 다드의 실현된 종말론

영국 옥스퍼드 대학교 출신으로 회중교회에서 안수를 받은 다드(C. H. Dodd, 1884-1973)는 예수의 비유 설교 속에서 '종말'을 미래에서 현재로, 기대의 영역에서 실현된 체험으로 가르쳤다고 주장했다.[40] 다드의 주장을 '실현된 종말론'(realized eschatology)라고 부르는데, 신약 성경의 저자들이 종말을 현재에 침입해 있는 것으로 해석한다. 다

---

39 Loe Tolstoy, *The Kingdom of God Is Within You* (Seaside, OR: Watchmaker, 2010), 43.
40 Charles Harold Dodd, *Parables of the Kingdom* (Charles Scribner's Sons; Revised edition 1961).

드는 하나님의 감추인 규칙들이 이미 현 세계 속에서 계시되어졌다고 강조했다.[41] 다드는 요한복음에 나오는 영생이 가장 중심되는 주제인데, 이것은 다가올 시대의 생명이지만, 지금 여기에서 교회 가운데 성령으로 임재하시는 그리스도를 통해서 실현된다고 주장했다.

다드의 문제점은 미래에 완성된 형태로 다가오는 종말에 대한 고려가 전혀 없다는 점이다. 이런 비판에 직면하자, 다드는 "그리스도의 오심"(The Coming of Christ)이라는 책에서는 다소 완화된 입장을 표명했다. 하나님 나라의 미래 발전을 용납하겠다는 것이다.

하나님의 나라를 현재 내재하는 개념으로 강조한 또 하나의 극단적 자유주의 신학자가 월터 라우쉔부시다. 톨스토이, 바이쓰의 동시대에 살면서, 미국 뉴욕에서 사회 복음 운동을 주도했는데 라우쉔부시는 독일계 미국 침례파의 목회자로서 실현된 종말론에서 변형된 형태의 사회 운동을 주도했다.[42] 1900년대 초기에, 정통 개혁주의 신학의 구조를 비판했다. 죄인들을 구원하는 복음이란 의미가 없다고 하면서, 단지 정의가 가볍게 무시를 당하고 있기에 사회적으로 압박을 받는 자들에게 도움을 주는 것 외에는 다른 복음이란 없다고 강조했다. 그는 뉴욕 할렘가에서 주일날 교회에서 모여서 올리는 예배 대신에, 가난한 자들에게 빵을 나눠주는 것이 복음이라고 주장했다. 라우쉔부시에게 있어서는 모든 복음이 오직 이 세상에 지금 있을 뿐이다. 하나님의 나라도 지금이며, 구원도 지금이요, 천국과 지옥도 지금 있다는 것이다.

---

41 C. H. Dodd, *The Apostolic Preaching and Its Developments: Three Lectures with an Eschatology and History: three lectures with an appendix on eschatology and history* (N.Y.: Harper, 1935), 210.

42 Walter Rauschenbusch, *A Theology for the Social Gospel* (N.Y.: Macmillan, 1917), 15.

5) 세대주의적 종말론

영국에서 일어난 세대주의 운동은 다비(John Nelson Darby, 1800-1882)와 플리머쓰 형제단의 전도 활동으로 확산되었고, 미국에서 개최된 나이야가라 폴스, 인디애나, 위노나 레이크 등 여러 곳에서 예언서의 해석 집회를 통해 퍼져나갔다. 다비의 세대주의 운동은 실현된 종말론의 반대 방향으로 해석되는 하나님 나라를 추구했다. 1917년, 스코필드 관주성경이 보급되면서 광범위한 영향을 미쳤다.

다비와 동시대에 런던에서 살았던 스펄전 목사는 그리스도의 대속적 속죄와 순종을 부인하는 점을 강력히 비판했다. 세대주의는 일곱 시대로 성경의 구조를 나누는 방식을 따르고 있는데, 이것은 언약의 연속성, 통일성, 다양성이란 관점을 거부하는 것이기에 개혁주의 신학자들과 대립하고 있다.

세대주의 종말론의 핵심은 미래에 그리스도께서 재림하실 것인데, 이중으로 구성되어져 있다는 것이다. 첫 번째 부분에서는 믿는 신자들의 휴거(공중 들림)가 일어나고, 비밀리에 공중에서 그리스도와 함께 머물러 있다가, 그 후에 그리스도가 실제 육체적으로 문자적인 칠년의 기간이 지난 뒤에 예루살렘에 다시 강림하시고, 천년 왕국의 시대가 시작된다는 것이다.

6) 불트만의 비신화화

루돌프 불트만의 신약 신학은 초대 교회의 사상과 현대인 사이에서 왜곡된 지성적 회의론을 심어 놓았으며, 유럽과 미국에 심대한 영향을 끼쳤다. 그는 제2차 세계 대전 이후로 확산된 실존주의 철학의 영향을 받았다. 그는 하나님의 나라가 펼쳐지는 가운데 일어나는 모든 기적들을 "신화"(myth)라고 보았다. 역사적 사실로 일어난 것이 아니라, 그저 영적인 영역에서만 작동하는 것으로 해석했다. 성경에 담겨 있는 역사적 요소들을 제거하고, 오직 현대인에게 주는 의미가 무엇인가를 추구하였다.[43]

하나님 나라의 전개 과정에서 가장 결정적으로 중요한 부활 사건은 불트만에게는 성경에서 제거해야 할 내용이었다. 그가 싫어하는 사건이 예수 그리스도의 부활이다. 또한 부활 사건을 필두로 해서 성경에 나오는 기적들은 모두 다 신화이며, 그것들이 오늘날 현대인들에게 주는 의미는 아무 것도 없다고 불트만은 주장했다. 그가 가장 싫어하며 비판했던 것은 고린도전서 15장에 나오는 부활의 증거들이다. 불트만에 의하면, 진리에 대한 판단 여부는 사람의 결정에 달려있다는 것이다.[44] 이집트 신화, 그리스 신화, 로마의 신화 등이 무슨 역사적 사실성 의미가 없다는 것은 모두가 인정하는 바이다. 그런 것들은 그저 옛날부터 떠돌던 이야기들이다.

그러나 성경의 기적들은 일반 세속 역사 속에서 흘러다니는 신화들과는 본질적으로 다르다. 역사비평을 신봉하던 불트만에게는 그저 영적인 존재로서 인간을 자유롭게 만들어주는 것이 중요하다. 그러나 예수 그리스도의 부활은 신화가 아니다. 그리스도의 위대한 사건으로서 부활은 너무나 중요하고도 깊은 의미를 품고 있다. 장차 다

---

43   Donald Guthrie, *New Testament Theology* (Downers Grove, IVP, 1981), 47.
44   Eta Linnemann, *Historical Criticism of the Bible: Methodology or Ideology: Reflections of a Bultmannian Turned Evangelical* (Grand Rapids: Baker, 1990), 115.

가올 미래의 세상에서의 약속이자, 보증이다.

7) 바르트와 네델란드 개혁신학의 혼란

현대 신학자들의 왜곡된 해석들에 속아넘어가서는 안 된다. 예수 그리스도에 관해서 우리가 지금까지 성경의 증거들을 믿어온 것들이 잘못된 것이라고 주장하는 해석들이 많이 퍼져 나갔다. 예수 그리스도의 인격과 사역을 설명하는 책들이라고 해서 다 믿을 수는 없다. 필자는 소위 저명하다는 신학자들이 예수 그리스도에 관하여 내놓은 학설들로 인해서 교회가 변질되고 혼돈에 빠지게 되었던 사례를 지적하고자 한다.

현대 신학자들 중에서도 "기독론 중심의 신학"이라고 널리 알려진 칼 바르트(1886-1968)의 도전적인 주장들로 인해서 큰 혼란이 초래되었다. 바르트는 종교 개혁자들과 전통적인 기독론 체계가 성경과 전통에서 임의적으로 만들어낸 존재론과 극적인 내용들이라고 비판했다.[45] 바르트는 기독론을 화해와 속죄론 위주로 완전히 다르게 재구성했고, 초월적 역사(geschichte)로서의 그리스도와 보편주의를 내세웠다. 이것은 정통 개혁주의 신학자들이 가르친 것과는 전혀 다른 내용이었다.[46] 안타깝게도 한국 신학자들 가운데 일부가 바르트의 신학을 추종하면서, 자신들의 교단과 소속 교회들의 목회자들을 바르트주의를 따라가도록 잘못 인도하고 말았다. 필자는 한국 신학계 안에

---

45 Karl Barth, *Church Dogmatics*. Vol. IV,1. *The Doctrine of Reconciliation*, Part One. Eds., G. W. Bromiley & T. F. Torrance (N.Y.: Charles Scribner's Sons, 1956), 124.

46 Cornelius Van Til, *Christianity and Barthianism* (Phillipburg: P&R, 1962), 13.

서 바르트의 문제를 파악하지 못했던 지도자들의 실수가 얼마나 심각했던가를 다시 한번 지적하고자 한다.

전 세계 기독교 교회들이 바르트의 기독론 중심의 신학 사상으로 인해서 큰 혼란을 겪었는데, 특별히 네델란드와 미국에서 정통 개혁주의 교회에서 큰 논쟁이 있었다. 성경에 제시된 나사렛 예수 그리스도의 인격과 사역을 가르쳐온 개혁주의 신학과 바르트가 제시하는 그리스도의 화해와 속죄에 대한 해설은 전혀 달랐기 때문이다. 네델란드에서는 카이퍼(1837-1920)와 바빙크(1854-1921)의 개혁주의 신학과 신칼빈주의가 큰 영향력을 발휘했었다.

그러나 일부 네델란드 신학자들이 새로운 변화를 주장하면서 바르트의 신학을 긍정적으로 받아들이자고 주장했다. 그 선두에선 신학자가 하일제마(Theodorus L. Haitjema, 1888-1972)였다. 그는 1926년에 네델란드어로 바르트를 소개하는 최초의 책을 출판했는데, 카이퍼의 신칼빈주의가 너무나 계몽 철학의 영향을 받아들였다고 비판했다. 따라서 자연스럽게 자유주의 신학과 결별을 선언한 바르트의 초기 사상으로 기울었다는 것이 하일제마의 논지였다. 사실 젊은 날의 바르트는 독일에서 칼빈 강좌와 자유주의 신학을 비판하는 로마서 주석을 펴내는 등 다소 정체성이 모호했었다. 그럼에도 하일제마는 바르트의 후기 사상들과 스위스 바젤 대학교에서 발표한 저서들이 정통 개혁주의 신학과는 완전히 다른 노선임을 비판하지 않았다.

제2차 세계 대전 이후, 무너진 신학과 교회의 복구에 나선 세계 기독교 교회는 전쟁의 비참함을 극복하기 위해서 일치 운동(에큐메니즘)을 일으켰다. 나찌 독일이 패전하면서 완전히 국제 질서가 크게 바뀌었다. 세계교회협의회(W.C.C.)를 결성하는데 주도적인 신학자들은 에큐메니즘 운동의 보편주의와 화해의 신학을 기치로 삼았는데, 칼 바르트의 신학 사상을 크게 확산시켰다.[47] 이런 흐름 속에서, 하일제마 교수가 흐로닝겐 대학교(Groningen University)에서 바르트의 신학 사상을 가르칠 때에 그의 제자로 반 룰러(Van Ruler)가 박사 학위를 취득했다. 하일제마 교수에게서 처음 바르트에 대해서 배우면서, 반 룰러도 무비판적으로 받아들였다고 한다. 그러나 바르트가 유아세례 거부, 역사에 대한 경시, 구약 성경에의 과소평가와 비평적 견해, 예정론 교리의 부정 등을 점차 파악하게 되면서, 반 룰러는 신정통주의에 반감을 가지게 되었다. 반 룰러는 유트레흐트(Utrecht) 대학교에서 1970년까지 강의하면서, 바르트의 신학이 과도하게 성자 예수 그리스도의 일원론으로 치우쳤고, 성령의 사역에 대해서 강조하지 않는 치명적인 약점이 있음을 비판했다.[48] 반 룰러는 삼위일체, 하나님의 나라, 성령, 예정 등에 대해서 의도적으로 강조하면서, 바르트의 기독론 중심 신학이 1960년대에 세속화 신학과 혁명적 신학의 발전에 큰 책임이 있다고 비판했다.[49] 또한 바르트가 구원과 창조, 교회와 세상에 대한 구별을 명쾌하게 제시하지 않는 실수를 했으며, 또한 구원적인 것과 존재적인 것을 함께 묶어서 하나의 그리스도 중심적인 관점으로 혼합시켰다고 지적했다. 바르트는 하나님께서 베푸시는 은혜의 특수성에 관한 사항들을 세계 발전의 보편성 속에다가 집

---

47   I. John Hesselink, "Contemporary Dutch Theology," *Reformed Review*, XXVI, No. 2 (1973), 67-89.

48   G. C. Berkouwer and A. S. van der Woude, *In Gespreck met Van Ruler* (Nijerk: G. F. Callenbach, 1969), 45-46.

49   Paul Pries, "Van Ruler on the Holy Spirit and the Salvation of the Earth," *Reformed Review*, XXVI, No. 2 (Winter, 1973), 123. John Bolt, "The Background and Context of Van Ruler's Theocentric Vision and its Revelvance for North America," in *Calvinist Trinitarianism and Theocentic Politics: Essays Toward a Public Theology, Toronto Studies in Theology*, vol. 38 (Lewiston: The Edwin Mellen Press, 1989), xxxvii.

어넣고 덮어 버렸다.

네델란드 개혁교회에서 바르트 논쟁이 한창이던 시기에, 화란계 미국 개혁주의 신학자들이 앞장서서 날카로운 비평서들을 출판했다. 반틸과 클루스터가 앞다퉈서 비판적인 연구를 제시했다.

칼빈신학대학원 조직신학 교수로 재직하던 클루스터 박사가 바르트의 신학 사상에 대해 비판했다. 클루스터 박사는 암스테르담에 있는 자유대학교에서 박사 학위를 취득했기에, 네델란드 신학계의 바르트 논쟁을 심각하게 인지하였다. 그는 성경의 영감과 무오성을 거부하는 것이 바르트의 치명적인 문제점이라고 지적했다. 바르트의 가장 기본적인 관점이 변질되었기에, 속죄와 화해의 교리를 제시한 것도 실패했고, 그 어느 주제에 대하여도 실패했다고 클루스터는 일갈했다.

> "역사 속에서 하나님의 직접 계시에 대한 거부와 그 연속선상에서 역사(historie)와 초역사(geschichte)의 구별은 바르트의 성경 해석에서 결정적이다. ... 역사와 초역사의 구별을 창세기에 적용한 결과로 성경 첫 장들의 역사성을 부인하게 되었고, 그저 교훈적인 이야기(saga)로만 취급하고 말았다. ... 성경의 영감과 무오성을 거부하듯이, 일반 계시를 거부하는데도 동일한 이론이 적용되었다. 나사렛 예수에게도 적용되어서, 그의 말씀과 사역들이 하나님으로부터 온 직접적인 계시라는 것을 부인하였다."[50]

---

50 Fred H. Klooster, "Karl Barth's Doctrine of Reconciliation: A Review Article," *Westminster Theological Journal*, vol. 20,2 (1958):181. cf., F. H. Klooster, *The Significance of Barth's theology: An appraisal with special reference to election and reconciliation* (Grand Rapids: Baker, 1961).

네델란드 신학계에서 벌어진 바르트 신학 논쟁은 반틸 박사를 통해서 가장 확실하게 분석되었다. 반틸 박사는 열 살 때에 네델란드에서 미국으로 이민을 왔기에, 독일어와 네델란드어에 능통하였다. 그는 동시대 네델란드 신학자들(A.D.R, Polman, G.C. Berkouwer, A. de Bondt, K. G. Idema, C. Trimp, Herman Dooyweerd, S.U. Zuidema, E.G. van Teylingen, M.P. Van Dyk 등)과 20세기 여러 신학자들이 바르트에 대해서 논쟁하던 것을 총정리했다.[51] 바르트의 독일어판 『교회 교의학』을 철저히 분석한 반틸 교수는 이 책에 담긴 내용들이 성경적인 기독교 교리가 아니라고 단언했다. "아주 공정하게 바르트의 견해를 평가하여 말하자면, 과연 그가 말하는 그리스도가 어디에 있는가? 그가 말하는 그리스도는 역사 속에서는 찾아볼 수 없으며, 심지어 나사렛 예수와도 동일한 인물이 아니다."[52] 개혁주의 신학자들은 역사 속에 살았던 나사렛 예수를 단순하게 그리스도라고 믿고 고백한다. 바르트와는 달리, 개혁주의 교회는 나사렛 예수가 부활과 승천하신 후에, 그리스도라고 믿음으로 고백한 성경의 증언들을 가감없이 받아들였다. 비록 1960년대 전후 바르트가 최고의 신학자로 추앙을 받았다 하더라도, 그의 신학 사상 속에는 죄인을 구원하시려는 그리스도의 죽음과 부활을 성경적으로 증거하지 않기 때문에, 곧 역사의 무대에서 사라질 것이라고 반틸은 예상했다.[53] 오늘날, 소위 현대 신학의 흐름을 주도한다는 포스트모더니즘에서는 바르트를 거론하지도 않

---

51 Cornelius Van Til, *Christianity and Barthianism* (Phillipburg: P&R, 1962), 115-200.
52 Van Til, *Christianity and Barthianism*, 213; "The Christ of Barth cannot be found. If we are to evaluate fairly Barth's view of Christ, we must ask again where his Christ may be found. One point is plain. It is that, according to Barth, Christ cannot be found to be directly identified with anything in history. Christ cannot even be directly identified with Jesus of Nazareth."
53 Van Til, *Christianity and Barthianism*, vii.

는다. 반틸의 비판이 옳았다.

6. 현대 개혁주의 신학자들의 조언

성경에 가장 충실하고자 노력하는 현대 개혁주의 정통 신학자들이 하나님의 나라에 대해서 가르쳐 준 교훈들을 살펴보자. 필자에게 직접적으로 교훈을 준 개혁주의 신학자들은 한결같이 하나님의 나라와 구속사의 흐름을 성경의 전체 구조에서 핵심이라고 강조했다. 이분들은 걸출한 개혁주의 신학자들로 많은 저서와 논문을 발표하였기에, 그 누구든지 확인할 수 있는 풍성한 자료들이 남아있다. 다만 강좌와 인격적인 교제 가운데서 얻게 된 깨우침들은 필자만의 체험이라고 할 것인데, 특히 신학대학원의 수업 시간에 얻어진 것들이 많다. 그 어디에서도 들어 볼 수 없는 개혁신학의 보화들이라고 할 수 있다.

필자가 만난 중요한 개혁주의 신학자들은 우리가 알아야 할 하나님을 아는 지식과 기독교의 핵심적인 교리들에 대해서 노심초사하며 연구한 것들을 강의와 저서로 제시하였다. 탁월한 개혁신학자들의 수고와 조언들에 기초하여, 필자는 기독교의 가장 중요한 진리가 하나님의 나라에 대한 것임을 확실하게 설명하고자 한다. 개혁주의 신학자들의 주옥같은 설명들을 통해서 오묘한 하나님의 나라를 맛보아 알게 되기를 소망한다.

16세기 유럽의 종교 개혁 이후로 지난 오백 여년 동안 교회를 지키기 위한 개혁주의 신학자들의 분투 노력은 순교적인 헌신에서 나온 것들이다. 박해의 공포와 두려움 속에서도 의연히 목숨을 바친 이들의 신학적 연구 성과들이 쌓여서 오늘날까지 개혁주의 교회가 지탱해 오고 있다. 성경적 진리의 체계는 견고한 성곽처럼 우리를 둘러 지켜주고 있다. 각종 이단들과 왜곡된 신학들의 도전들로 인해서 혼란과 대립에 휩싸일 때도 많았지만, 개혁신학자들은 교회를 지켜내기 위해서 확고한 진리를 제공하고 있다. 하나님의 섭리 가운데 각 시대마다 정통 개혁신학자들이 출중한 실력과 탁월한 학문적 견해를 갈고 다듬어서 교회를 지켜 온 것이다.[54] 무엇보다도 성경 말씀을 철저히 연구하여, 하나님의 주권적 역사를 깊이 이해하도록 이끌어 주는 나침반의 역할을 담당하고 있다. 그들이 제시하는 중요 사항들을 확인하게 되면, 때를 따라 펼쳐지는 하나님의 나라를 터득하는데 큰 도움을 얻을 수 있다.

참된 지식과 지혜를 얻기 위해서는 먼저 앞서간 위대한 신학자들의 안내를 받아야만 한다. 일부 신학자들은 특정한 나무는 아는데, 전체 숲을 모르는 경우가 있다. 아무리 뛰어난 천재 신학자가 나왔다고 하더라도, 하나님에 관련된 모든 지식과 지혜를 혼자서 다 알 수는 없다. 하나님의 나라는 성경에 있는 많은 주제들과 내용들이 연관되어 있어서, 수많은 신학자들이 연구해 놓은 자료들을 총동원해야만 하기 때문이다. 조직신학을 필두로 해서, 구약과 신약의 성경신학, 역사신학에서 필요한 배움들을 총체적으로 얻어야만 한다. 하나님의 말씀을 바르게 제시하는 참된 안내자가 어디에 있는지, 어떤 대안들을 제시하고 있는지 부지런히 살펴보아야만 한다.

20세기에 들어서서, 하나님의 나라의 중요성을 파악한 신학자들이

---

54 김재성, 『개혁신학의 광맥』, 『개혁신학의 정수』, 『개혁신학의 전망』, 『청교도, 사상과 경건의 역사』를 참고할 것.

수많은 연구를 출판했는데, 그 목록은 무려 만 여 편이 넘는다.[55] 하나님 나라를 연구한 여러 가지 해석들이 이처럼 많다는 것은 그만큼 하나님의 나라가 중요하다는 의미이기도 하겠고, 그만큼 어렵다는 뜻이기도 하다.

먼저 우리는 앞서서 연구하고 가르치는 분들의 도움을 통해서 하나님의 나라와 구속사를 이해하여야 한다. 인간은 제아무리 똑똑해도 하나님의 뜻에 따라서 진행되어나가는 우주 만물과 인간 역사의 총체적인 과정과 내용들을 다 파악할 수는 없다. 백인, 흑인, 황인 등 인종별로 각기 다른 인간 역사를 형성해 내려왔는데, 아직까지도 정확한 인류 역사와 문명의 흐름에 대해서 파악하지 못하고 있는 것이 현실이다. 그 속에서 살아가는 각 개인은 조상들의 지나간 역사에 대해서 정확하게 파악하지도 못한 채로 끝이 난다. 또한 현재 자신의 동시대가 가는 방향마저도 모른 채, 잠시 왔다가 사라진다. 수많은 세상의 사람들은 자신에 대해서도 제대로 파악조차 하지 못하다가 죽는다.

인간보다 먼저 영원 전부터 존재했던 하나님과 그 이전에 있던 것들의 존재와 우주의 생성, 인간과 만물의 창조, 그리고 장차 다가올 미래에 관한 근본적인 해답을 전혀 알 수 없다. 따라서 하나님이 내려주신 특별 계시인 성경 안에서 해답을 찾을 수밖에 없다. 따라서 그것을 깊이 연구한 신학자들의 안목에서 도움을 받아야 한다. 한 사람에게 모두 다 알려주신 적이 없기 때문에, 뛰어난 신학자들의 설명을 듣지 않을 수 없다.

---

55   Leslaw Daniel Chrupcata, *The Kingdom of God: A Bibliography of 20th Century Research* (Jerusalem: Franciscan Printing Press, 2007).

1) 성경의 중심 구조로서 하나님의 나라

개혁신학은 "하나님 나라의 신학이다"(Reformed Theology is "kingdom theology"), 이런 개념을 필자가 확실하게 인식하도록 도움을 준 분은 클루스터 박사(Fred Klooster, 1922-2003)였다. 그는 개혁신학자들이 정립한 언약 신학의 통일성과 연속성을 강조하면서, 하나님의 나라가 그 모든 성경의 내용들을 압축하는 총체적인 주제라고 풀이했다. 특히, 개혁신학과 세대주의가 어떻게 다른가를 대조하면서, 하나님의 나라가 구약 시대의 언약과 신약 시대의 교회를 통해서 펼쳐졌다고 강조했다.[56] 성경의 모든 언약들, 즉 아담과의 언약에서부터, 노아, 아브라함, 모세, 다윗, 그리고 새 언약에 이르기까지, 통일성과 연속성이 있다.[57] 그러나 세대주의자들은 성경 전체의 시대를 일곱 세대로 나누고, 각 세대마다 각각의 세대에 합당한 구원의 방식을 따로 받았다고 주장한다. 언약의 통일성과 연속성을 거부하는 해석에 집착하여서 개혁주의 신학과 서로 대립적이다. 필자는 『개혁신학의 광맥』에서 세대주의자들의 단절설 혹은 비연속설을 비판적으로 대조했다.[58]

필자가 미국 미시간주에 있는 "칼빈신학대학원"에서 신학 석사 하위 과정(Th. M.)에서 가장 감명 깊게 수강한 과목이 클루스터 교수의 "하나님의 나라: 언약과 교회"였다. 그는 구약의 언약들을 통해서 제

---

56 Fred H Klooster,"The Biblical Method of Salvation: A Case for Continuity," in *Continuity and Discontinuity: Perspectives on the Relationship Between the Old and New Testaments*; Essays in Honor of S. Lewis Johnson, Jr., ed. John S. Feinberg (Wheaton: Crossway, 1988), 131-160.
57 김재성, 『현대 개혁주의 교회론』 1권, 10장 "새 언약과 교회" 677-680.
58 김재성, 『개혁신학의 광맥』 (이레서원, 2001); 개정판, 『개혁신학 광맥』 (킹덤북스, 2012, 2021), 415-423.

시된 하나님의 나라의 특징들이 신약의 교회를 통해서 연속되어 나갔음을 강조했다. 그는 당시 학교에서 가장 존경을 받던 최고의 조직신학 교수였는데, 필자는 그가 정년 퇴임을 하던 1988년, 마지막으로 강의를 수강하는 기회를 얻었다. 똑같은 해에, 은퇴하신 분이 조직신학 교수 안토니 후크마 박사였다.

성경의 각 권을 읽어내려 가면서, 하나님의 나라를 중심으로 하는 큰 구조가 이스라엘을 중심으로 하는 구속사 속에 압축되어져 있음을 이해하기란 쉽지 않다. 클루스터 교수의 강의는 매 시간마다 필자에게 신선한 충격과 엄청난 도전을 주었다. 하나님의 나라가 구속 역사의 큰 구조를 이루고 있으며, 복음의 핵심이다는 명제를 깨닫게 된 것이다. 우리가 하나님의 나라가 이처럼 중요한 주제임을 깨우치게 되면, 비로소 예수 그리스도를 통해서 성취된 전체 구속사를 이해하는 안목을 갖출 수 있게 된다. 클루스터 교수는 "하나님 나라의 복음"을 전하며 구속 사역을 완성하신 예수 그리스도의 성취를 터득하였기에, 신학적으로 중요한 주제들에 대해서도 남다른 안목을 제시하였다.[59]

하나님의 나라가 얼마나 중요한 것인가를 이미 한국에서 신학대학원에 재학 중에도 배운 바가 있었다. 비록 잠시 동안이었지만, 신약 교수로 재직하셨던 최낙재 목사님(1937-2010)께서 "천국", 헬라어로, "바실레이아"를 무척 강조하셨다. 최 목사님은 건강상의 이유로 나중에는 교회의 목회에만 전념하였다. 미국 웨스트민스터 신학대학원에서 수학하고 한국에 돌아오신 최 교수님의 강의는 그 당시 필

---

[59] 『칼빈의 예정론』, 『바르트 신학의 문제점』, 『하이델베르크 교리문답서 해설』 등을 남겼다. F. Klooster, *Our Only Comfort : A Comprehensive Commentary on the Heidelberg Catechism*, 2 Vols. (Faith Alive Christian Resources, 2001). *Quests for the historical Jesus* (Grand Rapids: Baker, 1977).

자에게는 무척 어려웠다. 또한 당시에 필자가 재학 중이던 대학교 캠퍼스에서 학생 시위 사태가 벌어지고 있었다. 학생 대표단의 일원인 필자는 거의 모든 교수님들과 친밀하게 연결되어져 있었지만, 차분히 공부에 집중하지를 못했다. 더구나 성실하고 엄격하신 최 교수님에게 가까이 다가서는 것이 결코 쉽지 않았다. 당연히 배워야 할 학생이라서 모르는 부분들에 대해서 질문을 할 수 있었으련만, 괜히 무식을 토로하게 될 듯 싶었다. 어느 날 용기를 내서 하나님 나라의 개념을 잘 소화하지 못하겠다고 하소연을 하자, 네델란드 캄펜신학원의 신약 교수 헤르만 리델보스의 『하나님 나라의 도래』를 추천해 주셨다.[60] 즉각 서울 광화문에 나가서 영문 번역본을 구입했다. 하지만, 영어 해독에 시간이 너무 오래 소비되어서, 하나님 나라에 대해 공부하는 일에는 큰 진전을 이루지 못하고 말았다. 1980년 '서울의 봄'이라는 한국 정치의 민주화 광풍에 휩싸인 신학대학원 학생이 "하나님의 나라"가 얼마나 중요한가를 깨닫는 것이 어쩌면 불가능한 상황이었을지도 모른다. 그나마 최 교수님의 신약 강좌에서 하나님의 나라가 가장 중요한 내용이라는 점을 배웠기 때문에, 미국에서의 첫 수업이 그리 낯설지 않았음에 감사드리지 않을 수 없다.

2) 칼빈의 신학과 하나님의 나라

앞에서 여러 차례 언급한 바와 같이, 칼빈의 "하나님의 나라"에 대한 해석은 성경에 근거를 두고 있으며 개혁주의 신학의 기초를 제공

---

[60] Herman N. Ridderbos, *The Coming of the Kingdom* (Phillipsburg: P&R Publishing, 1962).

하고 있다. 필자는 미국에서 수학하는 동안과 교수 사역을 하는 기간에 틈틈이 칼빈과 관련된 세계적인 학술세미나에 열정적으로 참여했다. 미국 칼빈학회와 세계 칼빈신학회에서 개최하는 모임에도 여러 차례 참석했다. 당대 최고 칼빈신학자들을 거의 대부분 대면하여 만났고, 그들의 연구 성과를 놓고서 토론했다. 제임스 패커, 하이코 오버만, 토마스 토렌스, 제임스 토렌스, 에드워드 다우이, 데이빗 쉬타인멧츠, 헤르만 셀더하위스, 폴 웰즈, 알리스터 맥그래스, 로버트 킹던, 로버트 레담, 데이빗 라이트, 란달 자크만, 안토니 레인 등 여기에 이름을 다 밝힌 수많은 석학들의 발표를 현장에서 직접 들으면서 교제를 나눴다. 특히, 칼빈의 신학 사상에 대한 이해의 폭을 넓힐 수 있었던 것은 스위스 제네바에서 개최된 2009년 '칼빈 탄생 오백주년 기념세미나'였다. 필자는 발표자의 한 사람으로 선정되어서, "아시아에서의 칼빈주의"라는 논문을 발표했고, 수많은 칼빈 학자들과도 교류를 가졌다.[61]

칼빈은 성경이 가르치는 교훈들을 종합하려 노력했다. 칼빈학자들은 그의 신학 논문들과 주석들과 설교들 속에서 과연 하나님의 나라에 대해서 어떤 해석을 남겼을까를 살펴보았다. 중세 말기에 이르게 되면서, 기독교 왕국이 형성되었다. 실제로는 로마 가톨릭 교황청에서 각 지역의 주교들로 연결된 성직자들의 조직체가 완전히 세상을 지배하고 있었다. 중세 교황은 정치와 법정, 학문과 예술 등 거의 모든 분야를 두루 다 장악하고 있던 왕국의 통치자였다. 칼빈은 로마

---

61 David W. Hall, ed., *Tributes to John Calvin: A Celebration of His Quincentenary* (Phillipsburg: P&R, 2010). Jae Sung Kim, "Prayer in Calvin's Soteriology," 343-355. "Calvinism in Asia," 487-503.

가톨릭의 오류를 직접 목도하고, 기독교 신학의 체계를 성경에 따라서 순수하게 재건하였다. 종교 개혁은 루터와 동시대의 선도적인 개혁자들의 희생과 노력으로 시작되었지만, 사도행전을 따르는 교회의 모습을 재구성하여 지상에 정착시킨 신학자는 칼빈이었다.[62]

칼빈이 하나님의 나라를 비롯하여 수많은 교리들을 정립할 수 있었던 것은 초기 종교 개혁자들과 교류하는 한편, 초대 교부들의 저서들을 탐독했기 때문이다. 그 누구도 파악하지 못했던 내용들을, 예를 들면, 어거스틴, 크리소스톰, 갑바도기아 3대 교부들의 저서들을 파악해서 해답을 제시하였다. 그런 저서들은 중세 말기의 혼란 속에서 진리에 목말라 하던 새로운 지식층에게 큰 영향을 끼쳤다. 유럽 전 지역에서 라틴어를 읽어낼 수 있는 사람들이 급성장하였고, 칼빈의 저서는 신선한 영향력을 발휘하였다. 칼빈은 대면해서 만나지 못했지만 비텐베르크의 루터를 존경했고, 멜랑히톤과는 직접 만나서 교류했다. 칼빈은 프랑스어로 멜랑히톤의 저서를 출판하도록 주선했을 정도로 깊은 신뢰를 쌓았다. 하나님의 나라, 교회론, 그리고 특히 권징과 관련해서는 바젤의 외콜람파디우스와 무스쿨루스, 스트라스부르크의 마틴 부써와 볼프강 카피토 등에게서 많은 도움을 얻었다. 취리히의 츠빙글리를 계승한 불링거, 베른의 미레 등 당대 고난과 역경 속에서 순수한 성경적인 교회의 회복을 위해 노력하던 동료 개혁자들과 활발히 교류를 나눴다.[63]

필자가 신학대학에 입학한 이후로, 종교 개혁의 최고 신학자 칼빈을 알고자 했지만, 안타깝게도 1970년대 한국에서는 변변한 자료조

---

62 김재성, 『루터와 칼빈』 (서울: 세창출판사, 2018).
63 김재성, 『종교 개혁의 신학 사상』 (서울: 기독교문서선교회, 2017).

차 구할 수가 없었다. 칼빈이 장로교회와 개혁교회의 뿌리에 해당한다고 배웠기 때문에, 필자는 한국 교회의 신학적 기초에 해당하는 공부라 생각하고 철저히 파악하기로 마음을 먹었다.

　미국 미시간주, 그랜드래피드 시에 위치한 칼빈대학교는 네델란드 이민자들이 세운 기독교 개혁 교단(Christian Reformed Church)이 운영하는 전형적인 교회 중심의 기독교 대학교이다. 이 학교의 상징으로 사용하는 휘장 속에는 칼빈이 두 손으로 심장을 바친다는 그림과 글씨가 새겨져 있다.[64] 1870년대에 세워진 이후로, 철저히 칼빈의 신학 사상을 근거로 하는 학문을 체계화해 왔고, 네델란드 이민자들의 성공적인 정착과 함께 대학과 교회들이 크게 영향을 발휘했다. 따라서 심장부와 같은 교단의 신학적 요람에다가, 거액을 모금하여 "칼빈연구소"를 세우고, 보다 철저한 칼빈주의 학문을 발전시켜 나가고 있다. 대학교의 중심이 되는 도서관의 별관으로 "칼빈연구소"를 따로 세우고, 칼빈에 관한 자료들을 집결시켰다. 이곳에서 필자는 칼빈의 『기독교 강요』 초판본(1536)을 직접 접해볼 수 있었다. 전 세계에 단 3권만 남아있다고 한다. 칼빈연구소의 공식적인 이름은 "칼빈연구를 위한 헨리 미터 센터"(H. Henry Meeter Center for Calvin Studies)인데, 헨리 미터(1886-1963) 박사가 "칼빈주의"를 삼십 년 동안 강의하면서 제자들을 양육했기에 그의 공헌을 기려서 설립되었다.[65]

　지금 우리가 칼빈의 신학 사상을 연구하는데 있어서, 전 세계의 모든 칼빈 학도들이 큰 도움을 얻고 있는 신학자를 기억하여야 한다.

64　김재성, 『나의 심장을 드리나이다: 칼빈의 생애와 신학』 (킹덤북스, 2012), 369.

65　H. Henry Meeter, *Calvinism, an Interpretation of Its Basic Ideas*, Volume One the Theological and the Political Ideas (Grand Rapids: Zondervan, 1939).

"칼빈 센터"의 초대 소장으로 초빙된 포드 루이스 배틀스(Ford Lewis Battles, 1915-1979) 박사이다. 그는 핏츠버그 신학대학원에서 역사신학 교수로 재직 중에 칼빈대학교로 초빙되어 오셨는데, 전 세계 모든 칼빈 학도들이 읽고 있는 현대 영어판 『기독교강요』를 번역한 분이다. 한동안 영국 옥스퍼드 대학교에서 루이스 교수 지도하에 초대 교회 시대의 고전들을 연구를 했고, 미국 하트포트 신학대학원에서 박사 학위를 받은 후에 십 년 동안 가르치다가, 핏츠버그 신학대학원에서는 교회사를 가르쳤다.

배틀스 박사가 칼빈의 대표 저서, 『기독교강요』를 현대 영어로 다시 번역하는 일을 맡게 된 것은 당대 최고의 라틴어 실력자로 인정을 받았기 때문이다.[66] 사실은 최종 번역자로 천거된 분이 두 분이었는데, 그 당시 칼빈 연구자로 널리 알려진 에드워드 다우이 박사와 배틀스 박사가 경합을 벌였다고 한다. 다우이 박사는 칼 바르트의 제자이며, 프린스턴 신학대학원의 조직신학 교수였기에, 당연히 최종 번역자로 선정될 것으로 예상되었다. 그러나 미국 기독교 역사회 회장이던 존 멕네일 박사는 포드 루이스 배틀스 박사를 번역자로 선정한다는 최종 결정을 내렸다. 큰 이변이 아닐 수 없었다. 전혀 칼빈 신학을 깊이 연구한 적이 없는 분에게 대작을 맡겼으니, 신학계에서는 놀라움을 금할 수 없었다고 한다. 이에 보답하려고, 배틀스 박사는 무려 7년 동안 혼신의 힘을 다 바쳐서, 새로운 현대 영어로 번역했다. 그렇게 한 줄 한 줄 번역하는 동안, 배틀스 박사는 칼빈의 신학 사상에 깊은 감동을 받았다. 마침내, 자신의 자유주의 신학을 송두리째

---

66   John Calvin, *Institutes of the Christian Religion*, ed. John T. McNeill, tr. Ford Lewis Battles, 2 Vols (Westminster John Knox Press; 1559th edition, 1960).

내버리고, 칼빈주의자가 되었다.[67]

배틀스 박사의 부친이 목수였는데, 보다 시간을 절약할 수 있도록 특수하게 책상을 만들어 주셨다고 한다. 타이프로 원고를 치면서 한 줄씩 작성해 내려가야만 하던 시대였으므로 많은 시간이 소비되었다. 기존의 영문판들을 높은 곳에 배치하고, 프랑스어판과 독일어 번역판을 양옆에 놓고, 라틴어판을 중앙에 올려놓도록 하여서, 편리하게 원문과 각종 번역본들을 비교하기 쉽게 만들어 주셨다고 한다. 마치 설계도면을 작성하고자, 커다란 판자를 펼쳐 놓고 작업을 하는 것과 같았다. 지금이야 컴퓨터 화면으로 배열하면 쉽게 될 일이지만, 배틀스 박사의 고생은 참으로 헌신적이었다.

그리하여 배틀스 박사는 단순히 번역자에 그친 것이 아니라, 칼빈의 신학 세계를 새롭게 해석하는 권위있는 연구자의 지위에 오르게 되었다. 그는 법학도였던 칼빈이 어떻게 신학도로 변화했는가를 밝혀보려고, 젊은 날에 칼빈이 남긴 저서들을 독파해냈다. 칼빈 연구자들은 주요 저서 『기독교강요』와 신학 논문들, 성경 주석, 강해 설교 등에 대해서만 연구하고 있었다. 그러나 배틀스 박사는 젊은 날의 칼빈이 인문학자로 성장하던 시기에, 최초로 저술한 책인 『세네카 관용론 주석』(Commentary on Seneca's De Clementia, 1532)에 주목했다.[68] 세네카(B.C.4 - A.D.65)는 네로 황제 시대의 철학자이자 정치가로서 "관용"(De clementia)을 발휘하도록 조언했다. 칼빈 당대에 유럽 대학에서 최고의 기독교 철학자로 손꼽히던 에라스무스가 이미 이 책의 해

---

67 Ford Lewis Battles, *On Experiencing History* (Grand Rapids: Calvin Theological Seminary, 1979), 1. Jim O'Brien, "Ford Lewis Battles: 1915-1979. Calvin Scholar and Church Historian Extraordinary," *Calvin Theological Journal*, 15/2 (1980): 167.

68 *Calvin's commentary on Seneca's De Clementia*, tr. F.L. Battles (Leiden: E. J. Brill, 1969).

설집을 출판했었다. 그러면서, 누구든지 실력있는 인문학자가 더 나은 해설서를 출판하기를 바란다고 학자들의 공개적인 관심을 호소했다. 이에 젊은 날의 법학도 칼빈이 응하고자 쓴 책이다. 당시 칼빈이 법학대학원 친구들에게 보낸 편지에 보면, 자비로 출판한 이 책을 홍보하면서 널리 사용할 것을 부탁하는 대목이 나온다. 라틴어로 쓰여진 칼빈의 해설서를 배틀스 박사가 영문으로 최초로 번역하고, 동시에 해설을 남겼다.

칼빈이 법학 석사 학위를 마치고 저술한 『세네카 관용론 주석』은 그의 초기 사상을 여실하게 보여주는 것으로 그동안 덮혀 있었다. 이 최초 저서 속에는 훗날 회심하여 제네바의 설교자이자 위대한 신학자로서의 칼빈에 관한 흔적이 전혀 없다. 그저 청년 칼빈의 머리에 담겨진 인문학과 법학의 지식 세계, 그리고 로마 가톨릭에 맹목적으로 묶여 있던 신앙 세계가 담겨져 있다. 이것들을 파악할 수 있도록 배틀스 박사가 작업해낸 것이다.

배틀스 박사는 칼빈에 관하여 탁월한 해석들을 남겼다. 그는 칼빈의 여러 신학 논문들과 저서들에 담긴 내용들을 분석해 냈다. 한국 신학계에는 잘 알려지지 않았지만, 그 결과물들은 엄청났다. 그동안 알려지지 않은 칼빈 신학의 여러 측면들, 즉 "믿음의 계산", "시적이며 서정적인 문장들과 뛰어난 수사학적 기교들에 담긴 찬양의 요소들", "경건의 신학" 등 여러 편의 걸출한 칼빈 해석서를 남겼다.[69] 그런 수고가 높이 평가받아서, 1979년, 칼빈연구소 초대 소장으로 초빙을 받

---

[69] Ford Lewis Battles, *Interpreting John Calvin* (Grand Rapids: Baker, 1996). B. A. Gerrish, & Roberts Benedetto, eds., *Reformatio Perennis: Essays on Calvin and the Reformation in honor of Ford Lewis Battles* (Pickwick Publications, 1981).

았던 것이다. 그러나 부임 후 곧 지병으로, 하나님의 품으로 돌아갔다. 필자는 그의 아내 마리온 배틀스 여사를 자주 뵈었는데, 칼빈연구소에서 자료를 읽고 정리하던 모습이 매우 인상적이었다. 필자가 지금까지 한국어로 펴낸 다섯 권의 칼빈에 관한 연구서들은 모두 다 배틀스 박사의 기초 연구를 믿을 만한 재료로 활용한 것들이다. 배틀스 박사가 소논문 형태로 만들었던 칼빈의 생애와 관련된 강의 자료들이 아직도 출판되지 않은 채로 남아있는데, 필자의 첫 저서에서 활용할 수 있었다.[70]

베틀스 박사의 제자들 중에는 신학 교수로 활약한 인재들이 많았다. 그의 제자였던 리챠드 갬블 박사가 후임 교수로 청빙을 받았다. 갬블 박사는 스위스 바젤 대학교에서 어거스틴을 연구하여 박사 학위를 받고 웨스트민스터 신학대학원에서 가르치고 있었다. 그의 박사 학위 논문은 칼빈의 기독교강요에 담긴 한 구절에 관련된 것이었다. 칼빈이 삼위일체 교리를 설명하면서, 어거스틴이 막시미눔과 논쟁을 통해서 아리안주의를 배척했던 내용을 적시한 바 있다. 갬블 교수는 그 어거스틴과 막시미눔 사이의 논쟁들을 파헤쳤다. 라틴어로 남아있던 원자료들을 최초로 영어로 번역하였고, 어거스틴과 아리안주의 논쟁들, 초대 교부들의 삼위일체론에 대해서 박사 학위 논문을 작성한 것이다.[71] 그는 칼빈연구소의 객원 연구원으로 필자에게 탐구할 수 있는 기회를 주었다. 그 당시 갬블 박사는 수많은 칼빈의 신학자들과 교류하면서, 광범위한 자료들을 정리해 냈다.[72] 필자는 "칼빈

---

70 김재성, 『칼빈과 개혁신학의 기초』 (합신출판부, 1997).

71 Richard C. Gamble, *Augustinus Contra Maximinum: An Analysis of Augustine's Anti-Arian Writings* (McNaughton & Gunn, 1985).

72 Richard Gamble, ed., *Articles on Calvin and Calvinism*; vol. 1, The Organizational Structure of

신학회"등 갬블 박사가 참석하는 세미나와 강좌들마다 동행했고, 세계적인 석학들의 강의를 직접 접할 수 있었다. 필자는 갬블 박사가 칼빈 연구를 넘어서서 조직신학과 성경신학을 결합하여 정립한 하나님의 계시와 역사로부터 많은 것들을 터득하였다.[73]

하나님 나라와 칼빈 연구가 결합되어져서, 필자는 『칼빈의 하나님 나라』를 신학 석사 논문으로 작성하기에 이르렀다. 칼빈이 로마 가톨릭 교회가 하나님의 나라를 대체할 수 없다고 비판한 점에서 출발했다. 하나님의 나라는 하나님께서 회복시킨 "생명의 새로움"이라는 영적인 성격에 대해서 강조했다.[74] 칼빈은 하나님의 나라가 임하는 것은 말씀의 빛으로 심령에 조명하면서, 성령의 내적인 영향력을 통해서 새사람을 만들어내는 작업에서부터 시작된다고 이해했다. 하나님의 나라는 완전한 무질서와 혼란의 반대이며, 옛사람을 죽이고 시작되는 하나님의 나라가 대적자들을 진압할 것이다. 칼빈은 우리들의 모든 육체의 정욕을 죽이는 것이 바로 하나님 나라의 첫 번째 효력이 나타나는 것이라고 보았다. 점점 하나님의 나라가 확산되어서, 완전한 의로움이 지배하게 될 것을 위해서 기도하여야 한다(마 6:10).

하나님의 나라를 충분히 파악하여, 삶의 중요한 목표로 정하고 살아가는 길이란 쉽지 않다. 결국 하나님의 나라는 힘 있는 세력들이 침노를 하는 것처럼 보이지만, 복음이 침투해 들어가서 정복을 하게 되는 것이다(마 11:12, 눅 16:16). 하나님의 나라가 온 우주에 편만하게 되는 것은 믿음의 방식으로 살면서 열매를 맺으려는 성도들의 분투

    Calvin's Theology (Routledge; 1992).
73   Richard Gamble, *The Whole Counsel of God*, 3 vols. Phillipsburg: P&R, 2009, 2018, 2020.
74   John Calvin, *New Testament Commentaries*, tr. A. W. Morrison (Grand Rapids: Eerdmans, 1972), vol. 1, 115, 209.

노력이 있기 때문이다. 칼빈을 비롯한 개혁주의 목회자들과 성도들은 하나님의 나라에 속한 일꾼이 되고자 최선을 다해서 헌신했다. 특히 칼빈은 제네바 교회에서 영원한 진리의 세계를 향한 거룩한 열심이 결실을 맺기까지 노력하였다.

하나님의 나라에 속한 한 사람의 한국 유학생이 세상의 속에서 뜻을 이루는 것은 결코 쉽지 않다. 국제적인 명성을 가진 신학대학원에 들어가서, 전 세계에서 몰려온 걸출한 수재들과 벌이는 선의의 경쟁에서 이겨내려면 코피를 쏟으며 혼신의 힘을 다하지 않으면 불가능하다. 모든 대학원 학생들이 그러하듯이, 박사 학위를 얻기 위해서 학문적으로 평가받는 논문을 완성하기까지 수많은 좌절과 번민을 넘어서야만 했다. 하나님의 절대적인 은혜로 인해서 모든 과정과 절차들을 통과하여야만 목표를 성취할 수 있다. 첫째는 건강해야만 하고, 둘째는 어학 실력 등 지적인 능력이 갖춰져 있어야 하며, 셋째는 물질적인 후원도 필요하다. 하지만, 넷째로는 동기(motivation)가 확실해야만 한다. 건강, 지성, 물질 등이 다 갖춰졌어도, 그중에서도 성취해 내겠다는 동기가 철저한 사람만이 목표로 하는 공부를 끝마칠 수 있다. 성취 동기, 학습 동기, 헌신 동기를 잃지 않아야만 끝까지 이겨낼 수 있다.

미국 개혁주의 신학대학원에서는 학문적인 탁월성을 추구하기 때문에, 단순히 학교 수업을 이수하여 포괄적이고 전문적인 학술 지식을 습득하는 것만으로 그치는 것이 아니다. 필자는 지식과 학문으로서 하나님의 나라를 터득하여 보고자 노력했다.

3) 성령의 임재와 교통

하나님의 나라는 성령의 역사를 통해서 역동적으로 진행되고 있다. 사도 바울은 하나님의 나라가 "성령 안에서" 주신 축복이라고 강조했다.

> "하나님의 나라는 먹는 것과 마시는 것이 아니요, 성령 안에 있는 의와 평강과 희락이라"(롬 14:17).

지나간 날을 되돌아보면, 필자가 철학 박사 학위 논문을 완성하기까지, 모든 과정을 세밀하게 인도하시는 성령의 감화와 은혜 충만의 축복을 누렸다. 하나님의 나라와 언약, 교회를 연결하는 안목을 정립하고자 할 때에, 성령의 임재와 성화의 사역에 절대적으로 의존하게 된다. 웨스트민스터 신학대학원에서 박사 과정의 첫 과목이, 싱클레어 퍼거슨 교수의 "칼빈의 성령론"이었다. 퍼거슨 박사는 스코틀랜드 출신이어서 가족들은 모두 다 영국에 살고 있으면서, 본인만 강의 기간에 동료 교수 에드가 박사의 집에서 기거했다. 그는 존 오웬의 실천적 교훈에 관해서 작성한 박사 학위 논문을 책으로 출판했고, 칼빈과 개혁신학의 유산, 청교도 신학 사상을 현대 교회에 적용하는 저서들을 많이 출간하고 있다. 퍼거슨 교수는 "존 오웬의 신앙생활에 관한 교리"를 작성하여 박사 학위를 받았기에, 그 후로도 지속적으로 청교도 신학의 핵심들을 재조명하는 연구 성과를 만들어냈다.[75]

---

[75] Sinclair Ferguson, *John Owen on the Christian Life* (Edinburgh: Banner of Truth, 1987); idem, eds., *John Owen: The Man and His Theology* (Phillipsburg: P&R, 2003), idem, *The Trinitarian*

하나님의 나라는 성령의 권능과 사역을 통해서 시행된다. 성령 하나님을 아는 참된 지식을 가장 순수하게 설명한 칼빈을 연구하는 과목을 접하면서, 그야말로 필자는 물을 만난 고기와 같았다. 그때 퍼거슨 박사의 강의실에 있었던 유일한 한국 학생으로서, 밤을 지새우면서 주어진 과제와 논문들을 읽어나갔다. 이미 칼빈 연구의 기초를 닦아놓았기 때문에 자신감을 가지고 곧바로 박사 학위 논문으로 파고들었다. 퍼거슨 박사의 강의와 워필드 박사의 논문 등을 근간으로 삼아서, "칼빈의 신학 사상에 남긴 성령의 사역"이라는 박사 논문을 완성하게 되었고 철학 박사 학위를 취득하였다. 워필드 박사가 칼빈 탄생 4백주년(1909년) 기념 강연에서, "칼빈은 성령의 신학자"라고 선포했는데 작은 논문으로 남아있었다. 필자는 그 내용을 충실하게 채워서, 칼빈을 "성령의 신학자"라고 말할 수 있는 근거들을 제시했다. 칼빈은 로마 가톨릭의 성직자들과 성례들이 장악해버린 성령의 모든 사역과 활동을 성경적으로 회복시켰다. 칼빈 연구자로서 하나의 논지를 체계화시켜서 완성하기까지, 남들보다 훨씬 더 많은 시간이 소요되었다. 필자에게는 고통스러운 일들도 많았지만, 하나님의 섭리 가운데서 신학자로 쓰임을 받기 위해서 혹독한 훈련을 받게 하신 것이라고 믿는다.

필자가 영문으로 쓴 박사 논문에는 라틴어 등 전문 학술 용어들과 현대 신학자들의 논쟁적인 내용들이 많다. 그런 부분들을 제외하고, 칼빈의 목회와 설교와 기도 등 교회의 목양 사역과 성도들의 신앙생활에 관련한 사항들을 재구성하여, 『성령의 신학자, 요한 칼빈』을 한

Devotion of John Owen (Orland: Reformation Trust, 2014).

국어로 출판했다.[76] 칼빈은 삼위일체 하나님의 위격이 각각 구별되지만, 분리되지 않는다는 전제하에서, 성령의 역할을 강조하고 설명한다. 하나님이 보내신 성령의 사역은 예수 그리스도 오직 한 분만을 믿음으로 고백하게 한다. 또한 그리스도와의 연합을 이룬 가운데서 전체 모든 성도의 삶과 교회의 사역들 속에서 본질적이라고 강조한다. 성도의 모든 생활에서 성령의 임재하심과 지도하심을 벗어날 수 없다. 예배에서의 성령의 사역, 성경 말씀을 듣는 자들에게 임하는 성령의 조명, 찬송과 기도를 받는 하나님과 연결하는 성령의 인도하심, 거룩한 생활을 이어가도록 죄와 싸우서 승리하게 하는 성령의 사역 등 성령을 벗어날 수 없다.

필자의 박사 학위 논문이 완성될 무렵에, 싱클레어 퍼거슨 박사가 『성령』을 출판했다. 아브라함 카이퍼의 성령론 이후에, 개혁주의 신학계에서 백 년만에 나온 성령론 교과서였다. 퍼거슨 교수는 스코틀랜드 정통 개혁주의 신학에 기초하여 오순절 성령 운동의 문제점들을 지적하면서, 구원의 적용 사역을 풀어냈다. 그의 강의를 통해서 파악한 것들이 성령론을 한국어로 번역하는데 크게 도움이 되었다.[77] 퍼거슨의 성령론은 당시 개혁주의 신학계와 교회에 절실히 필요했었다. 제2차 세계 대전 이후로 등장한 오순절 은사 운동이 크게 변질되어서, 존 윔버의 능력 체험 운동이 확산되던 시기였다. 성령의 능력에 압도당해서 사람들이 쓰러지는 것이라고 하면서, 무분별하게 직통 체험을 강조하는 집회가 전 세계적으로 확산되던 시기였다. 이 책

76　김재성, 『성령의 신학자, 칼빈』 (생명의 말씀사, 2004), 개정판, 『요한 칼빈, 성령의 신학자』 (기독교문서선교회, 2014).

77　Sinclair B. Ferguson, *The Holy Spirit* (IVP, 1996); 김재성 역, 『성령』 (한국 IVP, 1999).

은 시급히 소개될 필요가 있었기에, 필자가 너무나 급하게 번역 원고를 작성했었다. 한글 표현이 다소 부족한 부분들도 있다. 그마저도 원저자의 추가적 해석으로 도움이 있었기에, 부족하지만 이 년여의 노력 끝에 출판할 수 있었다.

필자는 하나님의 나라가 펼쳐지는 구속의 역사와 종말론적 구조를 다시 터득하게 되었다. 특히, 한국 교회가 가장 시급히 깨달아야 할 부분이 사도행전 2장, 오순절 성령의 부으심이라는 점을 파악하게 되었다. 부활과 승천의 중요성을 강조하는 리처드 개핀 박사의 강의와 저서를 통해서, 성경 전체에서 오순절 성령 강림의 중요성을 파악했다. 개핀 박사는 게할더스 보스의 성경신학과 구속사 이해를 근간으로 삼았다. 하나님의 나라가 임하는 과정에서, 오순절 사건은 예수 그리스도의 왕권이 행사되는 결정적인 변곡점이요, 그리스도의 몸 된 교회가 출현하는 때였다. 오순절은 어떤 초자연적인 권능의 임하심, 방언, 병 고침 등의 개인적 체험으로 그쳐서는 안 되고, 성경 전체의 구속 역사 속에서 정확하게 설명하는 것이 절실히 필요하다. 필자는 어린 시절부터 한국 교회에서 성행하던 각종 부흥회에 참석해서 강사의 지휘에 따라서 오순절 성령 강림의 체험을 또다시 기대하라는 설교를 들었다. 한국 교회 성도들은 부흥사가 전파하는 은사 체험 위주의 성령론에서 한치도 벗어나지 못하고 있다. 그러나 성령의 부으심은 방언이나 능력의 근원으로 축소해서는 안 된다. 창조의 영으로서 만물의 창조주요, 예수 그리스도 안에서 죄 사함의 은혜를 입어 새롭게 거듭남을 통해서 재창조하시는 중생의 영이시다. 또한 지속적인 성화를 담당하는 것도 성령이며, 우리의 생애를 책임지는 지혜의 신이시다. 필자는 사도행전 2장의 오순절 사건을 성경신학적으로

이해하는데 중점을 두고서 『개혁주의 성령론』을 출간했다.[78]

하나님의 나라가 예수 그리스도의 십자가와 부활을 통해서 펼쳐졌음을 강조하는 신학자가 리챠드 개핀 교수다. 그는 부활 사건이 십자가와 동등하게 중요한 구속 사건이라는 점을 박사 학위 논문으로 제시했다.[79] 그가 일평생 동안에 집중하고 있는 사도행전과 바울 서신의 연구 성과들을 살펴보면, 부활의 권능을 정점으로 하는 구속사의 이해와 종말론을 터득할 수 있다. 개핀 교수는 웨스트민스터 신학대학원에서 박사 학위를 받고 평생 그곳에서만 교수직을 감당했다. 그의 장인되는 분이 그 유명한 구약 신학자 에드워드 영(Edward J. Young) 박사다. 개핀 교수의 부친도 웨스트민스터 신학대학원을 졸업한 후, 제2차 세계 대전의 회오리 속에서 중국의 대륙에서 선교 사역을 하다가, 대만으로 건너가서 평생을 헌신했던 분이다. 개핀 교수도 대만에서 선교사의 아들로 출생했으며, 모든 것이 부족한 유학생들에게도 항상 너그러웠다. 또한 네델란드 이민자의 후손답게 자신의 세 자녀들을 모두 다 칼빈대학교에 보낸 후에, 각각 변호사와 전문인으로 성장해 나가도록 지도했다. 가정적으로 볼 때, 큰 슬픔과 아픔을 견디신 분이다. 개핀 교수의 딸이 오랫동안 암과 투쟁하다가 두 자녀를 남기고 먼저 하나님의 품으로 돌아갔다. 그 어린 손녀들을 돌보던 그의 아내도 먼저 하나님의 나라고 갔고, 그 후에 개핀 교수는 완전히 교수 사역에서 은퇴했다. 지금은 아들이 살고 있는 워싱턴 디씨에서 노년을 보내고 있다.

---

78 김재성, 『개혁주의 성령론』 (기독교문서선교회, 2012).
79 Richard B. Gaffin Jr., *Resurrection and Redemption: A Study in Paul's Soteriology* (Phillipsburg: P&R, 2nd ed., 2000).

개편 박사는 지속적으로 성경의 중심 주제가 구속 역사의 진행 속에 펼쳐지는 하나님의 나라와 종말론적인 도래에 대해서 강조하고 있다. 개편 박사는 강조하던 구속사와 종말론적 관점을 개혁신학의 핵심으로 삼고 있는데, 필자는 최근 펴낸 그의 주요 저서들을 자주 인용하며 활용하고 있다. 우리가 알아야 할 성경의 가장 중심되는 구조는 죄인을 구원하시는 역사 속에서 예루살렘에서부터 전파된 하나님 나라의 복음이 온 세상을 향해서 퍼져 나갔다는 점이다(행 1:6-8, 8:12, 14:22, 19:8, 20:25, 28:23, 31).[80] 하나님의 나라가 세상을 통괄하면서도 오묘하게 진행되고 있으며, 초월적이며, 초자연적으로 인류의 각 사람의 생사화복에 관련을 맺고 있다.

하나님의 구속적인 목적과 하나님의 본성 속에는 내재적인 연속성이 있기에, 하나님의 계시 안에서도 통일성과 지속적인 연속성이 있으면서 시대마다 다양하게 체득되었다.[81] 하나님의 나라가 사람에게 영향을 주었고, 또한 각 시대마다 발전하여 왔다. 수많은 나라들이 부침을 거듭하던 근동 지방에서는 여러 이방인들이 우상을 섬기고 있었다. 그 나라들 사이에서 이스라엘의 민족 국가를 통해서 신정 통치를 보여주었다. 구약 시대의 신정 통치는 영광스러운 하나님 나라를 어린 아이들에게 가르치듯이 교육적인 모델이었다.[82] 그리고 마침내 오래 기다리던 끝에, 예수 그리스도를 통해서 더 높은 단계의 하나님 나라가 이 땅 위에 도래하였고, 장차 완성된 모습으로 나타날 날을 기다리고 있는 것이다.

80　Richard B. Gaffin Jr., *By Faith, Not By Sight: Paul and the Order of Salvation* (Paternoster, 2006). idem, In the Fullness of Time (Wheaton: Crossway, 2022), 93.
81　G. Vos, *Biblical Theology: Old and New Testaments* (Grand Rapids: Eerdmans, 1975), 16.
82　C. Van Til, *Christian Theisitic Ethics* (Nutlery, P&R, 1977), 98.

우리는 하나님의 나라를 항상 기억하고, 그 나라의 시민으로서의 인식을 가지고 살아가야만 한다. 우리 모든 성도들은 다시 오실 예수 그리스도의 재림과 그의 나라가 임하기를 소망 가운데서 기다리며 살고 있다. 우리는 날마다 예수님께서 가르쳐 주신대로, "하나님의 나라가 임하시오며"라고 기도한다. 천국의 실현이 우리의 소망이다. 그래서 예수님께서는 "너희는 먼저 그의 나라와 그의 의를 구하라" (마 5:33)고 지침을 주셨다.

하나님의 나라는 예수 그리스도가 주님으로 다스리되, 최고의 권위로 임재하신다. 미국 웨스트민스터 신학대학원과 리폼드 신학대학원에서 조직신학을 가르친 존 프레임 박사는 이들 세 가지 "하나님의 주권적 속성들"을 통해서 "하나님을 아는 지식"을 터득해야만 한다고 강조했다. 그의 독특하고도 명쾌하며 방대하고도 탁월한 책, 『신론』을 번역하면서 깊은 교제를 나눴다. 프레임 박사에 의하면, 왕권을 가지신 하나님은 권위, 통치, 임재하심 가운데서 인류 역사를 주관하신다고 강조했다.

우리가 성경을 통해서 과거와 현재와 미래를 파악하는 안목을 갖지 못한다면, 이둠 속에서 헤매고 있었을 것이다. 인간이 어떻게 해서 세상에서 살게 되었는가를 알지 못한 채, 마치 달팽이처럼 더듬이를 가지고 우왕좌왕하면서, 한 평생 흑암 속에서 방황하다가 끝맺게 되었을 것이다. 예를 들면, 우리들은 어떤 가문에서 출생해 나왔는데, 그 전에 살았던 선조들의 생애에 대해서조차 아는 것이 거의 없다. 우리들의 할아버지 세대를 넘어서서, 증조 할아버지, 고조 할아버지대로, 그보다 더 윗세대로 불과 몇 세대만 거슬러 올라가려 해도 도무지 아는 것이 없다. 그분들이 어떤 생각을 하면서, 얼마나 고단

한 삶을 살았는지에 대해서 전혀 알 수가 없다. 한국인들의 경우에, 비교적 잘 보전되어 내려온 집안의 가계와 족보가 있다. 필자도 역시 선대의 신앙을 물려받았고, 선대의 가계보와 기록으로 남기지 않은 기억들을 가슴속에 간직하고 있다.

인간들은 다시 한번 태어나는 것과 같은 변화(born again)를 받아야 하나님의 자녀가 될 수 있다. 이미 앞에서 새사람을 입었다(골 3:10)는 표현을 검토한 바 있는데, 이것은 재출생(re-birth) 또는 중생(regeneration)을 의미한다(요 3:5). 예수님께서는 니고데모에게 하나님의 나라에 들어가려면, 반드시 성령으로 말미암아 변화를 받는 새로운 출생을 해야만 한다고 설명하셨다.[83] 개혁주의 신학자 아브라함 카이퍼는 중생을 새로운 생명이 시작하는 것으로 간주하며, 가장 중점을 두어서 강조하였다. 중생은 어둠의 나라에서 하나님의 사랑스러운 아들의 나라로 옮겨지는 것이다. 우리의 영혼 속에 새로운 생명의 요소가 심겨지는 것이고, 죄와 죽음에 속했던 자의 죽음과 부정함을 새롭게 만드시는 것이다. 하지만 성령의 사역과 행동은 각 사람의 의식으로부터 떨어져 있다고 서술했다.

인간은 그 누구도 자신의 출생을 결정한 바 없다. 하나님의 창조하심에 의해서, 각 사람이 육신을 입고 태어난다. 두 번째 출생도 역시 사람이 결정하는 것이 아니라, 하나님의 은혜로 주어진다. 중생은 전적으로 하나님의 주권적인 사역이다. 영적인 거듭남의 사건이 우리 각 사람의 열심이나, 결단에 의존하는 것이 아니다. 변덕스럽고, 죄악에 물든 마음에 따라서 중생을 하는 것이 아니다. 영적인 재탄생도

---

83 Abraham Kuyer, *The Work of the Holy Spirit* (Grand Rapids: Eerdmans, 1900), 293.

역시 처음 출생처럼, 생명의 창조주가 주관하시는 사역이다. 오직 하나님의 은혜로 인해서만 사람에게 오신 성령의 주권적으로 개입으로 변하게 된다. 가장 좋은 사례가 사도 바울의 다메섹 도상에서 벌어졌다. 극렬히 예수 그리스도의 증거자들을 핍박하던 그였지만, 하나님의 주권적 권능 앞에 완전히 굴복했다.

구원은 하나님으로부터 온 것이다. 우리 인생의 중생은 인간의 결정과 결단에 따라서 진행되는 것이 아니라, 성령의 주권적 역사하심으로 재탄생하는 것이다. 마치 바람이 부는 것처럼, 현상을 감각적으로 느끼기도 하지만 전체 과정은 오묘하고도 비밀스럽다(요 3:5). 하나님을 아는 지식도 극히 제한적이다. 전 우주와 인류를 창조하시고, 섭리하시며, 이적을 베푸시는 하나님을 완전히 다 파악한 사람은 없다. 하나님은 크고도 위대하시며 높고도 놀라운 일을 행하신다. 그 어느 선지자도 완전히 다 이해하거나 파악할 수 없다. 아무리 뛰어난 지능을 가진 사람에게라도 하나님의 행사와 존재를 다 알려주실 수는 없다.

로마 가톨릭의 영향에서 벗어나지 못했던 17세기 초반, 네델란드에서 알미니안주의자들이 자유 의지를 주장하면서 혼란이 빚어졌다. 설령, 어떤 사람의 경우에는 지독한 탄식과 눈물의 회개가 동반되면서, 자신의 반성을 자각한 결과로 생각되어질 수 있다. 그러나 그것마저도, 처절한 통곡의 눈물과 회개, 새로운 삶에의 결심이 일어났던 상황과 현장에서라도, 모든 것을 합력하게 선을 이루게 하시는 하나님의 보이지 않는 간섭과 도우심과 은총이 선행되었음을 잊어서는 안 된다. 성령으로 말미암지 않고서는 누구도 예수 그리스도를 주라고 시인할 수 없다.

맺는말

 지금까지 하나님의 나라에 대해서 관련된 성경 구절들을 검토하고, 신학자들의 논의를 근거로 하여 여러 측면들을 살펴보았다. 복음의 부름을 받고, 믿음을 갖게 되어 교회에 출석하면서 예수님의 종말을 기대하며 살아가는 모든 성도들은 하나님의 나라에 속하는 시민들이다.

 하나님의 나라는 왕 되신 예수 그리스도가 통치하는 영역이요, 절대적이며 최고 주권적인 권세를 발휘한다. 하나님의 나라는 영적인 왕국과 세속적인 왕국, 두 개의 왕국들이 따로따로 있는 것이 아니다. 한 나라 안에서 이중적으로 작동하는 것으로 해석하는 것이 타당하다. 영적인 나라와 세속적인 나라로 구별되어지면서도, 세상과 우주에서 일어나는 모든 일들은 하나님의 주권적 통치하에 운행된다.

 예수 그리스도께서 하늘나라가 임했다는 선포를 하시면서 구체적으로 세상 속에서 드러났고, 성령의 선물을 내려 주셔서 온 세상으로 확산되었다. 하나님의 나라는 죄에 얽매인 자들을 구출해 내어서 구성해 나가는 것이기에, 구원을 받은 자들의 왕국이다. 사탄의 왕국이 아무리 방해하더라도, 하나님의 나라는 성령의 능력 가운데서 거룩하고도 의로운 나라를 건설해 나간다. 하나님의 나라에서는 의로움과 평화와 즐거움이라는 신령한 축복들이 주어진다. 하나님 나라에 속한 백성들은 원수를 미워하지 않고 사랑한다.

사람의 행복은 재창조의 과정을 거친 사람에게 주어지는 것이며, 하나님의 나라 안에서 맛보는 것임을 잊어서는 안 된다. 인간의 계보를 따라서, 부모님에게서 태어난 첫 출생과 성령으로 인해서 하늘로부터 주어지는 중생은 모두 다 하나님의 창조로서, 주권적인 다스림 가운데서 벌어진 일들이다. 첫 출생과 재창조라는 매우 중요한 두 가지 사건이야말로 나의 모든 것이 하나님께로부터 온 것임을 인정하게 만드는 요소들이다. 처음 출생과 재창조를 거쳐서 믿음의 길로 접어든 사람에게는 생사화복을 주관하시는 하나님에 관한 지식, 신학적 안목이 열리게 되는 것이다.

만왕의 왕이시오, 영원한 중보자 예수 그리스도의 통치와 나라를 인식하면서 살아가는 것은 하나님을 아는 지식의 핵심이다. 20세기 최고의 신학자로 손꼽히는 코넬리우스 반틸 박사는 기독교 신자의 "전제"(presupposition)가 무엇인가를 정확히 파악하라고 강조했다. 불신자들의 생각은 전혀 다른 전제로부터 나온 것이라고 진단했다.[1] 하나님은 독립적인 자존성을 갖추신 분이시다는 것이 기독교의 가장 중요한 전제이다. 헤르만 바빙크의 『개혁교의학』에서도 하나님의 독립적 자존성이 매우 중요한 개념으로 강조되었다.

하나님은 누군가에게 의존적인 분이 아니며, 스스로 영원토록 하

---

[1] Cornelius Van Til, *The Defense of Faith* (Phillipsburg: P&R, 2008), 101, 278.

나님이시다(출 3:15). 하나님을 믿는 자들은 삼위일체 하나님의 선재하심과 성경에 기록된 구원의 계획에 대하여 기본적으로 믿음의 확신을 갖고서 출발한다. 모든 성도들을 두 가지 전제로부터 출발한다. 자존하시는 하나님의 존재와 그에 관하여 계시하신 성경이다.

우리는 이 두 가지 근거 위에서 하나님을 믿으며, 그의 구원과 종말을 바라본다. 인간은 창조주 하나님을 따라서 생각할 수밖에 없으며, 인간이 가진 지식은 파생적이다. 인간이 하나님을 아는 지식은 분명히 참된 지식인 것은 맞지만, 전체적으로 하나님에 대한 모든 것들을 다 꿰뚫어 알 수는 없다. 하나님만이 모든 것에 대하여 완전하고 종합적인 지식을 가진다. 우리 인간에게는 비록 부족하지만, 부지런히 하나님을 찾으면 얻을 수 있는 길을 열어놓으셨다(사 55:6-9).

그러나 불신자들은 우연과 규칙 사이의 변증법을 전제로 삼을 뿐, 하나님의 초월하심을 전면 거부한다. 기독교 신자들은 언약을 지키고자 하는 자들이지만, 불신자들은 언약의 파기자들이다.[2] 기본 전제가 다른 사람들은 결국 최종 판단과 결정에서 정면으로 충돌하게 된다.

인간이 하나님을 찾아서 만나려 하지만, 죄와 부패한 본성으로 인해서 좌절을 맛보게 된다. 우리가 신학을 공부하면서 솔직히 경험하는 것이다. 신학자들의 사상이나 저서들은 매우 고상하지만, 사실 신학자들이나 신학 교수들의 인격과 인품에서는 실망할 때가 많다. 위대한 신학자들의 교훈에 대한 자부심이 있지만, 개인적으로는 각기 본인으로 인해서 발생하는 문제들이 있음에 대해서 주의를 해야만

---

2   Cornelius Van Til, "My Credo," in *Jerusalem and Athens: Critical Discussions on the Philosophy and Apologetics of C. Van Til*, ed. E. R. Geehan (Phillipsburg: P&R, 1971), 19.

한다. 위대한 신학자들에게서도 인간적인 단점과 오점들이 발견된다. 필자도 역시 지나친 열정과 최고 신학의 권위에 대한 자부심이 지나쳤고, 더 겸손하게 낮은 자세로 내려가서 적용하지 못한 것들에 대해서 가장 부족한 부분이라고 절실히 느끼고 있다. 한국 신학자로서 성경 전체를 주석한 박윤선 박사의 위대한 경건에는 죄인으로서의 고백이 있어서 감동을 주었는데, 그의 제자인 필자는 미처 다 실천하지 못함을 강조한 바 있다.[3]

죄의 영향력은 매우 깊다. 신자에게나 불신자에게나 다 마찬가지로 죄로 인해서 타락한 본성이 작동하고 있다. 우리가 살고 있는 세상은 하나님의 아름다우심과 선하심에서 나온 것들로 가득하지만, 동시에 전쟁과 같은 참혹함과 동물적인 약육강식이 철저히 사람들을 유린하고 있다. 전도서가 지적하는 바와 같이, 인간들의 문명은 "헛된 것"뿐이요, 의미없는 일들이다. 무의미한 세상의 일들 가운데다가, 오직 하나님께서 희망의 근거를 가지고 살 수 있도록 하나님의 나라를 펼쳐 보여주셨다. 세상에 있는 것들은 모두 다 헛된 것들이다. 그러나 하나님에게 속한 것들은 결코 헛되지 않다. 박해 속에서도 인내하며 고난을 이겨낸 성도들에게는 아름다운 상급으로 하나님의 나라를 주실 것이다.

성경을 읽어보면서, 하나님께서 우리 인간들에게 모든 것들을 다 말씀하시지는 않았다는 것을 깨닫게 된다. 선지자 하박국은 높은 망대에 올라가서 기다렸으나 좌절했다. 우리가 찾는 하나님께서 펼치시는 나라가 어떠함에 대해서 결코 쉽게 파악이 되지 않을 때가 많

---

3 김재성, "박윤선 박사의 고백과 교훈" 『신학정론』 39권 (2022년 12월)을 참고할 것.

다. 잠잠히 인내하면서, 각자에게 주어진 사명의 완수를 위해서 성령의 능력 안에서 날마다 매진할 뿐이다.

참고문헌

참고 문헌

Battles, Ford Lewis. *Interpreting John Calvin*. Grand Rapids: Baker, 1990.

Barber, John. *One Kingdom; The Practical Theology of John M. Frame*. Lakeland: Whitefield Media Productions, 2015.

Barth, Karl. *Church Dogmatics*. Vol. IV,1. The Doctrine of Reconciliation, Part One. Eds., G. W. Bromiley & T. F. Torrance. N.Y.: Charles Scribner's Sons, 1956.

Bavinck, Herman. *Reformed Dogmatics*, 4 vols., Grand Rapids: Baker, 2008.

Beach, J. Mark. *Christ and the Covenant: Francis Turretin's Federal Theology as a Defense of the Doctrine of Grace*. Vandenhoeck & Ruprecht, 2007.

Beale, Gregory K. *The Book of Revelation*. New International Greek Testament Commentary Grand Rapids: Eerdmans, 1999; 『요한계시록 주석』, 김귀탁 역, 복있는 사람, 2015.

---. *The Temple and the Church's Mission: A Biblical Theology of the Dwelling Place of God*. Downers Grove; IVP, 2004.

---. "The Structure and Plan of John's Apocalyse," in *Creator, Redeemer, Cosummator: A Festshrift for Meridith G. Kline*, eds., Howard Griffith and John R. Muether. Eugene: Wipf and Stock Publishers, 2000.

---, *The Union with Resurrected Christ: Eschatological New Creation and New Testament Biblical Theology*. Grand Rapids: Baker, 2023.

Beeke, Joel R. Paul Smalley, eds., *The Lord of Endurance and Encouragement: Suffering and the Sovereignty of God*. Grand Rapids: Reformation Heritage Books, 2024.

Berkouwer, G. C. & A. S. van der Woude, *In Gespreck met Van Ruler*. Nijerk: G. F. Callenbach, 1969.

Berntson, Levi. "Hot Chocolate and Confirmation: J. Gresham Machen and World War I," *Westminster Theological Journal* 85 (2023): 253-66.

Bolt, John. "The Background and Context of Van Ruler's Theocentric Vision and its Revelvance for North America," in *Calvinist Trinitarianism and Theocentic Politics*: Essays Toward a Public Theology, Toronto Studies in Theology, vol. 38. Lewiston: The Edwin Mellen Press, 1989.

Bloomberg, Craig L. *Jesus and the Gospels*. Nashville: Broadman & Holman, 1997.

Calvin, John. *Institutes of the Christian Religion*, 2 vols., tr. Ford Lewis Battles. Philadelphia: Westminster, 1960.

---, John Calvin, *New Testament Commentaries*, Vol. 1, Matthew, Mark, & Luke, tr. A.W. Morrison. Grand Rapids: Eerdmans, 1972.

Campbell, Constantine R. *Paul and Union with Christ*. Grand Rapids: Zondervan, 2008.

Cara, Robert J. Cara, "Covenant in Hebrews," in *Covenant Theology: Biblical, Theological, and Historical Perspectives*, eds., Guy Prentiss Waters, J. Nicholas Reid, & John R. Muether. Wheaton: Crossway, 2020.

Chrupcata, Leslaw Daniel. *The Kingdom of God:* A Bibliography of 20th Century Research. Jerusalem: Franciscan Printing Press, 2007.

Dodd, Charles Harold. *Parables of the Kingdom*. Charles Scribner's Sons; Revised edition 1961.

---, *The Apostolic Preaching and Its Developments*: Three Lectures with an Eschatology and History. N.Y.: Harper, 1935.

Duguid, Iain M. "Old Testament Hermeneutics," in *Seeing Christ in All of Scripture*: Hermeneutics at Westminster Theological Seminary. Philadelphia: Westminster Theological Seminary, 2016.

---, *Living in the Grip of Relentless Grace: The Gospel According to Isaac and Jacob*. Phillipsburg: P&R, 2002.

Dunn, James D.G. *Baptism in the Holy Spirit*. Naperville: Allenson, 1970.

Edgar, William. *Created and Creating: A Biblical Theology of Culture*. Downers Grove; IVP, 2016.

Ferguson, Sinclair *John Owen on the Christian Life*. Edinburgh:

Banner of Truth, 1987.

---. eds., *John Owen: The Man and His Theology*. Phillipsburg: P&R, 2003.

---. *The Trinitarian Devotion of John Owen*. Orland: Reformation Trust, 2014.

---. *The Holy Spirit*. IVP, 1996.

Frame, John. *Escondido Theology: A Reformed Response to Two Kingdom Theology*. Lakeland: Whitefield Media Productions, 2011.

---, *A History of Western Philosophy and Theology*. Phillipsburg: P&R, 2015.

Gaffin, Richard Jr., *In the Fullness of Time: An Introduction to the Biblical Theology of Acts and Paul*. Wheaton: Crossway, 2022.

---, *Resurrection and Redemption*: A Study in Paul's Soteriology. Phillipsburg: P&R, 1987.

---, *By Faith, Not by Sight: Paul and the Order of Salvation*. London: Paternoster, 2006.

Gamble, Richard C. *Augustinus Contra Maximinum*: An Analysis of Augustine's Anti-Arian Writings. McNaughton & Gunn, 1985.

---, ed., *Articles on Calvin and Calvinism*; vol. 1, The Organizational Structure of Calvin's Theology. Routledge; 1992.

---, *The Whole Counsel of God*, 3 vols. Phillipsburg: P&R, 2009, 2018, 2020.

Geehan, E. R. ed. *Jerusalem and Athens: Critical Discussions on the*

Philosophy and Apologetics of C. Van Til. Phillipsburg: P&R, 1971.

Gerrish, B. A. & Roberts Benedetto, eds., *Reformatio Perennis: Essays on Calvin and the Reformation in honor of Ford Lewis Battles.* Pickwick Publications, 1981.

Hesselink, I. John "Contemporary Dutch Theology," *Reformed Review,* XXVI, No. 2 (1973); 67-89.

Hendriksen, William. *The Gospel of Matthew.* Grand Rapids: Baker, 1973.

Hodge, Archibald A. & Benjamin B. Warfield, *Inspiration.* Presbyterian Board of Publication, 1881.

Horton, Michael S. *The Christian Faith; A Systematic Theology for Pilgrims on the Way.* Grand Rapids: Zondervan, 2011.

Kelly, Douglas F. *Systematic Theology.* 3 vols. Mentor, 2014.

Kim, Jae Sung. "Prayer in Calvin's Soteriology," in *Calvinus Praeceptor Ecclesiae: Papers of the International Congress on Calvin Research,* Princeton, August 2-24, 2002. ed. Herman J. Selderhuis, THR 388 (Geneva: Librairie Droz, 2004), 265-74.

---, "Calvinism in Asia," in *Tributes to John Calvin: A Celebration of His Quincentenary.* ed., David W. Hall, 487-503. Phillipsburg: P&R, 2010.

Kingdon, Robert. "Church and State," in *The Calvin Handbook,* ed. Herman J. Selderhuis, 355-357. Grand Rapids: Eerdmans, 2008.

Kolb, Robert "Luther's Hermeneutics of Distinctions, Law and Gospel, Two Kinds of Righteousness, Two Reals, Freedom and Bondage," in *The Oxford Handbook of Martin Luther's Theology*, 168-184. Oxford: Oxford University Press, 2014.

Kline, Meredith G. *By Oath Consigned*. Grand Rapids: Eerdmans, 1968.

---, *Kingdom Prologue: Genesis Foundations for a Covenantal Worldview*. Wipf and Stock 2006.

Klooster, Fred H. "Karl Barth's Doctrine of Reconciliation: A Review Article," *Westminster Theological Journal*, vol. 20,2 (1958):181.

---, *The Significance of Barth's theology*: An appraisal with special reference to election and reconciliation. Grand Rapids: Baker, 1961.

---, "The Biblical Method of Salvation: A Case for Continuity," in *Continuity and Discontinuity: Perspectives on the Relationship Between the Old and New Testaments*; Essays in Honor of S. Lewis Johnson, Jr., ed. John S. Feinberg, 131-160. Wheaton: Crossway, 1988.

---, *Our Only Comfort : A Comprehensive Commentary on the Heidelberg Catechism*, 2 Vols. Faith Alive Christian Resources, 2001.

---, *Quests for the historical Jesus*. Grand Rapids: Baker, 1977.

Kuyper, Abraham. *Lectures on Calvinism*: The Stone Lectures of

1898, Calvinism and Science. N.Y.: Cosimo Classics, 2007.

---, *The Work of the Holy Spirit*. Grand Rapids: Eerdmans, 1900.

Lampe, G. H. *The Seal of the Spirit*: A Study in the Doctrine of Baptism and Confirmation in the New Testament and the the Fathers. London: SPCK, 1967.

Linnemann, Eta. *Historical Criticism of the Bible:* Methodology or Ideology: Reflections of a Bultmannian Turned Evangelical. Grand Rapids: Baker, 1990.

Longman III, Trump. & Raymond B. Dillard, *An Introduction to the Old Testament* (Grand Rapids: Zondervan, 1994.

Machen, J. Gresham. *The Origin of Paul's Religion*. Grand Rapids: Eerdmans, 1925.

McGrath, Alister. *Iustitia Deo:* A History of the Christian Doctrine of Justification. Cambridge: Cambrige University Press, 2005.

Murray, John. *Imputation of Adam's Sin*. Phillipsburg: P&R, 1959.

---, *The Covenant of Grace:* A Biblico-Theological Study. London: Tyndale Press, 1954.

---, *Collected Writings of John Murray*, 4 vols. Edinburgh: Banner of Truth, 1982.

Oden, Robert A. Jr., "The Place of Covenant in the Religion of Israel," in *Ancient Israelite Religion*; Essays in Honor of Frank Moore Cross, ed. Patrick D. Miller Jr., Paul D. Hanson, and S. Dean McBride. Philadelphia: Fortress, 1987.

Poythress, Vern S. *The Miracles of Jesus*: How the Savior's Mighty

Acts Serve as Signs of Redemption. Wheaton: Crossway, 2016.

---, *The Shadow of Christ in the Law of Moses*. Wolgemuth & Hyatt: 1991; rep., Presbyterian & Reformed, 1995.

Paul Pries, "Van Ruler on the Holy Spirit and the Salvation of the Earth," *Reformed Review,* XXVI, No. 2 (Winter, 1973), 123.

Rauschenbusch, Walter. *A Theology for the Social Gospel*. N.Y.: Macmillan, 1917.

Ridderbos, Herman N. *When the Time had Fully Come*. Grand Rapids: Eerdmans, 1957.

---, *Redemption History and the New Testament Scripture*. Phillipsburg: P&R, 1988.

---, *The Coming of the Kingdom*. Phillipsburg: P&R Publishing, 1962.

Stonehouse, Ned B. & Paul Woolley, eds., *The Infallible Word*. Philadelphia: The Presbyterian Guardian Pub. Corporation, 1946.

Swain, Scott R. *The Trinity: An Introduction*. Wheaton: Crossway, 2020.

Tolstoy, Loe. *The Kingdom of God Is Within You*. Seaside, OR: Watchmaker, 2010.

Tipton, Lane G. "Christology in Colossians 1:15-20 and Hebrew 1:1-4: an Exercise in Biblico-Systematic Theology," in *Resurrection and Eschatology:* Theology in Service of the Church: Essays in Honor of Richard B. Gaffin Jr., eds., Lane G. Tipton and

Jeffrey Waddington, 177-202. Phillipsburg: P&R, 2008.

Tuininga, Matthew J. *Calvin's Political Theology and the Public Engagement of the Church*: Christ's Two Kingdom., Cambridge: Cambridge University Press, 2017.

Van Drunen, David. *Natural Law and the Two Kingdoms*: A Study in the Development of Reformed Social Thought. Grand Rapids: Eerdmans, 2010.

---, "The Two Kingdoms and the Ordo Salutis: Life Beyond Judgment and the Question of a Dual Ethic," *Westminster Theological Journal* 70, no. 2 (2008):207-24.

---, "The Two Kingdoms Doctrine and the Relationship of Church and State in the Early Reformed Tradition,"*Journal of Church and State* 49, no. 4 (2007): 743-63.

---, "Abraham Kuyper and the Reformed Natural Law and Two Kingdoms Traditions," *Calvin Theological Journal* 42, no. 2 (2007): 283-307.

---, "The Two Kingdoms: A Reassessment of the Transformationist Calvin," *Calvin Theological Journal* 40, no. 2 (2005): 248-66.

---, "The Context of Natural Law: John Calvin's Doctrine of the Two Kingdoms,"*Journal of Church and State* 46, no. 3 (2004): 503-25.

---, *A Biblical Case for Natural Law*: Studies in Christian Social Ethics and Economics. Grand Rapids: Acton Institute, 2006.

Vanhoozer, Kevin J. *Theological Interpretation of the Old*

Testament. Grand Rapids: Baker, 2005.

Van Til, Cornelius. *Christianity and Barthianism*. Phillipburg: P&R, 1962.

---, *An Introduction to Systematic Theology*: Prolegomena and the Doctrines of Revelation, Scripture, and God. Phillipsburg: P&R, 2007.

---, *The Defense of Faith*. Phillipsburg: P&R, 2008.

---, "My Credo," in *Jerusalem and Athens*: Critical Discussions on the Philosophy and Apologetics of C. Van Til, ed. E. R. Geehan. Phillipsburg: P&R, 1971.

Van Til, Henry. *The Calvinistic Concept of Culture*. Grand Rapids: Baker, 1959.

Vos, Johannes G. *Christ and His Kingdom*: Studies in the Teaching of Jesus Christ, Taken from The Blue Banner of Faith and Life, vol. 16, numbers 1-4, 1961. Pittsburg: Crown & Covenant Publications, 2001.

Vos, Geerhardus *The Kingdom and the Church*. Grand Rapids: Eerdmans, 1951.

---, *Redemptive History and Biblical Interpretation: The Shorter Writings of G. Vos*, ed. Richard B. Gaffin Jr. Philadelphia: P&R, 2001.

---, *Biblical Theology: Old and New Testaments*. Grand Rapids: Eerdmans, 1975.

Waltke, Bruce K. "The Kingdom of God in the Old Testament:

Definition and Story," in *The Kingdom of God*, eds., Christopher W. Morgan & Robert A. Peterson. Wheaton: Crossway, 2012.

---, *An Old Testament Theology*. Grand Rapids: Zondervan, 2007.

Weinfel, Moshe. "berith," *The Theological Dictionary of the Old Testament*, ed. G. Johannes Botterweck and Helmer Ringgren, tr. John T. Willis. Grand Rapids: Eerdmans, 1975.

Wenham, David & Steve Walton. *The Gospels and Acts* London: The Society for Promoting Christian Knowledge, 2001.

Wenham, John. *Easter Enigma*. Eugene: Wipf and Stock, reprint of 1992.

Wells, David F. *The Person of Christ*: A Biblical and Historical Analysis of the Incarnation (Westchester: Crossway, 1984)

김재성,『칼빈과 개혁신학의 기초』합신출판부, 1997.

---,『인간의 좌표』서울: 도서출판 하나, 1999.

---,『성령의 신학자, 존 칼빈』생명의 말씀사, 2004; 기독교문서선교회, 2014; 증보판.

---,『교회를 허무는 두 대적, 신사도 운동과 변질된 현대 신학』킹덤북스, 2011; 증보판.

---,『구원의 길』용인: 킹덤북스, 2014.

---,『개혁주의 성령론』서울: 기독교문서 선교회, 2014, 증보판 2021.

---,『종교 개혁의 신학 사상』서울: 기독교문서선교회, 2017.

---,『루터와 칼빈』서울: 세창출판사, 2018.

---, 『현대 개혁주의 교회론』 1권, 2권. 킹덤북스, 2023.

---, 『나의 심장을 드리나이다: 칼빈의 생애와 신학』 킹덤북스, 2012.